刘玉阁律师团队
民商事法律实务丛书

企业合规要求
与法律风险防范 实务

主 编	陈俊海
副主编	周志芳　刘学义　皇甫全龙　尹　俊　李双华　黄圣博
顾 问	房宝敏　边建国　徐树强　贾小明

中国政法大学出版社

2023·北京

编委会名单

编者简介

本书由刘玉阁律师团队编著完成。刘玉阁律师团队以务实解决法律问题为导向，以化解风险为目标，持续为客户提供专业高效、优质精准、勤勉尽责的法律服务。本书编撰团队的多数律师从业逾二十多年，本书是律师团队承办逾千件民商诉讼、仲裁案件及非诉法律事务的结晶；本书执行主编陈俊海律师是企业合规管理专业律师，常年为企业提供全方位、多层面的合规管理服务。主要编著人员包括：

刘玉阁

先后就读中国矿业大学、中国政法大学、清华大学。刘玉阁律师专职从事律师工作已二十余年，期间带领团队承办的民事、行政诉讼、仲裁案件及非诉法律事务已达数千件，积累较为丰富的律师实务经验。刘玉阁具有专业的理论修养、精湛的业务素质、严谨的逻辑思维能力，能通过法律服务工作促使顾问单位在更广的范围和更深的层次上开拓和发展。其擅长的业务领域为企业法律顾问业务、能源矿业、房地产项目投融资，私募股权基金，重大疑难诉讼及非诉业务；尤其是在公司法律顾问方面，刘玉阁常年担任多家企业法律顾问团队负责人，有着丰富的顾问经历及事务处理经验。

房宝敏

中国政法大学法律硕士，山东省滨州市沾化区人民法院前法官，曾担任审判员、庭长、执行副局长、审判委员会专职委员。2018 年 9 月后曾在某省属国有企业从事法务和合规工作，担任多家国有和民营企业的法律顾问。

边建国

毕业于长春地质学院、中国政法大学。边建国律师曾经为中油集团东方地球物理公司、北京有色金属研究总院、内蒙古有色地质局、五矿有色金属股份有限公司、山东新矿控股集团等单位提供矿业开发、矿权处理等法律服务。擅长公司法律事务及合同纠纷处理，尤其在矿业领域：熟悉矿产资源管理、矿业开发法律法规及政策规定，矿业权纠纷处理方面尤为突出。

周志芳

拥有中国政法大学获得法学学士学位和吉林师范大学教育学学士学位。多年来一直致力于公司法律事务及企业合规风控。在民事诉讼诉讼领域积累了丰富的司法实践经验和办案技巧，担任多家公司的企业法律顾问。

贾小明

任职中国凯利实业有限公司（央企）条法处副处长期间，长期负责企业合规审查工作。

刘学义

中国政法大学法律硕士，曾先后在教育系统、政法系统工作。刘学义律师为某市法律专家评审委员会成员，市政法系统优秀共产党员。在重大、疑难民商事纠纷解决，重大、疑难刑事辩护，公司合规业务和在校生普法维权等领域，有较深入的研究和实践。

徐树强

中国地质大学（北京）经济管理学院法律系专业教师，兼职律师。主讲经济法，曾参与国土资源部、中国地质调查局发展研究中心等单位立项的多个课题，在核心期刊上发表论文多篇。律师执业期间，独立承办大量的诉讼、仲裁案件及非讼法律事务，尤其在企业合规方面积累了较为丰富的实务经验。

尹俊

民族出版社副编审、总编室主任助理，毕业于中国政法大学。主要负责单位合同管理、版权贸易及相关法律事务。曾在核心期刊、报纸上发表论文多篇。对出版行业有关法律问题尤其是著作权方面有所研究，在企事业单位法务工作方面有着较丰富的实践经验。

李双华

中南财经政法大学经济法本科，中国政法大学经济法研究生毕业，执业律师，长期从事企业进出口及国际贸易合规法律服务，主要包括再生资源、宠物食品、饲料原料、添加剂、食品、棉花等，为海外企业遵从中国产品准入贸易法规及标准提供法律方案，同时提供中国企业产品出口法律合规服务。

黄圣博

长期担任私募基金公司法务部门负责人，完善公司整体的法律管理体系和规章制度，协调处理公司经营、管理和决策中的法律事务。为公司的投资决策工作提供法律支持，参与具体投资项目的评审、尽职调查、谈判、交易结构设计及优化、交易文件起草，以及部分投后管理、风险防控等工作。为公司制定各类标准合同文本，监督合同的签署及后续执行工作。组织公司员工的日常法律培训工作，提高公司业务人员的法律素养。协调管理企业外聘律师的推荐、联络及衔接等工作。

皇甫全龙

法学硕士，现任中国航油国际控股有限公司总法律顾问，具有法律职业资格证和企业法律顾问职业资格证。长期从事央企法律风控工作，具有丰富的央企法治、内控、风险、合规建设实践经验和企业管理经验。

陈俊海

企业法律风险防范专业律师，常年为企业提供全方位、多层面的法律风险管理服务。陈俊海律师可以根据客户需要和实际情况，定制个性化法律风险管理服务，通过专业系统的风险识别、量化测评、分析评价、制定控制措施等方法实现企业法律风险管理，帮助企业全面强化风险管理的综合实力。

　　建设社会主义市场经济，需要良好的经济秩序和法治保障下的营商环境，为此，国家制定了相应的法律法规，为经济主体尤其是企业建立、制定了完善的法律体系及管理规范。企业合法经营、合规管理，经济才能健康、有序、良性发展。

　　合规通常指通过遵循法规，主动防范相关风险。企业合规（Corporate Compliance）则是指企业为有效识别、防范、应对可能发生的合规风险所建立的一整套公司治理体系。企业合规起源于美国，并快速扩展至法国、英国、意大利、澳大利亚等国家，特别是随着《合规管理体系要求及使用指南》国际标准的发布实施，已成为全球法律现象。律师在企业合规中也发挥着重要作用，例如 2006 年西门子商业贿赂事件中，西门子聘请美国德普律师事务所（Debevoise & Plimpton）进行了内部独立调查，并向美国司法部和证券交易委员会提交了由该律师事务所领衔起草的合规内部专项调查报告，最终避免了被提起刑事诉讼和定罪。目前，企业合规已经成为许多全球律师事务所的重要法律服务业务，也即合规服务业务。所谓"合规业务"，是指律师或律师事务所为帮助企业建立和完善合规计划，应对政府监管和刑事调查，协助企业防控和规避法律风险的法律服务活动。在欧美律师事务所，企业合规已是重要的业务内容。律师参与企业合规在应对经营类法律风险、防范企业内部违规行为等方面起着重要作用。尤其是企业内部违法违规行为更容易使得企业声誉受到损失、遭到行政乃至刑事处罚，这在西门子商业贿赂事件中已经得到了佐证。我国公司律师参与企业合规管理具有很大的发展空间，而企业合规作为律师的一项新业务，方兴未艾，大有可为。

在上述背景下，中国政法大学校友刘玉阁律师紧跟时代脉动，大力拓展企业合规业务。他带领团队深耕企业合规理论与实务问题，融合了二十多年的律师实务经验，深入研究企业合规及法律风险防范的有关重要问题，编写成书后付梓，这本佳作将为关注企业合规及法律风险防范问题的企业及相关法律服务行业提供重要的参考资料，为其解决相关问题提供切实的帮助。

阅读书稿后，我认为该书有以下几个特点值得推荐给读者：

其一，本书紧密结合国家经济政策及法律政策，时效性较强。国家非常重视企业的合规管理，从20世纪80年代起就陆续出台了一系列的相关制度，尤其是在2022年10月1日，《中央企业合规管理办法》正式实施，在原有中央企业合规管理机制上，设定了中央企业合规与监察、审计、法律、内控、风险管理等相关部门形成协同联动机制的大合规管理体制，规定中央企业设立首席合规官，由总法律顾问担任并对企业主要负责人负责，探索中央企业新时代法治背景下与时俱进的合规管理思路。本书正是在这样的背景下编辑出版，紧跟时代脉动，其非常契合当下的企业合规探讨，具有较强理论及实践意义。

其二，本书具有较强的实务性，能够为企业提供相应的合规服务指南。法律的功能之一是调整社会关系并使其良性发展。在企业合规管理方面，更需要企业能正确理解和适用相应的法律规范，从而避免法律风险，因此，企业更为关注的应是如何解决实际问题而非单纯的法条解读和法理阐述。本书编写团队具备丰富的法律实践优势，每一个团队成员都具有多年法律实务经验。他们在写作本书的过程中，将理论素养与实践经验有机融合，吸收到本书内容之中，因此，本书具有较强的实践性和实用性。

其三，本书作者团队成员法律业务精湛、做事勤恳务实，具有良好的法律职业精神，这是确保本书价值的保障。本书作者团队中有几位是中国政法大学校友，有的不仅是我的同学，更是我多年的挚友。据我对他们的了解，他们孜孜求学、勤勉做事，一直兢兢业业地用自己坚实的专业知识和精湛的实务能力向社会提供优质的法律服务，获得了客户的好评和较高的社会评价。他们是一群有着坚定法律信仰和优良职业伦理，愿投身于社会服务、具有法律良知的优秀法律人。

本书对企业合规及法律风险防范问题具有很强的参考性，对广大有志于了解、研究上述领域问题的法律专业人士也是一本非常有参考价值的佳作，此外，对企业合规管理人员、法律从业人员甚至企业研究者也会有所裨益。

是为序。

许身健

中国政法大学教授、博士生导师、法律硕士学院院长

2022 年 10 月 28 日于北京

时在壬寅仲夏，弟子俊海大作付梓成书，嘱予作序，余心有所感、甚有荣焉。

回忆过往，不觉间，余碌碌于律师执业已廿五年，幸得政法大学双学士、法硕两拨同学及不弃弟子相携相助，渐成今日十数人之民商事律师团队。虽无公众皆知之名案、大要案，却也从逾千民商案件中感知了法律人弘法助人之艰辛与快乐。或春风化雨，或短兵相搏，有个案者，血雨腥风也不为过。万千经验教训、司法实务认知，非一语所能概也！

余素慕年轻有为、论著等身者，奈何才疏学浅，个案研讨间论道几句尚可，却无成文著述之才。幸得高徒俊海青出于蓝，教师出身，数年来执业之余，于喜马拉雅上宣教企业运营之规，勤耕不辍。渐得心应手、声望日隆，受众逐年累增。期间，多有问及实务书编者，遂引发成集出版之动议，余亦深以为然，触发将团队实务经验演化为民商法律实务丛书之意。

去年九月，集多领域资深者十数人聚于密云山间，共参本书编撰事宜。团队精英咸集于此，宝敏兄，任基层法院多庭室业务负责人廿年，精通审判业务；建国兄，深耕矿业领域数年，实务经验丰富；学义兄，基层政法委工作多年，深谙法律之精要；树强弟身处大学校园执教数十年，法学理论基础踏实。此外，还有投资领域十数年的转型律师圣博君，成功开办多领域公司的非典型律师双华君，专研劳动管理及不良资产的小明君，耐心有爱重法解忧的知性律师志芳君。经群策群议，方向终定：本书应以实务性、合规性为主，辅以案例方式提示企业法律风险之防范。此后，依章节分工，严格审校。文既成书，必尽力查检，尽少疏漏。

今企业法律风险防范书目较多，本著别于他书之处，何哉？密云会议达成共识：一者，民法典颁行后本类书目尚无；二者，恰值国家倡导依法治国，国有企业合规管理已成国资委之重要课题。余以为合规与企业法律风险管理虽方式有别，但实一体之正反两面。后经法大好友身健教授点拨，从企业合规管理之正面触及企业法律风险之反面，本书就会具备实务性、时效性，当有出版意义。

今时出版审查日趋严格，初稿交付后，因其实务强之特点幸得编辑赏识，遂呈报出版。奈何原作篇幅过长，需行精减。经商议，俊海忍痛割爱，删减合并了企业知识产权、刑事法律风险等专章及部分案例，终成本书。

今蒙俊海严责，代表团队作此小序，述本书成因。愿本书能对众多企业设立者、经营管理人、合规管理者乃至企业员工等有所裨益。

刘玉阁

2022 年 10 月 20 日于北京双井

　　重视企业合规管理，提升企业核心竞争力！本书，我们来讨论企业合规相关的话题。为什么要讨论这个话题呢？因为在这些年，我们遇到过大量与企业有关的案件。可以毫不夸张地说，在每一个案件背后，都或多或少隐藏着因企业及其员工不合规行为引起的风险。而这些风险，在我们不去关注它的时候，可能是微不足道的，但一旦触发就可能被无限地放大。俗话说得好，一着不慎，满盘皆输！

　　我们先来讲一个真实的案例。在几年前，我们代理过一起建设工程施工合同纠纷案件。该案的起因是：在施工过程中，承包方认为发包方未按时支付工程进度款，而发包方认为双方无支付进度款约定且工程质量存在问题。由于双方争执不下，该工程被迫停工。随后，承包方向发包方发出解除合同通知。我们接受承包方委托代理本案索赔事宜。在听取承包方案情介绍以及全面梳理、分析案件材料后，我们发现无论是发包方还是承包方均存在大量不合规事项：一是在双方仅签署合作框架协议未签署正式合同时，承包方即进场施工；二是工程施工图纸无原件或未经双方签章确认；三是大量工程签证单、工程洽商单、工程量确认单缺失或内容表述不详、不准确；四是双方交接施工场地时，对已完成工程量仅部分签字确认；五是承包方向发包方发出工程量核算申请、工程决算报告、催款通知书、解除合同通知书等均无有效送达凭证。另外，我们通过调查取证发现，在发包本工程之前，发包方已经存在大量诉讼案件，包括建设工程施工合同纠纷、票据追索权纠纷等，该企业早已被列入失信被执行人名单。同时，我们还发现该企业系一人有限公司。根据本案客观情况，我们尽力补充、完善了关键证据，将发包方及其股东列为本案共同被告提起诉讼，并采取了财产保全措施。最终，本案取得了较为满意的诉讼结果，但仍有部分实际发生工程量未被法院认可。

我们看，本案属于常见的建设工程施工合同纠纷案，但背后折射出的企业经营不合规现象却令人深思。试想，如果在承包本工程之前，承包方对发包方进行必要的调查，不是就很容易发现发包方履约能力存在重大问题吗？如果双方签署正式建设工程施工合同，发包方利用工程进度款约定不明而拒付工程款的事由不就无法成立吗？如果承包方严格按照规章制度、业务流程开展施工管理活动，相关诉讼关键证据不是也就很容易获取吗？而从发包方的角度来说，如果发包方不是一人有限公司，如果发包方不与其股东高管相同、业务混同、财产混同，我们不是也很难将该发包方股东列为本案共同被告，且最终通过该股东获得赔偿吗？以上是一个建设工程施工合同纠纷的真实案例，涉及多个企业运营不合规问题。

而随着企业面临的国内外市场环境日趋严峻复杂，政府对企业合规经营的要求不断提高，企业因不合规行为引发的风险事件呈现不断上升的趋势。在从业这些年，我们遇到过大量该类案件，比如：企业股东因滥用注册资本认缴制承担债务责任的；企业管理者因商业贿赂锒铛入狱的；企业因不正当竞争遭受监管部门巨额处罚的；企业因承租违章建筑，无法开展正常经营活动的；企业因集资转贷，而被罚没资产的；企业因虚开增值税发票，相关人员被追究刑事责任的；企业因产品质量不合格导致破产的，等等。以上教训不可谓不深刻。在我们接触这些案件时，我们总在想一个问题，如果当时有律师能帮助企业提前制定合规管理方案或哪怕是稍微提醒一下，也不至于出现这种被动的局面。

正是基于以上考虑，我们想通过本书的写作，从我们多年为企业提供法律顾问服务、合规管理服务以及代理合规案件的实践经验中，以合规问题为导向，归纳总结出企业合规重点领域及具有典型性、普遍性和可能产生较严重后果的风险点，并提出可操作性的风险防范建议。需要说明的是，我们将本书命名为"企业合规要求与法律风险防范实务"是基于几方面考虑：首先，目前国内已有大量研究企业合规基础理论、合规体系建设、合规管理方法的书籍。而我们想尝试通过本书的写作，梳理出一些企业及其员工经营管理行为应当符合的基本和重点规则要求。因此，本书侧重于总结"企业合规要求"而非研究"企业合规管理"；其次，与合规相对应的本应是合规风险。合规风险并不等同于法律风险。合规风险是指因不合规行为，引发法律责任、受到相关处罚、造成经济或声誉损失以及其他负面影响的可能性及其后果。法律风险是指法律环境变化风险、违规风险、违约风险、侵权风险、怠于行使权利的风险、行为不当的风险。可以说，合规风险与法律风险既有区别也存在很大程度上的交集。而律师对法律风险更具有天生的敏感性、对法律风险防范更具有经验。因此，本书更多是从"法律风险"而非"合规风险"角度，提出我们的风险防范建议，即以我们的专业优势为企业合规管理落地发挥一定的作用；最后，我们试图从律师实务角度出发，总结出一些企业合规重点领域及高频法律风险点，并提出可操作性的法律风险防范建议。因此，本书更关注合规实务操作而非合规理论研究。以上就是本书"企业合规要求与法律风险防范实务"名称的由来。我们希望通过本书的写作，帮助企业初创者尽快了解一些企业合规基础知识，主动避免或降低企业在设立、运营过程中的合规法律风险；帮助企业管理者提高合规意识，促使管理者积极主动地根据企业自身的发展战略和实际经营状况，逐步构建起一套完整、实用、可操作的合规管理体系；帮助企业重点合规管理人员更好地识别企业合规法律风险、分析企业合规法律风险产生的原因、制定合规法律风险防范制度和方案、采取行动预防合规法律风险、排除现实存在的合规法律风险。

综上，企业合规管理体系并非一朝一夕就能够建成的，这需要一个复杂、长期、渐进的过程。这有赖于企业家、企业管理者对该体系建设的统筹安排，企业各部门、法务人员、合规人员、外部专业律师、普通员工的密切配合。而本书，我们仅从法律顾问实务角度以及代理涉企案件中，归纳总结出企业经营过程中的一些合规要求，并提出我们认为可行的风险防范措施和技巧，希望能给读者带来一定的启发和帮助。囿于学识所限，书中难免存在谬误与纰漏，望大家不吝赐教，以期改正。

陈俊海律师

2022 年 10 月 16 日于北京

全　　称	简　　称
中华人民共和国民法典	民法典
中华人民共和国公司法（2018年修正）	公司法
中华人民共和国劳动法（2018年修正）	劳动法
中华人民共和国劳动合同法（2012年修正）	劳动合同法
中华人民共和国民事诉讼法（2021年修正）	民事诉讼法
中华人民共和国行政复议法（2017年修正）	行政复议法
中华人民共和国反不正当竞争法（2019年修正）	反不正当竞争法
中华人民共和国商标法（2019年修正）	商标法
中华人民共和国专利法（2020年修正）	专利法
中华人民共和国反垄断法（2022年修正）	反垄断法
中华人民共和国产品质量法（2018年修正）	产品质量法
中华人民共和国消费者权益保护法（2013年修正）	消费者权益保护法
中华人民共和国价格法	价格法
中华人民共和国企业破产法	企业破产法
中华人民共和国保险法（2015年修正）	保险法
中华人民共和国刑法（2020年修正）	刑法
中华人民共和国城乡规划法（2019年修正）	城乡规划法

全　　称	简　　称
中华人民共和国城市房地产管理法（2019 年修正）	城市房地产管理法
中华人民共和国公务员法（2018 年修订）	公务员法
中华人民共和国法官法（2019 年修订）	法官法
中华人民共和国检察官法（2019 年修订）	检察官法
中华人民共和国人民警察法（2012 年修正）	人民警察法
中华人民共和国公职人员政务处分法	公职人员政务处分法
中华人民共和国市场主体登记管理条例	市场主体登记管理条例
中华人民共和国市场主体登记管理条例实施细则	市场主体登记管理条例实施细则
中华人民共和国劳动合同法实施条例	劳动合同法实施条例
最高人民法院关于适用《中华人民共和国公司法》若干问题的规定（二）（2020 年修正）	公司法司法解释（二）
最高人民法院关于适用《中华人民共和国公司法》若干问题的规定（三）（2020 年修正）	公司法司法解释（三）
最高人民法院关于适用《中华人民共和国公司法》若干问题的规定（四）（2020 年修正）	公司法司法解释（四）
最高人民法院关于适用《中华人民共和国公司法》若干问题的规定（五）（2020 年修正）	公司法司法解释（五）
最高人民法院关于审理劳动争议案件适用法律问题的解释（一）	关于审理劳动争议案件适用法律问题的解释（一）
最高人民法院关于审理民间借贷案件适用法律若干问题的规定（2020 年第二次修正）	最高院审理民间借贷案件的司法解释
最高人民法院关于审理城镇房屋租赁合同纠纷案件具体应用法律若干问题的解释（2020 年修正）	最高院审理房屋租赁合同纠纷案件的司法解释
最高人民法院关于适用《中华人民共和国民法典》有关担保制度的解释	民法典关于担保制度的解释
全国法院民商事审判工作会议纪要	九民会议纪要
北京市高级人民法院、北京市劳动争议仲裁委员会关于劳动争议案件法律适用问题研讨会会议纪要	北京市劳动争议案件会议纪要（一）
北京市高级人民法院、北京市劳动争议仲裁委员会关于劳动争议案件法律适用问题研讨会会议纪要（二）	北京市劳动争议案件会议纪要（二）

全　称	简　称
北京市高级人民法院关于审理房屋租赁合同纠纷案件若干疑难问题的解答	北京高院审理房屋租赁合同纠纷的解答
最高人民法院关于适用《中华人民共和国合同法》若干问题的解释（一）（失效）	合同法司法解释（一）（失效）
最高人民法院关于适用《中华人民共和国合同法》若干问题的解释（二）（失效）	合同法司法解释（二）（失效）

▶ CONTENTS

目　录

第一章
企业设立的合规要求与法律风险防范

　　企业设立是指企业发起人依照法定的条件和程序，为组建企业并取得相应资格而采取和完成的法律行为。在实践中，很多企业的发起人往往对企业的设立过程并不十分在意甚至是非常随意。我们看到大量企业在设立之初为了省时省力，往往是找企业设立的代办机构代为办理相关事宜。由于代办费用不高，代办机构遵循的原则也是怎么方便怎么来做，甚至是为了达到某些特定目标，而采取一些不合规、不合法的手段。而实际上，企业在设立过程中的不合规行为，很可能会为企业今后健康发展埋下隐患，导致企业成立后运营不畅、纠纷不断，甚至陷入僵局直至解散、破产。俗话说开局决定了结局。从该角度来说，企业设立同企业后续的经营一样重要，一家企业规范的设立过程会为企业后续安全、高效的发展打下坚实的基础。2021 年 4 月 14 日，国务院通过并公布了《市场主体登记管理条例》；2022 年 3 月 1 日，国家市场监督管理总局公布并施行了《市场主体登记管理条例实施细则》。这些制度的出台，为规范企业设立行为、防范企业设立风险，起到了重要的作用。在本章我们就来讨论企业设立的合规要求与法律风险防范。

第一节　企业设立主体的合规要求与法律风险防范

　　我国企业类型可以分为个人独资企业、普通合伙企业、有限合伙企业、有限责任公司、股份有限公司等。不同企业类型的法律地位、合规要求和法律风险不尽相同。在所有企业类型中，有限责任公司因具有所有权与经营权分离、企业治理结构完善、债务风险可控、易于融资等诸多优势，已经成为我国市场经济主体的主要类型。本章以下各节，我们就以有限责任公司这种企业类型为例，来讨论企业设立的合规要求与法律风险防范。

一、有限责任公司投资主体的合规要求

根据《公司法》规定，公司可分为有限责任公司和股份有限公司。有限责任公司是由 50 个以下的股东出资设立，每个股东以其所认缴的出资额为限对公司承担有限责任，公司以其全部资产对公司债务承担全部责任的法人经济组织。

从该规定可以看出，有限责任公司是由 50 个以下的股东出资设立的。股东可以是自然人、法人以及非法人组织，但法律规定并非所有的民事主体均可以成为有限责任公司的股东。

《公务员法》第 59 条规定，公务员不得违反有关规定从事或者参与营利性活动，在企业或者其他营利性组织中兼任职务；《法官法》第 22 条规定，法官不得兼任企业或者其他营利性组织、事业单位的职务；《检察官法》第 23 条规定，检察官不得兼任企业或者其他营利性组织、事业单位的职务；《人民警察法》第 22 条规定，人民警察不得从事营利性的经营活动或者受雇于任何个人或者组织。法官、检察官、人民警察、公务员是履行国家司法机关、行政机关公共职务的公职人员，天然应保证职务行为的廉洁性。如果国家公职人员违反规定从事或者参与营利性活动，就容易出现利用职务上的便利为自己或他人谋取不正当利益的现象。根据《公职人员政务处分法》第 36 条规定，违反规定从事或者参与营利性活动，或者违反规定兼任职务、领取报酬的，予以警告、记过或者记大过；情节较重的，予以降级或者撤职；情节严重的，予以开除。

另外，党政机关的干部、职工，党政机关的干部的配偶、子女，国家机关退（离）休干部，国有企业领导干部，国企领导干部的配偶、子女，银行工作人员，现役军人等，或是被禁止或是被限制开展相应的经营活动。而《公司法》也对公司董事、经理等在其他经济组织从业做出了限制性规定，这属于公司董监高竞业禁止的规定。

二、一人有限公司投资主体的合规要求

《公司法》第 57 条第 2 款规定，本法所称一人有限责任公司是指只有一

个自然人股东或者一个法人股东的有限责任公司。

根据该规定，一人有限公司只能有一个股东。该股东可以有两种类型：一种是自然人股东；另一种是法人股东。那么，诸如个人独资企业、合伙企业是否能成为一人有限公司的股东呢？答案是否定的。这是因为个人独资企业、合伙企业都是非法人企业，其不能成为一人有限公司的股东。

另外，《公司法》第 58 条规定，一个自然人只能投资设立一个一人有限责任公司。该一人有限责任公司不能投资设立新的一人有限责任公司。该规定有两层含义：一是一个自然人只能投资设立一个一人有限公司，而不能设立多个一人有限公司；二是一个自然人一旦设立了一个有限公司后，该被设立的一人有限公司就不能再投资设立一个新的一人有限公司。另外，该规定是关于自然人设立一人有限公司的规定，而如果是一个法人作为股东投资设立一人有限公司并没有类似的规定。也就是说一个法人股东可以同时设立多个一人有限公司；而法人股东投资设立一个一人有限公司后，该一人有限公司还可以再投资设立一个新的一人有限公司，这样可以无限设立下去。

三、一人有限公司与股东人格混同的法律风险

有限责任公司最重要的特征是股东的有限责任。也就是说如果一个有限责任公司对外负债，股东仅以其认缴的出资额为限对公司债务承担有限责任。那么，一人有限公司作为有限责任公司的一种形式，当然也应该适用该规定。但一人有限公司毕竟只有一个股东，由于缺乏股东之间、公司组织机构之间的相互制衡，该股东必然对公司具有完全的控制力。在此情况下，股东可以任意支配公司财产，公司和股东的财产就极易形成混同，这就背离了公司法人独立财产的基本原则，影响公司对外偿债能力。

正是基于一人有限公司的特殊性，公司法对一人有限公司股东承担责任做出了一项特殊的规定。《公司法》第 63 条规定，一人有限责任公司的股东不能证明公司财产独立于股东自己的财产的，应当对公司债务承担连带责任。

可以看出，该规定对一人有限公司的股东影响非常大。该规定采用的是举证责任倒置原则，即由一人有限公司的股东承担举证责任，证明公司财产和股东自己的财产并不混同，否则，股东就应当对公司的债务承担连带责任。那么，如何来举证证明一人有限公司的财产独立于股东自己的财产呢？《公司

法》对此没有做出明确的规定。《公司法》只在第 62 条规定，一人有限公司应当在每一会计年度终了时编制财务会计报告，并经会计师事务所审计。但在审判实务中，即便一人有限公司出具了经审计的财务报告，仍然被判股东承担连带责任的情况占很大比例。

因此，我们认为，一人有限公司对于股东来说风险巨大。我们强烈建议谨慎设立一人有限公司。如果已经设立成一人有限公司，我们也建议尽量变更成两个股东以上的有限责任公司。其实这也并不复杂，我们可以再引入一个投资人持有该公司较低比例的股权就可以了。这样可以有效规避一人有限公司股东面临的巨大法律风险。

四、国有独资公司与全资子公司人格混同的法律风险

《公司法》第 64 条第 2 款规定，本法所称国有独资公司，是指国家单独出资、由国务院或者地方人民政府授权本级人民政府国有资产监督管理机构履行出资人职责的有限责任公司。

根据该规定，国有独资公司是有限责任公司。该类公司只有一个出资主体，即国家出资，由国务院或地方人民政府授权本级人民政府国有资产监督机构履行出资义务。显然，国有独资公司也是只有一个股东，但国有独资公司并不是一人有限公司。两者的区别在于：一是一人有限公司的出资主体是自然人或法人，而国有独资公司的出资主体是国家；二是一人有限公司股东在不能证明自己财产独立于公司财产时要对公司债务承担连带责任，而国家作为国有独资公司的股东只在出资范围内承担有限责任。

接下来一个问题是，虽然国有独资公司并非一人有限公司，但国有独资公司再全资设立一家有限责任公司，该公司是什么性质呢？是一家国有独资公司，还是一家一人有限公司呢？

关于这个问题，我们还是要回溯到国有独资公司的概念上来，国有独资公司的出资人是国家，由国务院或地方人民政府授权本级人民政府国有资产监督机构履行出资义务。而国有独资公司再全资设立的公司，出资人却是该国有独资公司，而非国家。因此，国有独资公司全资设立的有限责任公司就不再是国有独资公司，而是一家一人有限公司。那么，该新设公司就应具有一人有限公司的全部特征，尤其是要承担一人有限公司的风险，即一人有限

公司股东在不能证明自己财产独立于公司财产时，要对公司债务承担连带责任。在这里就是，一家国有独资公司在不能证明自己财产独立于全资子公司时，就应当对该全资子公司债务承担连带责任。

在这里，我们提出这个问题是有着非常重要的现实意义的。我们说，国有独资公司受到公司法的特殊保护，而国有独资公司的下级公司，也就是我们常说的二级公司、三级公司等，并未受到像国有独资公司一样的保护。如果二级公司是由国有独资公司全资设立，它就是一家一人有限公司，就要承担一人有限公司的风险。而现实情况是，国有独资公司全资设立子公司的情况非常普遍。同时国有独资公司和全资子公司人员混同、业务混同、财产混同的情况也是司空见惯的，这就构成法律上的"人格混同"。在这种情况下，国有独资公司很有可能要承担全资子公司的债务责任。那么如何来防范这种法律风险呢？其实也很简单，在国有独资公司投资设立二级公司时，再引入一个股东占小额股份进行企业登记就可以了。这样所设立的公司就不再是一人有限公司，而是一家普通的有限责任公司，股东就不再承担一人有限公司的特殊责任。

本节，我们讨论的是企业设立主体的合规要求与法律风险防范。在设立企业时，首要任务就是确保企业相关主体资格符合法律、法规、章程等规定，避免因主体资格不合规而产生的法律风险。另外，在选择企业设立类型时，发起人也应充分了解不同企业类型的风险特征，避免因企业类型选择不当而产生的法律风险。

第二节 公司名称的合规要求与法律风险防范

公司名称是公司设立登记事项之一。那么公司名称具有什么法律意义？公司命名需要遵守哪些基本规则？公司名称侵害他人合法权益的情形又包括哪些？本节，我们就来讨论公司名称的合规要求与法律风险防范。

一、公司名称的法律意义

公司名称是公司用以表明其法律地位和法人人格，并在其经营活动中与其他企业相区别的基本标志。

公司名称具有以下法律意义：

（一）公司名称具有法定性

根据法律规定，公司名称应当按照法定程序进行登记，经过依法登记的公司名称受法律保护。自 2021 年 3 月 1 日起开始施行修订后的《企业名称登记管理规定》，将企业名称登记由预先核准制改为主动申报制。申请人可以通过企业名称申报系统或者在企业登记机关服务窗口提交有关信息和材料，对拟定的公司名称进行查询、比对和筛选，选取符合规定要求的公司名称。

（二）公司名称具有专用性

根据《企业名称登记管理规定》，公司只准使用一个名称，在规定的范围内享有专用权。公司有权使用专用名称对外开展经营活动，未经同意其他主体不得冒用、盗用和擅自使用，否则应当承担相应的法律责任。同时，在转让名称或者授权他人使用名称时，公司应当依法通过国家企业信用信息公示系统向社会公示。

（三）公司名称具有人身性和财产性的双重属性

由于公司登记名称是取得企业法人资格的必备条件，并且公司只有在拥有了自己名称后才能开展各种经营活动，因此，公司名称具有人身依附性。也就是说，公司名称是依附于公司本身而存在的。同时，由于公司通过名称的长期使用又会提升公司的知名度、商业信誉，从而给公司自身带来财产利益。因此，公司名称还具有财产性。

二、公司命名的合规要求

公司名称登记由预先核准制改为主动申报制，赋予了公司对名称更多的选择权，减少了政府对公司名称选择权的直接干预。但主动申报制并不代表对公司名称登记放任不管，公司选择名称要遵守《企业名称登记管理规定》及相关规定的基本要求。

下面，我们就来具体介绍公司命名的合规要求：

（1）公司名称不得损害国家尊严或者利益；公司名称不得损害社会公共利益或者妨碍社会公共秩序；公司名称不得使用或者变相使用政党、党政军机关、群团组织名称及其简称、特定称谓和部队番号；公司名称不得使用外国国家（地区）、国际组织名称及其通用简称、特定称谓；公司名称不得含有淫秽、色情、赌博、迷信、恐怖、暴力的内容；公司名称不得含有民族、种族、宗教、性别歧视的内容；公司名称不得违背公序良俗或者可能有其他不良影响；公司名称不得可能使公众受骗或者产生误解；公司名称不得存在法律、行政法规以及国家规定禁止的其他情形。

（2）公司名称中的行政区划名称应当是公司所在地的县级以上地方行政区划名称。市辖区名称在公司名称中使用时应当同时冠以其所属的设区的市的行政区划名称。开发区、垦区等区域名称在公司名称中使用时应当与行政区划名称连用，不得单独使用。但跨省、自治区、直辖市经营的企业，其名称可以不含行政区划名称。公司名称冠以"中国""中华""中央""全国""国家"等字词，应当按照有关规定从严审核，并报国务院批准。

（3）字号是公司与其他企业区别的标志性文字符号，通常称之为商号。根据规定，公司字号应当由2个以上的字组成。公司有正当理由可以使用本地或者异地地名作字号，但一般不得使用县以上行政区划名称作字号。

（4）行业或经营特点应与其实际经营范围保持一致。公司应当根据其主营业务，依照国家行业分类标准划分的类别，在公司名称中标明所属行业或者经营特点。跨行业综合经营的企业，其名称可以不含行业或者经营特点。

（5）公司名称中应体现企业的组织形式。对于公司而言，就是有限责任公司和股份有限公司。

三、拟定公司名称字号是否能与在先公司字号相同

公司名称是公司生产经营活动中与其他企业相互区别的称谓，是公司人格特定化的标志。这就要求公司名称需要有一定的识别度，需要与已经存在的公司名称有所区别。那么公司名称需要与其他企业名称区别到什么程度呢？拟定公司名称字号是否能与在先公司字号相同呢？

下面，我们就来具体分析这个问题：

根据《企业名称登记管理规定》第17条，除个别情况以外，在同一企业登记机关，申请人拟定的企业名称中的字号不得与同行业或者不使用行业、经营特点表述的企业名称中的字号相同。该规定的限定条件是在同一登记主

管机关辖区内。这就提示我们，如果在不同的登记主管机关管辖范围内是可以登记与同行业相同或近似名称的。比如：在北京已经登记了一家北京恒达食品有限公司，就不能在北京再登记一家北京恒达食品有限公司。但我们可以在另一个登记主管机关登记相同字号的食品有限公司，例如在天津登记一家天津恒达食品有限公司。我们看这两个公司的字号是完全相同的，都是"恒达"，只是登记的行政区划不同而已。在一般情况下，这种登记方式是被法律允许的。

但需要注意的是，如果已设立公司是同行业有一定知名度的公司，新设立公司与该公司字号相同，但不在同一行政区划内，新设立公司足以使相关公众对两者产生混淆或误认，影响正常市场竞争秩序的，新设立公司名称还是可能涉嫌不正当竞争。比如说北京有一家北京便宜坊烤鸭有限公司，因为该公司在同行业具有非常高的知名度并为相关公众所知悉。因此，其他无关联主体就不能在其他行政区域内再登记相同字号的公司名称，比如天津便宜坊烤鸭有限公司等。虽然两者的公司名称在行政区划上并不相同，但后者以"便宜坊"作为字号登记，必然会使相关公众误认为与北京便宜坊烤鸭有限公司存在某种特定联系或渊源。根据《反不正当竞争法》第6条规定，经营者不得实施下列混淆行为，引人误认为是他人商品或者与他人存在特定联系：……（二）擅自使用他人有一定影响的企业名称（包括简称、字号等）、社会组织名称（包括简称等）、姓名（包括笔名、艺名、译名等）。显然，该种企业名称"傍名牌"行为涉嫌不正当竞争，相关主体不仅可能面临民事赔偿，还有可能要受到行政处罚。

四、拟定公司名称字号是否能与在先注册商标相同

在法律上，公司名称是公司用以表明其法律地位和法人人格，并在其经营活动中与其他企业相区别的基本标志。公司对公司名称享有名称专用权；而注册商标是指商品的生产者、经营者或者服务的提供者，为了区分自己提供的商品或者服务，与其他生产者、经营者或者服务者提供的商品或者服务的不同，通过国家商标主管机关核准注册而使用的文字、图形、字母、数字、三维标志、颜色组合和声音等，以及上述要素组合的标志。所有者对注册商标享有商标专用权。

公司名称和注册商标的法律意义、发挥作用、获得方式、使用范围、保

护程度均不相同。一般情况下，拟定公司名称字号与在先注册商标完全属于不同行业，也不会导致公众混淆的情况下，是可以相同的。但《商标法》第58条规定，将他人注册商标、未注册的驰名商标作为企业名称中的字号使用，误导公众，构成不正当竞争行为的，依照《反不正当竞争法》处理。因此，如果公司名称与在先注册商标相同，但难以避免产生市场混淆或误认，影响正常市场竞争秩序的，就容易构成不正当竞争行为。该规定也提示我们，为更大范围保护企业名称专用权并防止第三方侵权或不正当竞争行为，企业可以同时将企业名称字号注册为商标。

另外，如果通过公司名称的突出使用，引人误认为与在先注册商标有特定的关联或渊源，造成市场混淆的，仍将涉嫌侵害他人商标权。这里的突出使用是指，在企业名称的使用过程中，通过字体、大小、颜色等将字号突出出来，从而将字号原本用于识别经营者身份的功能转变成商标的功能，使相关公众误以为该字号与某种注册商标商品或服务存在某种联系或渊源。需要注意的是，如果是公司名称的突出使用侵害注册商标专用权的，可以要求公司规范使用名称。而如果公司名称字号本身就侵害注册商标专用权的，公司就应停止使用该名称。

本节，我们讨论的是公司名称的合规要求与法律风险防范。在公司命名时，首先要确保公司名称符合法律规定，避免使用法律、行政法规以及其他国家规定禁止使用的名称。另外，公司也应关注公司名称字号是否涉嫌侵权或涉嫌不正当竞争问题。

第三节　公司住所的合规要求与法律风险防范

公司住所是公司设立登记事项之一。设立、变更公司住所均应符合相关法律规定，否则公司将承担不利的后果。本节，我们就来讨论公司住所的合规要求与法律风险防范。

一、公司住所的合规要求

（一）公司住所要进行登记

公司作为企业法人，应有自己的名称、组织机构、住所、财产。根据法律规定，公司应以其主要办事机构所在地为住所。我们认为，判断公司主要办事机构所在地应遵循"实质大于形式"的原则，主要通过公司决策机关所在地、公司主要业务部门所在地、公司主要商务活动所在地、公司员工主要工作地、公司主要办公场所等因素综合判断。另外，经公司登记机关登记的公司住所只能有一个，并且公司住所应当是在公司登记机关的辖区内。

（二）公司住所要记载于公司章程

公司住所记载于公司章程，才具有相应的法律效力。公司住所登记地址应与章程记载的地址保持一致。公司变更地址时，公司登记地址和章程记载地址要同时变更。

（三）公司住所登记地址要符合规定

在登记公司住所时，应关注公司登记机关辖区的公司住所登记政策。比如：有的地方出台限制利用住宅楼登记注册公司地址的政策；有的地方出台产业禁止和限制目录不予登记的政策；有的地方出台非法建筑、擅自改变房屋用途建筑不予登记住所的政策，等等。

（四）公司住所迁移的规定

公司变更住所或者主要经营场所跨登记机关辖区的，应当在迁入新的住所或者主要经营场所前，向迁入地登记机关申请变更登记。公司需要提交《市场主体迁移申请书》，迁入地登记机关开具准予迁入调档函后方可迁入。涉及登记变更事项的，应当在迁入同时申请办理变更登记。

二、公司应避免公司住所与实际经营地不一致

在实践中，出于经营成本或税收政策的考虑，公司住所与实际经营地不一致的情况十分常见。需要说明的是，公司住所与实际经营地不一致是指两者完全分离的情况。即公司在某地登记住所，但并不实际办公，而完全在异地开展生产、经营活动。这种现象是国家不允许的。这会给公司运营带来一定的风险。

（一）面临被列入异常经营名录、商誉受损的风险

若公司通过登记的地址或者经营地址无法取得联系，公司将被市场监督

管理部门列入异常名录，并在全国企业信用信息网上予以公示。公司一旦被列为经营异常名录，公司的商誉将受到损害，主要表现为：

后果一，列入经营异常名录记录将伴随"终生"。只要被列入经营异常名录，就要向社会进行公示，接受全社会的监督，即使恢复移出了经营异常名录，曾经被列入经营异常名录的痕迹仍将伴随"终生"。

后果二，政府部门实施信用联合惩戒。被列入经营异常名录的企业在申请办理各类登记备案事项、行政许可审批事项和资质审核、从业任职资格等有关事项时，行政管理部门将予以审慎审查。同时，根据《企业信息公示暂行条例》的相关规定，各级政府部门在政府采购、工程招投标、国有土地出让、授予荣誉称号等工作中，对被列入经营异常名录的企业依法予以限制或者禁入。

后果三，日常经营活动受限。目前，经营异常名录信息已被银行等金融机构作为贷款、担保、保险等商事活动的参考依据。对被列入经营异常名录的企业，金融机构可能因此而不受理其银行开户、贷款等业务。

后果四，信用受疑交易相对方拒合作。市场交易相对方在选择交易对象时，也会对被列入经营异常名录的商事主体进行更为严格的审查，甚至取消与其进行的合作。

（二）面临被行政处罚的风险

根据《市场主体登记管理条例实施细则》第72条，市场主体未按规定办理变更登记的，由登记机关责令改正；拒不改正的，处1万元以上10万元以下的罚款；情节严重的，吊销营业执照。由此可见，公司住所与实际经营地不一致，又不变更登记住所的，将面临行政处罚。需要注意的是，随着国家营商环境的不断优化，国家开始放开对多地经营的政策限制。比如：《北京市优化营商环境条例》第12条第1款第5项就规定，市场主体可以在登记住所以外的场所开展生产经营活动，但是应当通过企业信用信息系统自行公示实际生产经营场所的地址。

（三）面临丧失诉讼权利的风险

公司住所是确定案件管辖法院的依据之一，也是接收诉讼法律文书的地址之一，还是确定合同履行地的重要依据之一，因此，公司住所在诉讼中十分重要。比如：我国民事诉讼法中有"原告就被告"的一般诉讼管辖原则。也就是，当公司是被告时，原告有可能要到被告所在地进行诉讼。被告所在地一般也就是指公司的住所。法院的起诉书和传票等法律文书都有可能直接寄到公司的住所。而如果公司的住所与实际经营地不一致，公司就有可能无法收到以上法律文书，公司也就有可能丧失起码的应诉权。

本节，我们讨论的是公司住所的合规要求与法律风险防范。在选择公司住所时，首先要确保所选择的地址可以办理住所登记手续，公司住所应与将来实际经营地保持一致。另外，在公司住所与实际经营地不一致时，应及时办理公司住所变更手续。公司变更住所的，公司登记地址和章程记载地址应同时变更。

第四节　公司经营范围的合规要求与法律风险防范

公司经营范围是指国家允许公司生产和经营的商品类别、品种及服务项目，反映公司业务活动的内容和生产经营方向，是公司业务活动范围的法律界限，体现公司民事权利能力和行为能力的核心内容。那么公司登记经营范围应注意哪些事项？公司超出登记经营范围签订的合同是否有效呢？本节，我们就来讨论公司经营范围的合规要求与法律风险防范。

一、公司登记经营范围的合规要求

经营范围是公司从事经营活动的业务范围。根据《市场主体登记管理条例实施细则》等相关规定，我们认为在登记公司经营范围时，应该注意以下几个问题：

（1）公司登记的经营范围应当与章程规定相一致。同时，公司登记的经营范围一定要和实际经营的范围保持一致，否则就会出现超范围经营的情况。

（2）申请人应当按照国家市场监督管理总局发布的经营范围规范目录，根据市场主体主要行业或者经营特征自主选择一般经营项目和许可经营项目，申请办理经营范围登记。

（3）在公司登记的经营范围中存在前置许可经营项目的，应当在申请登记前报经有关部门批准后才能办理公司登记。而在经营范围中存在后置许可经营项目的，在办理完毕公司登记后，应当报经有关部门批准方可开展后置许可经营项目的经营活动。需要注意的是，随着国家营商环境的不断优化，大量公司设立登记前置审批已经调整或明确为后置审批事项。因此，在公司登记时，应查阅最新的公司登记前置审批事项目录。

（4）公司的经营范围应当包含或者体现公司名称中的行业或者经营特征。如果是跨行业经营的公司，其经营范围中的第一项经营项目所属的行业为该公司的行业。需要注意的是，这一点非常重要。公司经营范围的排序体现了公司的主营业务，而主营业务的认定又与公司业务开展、投融资以及税务负担等有一定关系。因此，申请人在选择多项经营项目时，应把主营业务列到第一位。

（5）分公司的经营范围不得超过总公司的经营范围。

以上是关于公司登记经营范围应注意的事项。尤其是公司应根据实际经营情况确定公司的经营范围。否则，很有可能涉及超范围经营情况或影响税负承担。

二、超出公司登记经营范围签订合同的效力

《民法典》第505条规定，当事人超越经营范围订立的合同的效力，应当依照本法第一编第六章第三节和本编的有关规定确定，不得仅以超越经营范围确认合同无效。

根据该规定，公司超范围经营签订的合同并不当然被认定为无效。《民法典》第153条规定，违反法律、行政法规的强制性规定的民事法律行为无效。但是，该强制性规定不导致该民事法律行为无效的除外。一般民法理论认为，强制性规定又分为效力性强制性规定和管理性强制性规定，只有违反效力性强制性规定的民事法律行为才无效。而根据原《合同法司法解释（一）》（失效）第10条规定，超范围经营可分为：一般超范围经营；国家限制经营、特许经营以及法律、行政法规禁止经营。公司超越一般经营范围签订的合同，只是违反管理性强制性规定，并不导致合同当然无效。而如果公司超越经营范围签订的合同，违反国家限制经营、特许经营以及法律、行政法规禁止经营规定的，因违反效力性强制性规定，就应当被认定为无效。比如说：设立

金融机构，需要金融监管部门审批，未经审批就对外放贷的，显然相应的贷款合同就应被认定无效。再比如：民办学校属于特许经营，必须经过相关部门审批，且应当在办学许可证规定的范围内从事教育，若未经审批或者超出办学许可证范围订立教育培训合同，应当被认定为无效。

本节，我们讨论的是公司经营范围的合规要求与法律风险防范。在设立公司时，我们应了解公司登记经营范围的合规要求，避免因公司经营范围设置不当而产生的法律风险。在公司经营过程中，公司也应关注是否存在超出公司登记经营范围签订合同问题，避免违反国家限制经营、特许经营以及法律、行政法规禁止经营规定而签订合同的行为。

第五节　认缴出资的合规要求与法律风险防范

自 2013 年我国修改了《公司法》，将注册资本实缴制改为注册资本认缴制。那么，什么是注册资本认缴制？股东滥用注册资本认缴制会带来什么风险？投资人又该如何选择恰当的出资数额和设定恰当的出资期限呢？本节，我们就来讨论认缴出资的合规要求与法律风险防范。

一、什么是注册资本认缴制

注册资本是投资人向公司投入的资本，是公司赖以生存的物质基础，是公司对外承担债务的重要保障，也是划分投资者权益的主要依据。因此，注册资本对于公司来说，有着非常重要的意义。

我国原先实行的是注册资本实缴制。也就是，法律规定了公司的最低注册资本，同时规定注册资本必须在法定时间内全部出资完毕。而在 2013 年我国修改了公司法，将注册资本实缴制改为注册资本认缴制。2014 年，国务院印发了《注册资本登记制度改革方案》。该方案规定公司开始实行注册资本认缴登记制。公司股东认缴的出资总额或者发起人认购的股本总额应当在公司登记管理部门进行登记。公司股东应当对其认缴出资额、出资方式、出资期限等自主约定，并记载于公司章程。有限责任公司的股东以其认缴的出资额为限对公司承担责任，股份有限公司的股东以其认购的股份为限对公司承担责任。公司应当将股东认缴出资额或者发起人认购股份、出资方式、出资期限、缴纳情况通过市场主体信用信息公示系统向社会公示。公司股东对缴纳出资情况的真实性、合法性负责。

至此，我国取消了有限责任公司最低注册资本 3 万元、一人有限公司最低注册资本 10 万元、股份有限公司最低注册资本 500 万元的限制。除特殊类型公司外，国家不再限制公司设立时全体股东的首次出资比例，不再限制公司全体股东的货币出资金额占注册资本的比例，不再规定公司股东缴足出资的期限。同时，公司实收资本不再作为公司设立登记事项。公司设立登记时，也无须提交验资报告。

以上改革措施极大地放宽了政府对市场主体准入的管制，降低了准入门槛，优化了营商环境，促进了市场主体的快速发展。但公司投资人认缴公司出资时，也一定要知晓相应的责任和风险。

二、股东滥用注册资本认缴制的法律风险

《公司法》第 3 条第 2 款规定，有限责任公司的股东以其认缴的出资额为限对公司承担责任；股份有限公司的股东以其认购的股份为限对公司承担责任。

公司投资人应特别注意以上条款的法律用语，也就是股东是以认缴而非实缴的出资额为限对公司承担责任。认缴是什么？认缴是股东承诺向公司缴纳的注册资本。一些股东认为，既然投资可以只是一个承诺，反正也不用实际向公司缴纳投资，那就多承诺一些好了，让公司显得更有实力一些。然而，股东滥用注册资本认缴制会给自身带来巨大的风险。我们曾见过多个案例，公司的规模很小、业务量也不大，而注册资本动辄上千万甚至是上亿。但实际上，股东可能一分钱都没有出资，全都是认缴。但请注意"说大话"是真的要负责任的。负什么责任呢？我们来举例说明。比如：A 是一家有限责任公司，张三向公司实际投入了 100 万作为公司的注册资本，而李四向公司认缴了 900 万元作为公司注册资本，但实际一分钱没有投入。在此时公司的注册资本就是 1000 万元。张三持有公司 10% 的股权，虽然李四一分钱没有出却持有了公司 90% 的股权，看来李四是占了大便宜。然而，如果现在 A 公司对外开展业务负债 2000 万元。首先 A 公司是承担这 2000 万元的债务责任主体。我们再来看一下张三和李四，张三实际向 A 公司缴纳了 100 万元，张三就以

其向 A 公司缴纳的 100 万元承担公司的债务，超过这 100 万元的债务，张三就没有任何责任；而作为李四，虽然李四承诺向公司出资 900 万元，但其一分钱没出。在此时，李四就要以其承诺的 900 万元为限承担公司的债务。而如果李四的牛吹得再大一点，向公司承诺出资 1 个亿。那么，李四就要在这一个亿的范围内承担公司的债务责任，显然李四对公司 1 个亿的出资承诺已经覆盖了 A 公司 2000 万元的债务。理论上，李四就应该在这 1 个亿的承诺出资范围内承担 A 公司的债务。当然，《九民会议纪要》第 6 条规定了股东认缴出资期限对股东债务承担的影响。但无论如何，本来股东对公司承担的是有限责任，而如果股东任意放大认缴出资的数额，股东的有限责任将形同虚设。因此，在认缴出资时，股东应根据企业运营需求、自身资金能力等因素选择恰当的出资数额、出资期限。

三、选择恰当的出资数额和设定恰当的出资期限

前文提到，股东任意放大认缴的出资数额，股东的有限责任将大打折扣。那么，为了规避股东的法律责任，是否就要尽可能地降低认缴的出资额呢？当然不是。我们说，虽然理论上"1 元钱"公司也是可以设立的，但公司的注册资本过低，就意味着公司的资金实力弱，无法保障债权人的利益。如果潜在的商业伙伴认为这样的公司合作风险太大，该公司就将丧失很多商业机会。

因此，在选择注册资本数额以及设定出资期限时，股东应根据实际情况综合分析。我们认为应至少从以下几个方面考虑：

（1）要了解法律、法规对公司所属行业及经营范围的注册资本数额是否有强制性的要求。如果有要求，则必须满足相应的基本要求。比如：证券类公司、基金类公司、信托公司、商业银行、金融租赁公司、保险类公司等均有最低注册资本和实缴资本的强制性要求。

（2）股东应根据公司的发展规划、本行业的特点、公司成立后具体的资金需求出发，来确定适合的注册资本规模。

（3）股东出资时也应考虑出资期限，也就是出资的节奏。我们说，注册资本最大的作用还是为公司经营提供必要的资金支持。因此，出资时间并非越长越好，对公司而言，约定太长的出资期限并没有实际意义。出资期限应

当根据公司的经营需要合理设置，股东应预判公司的发展速度，进而确定一个合适的资金需求期限，再根据资金需求情况确定出资期限。当然，股东可以在经营过程中根据实际情况变更出资期限，对公司章程中的出资期限条款进行修改，提前完成出资或者延后出资。

本节，我们讨论的是认缴出资的合规要求与法律风险防范。在设立公司时，股东应了解注册资本认缴制的特点，避免滥用注册资本认缴制而给自身带来不必要的法律风险。另外，公司和股东也应恰当确定注册资本数额和出资期限，既要考虑满足公司实际经营需要，也要考虑避免资金闲置、浪费等问题。

第六节　各种出资形式的合规要求与法律风险防范

依照法律规定，股东可以用货币出资，也可以用实物、知识产权、土地使用权等非货币财产作价出资。非货币财产出资应该满足两个基本条件：一是可以评估作价，也就是非货币财产本身应具有一定的价值；二是该财产可以依法转让。而诸如劳务、信用、自然人的姓名、企业商誉、特许经营权等因其具有人身依附性、无法转让，就不能作为非货币财产作价出资。本节，我们就来讨论各种出资形式的合规要求与法律风险防范。

一、股东以货币出资的合规要求

在各种出资形式中，货币出资是最直接的出资方式。根据最新的《公司法》及配套制度规定，除特殊公司类型外，货币出资已经不再需要进行验资即可完成。但不进行验资并不代表降低了对股东出资的形式要求。恰恰相反，股东更应规范地履行出资义务，否则，就有可能会出现瑕疵出资的风险。比如：股东已经实际对公司出资，但是通过他人向公司出资；或者是在出资时，股东只是将现金交给公司的某个员工，但该员工并没有实际入账，而直接将现金用于公司的日常经营活动；再或者，股东向公司汇款时，并未注明资金的用途或者是注明货款、来往款，等等。如果出现以上情况，在没有验资证明的情况下，股东就很难证明该款项是股权投资款。而一旦股东之间发生了纠纷或者公司与债权人之间发生纠纷，其他股东或者债权人就有可能认为该股东并未对公司实际投资，而要求该股东补足出资以及在认缴未缴出资范围内承担债务责任。因此，如果股东出资行为不规范，是存在相应法律风险的。

那么，如何来规避该等法律风险呢？我们认为应从以下几个方面入手：

（1）股东应当按期足额缴纳公司章程中规定的认缴出资额，将货币出资足额存入公司的入资专用银行账户。

（2）为了证明股东已经实际出资，股东一定要以自己名义汇款并转账到公司入资专用银行账户，而不要通过他人账户代转或者转到公司入资专用银行账户以外的账户上。

（3）股东一定要在汇款凭证上注明，该汇款是用于公司的股权投资款或注册资本金等字样，并妥善保存该汇款凭证。

（4）入账后，出资款应在公司财务账目中反映出来，公司应向股东签发注册资本已经实缴到账的证明材料，由股东妥善保存。

（5）如投资数额较大，建议还是要聘请专业机构进行验资并出具验资报告，以此来体现股东真实出资情况。

二、股东以实物出资的合规要求

实物出资是指股东对公司的出资是以实物形态体现。一般情况下，实物应是公司生产经营所必需的房地产、设备、原材料或者其他物资。实物出资必须评估作价，核实财产价值，不得高估或者低估作价。对于国家行政事业单位、社会团体、企业以国有资产为实物出资的，实物作价结果应由国有资产管理部门核资、确认。而如果在公司成立后，发现作为出资的实物实际价额显著低于公司章程所定价额的，应当由交付该出资的股东补足其差额。

在实物出资转移交付时，应注意以下几个问题：

（1）公司与股东应签署实物资产交接清单。交接清单所列的实物名称、规格、数量、质量和作价依据等内容应齐全，同时与相关的合同、章程、协议的内容保持一致。

（2）股东以国有实物资产投入的，应验证其主管部门和国有资产管理部门审批的财产转移申报表、资产评估报告书及确认文件，并注意产权过户手续是否及时办理。

（3）会计凭证上记录的固定资产、存货应与实物投资保持一致，同时以办理实物投资交接手续和过户手续时间作为投资的入账时间，以交接清单中的品名、规格、数量、价格作为入账依据，登记到有关的总账和明细账科目中。

（4）股东以实物出资同样应当由公司签发出资证明书。记录股东的姓名或者名称、实物出资对应的出资额及出资日期并由公司盖章，由股东妥善保存。

三、股东以知识产权出资的合规要求

知识产权是指权利人对智力劳动成果所依法享有的专有权利，主要包括著作权、专利权、商标权和商业秘密等。知识产权有几项重要特点：一是财产性；从本质上来说知识产权是一种无形财产权，是创造性的智力劳动所产生的智力成果。虽然知识产权属于无形财产，但都具有一定的使用价值，而有一些重大的专利技术、驰名商标或作品的价值甚至要远远高于房屋、汽车等有形财产。二是专有性；知识产权只有权利人才能享有，他人未经权利人的许可不得任意使用。三是地域性；知识产权只能在一定的区域、一定的范围内得到法律保护。如果需要扩大保护范围，就需要依据相应的保护规则采取相应的措施。四是时间性；知识产权只有在一定的期限内有效，无法永远存续。也就是法律只在一定的期限内对知识产权予以保护，超过该法定期限，知识产权就不再受法律的专有保护，而成为社会的共同财富，为人们自由使用。正是基于以上特点，股东以知识产权出资就存在权属认定难度大、评估价值不确定、转让手续复杂、容易灭失等法律风险。

在知识产权作价出资时，应注意以下几个问题：

（一）入资前，应审核知识产权是否为股东专有

我们说，股东应以其自有的财产出资。而知识产权属于无形资产，其权属认定存在一定的难度。比如：发明专利、专有技术的权属认定就存在是职务行为还是个人行为，是合作开发还是委托开发的问题。因此，在以知识产权入资前，公司一定要对该知识产权的权属进行严格的审核。同时在签署知识产权转让协议时，股东应在协议中承诺对该知识产权享有专属权和处分权，否则应承担相应的违约责任等。

（二）入资前，应评估知识产权的时效风险

商标、专利、著作都有一定的时效性，如果法律保护期限届满或即将到期，该知识产权的财产价值将大打折扣。比如：A 公司想利用股东的某项专利以提升产品的核心竞争力。但该专利马上就要到期，股东将该专利作价入股后，实际上对公司产品价值提升也不会起到相应的作用。因此，入资前，公司应评估知识产权的时效风险。

（三）应聘请专业的评估机构对知识产权价值进行评估

知识产权作价入资，应由专业的评估机构进行价值评估。评估前，应签署评估委托书，约定评估委托人、评估目的、评估基准日、评估方法等。其中，评估委托人一般情况下是持有该知识产权的股东。然而，我们建议可以由全体股东共同委托或者在评估完成以后由全体股东共同签字。这样做是为了尽量减少争议的发生。比如：张三以某项专利入股 A 公司，经依法评估的价值为 1000 万元。两年以后，A 公司因经营不善，股东之间发生争议。李四随聘请评估机构对该专利重新进行评估，评估的价值为 500 万元。由此，李四可能会认为张三的专利评估存在水分，该专利并未提升公司的产品价值，是造成公司经营发生困难的主要原因。如果张三在专利入股时，由全体股东对该专利的价值进行相应的确认，李四在两年后实际上也应无话可说。当然，即便李四当初没有对专利价值签字确认，李四的说法也是站不住脚的。原因是根据《公司法司法解释（三）》第 15 条规定，出资人以符合法定条件的非货币财产出资后，因市场变化或者其他客观因素导致出资财产贬值，公司、其他股东或者公司债权人请求该出资人承担补足出资责任的，人民法院不予支持。因此，知识产权入资后价值的降低并不属于股东出资不实。但为防止不必要的纠纷，我们还是建议由全体股东对评估报告结果予以签字确认。

（四）根据知识产权的属性，按照法定的程序办理转让手续

不同的知识产权办理转让手续是不同的。商标权、专利权、版权均需要办理变更登记手续，专有技术变更需要签署转让合同等。根据《公司法司法解释（三）》第 10 条规定，如果相应知识产权已经交付公司使用，但没有办理变更手续，公司、其他股东或者公司债权人主张认定出资人未履行出资义务的，人民法院应当责令当事人在指定的合理期间内办理权属变更手续。

（五）公司应签发出资证明书

股东以知识产权出资同样应当由公司签发出资证明书。记录股东的姓名或者名称、知识产权出资对应的出资额及出资日期并由公司盖章确认，由股东妥善保存。

综上，股东以知识产权出资，应核实知识产权的权属是否存在争议、知识产权的期限，并依法进行评估、办理转让手续，最后要签署出资证明书。

四、股东以土地使用权出资的合规要求

在我国，土地可分为国家所有和集体所有两种形式，其他主体对土地的使用都是国有土地所有权或集体土地所有权派生出来的权利。当公司以土地出资的时候，所出资的标的物也是土地的使用权而非所有权。

下面，我们就来讨论股东以土地使用权出资时，应注意的几个问题：

（一）入资前，应审查土地使用权是否存在权利瑕疵

（1）审查股东是否持有土地使用权证。如该宗土地是村民集体用地或者是租用他人土地，就根本不能用于作价出资。

（2）审查土地使用权是否为股东单独所有，还是与他人共同或按份共有。如为共同共有，则股东无法单独出资。

（3）审查土地是划拨方式，还是出让方式取得。如是划拨方式取得，一般无法作价入资，需变更为出让方式。

（4）审查土地使用权的用途是工业、商业还是居民住宅用地等。公司应根据土地用途来决定该宗土地是否能用于公司经营目的。

（5）审查土地相关税费是否支付完毕，如未支付完毕应予以补足。

（6）审查土地使用权是否存在抵押、查封等无法过户情况等。

（二）入资前，应对土地使用权进行价值评估

土地使用权作价入资，同样应由专业的评估机构进行价值评估。根据《公司法司法解释（三）》第9条规定，出资人以非货币财产出资，未依法评估作价，公司、其他股东或者公司债权人请求认定出资人未履行出资义务的，

人民法院应当委托具有合法资格的评估机构对该财产评估作价。评估确定的价额显著低于公司章程所定价额的，人民法院应当认定出资人未依法全面履行出资义务。因此，土地使用权作价出资应进行价值评估。同样，为防止不必要的纠纷，我们还是建议由全体股东对评估报告结果予以签字确认。

（三）入资时，应完成土地使用权的变更登记手续

股东以土地使用权出资，应当办理过户登记手续。土地使用权只有从股东变更到公司名下才完成入资手续。否则，如果股东仅是将土地提供给公司使用，该入资手续就根本没有完成。另外，我们建议，为了督促股东及时完成过户手续，应在土地转让协议中约定逾期过户的违约责任。

（四）以土地使用权作价出资应考虑税费负担问题

因土地使用权一般价值巨大，在过户时面临高额税务负担。因此，在协商以土地使用权过户时，应考虑税务负担问题。目前，以土地使用权作价出资存在一些税务减免的情况。另外，通过其他间接方式代替土地使用权直接入股，也可以达到降低税负的目的。

（五）入资后，应由公司签发出资证明书

股东以土地使用权出资同样应当由公司签发出资证明书。记录股东的姓名或者名称、土地使用权出资对应的出资额及出资日期并由公司盖章确认，由股东妥善保存。

综上，土地使用权存在权属情况复杂、转让手续繁琐、转让税务负担较重等特点。我们建议，在入资时，公司可委托律师、会计师等专业人员对相关土地权属情况进行必要的尽职调查、税务筹划并制定完善的土地使用权转让合同，以此来规范入资行为、降低可能的法律风险。

五、股东以股权出资的合规要求

股权是股东基于股东资格而享有的权利，是股东参与公司经营管理活动，并从公司获得经济利益的权利。同其他非货币财产一样，股权具有经济价值并可以依法转让。因此，股权同样可以作为非货币财产作价出资，而相应的股权关系也随之发生变化。我们来举例说明，比如：张三原持有 A 公司 40%

的股权。而现在张三要和李四共同成立一家 B 公司，张三就以其持有 A 公司的全部股权作价入资 B 公司，并持有 B 公司 30% 的股权。入资后，张三持有 A 公司 40% 股权全部入资到 B 公司，张三就不再持有 A 公司任何股权，此时，张三仅持有 B 公司 30% 的股权，而 B 公司获得张三原持有 A 公司的股权后，B 公司就直接持有了 A 公司 40% 的股权。

下面，我们来具体了解一下以股权作价出资应注意的问题：

（一）入资前，应审核作价出资的股权是否存在权利瑕疵

（1）作价出资的股权是否为股东实际持有，是否存在隐名股东等代持股情况。

（2）作价出资的股权对应的出资是认缴还是实缴，是否存在出资不足或抽逃出资的情况。

（3）作价出资的股权是否存在股权质押、查封等无法转让的情形。

（二）入资前，应对作价出资的股权进行价值评估

股权作价入资，应由专业的评估机构进行价值评估。同样，为防止纠纷的发生，在评估后，应由全体股东对评估报告结果予以签字确认。

（三）入资时，应完成股权变更登记手续

与其他的非货币财产作价出资相比，股权作价出资就更为复杂。股东要完成出资程序，就需要将持有其他公司的股权变更到现投资公司的名下。本质上，这种变更就是股权转让行为，应符合公司法相关规定。根据《公司法》第 71 条第 2 款规定，股东向股东以外的人转让股权，应当经其他股东过半数同意。股东应就其股权转让事项书面通知其他股东征求同意，其他股东自接到书面通知之日起满三十日未答复的，视为同意转让。其他股东半数以上不同意转让的，不同意的股东应当购买该转让的股权；不购买的，视为同意转让。因此，在以股权作价出资时，股东应履行相应的手续。我们还是以前面的例子进行说明：张三想以持有 A 公司 40% 的股权入股 B 公司，张三就要征得 A 公司其他股东同意，只有在 A 公司其他股东过半数同意或者视为同意的情况下，张三才能将持有 A 公司股权作价出资到 B 公司。同时，股权转让还要履行召开临时股东会、签署股权转让协议、修改公司章程等一系列的程序。

（四）入资后，应由公司签发出资证明书

股东以股权出资同样应当由公司签发出资证明书。记录股东的姓名或者名称、股权对应的出资额及出资日期并由公司盖章确认，由股东妥善保存。

综上，因股权存在权利瑕疵风险、变更手续复杂的特点，我们也是建议，在入资时，委托律师等专业人员对股权情况开展尽职调查，制定完善的股权转让合同，并最终协助完成股权转让变更手续。

六、股东以债权出资的合规要求

债权出资是股东以其对公司或对第三人享有的债权作为出资而获得股东身份的方式。从债权形成来源上，股东债权出资可以分为两种情况：

一种情况是股东对公司以外的第三人享有的债权，股东以对第三人享有的债权出资公司。这种情况非常复杂。这是因为，对公司来说，该债权存在诸多不确定因素。比如：该债权是否真实存在、是否已经到期、是否存在时效风险、是否存在抵销事项、是否存在权利负担、是否可以最终实现等。因此，对于这种情况，以债权入资存在巨大的法律风险。

另一种情况是股东对公司本身就享有债权，股东以其对公司享有的债权转换成对公司享有的股权。由于公司只有在成立后才能和股东形成债权、债务关系，因此，并不存在设立公司时就以股东对公司债权作价入资问题。这种情况只存在于股东对已经存在的公司享有债权，双方商定将该债权转换成股权。在这种情况下，股东与公司之间对该债权关系是明确的，并且双方对债权的期限、时效、权利负担等均已达成了一致，同时，债权转股权的过程实际上就是债权履行的一个过程。因此，该种债转股的过程比第一种情况风险要小得多。

债转股一般适用的范围包括三种情况：

第一种情况是公司经营中债权人与公司之间产生的合同之债转为公司股权，债权人已经履行债权所对应的合同义务，且不违反法律、行政法规或者公司章程的禁止性规定。

第二种情况是人民法院生效裁判确认的债权转为公司股权。

第三种情况是公司破产重整或者和解期间，列入经人民法院批准的重整

计划或者裁定认可的和解协议的债权转为公司股权。

用以转为股权的债权，应当经依法设立的资产评估机构评估。债权转股权的作价出资金额不得高于该债权的评估值。

另外，根据《上市公司证券发行管理办法》，上市公司可以发行可转换公司债券。可转换债券是指发行公司依法发行、在一定期间内依据约定的条件可以转换成股份的公司债券。实际上，当条件满足时，若债券持有人选择将债券转为股票，即是选择将以其对发行该可转换公司债券的上市公司享有的债权转为对该上市公司的出资。我们看，在这种情况下，债转股变成了一种金融产品。

总之，股东以债权入资的问题，涉及情况比较复杂，应根据具体情况具体分析。

本节，我们讨论的是各种出资形式的合规要求与法律风险防范。股东应了解所出资形式在出资时应注意的问题，避免因不规范出资而给自身带来不必要的风险。

第七节　股东出资行为的合规要求与法律风险防范

股东不合规出资行为包括以不享有处分权的财产出资、未全面履行出资义务、抽逃出资等情形。股东不合规出资行为会影响到公司正常开展经营活动、公司债务偿付能力以及股东权益的确认和行使等事项。本节，我们就来讨论股东出资行为的合规要求与法律风险防范。

一、股东以不享有处分权的财产出资是否无效

根据法律规定，股东可以用货币、实物、知识产权、土地使用权甚至是股权或者债权对公司进行出资。但出资的前提是，股东应对出资财产或财产性权益享有处分权，否则，该等出资行为即存在瑕疵。那么，股东用不享有处分权的财产出资的法律效力如何认定呢？

《公司法司法解释（三）》第7条第1款规定，出资人以不享有处分权的财产出资，当事人之间对于出资行为效力产生争议的，人民法院可以参照《民法典》第311条的规定予以认定。《民法典》第311条规定，无处分权人

将不动产或者动产转让给受让人的，所有权人有权追回；除法律另有规定外，符合下列情形的，受让人取得该不动产或者动产的所有权：①受让人受让该不动产或者动产时是善意；②以合理的价格转让；③转让的不动产或者动产依照法律规定应当登记的已经登记，不需要登记的已经交付给受让人。受让人依据前款规定取得不动产或者动产的所有权的，原所有权人有权向无处分权人请求损害赔偿。

根据以上规定，股东以不享有处分权的财产出资分为两种情况：

一种情况是，在一般情况下，股东将本不属于自己的不动产或者动产作为出资转让给公司，该财产的所有权人有权将该财产予以追回。此时，股东并未完成对公司的出资，股东负有补足出资的义务。

而另一种情况，我们称之为善意取得。也就是如果公司是在善意取得投资人所投资财产的情况下，原财产所有权人就无权向投资人或者公司主张返还该财产。此时，原财产所有权人只能向处分其财产的投资人主张损失赔偿责任。但法律对善意取得有着非常严格的规定，需满足以下三个条件：一是公司在取得投资人投资的不动产或者动产时，并不知道投资人是以第三人的财产进行投资。而如果公司明知该财产不是投资人的财产，仍然故意接受的，这种情况就不构成善意取得。二是公司应以合理的价格取得。比如：投资人以第三人一辆市场价100万元的汽车投资于公司，但仅仅作价10万元。在这种情况下，公司就不构成善意取得。三是转让的不动产或者动产依照法律规定应当登记的已经登记，不需要登记的已经交付给受让人。比如：投资人以第三人的一张字画向公司作价出资，该字画并不需要在任何部门办理转移登记，投资人只需要将该字画交付给公司，就完成了转移交付。而如果投资人以第三人的房屋、汽车、股权等作价出资，投资人就需要将该房屋、汽车、股权等变更登记到公司的名下，才完成了以上财产的转移交付。以上就是公司善意取得应当满足的三个条件，并且该三个条件应当同时满足。比如：投资人以第三人的汽车作价出资一个公司。首先，该公司应并不知道该汽车是第三人的财产；其次，汽车作价出资的价格并不明显低于市价；最后，投资人已经将该汽车变更登记到公司名下。只有同时满足以上三个条件，公司才构成善意取得，第三人就无权要求投资人和公司返还该汽车，而第三人只能向投资人主张损失赔偿责任。这里就出现一个问题，汽车登记的是第三人的名字，公司怎么可能不知道股东无权处分呢？我们说，这种情况还真有可能。比如：现在北京有车辆限购政策，就存在大量借名买车的情况，实际上，汽车所有权人和登记人是分离的，就有可能发生以上风险。

另外，如果股东是以贪污、受贿、侵占、挪用等违法犯罪所得货币出资后取得股权的，对违法犯罪行为予以追究、处罚时，同时，采取拍卖或者变卖的方式处置其股权。在这种情况下，法律应当剥夺股东对公司享有的股权利益。

二、股东未全面履行出资义务的情形及司法处理原则

下面，我们结合《公司法司法解释（三）》来介绍股东未全面履行出资义务，发生争议的司法处理原则。

（1）股东以划拨土地使用权出资，或者以设定权利负担的土地使用权出资，公司、其他股东或者公司债权人主张认定股东未履行出资义务的，人民法院应当责令当事人在指定的合理期间内办理土地变更手续或者解除权利负担；逾期未办理或者未解除的，人民法院应当认定股东未依法全面履行出资义务。

划拨土地是指土地使用者通过除出让土地使用权以外的其他各种方式依法取得的国有土地使用权。包括在土地使用者缴纳补偿、安置等费用后将该幅土地交付其使用，或者将土地使用权无偿交付给土地使用者使用的行为。以上两种情况，土地的使用者均未缴纳土地使用权出让金。由于土地的使用者几乎是无偿在使用相应的土地，因此，法律规定，未经许可划拨土地不得进行转让、出租、抵押等经营活动。显然，股东也不得以划拨土地使用权作价出资公司，而只能将划拨土地变更为出让土地后，才能够作价出资。而另一种情况是，土地一旦设立权利负担，比如：进行了抵押、查封，该宗土地也将无法办理过户手续，而只有在解除权利负担后才能够办理相关的出资手续。

（2）股东以非货币财产出资，未依法评估作价，公司、其他股东或者公司债权人请求认定股东未履行出资义务的，人民法院应当委托具有合法资格的评估机构对该财产评估作价。评估确定的价额显著低于公司章程所定价额的，人民法院应当认定股东未依法全面履行出资义务。

（3）股东以房屋、土地使用权或者需要办理权属登记的知识产权等财产出资，已经交付公司使用但未办理权属变更手续，公司、其他股东或者公司债权人主张认定股东未履行出资义务的，人民法院应当责令当事人在指定的合理期间内办理权属变更手续；在前述期间内办理了权属变更手续的，人民法院应当认定其已经履行了出资义务；股东主张自其实际交付财产给公司使用时享有相应股东权利的，人民法院应予支持。股东以前款规定的财产出资，已经办理权属变更手续但未交付给公司使用，公司或者其他股东主张其向公司交付、并在实际交付之前不享有相应股东权利的，人民法院应予支持。

（4）股东以其他公司股权出资，符合下列条件的，人民法院应当认定股东已履行出资义务：①出资的股权由股东合法持有并依法可以转让；②出资的股权无权利瑕疵或者权利负担；③股东已履行关于股权转让的法定手续；④出资的股权已依法进行了价值评估。

股权出资不符合以上前三项的规定，公司、其他股东或者公司债权人请求认定股东未履行出资义务的，人民法院应当责令该股东在指定的合理期间内采取补正措施，以符合上述条件；逾期未补正的，人民法院应当认定其未依法全面履行出资义务。

股权出资不符合以上第四项的规定，公司、其他股东或者公司债权人请求认定股东未履行出资义务的，股东以非货币财产出资，未依法评估作价，公司、其他股东或者公司债权人请求认定股东未履行出资义务的，人民法院应当委托具有合法资格的评估机构对该财产评估作价。评估确定的价额显著低于公司章程所定价额的，人民法院应当认定股东未依法全面履行出资义务。

以上是股东未全面履行出资义务的情形及司法处理原则。

三、股东未全面履行出资义务，可以由谁来主张权利

我国实行注册资本认缴制，但认缴并不代表不缴，股东应根据公司章程所确定的出资期限、出资数额完成实际出资。而如果公司股东未能按期、足额完成出资，就应承担相应出资不足的责任。

下面，我们来讨论股东未全面履行出资义务，可以由谁来主张权利问题：

（1）如果股东未履行或者未全面履行出资义务，公司或者其他股东有权要求该股东向公司依法全面履行出资义务。由于股东未履行或未全面履行出

资义务，会影响到公司的正常经营，同时也是对其他已经全面履行出资义务股东合法权益的侵害。因此，公司以及其他股东均可以要求该股东依法全面履行出资义务。

（2）公司债权人有权要求未履行或者未全面履行出资义务的股东在未出资本息范围内对公司债务不能清偿的部分承担补充赔偿责任。由于股东未履行或未全面履行出资义务，会影响到公司对外债务承担能力，从而侵害到公司债权人的利益。因此，债权人有权要求未全面出资股东承担赔偿义务，但该股东只在未出资本息范围内承担赔偿责任，超出该范围的部分，该股东不负赔偿义务。

（3）股东在公司增资时未履行或者未全面履行出资义务，公司、其他股东或者公司债权人有权要求未尽忠实义务和勤勉义务的董事、高级管理人员承担相应责任，董事、高级管理人员承担责任后，可以向未履行或者未全面履行出资义务的股东追偿。在此种情况下，董事、高级管理人员承担责任需满足两个条件：一是股东只有在公司增资时未履行或者未全面履行出资义务的，董事、高级管理人员才应承担相应的责任，而如果股东不是在公司增资时未全面履行出资义务，公司董事、高级管理人员就不负相应的责任；二是董事、高级管理人员只有在未尽忠实、勤勉义务的情况下，才负有相应的责任，而如果董事、高级管理人员已经尽到忠实、勤勉义务，也就无须承担相应责任。另外，当公司董事、高级管理人员承担责任以后，还可以向相应股东进行追偿。

（4）股东未履行或者未全面履行出资义务，公司可以根据公司章程或者股东会决议对其利润分配请求权、新股优先认购权、剩余财产分配请求权等股东权利作出相应的合理限制。

（5）有限责任公司的股东未履行出资义务，经公司催告缴纳，其在合理期间内仍未缴纳的，公司可以以股东会决议方式解除该股东的股东资格。该股东资格被解除时，公司应当及时办理法定减资程序或者由其他股东或者第三人缴纳相应的出资。

综上，股东未履行或未全面履行出资义务，公司、公司其他股东以及公司的债权人均可以向该股东主张权利。而如果公司董事、高级管理人员未尽忠实、勤勉义务的，也有可能要承担相应的责任。

四、未完全实缴出资的股东转让股权后，出资义务由谁来承担

未完全实缴出资的股东转让股权后，出资义务由谁来承担的问题，分为两种情况：

一种情况是，原股东是认缴出资，该股东承诺实际缴纳出资的期限还没有届满，原股东将股权转让给新股东。此时原股东承诺实缴期限未到，其并没有实缴出资的义务。而新股东对原股东认缴出资情况是明知或者应当知道的，而仍然同意以相应的对价购买该股权，也就是新股东对原股东的认缴方式是认可的。在此情况下，新股东应当承担原股东的认缴出资义务。

而另一种情况是，原股东实缴期限已经届满，仍未履行或全面履行出资义务。对于此种情况，《公司法司法解释（三）》第18条作出了明确的规定，有限责任公司的股东未履行或者未全面履行出资义务即转让股权，受让人对此知道或者应当知道，公司请求该股东履行出资义务、受让人对此承担连带责任的，人民法院应予支持；公司债权人依照本规定第13条第2款向该股东提起诉讼，同时请求前述受让人对此承担连带责任的，人民法院应予支持。受让人根据前款规定承担责任后，向该未履行或者未全面履行出资义务的股东追偿的，人民法院应予支持。但当事人另有约定的除外。在此种情况下，原股东实际已经违反了当初的出资承诺，原股东是承担出资义务的责任主体。而如果新股东对原股东未履行出资的情况是知道或者应当知道的，新股东也应连带承担责任。在新股东承担以上责任后，可以向该未履行或者未全面履行出资义务的原股东进行追偿。

以上规定给我们的启示是，在受让原股东的股权时，新股东应审核原股东是否存在出资瑕疵问题，并做好相应的风险防范工作。我们认为，新股东可以从以下几个方面入手：一是详细了解原股东认缴出资的数额、承诺实缴出资的期限、是否已经实缴、是否有相应的出资凭证；二是在股权转让协议中约定由原股东对其出资情况的真实性作出承诺；三是在股权转让协议中制定分期付款条款和违约条款，以降低原股东瑕疵出资给新股东带来的风险。

五、股东抽逃出资的情形

注册资本是股东向公司投入的资产，股东一旦将该资产投入公司以后，

该资产就不再是股东的个人资产，而是公司的资产。公司注册资本有三个重要作用：一是为公司生产经营提供物质基础；二是为划分股东权益提供依据；三是为偿还公司债务提供保障。而如果股东在出资后未经法定程序将该资金抽回，必将影响到公司的正常经营活动、影响到公司对外承担债务的能力。同时，股东抽回资金后，股东的权益比例不发生变化，也必将侵害到公司其他股东的合法利益。因此，股东抽逃出资是法律明令禁止的行为。《公司法司法解释（三）》列举了下述四种股东抽逃出资的行为：

（一）制作虚假财务会计报表虚增利润进行分配

公司生产经营活动产生利润后，公司有权将该利润按照一定的比例分配给股东，这是股东权益的应有体现。然而，如果公司虚增利润分配给股东，分配给股东的资金并不是来源于公司的真实利润。此时，分配给公司的资金就很有可能来自股东对公司的原始出资。比如：A公司注册资本为400万元，张三实缴出资100万元持有了A公司25%股权，李四实缴出资300万元持有了A公司75%的股权。我们假设A公司在生产经营中产生了100万元利润，而公司却虚构成300万的利润分配给张三和李四。此时，所分配的100万元是来自公司真实的利润，而分配的剩余200万元显然就不是公司利润，其出处就很有可能来自张三和李四的原始实缴资本，此种情况就构成了抽逃出资。

（二）通过虚构债权债务关系将出资转出

股东出资是股东与公司直接形成了投资关系，而法律同时也不禁止股东向公司出借资金。如果股东真实向公司出借资金，公司当然应该到期还款。而如果公司和股东之间虚构债权债务关系，将原本属于投资款的出资虚构成公司对股东的借款而从公司转出，此种情况也构成股东抽逃出资。

（三）利用关联交易将出资转出

此种情况更为隐蔽，一般是在关联交易中增加交易成本，变相获取公司财产。比如：张三是A公司股东。张三和A公司签订一份货物买卖合同，张三将一批价值100万元的货物以200万的价格卖给A公司，双方就可以以此方式变相将张三出资从A公司转出，此种方式也属于抽逃出资。

（四）其他未经法定程序将出资抽回的行为

这包括公司通过对股东提供抵押担保而变相抽回出资、公司减资时不办理减资手续，等等。

六、股东抽逃出资的法律后果

未全面履行出资义务和抽逃出资都属于瑕疵出资。只是前者股东出资还未到位，而后者股东已经完成出资，只是采取一些违法的方式将出资抽回。两者均侵害了公司、公司其他股东以及债权人的合法利益。因此，瑕疵出资股东均应承担相应的法律责任。前面我们已经介绍了股东未全面履行出资义务应承担的法律责任，而股东抽逃出资的法律责任和其基本一致，但也有微小的区别。

下面，我们就来介绍一下股东抽逃出资应承担的法律责任：

（1）股东抽逃出资，公司或者其他股东有权要其向公司返还出资本息；同时，有权要求协助抽逃出资的其他股东、董事、高级管理人员或者实际控制人对此承担连带责任。

（2）公司债权人有权要求抽逃出资的股东在抽逃出资本息范围内对公司债务不能清偿的部分承担补充赔偿责任；同时，有权要求协助抽逃出资的其他股东、董事、高级管理人员或者实际控制人对此承担连带责任。

（3）股东抽逃出资，公司可以根据公司章程或者股东会决议对其利润分配请求权、新股优先认购权、剩余财产分配请求权等股东权利作出相应的合理限制。

（4）有限责任公司的股东抽逃全部出资，经公司催告缴纳或者返还，其在合理期间内仍未缴纳或者返还出资，公司可以以股东会决议形式解除该股东的股东资格。在解除该股东资格时，公司应当及时办理法定减资程序或者由其他股东或者第三人缴纳相应的出资。

以上就是公司股东抽逃出资应承担的民事法律责任。其内容基本上和未全面履行出资义务的民事法律责任相同，都是公司、公司其他股东以及债权人均可以向抽逃出资的股东主张权利。但股东抽逃出资多了一点，也就是协助抽逃出资的其他股东、董事、高级管理人员或者实际控制人也应承担连带责任。需要注意的是，以上是认缴出资类公司的民事责任。而如果是商业银行、保险公司、担保公司等仍采用实缴出资的公司，相关主体还有可能涉嫌构成虚假出资、抽逃出资罪。

七、对出资不到位股东提起诉讼是否受三年诉讼时效的限制

公司、公司的其他股东以及公司的债权人可以向未全面履行出资义务的股东以及抽逃出资的股东主张权利，其中一种主张权利的方式就是向法院提起诉讼。然而公司的其他股东往往基于面子问题或其他原因不愿意起诉出资不到位股东；而对于公司的债权人而言，当债权发生时，公司股东出资不到位情况往往已经持续了数年。在此种情况下，出资不到位的股东是否可以以诉讼时效届满为由，提出不再履行出资义务的抗辩呢？

我们首先来了解一下什么是诉讼时效？诉讼时效是指民事权利受到侵害的权利人在法定的时效期间内不行使权利，当时效期间届满后，权利人再行使请求权的，人民法院就不再予以保护。根据《民法典》规定，法定的诉讼时效一般是三年，也就是权利人知道或者应当知道权利受到侵害三年内不主张权利的，人民法院就再不予保护。但对出资不到位股东提起诉讼有比较特殊的诉讼时效规定，大致可以分为两种情况：

一种情况是，公司或者其他股东请求出资不到位股东向公司全面履行出资义务或者返还出资，出资不到位股东以诉讼时效为由进行抗辩的，人民法院不予支持。在该种情况下，出资不到位的情形一直存在，公司或其他股东可以随时向被告股东主张权利，并不受三年诉讼时效的限制。

另一种情况是，公司债权人要求出资不到位股东承担赔偿责任。在此种情况下，公司债权人提起诉讼是基于公司债权人和公司之间存在债权债务关系，此种债权请求之诉是受诉讼时效限制的。而只要债权人对公司的债权未过诉讼时效期限，债权人要求出资不到位股东承担赔偿责任的，出资不到位股东以出资义务或者返还出资义务超过诉讼时效期间为由进行抗辩的，人民法院不予支持。

八、对出资不到位股东提起诉讼，举证责任的分配

民事诉讼一般采取"谁主张谁举证"的原则，也就是当事人应对自己的

主张提出充分的证据予以证明，如无法提供证据就可能要承担败诉的后果。那么，在对出资不到位股东提起诉讼时，是否也遵循这个举证原则呢？

《公司法司法解释（三）》第 20 条规定，当事人之间对是否已履行出资义务发生争议，原告提供对股东履行出资义务产生合理怀疑证据的，被告股东应当就其已履行出资义务承担举证责任。

根据该规定，对可能的出资不到位股东提起诉讼并不适用"谁主张谁举证"的原则，而是将更多的举证责任分配给了被告股东。那么为什么要这么分配呢？这与此类诉讼案件当事人所处地位以及对应的举证能力有关。在此类案件中，被告是公司的股东。而提起诉讼的原告可能有三类：一是公司；二是公司其他股东；三是公司债权人。对于公司债权人而言，是公司以外的第三方，显然让其举证被告股东是否已经履行出资义务的难度是非常大的；对于公司的其他股东而言，也不一定会知道被告股东的实际出资情况。相反，被告股东是负有出资义务的股东，对其自身是否全面出资或是否存在抽逃出资情况是非常清楚的。更进一步，被告股东还可能是公司的控股股东或者是实际控制人，其更能全面掌握、控制公司的财务信息。在此情况下，将大部分举证责任分配给被告股东还是比较公平合理的。但需要注意的是，原告只有在提供了对被告股东履行出资义务产生合理怀疑的初步证据时，被告股东才应当就其已履行出资义务承担举证责任。

本节，我们讨论的是股东未全面履行出资义务和抽逃出资等不合规出资行为，以及可能承担的不利后果。在设立公司时，股东应规范出资行为，避免因不合规出资行为产生法律风险。

第八节　股权代持的合规要求与法律风险防范

在设立公司时，一些出资人可能因为某些特殊的原因不愿意登记为公司的股东，而又想实际享有股东权益。此时可以采取的方式就是股权代持，即公司实际出资人与名义出资人约定，由实际出资人出资并享有投资权益，而以名义出资人为名义股东，代持实际出资人的股权。那么这种股权代持行为是否有效呢？可能会产生哪些法律风险呢？又该如何来规避该类法律风险呢？本节，我们就来讨论股权代持的合规要求与法律风险防范。

一、股权代持行为的效力

代持股存在两个主体：一是实际出资人，也称之为隐名股东；二是名义出资人，也称之为显名股东。隐名股东对公司实际进行出资，是股东权利的实际享有者，但不在公司章程、股东名册中显示其股东身份。而显名股东表面上是以自己的身份向公司出资、持有公司的股权并行使股东权利，而实质上，显名股东只是受隐名股东委托代为持有公司股权。

从本质上来说，此种代持股关系是一种信托关系。《信托法》对信托的定义是：本法所称信托，是指委托人基于对受托人的信任，将其财产权委托给受托人，由受托人按委托人的意愿以自己的名义，为受益人的利益或者特定目的，进行管理或者处分的行为。而代持股就是隐名股东基于对显名股东的信任，将其对公司的股权委托给显名股东，由显名股东按隐名股东的意愿以显名股东的名义，为隐名股东的利益，进行管理或者处分的行为。代持股行为完全符合信托的定义。因此，一般情况下的代持股行为应被认定为有效。

《公司法司法解释（三）》第24条第1款规定，有限责任公司的实际出资人与名义出资人订立合同，约定由实际出资人出资并享有投资权益，以名义出资人为名义股东，实际出资人与名义股东对该合同效力发生争议的，如无法律规定的无效情形，人民法院应当认定该合同有效。显然，该司法解释已经对一般性的代持股行为作出了肯定性的评价，但同时规定代持股行为只有在无法律规定的无效情形时，才应当认定该合同有效。在实践中，代持股的目的各不相同，其中有一部分是为了规避法律禁止性或限制性规定，此种代持股行为就存在效力瑕疵。比如：根据法律规定，国家公务员不得违反有关规定从事或者参与营利性活动，在企业或者其他营利性组织中兼任职务，而如果具有国家公务员身份的主体委托一个非国家公务员代持其公司股权，显然就涉嫌以合法形式掩盖非法目的，该种代持股行为就有可能被认定为无效。

综上，一般情况下，代持股行为应被认定为有效。但如果存在法律规定的无效情形时，该代持股行为就应被认定为无效。

二、代持股协议有效，隐名股东是否可以任意变更为显名股东

代持股关系是一种信托关系，是隐名股东基于对显名股东的信任，将其对公司的股权委托给显名股东代为持有的行为。然而仅仅是基于信任而形成的关系是并不牢靠的。比如：公司在初创期可能并没有太大的股权利益，而一旦公司发展壮大甚至是即将要上市，相应的股权利益可能会比较巨大。在此时，显名股东就有可能背信弃义，否认此种代持股关系；再比如：代持股双方并没有利益争议，就是因为双方关系破裂了，显名股东也可能会否认这种代持股关系。因此，代持股实际上是一种非常不稳定的关系。那么，一旦代持股双方发生争议纠纷，隐名股东是否就可以依据代持股协议顺利变更为显名股东呢？

下面，我们就来讨论这个问题：

《公司法司法解释（三）》第24条第2款、第3款规定，前款规定的实际出资人与名义股东因投资权益的归属发生争议，实际出资人以其实际履行了出资义务为由向名义股东主张权利的，人民法院应予支持。名义股东以公司股东名册记载、公司登记机关登记为由否认实际出资人权利的，人民法院不予支持。实际出资人未经公司其他股东半数以上同意，请求公司变更股东、签发出资证明书、记载于股东名册、记载于公司章程并办理公司登记机关登记的，人民法院不予支持。

该司法解释规定了处理代持股纠纷的基本原则：一是如果代持股不存在无效情形的，代持股行为应被认定为有效；二是代持股行为被认定为有效的，隐名股东有权向显名股东主张权利；三是代持股行为有效并不代表隐名股东可以直接转变为显名股东。隐名股东只有在公司其他股东过半数同意的情况下才能变更为显名股东。前两点都比较好理解，但为什么代持股行为都被认定为有效了，隐名股东要转变为显名股东还需要得到公司其他股东过半数同意呢？我们认为该规定的法理是有限责任公司是基于股东之间的信任而组建起来的，既然显名股东记录于公司章程、股东名册中，也就是表明其他股东对该显名股东身份予以认可，而不是对隐名股东的认可。尽管隐名股东和显名股东之间存在代持股关系，但该关系仅对两者内部产生效力。对公司其他股东而言，隐名股东就是公司股东以外的第三人。因此，隐名股东要想成为

显名股东，就相当于显名股东将所持股权转让给隐名股东。而根据《公司法》相关规定，股东将所持公司股权转让给股东以外的第三人需得到其他股东过半数同意才可以。而在以上司法解释中也作出了同样的规定。显然，该规定是为了充分保障公司其他股东的合法利益，维持有限责任公司人合性的特点而制定的。

三、显名股东未经授权处分隐名股东股权的行为是否有效

由于显名股东登记于公司章程、股东名册中，其是股权的名义持有者，因此，如果显名股东背信弃义，就有可能做出一些侵害隐名股东权益的行为。比如说：在未经隐名股东授权的情况下，显名股东将所持股权转让给第三人或者将所持股权进行质押以获取贷款，等等。那么，以上处分行为是否有效呢？

下面，我们就来讨论这个问题：

在代持股关系中，隐名股东是公司股权的实际所有者，而显名股东只是受隐名股东委托代为持有相应的股权，其本身并不是该股权的真正所有者，其本身也无权处分该股权。否则就属于《民法典》所规定的无处分权人处分他人财产的行为。该行为的效力应当根据《民法典》中关于善意取得的条款认定。

《民法典》第311条第1款规定，无处分权人将不动产或者动产转让给受让人的，所有权人有权追回；除法律另有规定外，符合下列情形的，受让人取得该不动产或者动产的所有权：①受让人受让该不动产或者动产时是善意；②以合理的价格转让；③转让的不动产或者动产依照法律规定应当登记的已经登记，不需要登记的已经交付给受让人。

根据该规定，显名股东处分隐名股东股权的效力可以分为两种情况：

一种情况是，在一般情况下，显名股东转让、质押或者以其他方式处分隐名股东股权的行为应被认定为无效，隐名股东可以依法主张股东权利。

另外一种情况就是，如果显名股东在处分所持股权时，受让股权利益的第三方满足了善意取得的条件，该处分行为就会被认定为有效。第一个条件是第三方并不知道该股权存在代持关系，而始终认为显名股东就是该股权的实际所有权人。第二个条件是第三方是以合理的价格取得该股权利益。比如：第三方是以公允的价格从显名股东处受让的股权。第三个条件是该股权已经

从显名股东名下转移登记到第三人名下。只要同时满足以上三个条件，显名股东处分所持股权的行为就应被认定为有效。当然，显名股东在处分该股权时并未得到隐名股东的授权，其行为侵害了隐名股东的合法利益。隐名股东有权要求显名股东承担损失赔偿责任，但无权要求第三人返还相应的股权。

四、代持股出资不实，公司债权人向谁来主张补充赔偿责任

公司在对外负债时，公司债权人首先是向公司主张债权。而如果公司的股东并没有完全履行出资义务，公司债权人也可以在公司不能清偿的范围内要求未完全出资的股东承担补充赔偿责任。但如果未全面履行出资义务的股东并不是真正的股东，而是代持他人的股权，公司债权人应该是向显名股东还是向隐名股东来主张补充赔偿责任呢？

下面，我们就来讨论这个问题：

《公司法司法解释（三）》第 26 条规定，公司债权人以登记于公司登记机关的股东未履行出资义务为由，请求其对公司债务不能清偿的部分在未出资本息范围内承担补充赔偿责任，股东以其仅为名义股东而非实际出资人为由进行抗辩的，人民法院不予支持。名义股东根据前款规定承担赔偿责任后，向实际出资人追偿的，人民法院应予支持。

根据该司法解释规定，公司债权人应首先向显名股东而不是向隐名股东主张补充赔偿责任。这是因为债权人和公司之间形成的是债权债务关系。债权人作为公司以外的第三人，对公司情况不可能有深入的了解，尤其对公司股权投资真实情况。债权人只能通过公示登记信息等了解名义上的股东，而对于是否存在代持股关系是无法了解的。因此，债权人也只能向名义上的股东主张权利。而如果法律规定，在存在代持股的情形下，债权人需向隐名股东主张权利，这就会人为地加大债权人的义务，同时此种规定也容易演变为股东逃避债务的一种手段。比如：张三持有 A 公司股权，但并未完成全部出资。如果 A 公司对外负债 200 万，此时，张三应在其未缴出资范围内承担补充赔偿责任。而如果法律规定，如公司存在代持股关系，债权人应向隐名股东主张权利。那么张三就完全可以虚构出一个代持股关系。让一个没有任何偿付能力的人与其签订一份虚假的代持股协议，张三为显名股东，没有偿付能力的人为隐名股东。这样，债权人即便向隐名股东主张权利得到法院的支

持，债权人也无法得到最终赔偿。

综上，法律规定债权人可以向出资不足的显名股东主张补充赔偿责任，是为了保护公司债权人的利益，防止可能的逃避债务。当然，如果公司股权确实存在代持关系，显名股东在对公司债权人承担完补充赔偿责任后，有权向隐名股东进行追偿。

五、在代持股关系中，隐名股东的法律风险防范

在代持股法律关系中，隐名股东和显名股东均存在法律风险。相比较而言，因隐名股东是股东权利的实际享有人，但在名义上并不持有股权，其法律风险要比显名股东要大一些。

下面，我们就先来讨论隐名股东面临的法律风险及如何防范问题：

风险一：显名股东否认隐名股东的股东身份。

防范此种风险最好的办法就是做事前预防工作，留下隐名股东是实际股东的充分证据。一般可以采取以下措施：一是由隐名股东与显名股东签订代持股协议，确定代持股关系；二是全部出资款均由隐名股东向公司汇出，并注明是隐名股东的出资款；三是由公司出具收到隐名股东出资款的收据证明，由隐名股东妥善保存。

风险二：显名股东未经隐名股东同意转让隐名股东的股权。

防范此种风险应采取的措施：一是在代持股协议中约定显名股东恶意转让股权行为应承担的民事责任；二是在签订代持股协议时至少有一个公司第三方股东签字见证，以增加代持股关系的透明度，从而监督显名股东的代持股行为；三是在该股权上设立质押，保证股权不能轻易转让。

风险三：显名股东不按隐名股东授权行使股东表决权。

防范此种风险应采取的措施：一是在代持股协议中约定显名股东应在隐名股东的授权下行使股东表决权，如不正确行使应承担的违约责任；二是让公司知晓该代持股行为，并约定显名股东行使表决权时应得到隐名股东的授权。

风险四：显名股东非法占有隐名股东的分红利益。

防范此种风险应采取的措施：一是在代持股协议中约定公司相关分红利益或其他资产利益应由公司直接支付到隐名股东账户，否则，隐名股东享

有追索权和要求显名股东承担违约责任的权利；二是由公司对该事项予以确认。

风险五：在隐名股东想变更为显名股东时，公司其他股东不予配合。

《公司法司法解释（三）》规定，隐名股东未经公司其他股东半数以上同意的，无法变更为显名股东。解决该问题最好的办法是代持股协议由全体股东签署，约定隐名股东可以随时变更为显名股东，而由全体股东承诺同意随时配合办理股权变更手续。

六、在代持股关系中，显名股东的法律风险防范

在代持股法律关系中，一般情况下隐名股东面临较大的法律风险，但显名股东也会面临一定的风险。

下面，我们就来讨论显名股东的法律风险及如何防范问题：

风险一：隐名股东出资不足问题。

在代持股关系中，由于隐名股东是股权的实际所有人，因此，隐名股东是真实负有支付股权投资款的义务主体。但如果公司出现债务，债权人只能向出资不足的显名股东主张补充赔偿责任，这是显名股东所面临最大的法律风险。为了解决这个问题我们建议：一是显名股东在决定代持他人股份时，应提前考察该股权对应出资款是否已经完全实缴，如未完全实缴，应考虑是否代持问题；二是在代持股协议中约定该股权对应的实缴义务人为隐名股东，如出现第三人主张权利时，隐名股东应承担的责任。

风险二：显名股东的税务风险。

当公司分配利润时，股东需缴纳个人所得税。此时，显名股东是名义上的纳税主体。而一般情况下，股东所得税是通过公司代扣代缴，名义股东不会出现实际的税务负担。但我们还是建议在代持股协议中明确约定，因代持关系而产生的税费由隐名股东承担，以防止不必要的争议。

本节，我们讨论的是股权代持的合规要求与法律风险防范。由于代持股行为涉及股东重大利益，且具有较强专业性，我们还是建议聘请专业律师制作有效、完善的代持股协议以及协助完成"证据留痕"工作，以规范代持股行为，最大程度降低代持股的法律风险。

第九节　公司设立应注意的其他合规要求与法律风险防范

一、投资人应避免进行虚假公司登记

在公司登记实务中，相关主体通过提供虚假材料或其他欺诈手段取得公司登记的情况是非常普遍的现象。比如：伪造签名代为签署登记材料的；冒用身份证登记公司股东的；提供虚假经营场所证明的；编造登记前置审批材料的，等等。为此，《市场主体登记管理条例》以及《市场主体登记管理条例实施细则》专门规定了身份认证制度、撤销虚假登记制度以及加大了虚假登记的行政处罚力度。

（一）身份认证制度

《市场主体登记管理条例实施细则》第 16 条规定，在办理登记、备案事项时，申请人应当配合登记机关通过实名认证系统，采用人脸识别等方式对下列人员进行实名验证：①法定代表人、执行事务合伙人（含委派代表）、负责人；②有限责任公司股东、股份有限公司发起人、公司董事、监事及高级管理人员；③个人独资企业投资人、合伙企业合伙人、农民专业合作社（联合社）成员、个体工商户经营者；④市场主体登记联络员、外商投资企业法律文件送达接受人；⑤指定的代表人或者委托代理人。

（二）撤销虚假登记制度

对于涉嫌提供虚假材料或其他欺诈手段取得公司登记的行为，登记机关可以根据当事人的申请或直接依职权主动调查，相关主体应予以配合线上或线下核验身份信息。对于存在虚假登记的，可直接撤销登记；对被调查主体拒绝配合或无法联系的，通过异议公示程序，决定撤销事项；对于满足一定条件的，不予撤销相关登记事项。另外，对于作出撤销登记决定的，需向社会进行公示；撤销登记决定错误的，可以撤销该决定，恢复原登记状态。

（三）虚假登记行政处罚

《市场主体登记管理条例实施细则》第 71 条进一步规定，提交虚假材料或者采取其他欺诈手段隐瞒重要事实取得市场主体登记的，由登记机关依法责令改正，没收违法所得，并处 5 万元以上 20 万元以下的罚款；情节严重的，处 20 万元以上 100 万元以下的罚款，吊销营业执照。明知或者应当知道申请人提交虚假材料或者采取其他欺诈手段隐瞒重要事实进行市场主体登记，仍接受委托代为办理，或者协助其进行虚假登记的，由登记机关没收违法所得，处 10 万元以下的罚款。虚假市场主体登记的直接责任人自市场主体登记被撤销之日起 3 年内不得再次申请市场主体登记。登记机关应当通过国家企业信用信息公示系统予以公示。

以上规定，从事前防范、事中调查、事后处罚对虚假登记行为进行了规制。可以预见，随着相关制度的不断完善、执法力度的不断加强、技术水平的不断提高，利用虚假材料或其他欺诈手段取得公司登记的难度将越来越大，而即便是侥幸骗取公司登记，被发现的概率也将会越来越大，受到的处罚也会越来越重。因此，投资人应避免进行虚假登记。

二、投资人应避免未经登记就以公司名义开展经营活动

《市场主体登记管理条例》第 3 条第 1 款规定，市场主体应当依照本条例办理登记。未经登记，不得以市场主体名义从事经营活动。法律、行政法规规定无需办理登记的除外。

显然，公司只有在经过相关行政机关登记并取得法人资格后，才能开展经营活动。但在实践中，未经依法登记就以公司的名义开展经营活动、签订业务合同的情况是比较常见的。我们总结起来大致有两种情况：一是本身就没有想成立公司，而是冒用公司的名义对外开展业务；二是公司正在设立过程中，发起人就以公司的名义对外开展业务。对于这两种情况，都是法律明确予以禁止的。《市场主体登记管理条例》第 43 条规定，未经设立登记从事经营活动的，由登记机关责令改正，没收违法所得；拒不改正的，处 1 万元以上 10 万元以下的罚款；情节严重的，依法责令关闭停业，并处 10 万元以上 50 万元以下的罚款。

可以看出，虽然这两种情况过错程度有所不同，但都属于违反法律的行为。因此，投资人应避免在未经公司登记机关依法登记前，就以公司的名义开展经营活动。

三、设立中的公司对外签订合同，合同责任的承担

从开始设立公司到公司正式成立需要经历一个过程。在这个设立过程中，往往需要签订相应的合同。比如：设立公司需要租赁场地，就需要与出租人签订房屋租赁合同。在此时，就会出现以谁的名义签订合同进行承租的问题。这里一般有两种方式：第一种是发起人以自己的名义与出租人签订房屋租赁合同；第二种是发起人以设立中的公司名义与出租人签订合同。那么在这两种情况下，合同的责任和义务由谁来承担呢？

对于第一种情况，《公司法司法解释（三）》第2条规定，发起人为设立公司以自己名义对外签订合同，合同相对人请求该发起人承担合同责任的，人民法院应予支持；公司成立后合同相对人请求公司承担合同责任的，人民法院应予支持。

我们看，根据合同的相对性，发起人只要是以自己的名义对外签订合同，就应该由发起人自己来承担合同责任；但如果公司一旦成立，发起人签订的合同就对公司产生了法律约束力，相对人就可以请求公司来承担合同责任。我们还以房屋租赁合同为例，比如：发起人以自己的名义和出租人签订了房屋租赁合同，发起人就要承担该房屋租赁合同的义务；而发起人所设立的公司一旦成立，出租人也可以向公司来主张租赁合同权利。

对于第二种情况，《公司法司法解释（三）》第3条规定，发起人以设立中公司名义对外签订合同，公司成立后合同相对人请求公司承担合同责任的，人民法院应予支持。公司成立后有证据证明发起人利用设立中公司的名义为自己的利益与相对人签订合同，公司以此为由主张不承担合同责任的，人民法院应予支持，但相对人为善意的除外。

在这种情况下，设立中的公司与成立后的公司是同一主体，而发起人以设立中的公司名义签订合同是为了公司的利益。因此，一旦公司成立，该合同的权利和义务就当然由成立后的公司承受。但如果发起人虽然是以设立中的公司名义签订的合同，但其签订的合同并非为了公司的利益而是为了发起人自身的利益，该合同就只能对发起人有效。我们还以房屋租赁合同为例，比如：发起人以设立中的公司名义与出租人签订房屋租赁合同，在公司成后，公司就和出租人形成了房屋租赁合同关系。但如果公司能够证明，虽然发起

人是以公司的名义签订的房屋租赁合同，但该房屋并未用于公司经营而是由发起人自用，在这种情况下，该房屋租赁合同义务仍然需要由发起人来承担。另外，以上规定还涉及善意制度问题，不再赘述。

综上，对于设立中的公司对外签订合同、合同义务由谁来承担问题，应当区别发起人是以自己名义还是以公司的名义对外签订合同，二者承担的法律责任是有所区别的，在实践中应予以区分。

四、公司设立不成功的债务责任承担

公司设立，从发起人发起到公司最终在市场监督管理部门完成登记，需要经历一个过程。在这个过程中，发起人为设立公司需要对外开展相应的活动，比如说：为设立公司而对外租赁办公场地、招募员工、进行广告宣传、对外借贷等，这些都会产生相应的费用支出或形成债务。如果公司能够顺利设立，相应的债权人就可以直接向公司主张以上债权；而如果公司一旦未能成功设立，以上公司设立过程中产生的债务由谁来承担呢？又如何来承担呢？

《公司法司法解释（三）》第4条第1款规定，公司因故未成立，债权人请求全体或者部分发起人对设立公司行为所产生的费用和债务承担连带清偿责任的，人民法院应予支持。

根据该规定，债权人可以向全体或者部分发起人主张相应的债务，并且被主张对象应承担连带清偿责任。比如说：张三、李四、王五要共同投资设立A公司，张三以设立中的A公司名义与房东赵六签订了一份房屋租赁合同。如果三个投资人因公司成立后收益分配无法达成一致，最终A公司没有设立成功。此时，房东赵六向谁来主张房租呢？我们看，根据以上司法解释规定，房东赵六不仅可以向与其直接签订合同的张三主张，而且还可以向张三、李四、王五中的全部或部分人主张该债权，并且被主张的发起人应承担连带清偿责任。

接下来就出现一个问题，如果房屋赵六仅向张三主张了该房屋的租金，并且张三已经向赵六实际支付该租金。张三是否可以向李四、王五进行追偿呢？追偿的数额又是多少呢？

《公司法司法解释（三）》第4条第2款规定，部分发起人依照前款规定承担责任后，请求其他发起人分担的，人民法院应当判令其他发起人按照约

定的责任承担比例分担责任；没有约定责任承担比例的，按照约定的出资比
例分担责任；没有约定出资比例的，按照均等份额分担责任。

根据该规定，张三完全可以向李四和王五主张该租金。如果三人曾经约
定过债务承担比例，就按该约定比例承担；如果没有，就按约定的出资比例
分担。但需要注意这里是约定的出资比例，而非实际已经交付的出资；最后，
如果连约定的出资比例都没有，就只能由三人平均分担该租金费用。

以上就是公司设立失败时，发起人债务承担的一般性规定。该规定给我
们的启示是发起人在设立公司时应签订发起人协议，约定发起人范围、发起
费用承担以及公司设立失败后债务承担等。只有这样，一旦公司设立不成功
时，发起人的责任分担才能做到有据可循。

本章我们以公司为例讨论了企业设立的合规要求与法律风险防范。企业
设立看似简单，但存在诸多法律风险点。企业设立不规范不仅会影响到企业
设立的进程，更重要的是会为企业后续发展埋下隐患。因此，企业及相关主
体应重视规范企业设立行为。

第二章
公司治理的合规要求与法律风险防范

　　所谓公司治理就是协调公司股东和其他利益相关者相互之间关系的制度及操作体系，这些关系包括股东和股东之间的关系、股东和公司经营者之间的关系、经营者内部之间的关系、经营者和监督者之间的关系，等等。公司治理就是要为这些利益相关者建立起一套权利、义务及其相互作用的制度安排及操作规范。公司治理是公司合规管理的重点领域，公司治理不合规现象主要体现为：公司章程违反法律法规规定；公司相关主体不按公司章程开展活动；党委会、股东会、董事会、监事会等职责边界不清或越权开展活动；"三会一层"无议事规则或不严格执行；控股股东、实际控制人缺乏监督制衡；"董监高"不尽忠实、勤勉义务，等等。在本章，我们将通过梳理公司治理的作用、一般公司治理结构、公司"三会一层"制度、表决权行使规则、瑕疵会议解决规则、公司"董监高"忠实和勤勉义务等内容，来讨论公司治理的合规要求与法律风险防范。

第一节　公司治理概览

一、公司治理要解决的问题

　　公司治理要解决的第一个问题是公司股东和股东之间的关系问题。我们在企业设立一章提到，公司设立是由发起人向拟设立公司投入货币、实物、知识产权、土地使用权等财产，通过法定程序在公司登记管理部门登记并最终获取企业法人资格的过程。公司设立成功后，公司发起人的身份就转变为公司股东。此时，股东不再享有已经投入公司财产的所有权。取而代之的是，股东享有了投入公司财产所对应的公司股权，并以持有公司股份或股票的形式享有了公司的最终所有权。股东享有公司所有权体现在：股东享有公司资产收益权、重大决策表决权、知情权以及选择管理者等权利。然而，除一人有限公司外，一家公司少则两个股东，多则数百个股东，而每一个股东都会有自身的利益诉求。在这种情况下，股东如何对公司决策形成有效表决、股东的知情权如何得以保障、公司利润如何在股东之间进行合理分配、当一部分股东利益受到另一部分股东侵害时又如何进行救济等，就成为公司治理要解决的首要问题。

公司治理要解决的第二个问题是股东与经营者的关系问题。前面提到，股东是公司的所有者。如果公司规模不大、股东人数不多，全体股东可以自行对公司进行经营管理。此时，股东既是公司的所有者又是公司的实际经营者。然而，如果公司规模较大、股东人数众多，再由全体股东一起经营管理公司就可能会出现很多问题：一是并非所有的股东都有时间来亲自经营管理公司；二是股东是公司投资人，但不一定是适合的经营管理者，让其参与公司经营管理并不一定能取得最好的管理效果；三是让全体股东都参与公司管理，将很有可能无法形成一致的经营决策，进而相应的决策也可能得不到有效的贯彻执行，公司将有可能处于低效运转状态。那么，如何来解决以上问题呢？在此种情况下，公司股东就可以把公司经营管理权委托授权给具有相应管理能力的人来统一行使。这样，可以有效解决股东时间不够、管理能力不足的问题；同时，公司经营权由少数人行使，也解决了公司运营效率问题。这种公司股东委托授权行为就实现了公司所有权与经营权的分离。然而，公司所有权与经营权分离也存在一定的弊端：一方面，股东是公司的所有者，为追求自身利益的最大化，可能不愿意给经营者支付足够多的报酬；而另一方面，经营者可能并非公司的所有者，其获得的并非投资回报而是劳务报酬。此时，经营者就可能为了追求自身的短期劳务报酬采取一些短期经营行为，而损害到公司的长远利益，进而最终损害到股东的投资利益。另外，如果公司股权分散，公司股东就有可能失去对公司控制，公司转而被经营者所控制。此时，控制了公司的经营者也有可能做出侵害公司股东利益的行为。综上，为了使公司经营者最大限度地服务于公司及公司股东利益，就需要建立一套对经营者进行授权、管理、控制的制度安排，这就是公司治理要解决的第二个问题。

公司治理要解决的第三个问题是股东、经营者和监督者之间的关系问题。前面提到，大股东为了自身的利益有可能会损害小股东的利益；而经营者为了自身的利益也有可能会损害公司以及股东的利益。此时，一个制度上的安排就是设立监督机构。由监督机构来监督股东、监督经营者在法律、法规以及公司章程、规章制度范围内开展活动。因此，通过制度安排来协调股东、经营者和监督者之间的关系，就成为公司治理要解决的第三个问题。

公司治理要解决的第四个问题是制定有效的激励机制。在保障股东利益的同时，激励经营者和其他公司利益相关者自觉、自愿地为公司创造价值，这是公司治理要解决的重要问题。

最后，公司治理还包括通过外部资本市场、产品市场、劳动力市场、国家法律和社会舆论等倒逼公司作出适应市场环境的治理制度安排，等等。

综上，随着公司规模的不断扩大，公司股东和其他利益相关者相互之间关系将越来越复杂。公司治理的目标就是为了有效化解各种利益关系的冲突，降低代理成本，提高公司运营效率。

二、《公司法》规定的一般公司治理结构

公司治理结构是指公司所有者、经营者、监督者之间权力划分、职责确定的架构模式。公司治理结构对于公司能否解决各方利益分配，公司能否高效运转，是否具有竞争力起到至关重要的作用。我国《公司法》按照公司的类型设立了不同的公司治理结构。

下面，我们就来介绍不同类型公司的公司治理结构：

第一种，一般的有限责任公司设置股东会、董事会、监事会、经理。

第二种，股东人数较少或者规模较小的有限责任公司可以设置股东会、执行董事、监事、经理。

第三种，一人有限公司只有一个股东，不设立股东会。但仍然可以设立执行董事、监事和经理。

第四种，国有独资公司只有一个股东，同样不设立股东会，由国有资产监督管理机构行使股东会职权。但国有独资公司需设立董事会、监事会和经理。

第五种，一般股份有限公司设置股东大会、董事会、监事会、经理。上

市公司还需设立独立董事，独立董事和监事会一样都行使监督职能，只是职责和监督范围有所不同。

综合以上，不同类型公司治理结构有所不同，但基本内核是一致的。也就是，股东是公司的所有者，行使的是公司决策权。由于公司股东人数较多，股东是通过股东会的形式来统一行使公司最高决策权；股东会将公司的经营管理权授权给董事会、执行董事以及经理行使；而为了规范、约束董事会、执行董事以及经理的经营管理行为，又设立了监事会、监事（包括上市公司的独立董事）等行使监督职能。以上机构依据法律规定行使各自的职责、履行各自的义务，并相互制衡、相互制约，以保证公司顺利运行。当然，公司法对公司治理的架构设计是一般性、普遍性和原则性的规定。公司可以通过制定具体的公司章程以及相应制度，来保障以上公司治理架构可以有效地运转。另外，在不违反法律强制性规定的前提下，公司可以设计符合自身要求的公司治理架构。最后，公司治理结构的有效性除依赖于公司内部组织架构设计外，还受公司股权结构、外部市场环境等多方面的因素影响。

第二节　股东会治理的合规要求与法律风险防范

《公司法》第 4 条规定，公司股东依法享有资产收益、参与重大决策和选择管理者等权利。股东以上三项权利可以衍生出股东的多项权利，总结起来包括：股东身份权，资产收益权，表决权，参与重大决策权，选择管理者、监督者权利，提议、召集、主持临时股东会会议权，股东知情权，关联交易审查权，提起决议撤销权，退出权等权利。然而，除一人有限公司外，一家公司少则两个股东，多则数百个股东，而每一个股东都会有自身的利益诉求。在这种情况下，股东如何对公司决策形成有效表决、股东的知情权如何得以保障、公司利润如何在股东之间进行合理分配、当一部分股东利益受到另一部分股东侵害时又如何进行救济等，这就成为公司治理要解决的首要问题——股东会治理问题。本节，我们就来讨论股东会治理的合规要求与法律风险防范。

一、股东会的法定职权

股东会是由全体股东组成的公司权力机关，在有限责任公司中称为股东会，在股份有限公司中称为股东大会。虽然股东会与股东大会称谓有所差别，但本质上是一致的，都是公司的权力机关，行使公司的最高决策权。

下面，我们就先来了解股东会行使的法定职权。根据《公司法》第 37 条第 1 款规定，股东会行使下列职权：

（一）决定公司的经营方针和投资计划

股东是公司的所有者，股东是通过股东会的形式来统一行使公司最高决策权。而公司的经营方针和投资计划就是公司最重要的决策事项，直接影响到公司的预期经营效益以及股东的未来投资回报。因此，股东会当然对公司经营方针和投资计划享有决定权。

（二）选举和更换非由职工代表担任的董事、监事，决定有关董事、监事的报酬事项

股东会是公司最高决策机关，股东会决策事项需要委托授权给董事会或执行董事代为行使，而同时监督权又需要委托给监事会或监事来行使。股东会作为授权主体当然有权选择和更换董事、监事并决定有关董事、监事的报酬事项。但这里还需要注意两个问题：一是由职工代表担任的董事、监事并非由股东会选举和更换，而是由公司通过职工代表大会、职工大会或者其他形式民主选举产生；二是享有经营管理权的董事一般是由股东会选举担任，而作为具体经营管理者的经理一般是由董事会或执行董事决定聘任以及决定报酬事项。

（三）审议批准董事会的报告

由于董事会是通过股东会授权委托行使公司经营管理权，董事会需向股东会负责。因此，股东会对董事会的报告有审议批准权。

（四）审议批准监事会或者监事的报告

同样，监事会或者监事是通过股东会授权委托行使监督权，监事会也需向股东会负责。因此，股东会对监事会或者监事的报告也享有审议批准权。

（五）审议批准公司的年度财务预算方案、决算方案

董事会作为公司的经营管理者，其职权之一就是制定公司的年度财务预算方案、决算方案。以上方案需提交股东会审议，如符合要求予以批准，如不符合要求需要修订完善或重新拟定新的方案。

（六）审议批准公司的利润分配方案和弥补亏损方案

利润分配方案和弥补亏损方案同样属于公司的重大决策事项，直接影响到股东的现实投资回报。因此，董事会制定利润分配方案和弥补亏损方案后，需通过股东会的审议批准。

（七）对公司增加或者减少注册资本作出决议

公司增加或者减少注册资本会直接影响到公司每一个股东的持股比例，会影响到公司的偿债能力。因此，股东会需对公司增加或者减少注册资本作出决议。

（八）对发行公司债券作出决议

公司对外发行债券，即公司需对外产生大量的债务，对股东利益也会造成较大影响。因此，股东会需对公司发行债券作出决议。

（九）对公司合并、分立、解散、清算或者变更公司形式作出决议

同样，公司合并、分立、解散、清算或者变更公司形式涉及公司的生死存亡问题，属于公司的重大事项，需通过股东会决议。

（十）修改公司章程

公司章程是"公司的宪法"，规定了公司名称、运营宗旨、资本结构、组织机构、机构职权、表决权行使、利润分配原则等公司对内、对外重大事项。公司章程是公司组织和活动的基本准则，对公司、股东、董事、监事、高级管理人员具有约束力。公司章程在设立公司时是由股东共同制定，经全体股东一致同意，由全体股东在公司章程上签名盖章。因此，公司章程的修改也需要由股东会决议。

（十一）公司章程规定的其他职权

该条款是对股东会职权的兜底性条款。也就是公司可以通过公司章程的

形式赋予股东会更多的职权。但股东会获得相应职权时，不应损害国家、集体、第三人以及公司相关利益主体的合法利益。

以上就是公司法规定的有限责任公司股东会的 11 项职能。股份有限公司的股东大会与有限责任公司股东会职权是基本一致的，只是公司法还赋予了上市公司股东大会一些特别事项决策权。比如：上市公司在一年内购买、出售重大资产或者担保金额超过公司资产总额 30% 的，应当由股东大会作出决议，并经出席会议的股东所持表决权的 2/3 以上通过，等等。

二、召开股东会会议的形式和条件

股东会是公司最高决策机关，股东会的决策一般是通过两种方式形成：一种是如果全体股东对某决策事项一致同意，即可以通过书面形式直接作出决定；另外一种是通过召开股东会会议方式作出决定。

下面，我们就来介绍股东会会议的形式和条件：

根据《公司法》规定，股东会会议分为定期会议和临时会议。定期会议是依照《公司法》和公司章程规定必须定期召开的全体股东会议。《公司法》没有规定有限责任公司每年召开定期会议的次数。公司可根据股东人数、公司经营规模、议事数量以及会议召开成本费用等因素，来综合确定每年定期会议召集的次数以及召集时间，并在公司章程中予以确定。而《公司法》规定股份有限公司应当每年召开一次定期会议，一般称之为股东年会。由于股东会定期会议审议事项非常广泛，只要是在股东会职权范围内事项均可以审议，因此，为了提高效率、降低成本，应在一次定期会议中尽量多地审议需要决定的事项。当然，公司在经营过程中不可能完全按部就班地运转，经常会出现一些临时性、突发性事件需要股东会进行审议。显然在此情况下，相关事项就不可能等到召开定期会议时再行审议。因此，公司法规定，为了解决所遇到的临时性、突发性问题，公司可以召开临时股东会会议。

下面，我们就来了解一下有限责任公司提议召开临时股东会会议的条件：

《公司法》规定，在有限责任公司中，代表 1/10 以上表决权的股东，1/3 以上的董事，监事会或者不设监事会的公司监事提议召开临时会议的，应当召开临时会议。关于该规定，我们要注意以下几个问题：一是有限责任公司召开临时股东会，只有提议召集的主体条件，没有事项条件。也就是说，公司的股东、董事、监事会、监事，只要达到了一定的数量比例就可以提议召开临时会议，而具体讨论的事项不作为召集与否的先决条件。二是股东提议召开临时会议的条件是要求代表 1/10 以上表决权。这里的 1/10 并不是指股东人数也不是指所持股权比例，而是指表决权。关于股东表决权问题，我们将在后文详细阐述。三是董事提议的条件是 1/3 以上的董事提议，该 1/3 是指董事的人数。四是以上主体提议不分先后，只要达到相应数量比例均可以提议，并且只要提议就应当召开临时会议。

我们再来了解一下股份有限公司提议召开临时股东大会的条件。《公司法》规定的股份有限公司与有限责任公司提议召开临时股东会的条件是不同的。根据《公司法》规定，股份有限公司需要满足以下六个条件之一才能召开临时股东大会：一是董事人数不足公司法规定人数或者公司章程所定人数的 2/3 时；二是公司未弥补的亏损达实收股本总额 1/3 时；三是单独或者合计持有公司 10% 以上股份的股东请求时；四是董事会认为必要时；五是监事会提议召开时；六是公司章程规定的其他情形。与有限责任公司相比，股份有限公司召开临时股东会会议有以下几个特点：一是股份有限公司召开临时股东大会的条件更为宽泛，不仅相关主体可以请求或提议召集临时会议，而且在某些事项发生时也必须召集临时会议。比如：当公司董事人数未达到一定数额时或公司未弥补亏损达到一定数额时，就必须召开临时股东会议。这是因为在股份有限公司中，股东人数往往众多。当出现以上紧急情况时，通常会涉及众多人甚至是公众的利益，应及时召开临时会议解决相关问题。另外，股东人数众多也代表股份相对分散。在公司经营出现问题时，还强制性要求一定比例股东请求才能召集临时股东会议，有时会比较困难。二是提请召集临时会议的股东是单独或者合计持有公司 10% 以上股份的股东。这里表述的并不是 10% 以上的表决权。这是因为在股份有限公司中，股东所持每一股份就代表一个表决权。表决权和持股比例是一致的，这和有限责任公司有一定的区别。三是在股份有限公司中，是董事会认为有必要召集的应当召开。而在有限责任公司中，是 1/3 以上的董事提议召开的应当召开。

综上，有限责任公司和股份有限公司召开临时股东会会议的条件有所不同，这与两种公司类型的股东人数、影响范围、召集难易程度是密切相关的，应予以区别。

三、提议、召集以及主持股东会会议的主体

股东会会议分为首次股东会会议、定期股东会会议以及临时股东会会议。下面，我们分别来介绍不同股东会会议提议、召集以及主持的主体：

（一）首次股东会会议

根据《公司法》，首次股东会会议由出资最多的股东召集和主持。但《公司法》并没有规定出资最多是指实缴出资最多还是认缴出资最多，也没有规定两个股东出资一样多如何处理。因此，我们建议应在公司发起人协议甚至是公司章程中予以明确约定。

（二）股东会会议的提议或请求召开

对于定期会议，由于需在规定的时间定期召开，因此，不存在提议召开问题。而对于临时会议：在有限责任公司中，代表 1/10 以上表决权的股东，1/3 以上的董事，监事会或者不设监事会的公司的监事可以提议召开；在股份有限责任公司中，单独或者合计持有公司 10% 以上股份的股东、董事会、监事会可以提议或请求召开。另外，当股份有限公司董事人数达不到相应人数、公司未弥补的亏损达到一定比例时无需提议或请求应径行召开临时股东会议。还有一点需要注意，临时股东会议的提议或请求不存在先后之分，相关主体只要满足相应的条件即可提议或提出请求。

（三）股东会会议的召集

根据《公司法》，在有限责任公司中，股东会会议由董事会召集，不设董事会的，由执行董事召集。董事会或者执行董事不能履行或者不履行召集股东会会议职责的，由监事会或者不设监事会的公司的监事召集。监事会或者监事不召集，代表 1/10 以上表决权的股东可以自行召集。在股份有限责任公司中，股东大会会议由董事会召集。董事会不能履行或者不履行召集股东大会会议职责的，监事会应当及时召集。监事会不召集的，连续 90 日以上单独或者合计持有公司 10% 以上股份的股东可以自行召集。需要注意的是，前面提到，提议或请求召开临时股东会的主体没有先后之分。但实际召集会议的主体有先后之分，首先是董事会或执行董事，其次是监事会或监事，最后才

是一定数量比例的股东。

（四）股东会会议的主持

根据《公司法》，股东会会议由董事会召集的，由董事长主持；董事长不能履行职务或者不履行职务的，由副董事长主持；副董事长不能履行职务或者不履行职务的，由半数以上董事共同推举一名董事主持。不设董事会的，股东会会议由执行董事召集和主持。由监事会或者监事召集的，由监事会或者监事主持。由股东自行召集的由股东自行主持。

以上就是《公司法》对股东会会议提议、召集以及主持主体的规定，下文，我们来介绍股东会会议召集通知需注意的程序性问题。

四、股东会会议召集通知的规则和程序

股东会召集通知是指股东会合法召集人将股东会会议召开的时间、地点、会议期限、提交会议审议的事项和提案、会议表决规则等，在会议召开前一定时间内通知相关主体的程序。召集通知是股东会会议制度的一个重要组成部分，没有会议召集通知，股东会会议的召集、召开便无从谈起。而当会议召集通知不符合法律及公司章程、规章制度规定时，所召集的股东会会议程序就会出现瑕疵，甚至可能基于程序问题而被法院判决撤销股东会会议决议。因此，召集通知是股东会会议的一个重要环节，也是公司治理合规管理的重要事项。

下面，我们就具体来讨论股东会会议召集通知的规则和程序：

（一）提前将提议议案书面送达给拟参会主体

在提议召开股东会会议时，相关主体应将提议议案以书面形式送达给董事会、执行董事、监事会、监事以及股东等，并应留存回执或其他有效送达证明材料。另外，为了提高效率，可在提议材料中注明：董事会或执行董事在一定期限内应召集会议；如逾期不召集，监事会或监事应在一定期限内召集；如监事会或监事仍不召集的，相关股东将自行召集。

（二）从发出召集通知到实际召开会议，应预留充足的时间

《公司法》规定，有限责任公司召开股东会会议，应当于会议召开 15 日

前通知全体股东。当然，有限责任公司也可以通过章程或者股东会议事规则等文件，来确定提前通知召开会议的时间。比如：就可以在公司章程规定，提前 10 天或者提前 20 天通知全体股东；甚至在审议股东会职权范围内事项时，只要股东以书面形式一致表示同意的，都可以不召开股东会会议，直接形成决议。《公司法》针对股份有限公司的规定是，股份有限公司召开股东大会会议，应当于会议召开 20 日前通知各股东；临时股东大会应当于会议召开 15 日前通知各股东；发行无记名股票的，应当于会议召开 30 日前公告会议召开的时间、地点和审议事项。

（三）召集通知内容应充分、完整

临时股东会召集主体在发出召集通知时，应写明以下事项：一是会议的时间、地点和会议期限；二是提交会议审议的事项和提案；三是全体股东均有权出席股东会，并可以书面委托代理人出席会议和参加表决，该股东代理人不必是公司的股东；四是会务常设联系人姓名、电话号码等。股东会通知和补充通知中应当充分、完整披露所有提案的全部具体内容。

（四）在发出召集通知后，应留存回执或者其他有效送达证明材料

这样操作的原因在于，在很多情况下，召集临时股东会就是因为股东、董事或者监事之间已经产生了矛盾，需要通过召开临时股东会解决相应的问题。而一些被通知对象恰恰并不愿意配合参加会议。在此情况下，如果召集人不留存送达证明，被通知对象一旦提出没有收到提议或者召集会议的通知，在没有其他证据证明的情况下，所召集会议的程序就会出现瑕疵，甚至因此而诉争至法院。法院可能会基于程序问题而判决撤销股东会会议决议。因此，召开股东会的程序必须合法并且应保留完备的召集会议程序性材料。

以上是股东会会议召集通知需注意的程序性问题。特别需要注意的是，发出召集通知应预留充足的时间，召集通知应有效送达并留存有效送达的证据。

五、股东会会议正式召开的规则和程序

股东会会议最主要的作用，是审议、表决股东会职权范围内的重要事项。股东会会议应遵循一定的程序和规则，提出议案、质疑、应答、讨论以及最

终表决。

下面，我们就来讨论股东会会议正式召开的规则和程序：

（一）公司应当在召集通知规定的时间、地点召开股东会

前面提到，股东会召集通知应明确规定股东会会议正式召开的时间、地点。通知地点、时间应有利于会议方便、顺利地召开，不得给参会人员预设障碍。而参会人员也应按照召集通知要求按时与会，遇有特殊情况，应提前通知会议召集人。会议召集人应按照公司股东会会议议事规则决定如何处理该等特殊事项。

（二）公司董事会或其他召集人应采取必要措施，保证股东会召开的正常秩序

会议召开前，公司董事会或其他召集人应提前做好会议召开的人力、物质保障工作，做好应对突发事件的预案。在会议召开期间，公司董事会或其他召集人应对干扰股东会正常召开以及侵犯与会人员合法权益的行为，采取必要措施加以制止并及时报告有关部门查处。

（三）股东可以亲自出席股东会并行使表决权

股东亲自出席会议的，应出示本人身份证或其他能够表明其身份的有效证件或证明。

（四）股东可以委托代理人代为出席股东会并行使表决权

股东委托的代理人应该出示其本人有效身份证件、股东授权委托书。授权委托书应当载明下列内容：一是代理人的姓名；二是是否具有表决权；三是分别对列入股东会议程的每一审议事项投赞成、反对或弃权票的指示；四是对可能纳入股东会议程的临时提案是否有表决权，如果有表决权应行使何种表决权的具体指示；五是委托书签发日期和有效期限；六是委托人签名或盖章等。

（五）出席会议人员的签名册由公司负责制作

签名册载明参加会议单位名称、出席会议人员姓名及身份证号码、住所、持有或者代表有表决权的股份数额、被代理人姓名或名称等事项。

（六）确定股东会会议的主持人

股东会会议由董事会召集，董事长主持；董事长不能履行职务或者不履行职务的，由副董事长主持；副董事长不能履行职务或者不履行职务的，由半数以上董事共同推举一名董事主持。有限责任公司不设董事会的，股东会会议由执行董事召集和主持。董事会或者执行董事不能履行或者不履行召集股东会会议职责的，由监事会或者不设监事会的公司的监事召集和主持；监事会或者监事不召集和主持的，代表 1/10 以上表决权的股东可以自行召集和主持。

（七）确定列席会议人员

公司召开股东会，全体董事、监事和董事会秘书应当出席会议，经理和其他高层管理人员应当列席会议。董事、监事、高级管理人员在股东会上应就股东的质询和建议作出解释和说明。

（八）律师见证股东会会议

公司可以聘请律师见证股东会会议，对以下问题出具意见：股东会的召集、召开程序是否符合法律法规的规定；是否符合公司章程；验证出席会议人员资格的合法有效性；验证年度股东会提出新提案的股东的资格；股东会的表决程序是否合法有效等。需要说明的是，并非所有的股东会会议都强制性要求律师见证，一般有限责任公司股东会会议并不需律师见证环节，只有上市公司、新三板挂牌公司等公众公司股东大会等才硬性要求律师见证。而律师见证确实会起到规范会议流程、固定会议证据材料的作用，这会有效降低会议程序瑕疵的发生。

（九）股东会会议记名投票表决

股东会一般采取记名方式投票表决。出席股东会的股东或代理人对所审议的提案可投赞成，反对或弃权票。

（十）股东会会议提案逐项表决

股东会对所有列入议事日程的提案应当逐项表决，不得就全部提案概括性表决。

（十一）股东会会议议案表决规则

《公司法》规定，有限责任公司股东会决议分为普通决议和特别决议。股东会作出普通决议，应当由代表 1/2 以上表决权的股东通过。股东会作出特别决议，应当由代表 2/3 以上表决权的股东通过，比如：公司增加或者减少注册资本；发行公司债券；公司的分立、合并、解散和清算；公司章程的修改；公司章程规定需要以特别决议通过的其他事项等。需要注意的是，公司也可以通过公司章程来制定特殊的议案表决规则。

（十二）股东会决议格式

股东会决议应注明出席会议的股东（或股东代理人）人数、所代表表决权的比例、表决方式以及每项提案表决结果。对股东提案作出的决议，应列明提案股东的姓名或名称、表决权比例和提案内容。

（十三）股东会应有会议记录

股东会会议记录记载以下内容：一是出席股东会的有表决权股权数，占公司总股本的比例；二是召开会议的日期、地点；三是会议主持人姓名、会议议程；四是各发言人对每个审议事项的发言要点；五是每一表决事项的表决结果；六是股东的质询意见、建议及董事会、监事会的答复或说明等内容；七是股东会认为和公司章程规定应当载入会议记录的其他内容。股东会会议记录由出席会议的全体股东及其他参会人员签名，并作为公司档案保存。

以上是股东会会议正式召开时，需注意的程序性问题。在实践中，股东会会议召开不合规现象，还表现为：会议决议缺少必要的签字确认，会议记录不完整等。虽然这可能只是工作失误，但有时会实质影响决议的效力。因此，公司应规范股东会会议召开的程序。

六、股东表决权的行使规则

股东表决权是指股东基于其股东地位而享有的，就股东会的议案作出肯定、否定或者弃权等意思表示的权利。我们都知道，公司股东因其向公司投资而享有股东权利。股东享有的权利包括：重大事项决策权、经营管理者选择权、利润分配权、经营情况知情权，等等。然而，一个公司股东人数往往众多，而众多股东对公司的利益诉求又不尽相同。比如：当公司产生利润时，有的股东希望马上就进行分配，有的股东却希望再投入生产；而不同股东对利润分配比例也往往会有自己的想法。因此，虽然公司股东都享有股东权利，但并不可能都会完全按照自己的意愿实现。在此情况下，股东就需要通过表决的方式将个体的意愿转化为公司的整体意思表示。可以说，股东表决权的行使就是股东重大事项决策权、经营管理者选择权、利润分配权、经营情况知情权等各项权利最终能够得以实现的前提和基础。由此，可以看出，股东表决权对于每一个股东都具有极其重要的意义。

下面，我们就来了解一下有限责任公司股东表决权的设置：

（一）按照股东认缴出资比例来行使表决权

《公司法》第 42 条规定，股东会会议由股东按照出资比例行使表决权；但是，公司章程另有规定的除外。

根据该规定，除公司章程另有规定外，股东是按照出资行使表决权。然而，现行《公司法》实行的是出资认缴制，那么，股东究竟是以认缴出资比例还是以实缴出资比例来实行表决权呢？这在《公司法》中并没有明确的规定。而目前学术界通常认为，该规定是股东以认缴出资比例行使表决权。我们来举例说明。比如：张三和李四共同投资 A 有限公司，张三认缴出资 100 万元，实缴出资 10 万元；李四认缴出资 50 万元，实缴出资也是 50 万元。那么，如果按照股东认缴出资比例行使表决权，张三就是享有股东会 2/3 表决权的股东，而李四就是享有股东会 1/3 表决权的股东。此时，股东的表决权是与股东认缴出资比例一致的。我们看，如果股东按照认缴出资来行使表决权，可能会出现实际出资较少股东享有较高表决权，而实际出资较多的股东却享有较低表决权的情况。

（二）按照股东实缴出资比例来行使表决权

同样根据以上规定，股东表决权不仅可以通过《公司法》直接规定，还可以通过公司章程的形式设定。还是前面的案例，我们按照股东实缴出资比例来设置表决权。由于张三实缴出资 10 万元，李四实缴出资 50 万元。那么，张三就是享有股东会 1/6 表决权的股东，而李四就是享有股东会 5/6 表决权的股东。此时，股东的表决权是与股东实际出资比例是一致的。

（三）不按出资比例来设置表决权

全体股东还可以在公司章程中规定，既不按认缴出资也不按实缴出资来行使表决权，而是综合各种因素来确定符合公司发展需要的表决权比例。比如，如果一个股东有技术专长、社会资源或者是擅长经营管理，那么，就可以在章程中规定，在该股东出资较少的情况下享有较高的表决权；再比如，在公司章程中还可以设定，一部分股东享有公司利润优先分配权，但不享有股东会表决权，等等。

以上就是股东表决权设置的几种方式。在制定公司章程时，公司全体股东一定要重视股东表决权的设置，综合各种因素来确定股东表决权的行使规则。当然，以上是关于有限责任公司表决权的规定，对于股份有限公司，目前实行的是"同股同权"，并不允许通过公司章程变更股东行使表决权的形式，这与有限责任公司有很大的区别。

七、公司法关于股东表决通过事项的规定

根据《公司法》规定，股东会决议分为普通决议和特别决议。股东会作出普通决议，应当由代表1/2以上表决权的股东通过。股东会作出特别决议，应当由代表2/3以上表决权的股东通过。

下面，我们就来介绍股东表决通过具体事项：

（一）2/3以上表决权通过事项

（1）《公司法》第43条第2款规定，有限责任公司股东会会议作出修改公司章程、增加或者减少注册资本的决议，以及公司合并、分立、解散或者变更公司形式的决议，必须经代表2/3以上表决权的股东通过。

（2）《公司法》第103条第2款规定，股份有限公司股东大会作出修改公司章程、增加或者减少注册资本的决议，以及公司合并、分立、解散或者变更公司形式的决议，必须经出席会议的股东所持表决权的2/3以上通过。

（3）《公司法》第121条规定，上市公司在一年内购买、出售重大资产或者担保金额超过公司资产总额30%的，应当由股东大会作出决议，并经出席会议的股东所持表决权的2/3以上通过。

（4）《公司法》第181条规定，公司章程规定的营业期限届满或者公司章

程规定的其他解散事由出现时，公司可以通过修改公司章程而存续。依照该款规定修改公司章程，有限责任公司须经持有 2/3 以上表决权的股东通过，股份有限公司须经出席股东大会会议的股东所持表决权的 2/3 以上通过。

以上是公司重大事项需 2/3 以上表决权通过的规定。但在有限责任公司和股份有限公司中，2/3 以上表决权股东范围是存在重大区别的：在有限责任公司中，是全体股东代表权的 2/3 以上，包括参加股东会会议的股东以及没有参加股东会会议的股东；而在股份有限公司中，是出席股东会会议所持表决权 2/3 以上的股东，没有参加会议的股东并不计算在内。

（二）1/2 以上表决权通过事项

（1）在股东会职权范围内事项中，除公司增资、减资、合并、分立、修改公司章程等重大事项以外，一般均需 1/2 以上表决权通过。这主要包括：决定公司的经营方针和投资计划；选举和更换董事、监事；审议批准董事会的报告；审议批准监事会或者监事的报告；审议批准公司的年度财务预算方案、决算方案；审议批准公司的利润分配方案和弥补亏损方案等事项。

（2）《公司法》第 16 条规定，公司为公司股东或者实际控制人提供担保的，必须经股东会或者股东大会决议。该股东或者受该实际控制人支配的股东，不得参加该项表决。该项表决由出席会议的其他股东所持表决权的过半数通过。

（3）《公司法》第 90 条规定，股份有限公司创立大会职权范围事项作出决议，必须经出席会议的认股人所持表决权过半数通过。

（4）《公司法》第 103 条规定，股份有限公司股东大会作出决议，必须经出席会议的股东所持表决权过半数通过。

以上是关于股东表决权过半数通过的规定，同样应注意区分有限责任公司和股份有限公司表决权股东范围。

八、股东表决权回避或排除规则

股东表决权对于每一个股东都具有极其重要的意义。公司通过股东表决将股东个体意愿转化为公司整体意志。然而，由于大股东通常掌握了绝大部分表决权，大股东的意愿往往就代替了公司的意志。而如果大股东滥用表决权优势为自己谋取私利，就极易做出一些损害公司、公司其他股东或公司债权人利益的行为。比如：大股东通过股东会决议决定为自己提供风险较大的担保；向大股东关联企业进行利益输送；向大股东提供无息借款，等等。正是考虑到以上危害行为发生的可能性，《公司法》作出了相应的制度安排，这就是股东表决权排除制度。股东表决权排除制度又称股东表决权回避制度，是指当某一股东与股东（大）会讨论的决议事项有特别的利害关系时，该股东不得就其持有的股份行使表决权。

下面，我们来介绍几种股东表决权回避或排除的情形：

（一）担保事项表决回避

《公司法》第16条规定，公司为公司股东或者实际控制人提供担保的，必须经股东会或者股东大会决议。该股东或者受该实际控制人支配的股东，不得参加担保事项的表决。

我们说，担保涉及当事人的重大利益。当公司为公司股东或者实际控制人提供担保时，公司就几乎承担了与该股东或实际控制人相同的债务风险。而股东或实际控制人在向公司寻求担保时，一般情况下并不是为了公司的经营和发展，而是为了自身的利益。此时，在未获得相应利益的情况下，公司其他股东的投资利益将有可能遭受损害。因此，《公司法》规定，公司为公司股东或者实际控制人提供担保时，该股东或者受该实际控制人支配的股东应予以回避，不得参加担保事项的表决。

（二）解除股东资格表决回避

《公司法司法解释（三）》第17条规定，有限责任公司的股东未履行出资义务或者抽逃全部出资，经公司催告缴纳或者返还，其在合理期间内仍未缴纳或者返还出资，公司以股东会决议解除该股东的股东资格，该股东请求确认该解除行为无效的，人民法院不予支持。

该条款并未直接规定以上瑕疵出资股东表决权回避。然而，如果以上股东是公司控股股东，在未履行出资义务或者抽逃全部出资的情况下仍然享有表决权，公司就不可能通过股东会决议的方式解除该股东资格，该条款规定将没有任何意义。因此，在以上条款情况下，瑕疵股东表决权应该回避或被排除。

（三）公司章程可以规定认缴出资表决权排除或回避

《公司法》第 42 条规定，股东会会议由股东按照出资比例行使表决权；但是，公司章程另有规定的除外。

根据该规定，如果在公司章程中规定按实缴出资行使表决权，那么，认缴未实缴股东将没有表决权。这样也相当于排除了相应股东的表决权。

（四）关联交易表决权回避

在上市公司或新三板挂牌公司，均存在有关联交易表决权回避制度。比如：《全国中小企业股份转让系统挂牌公司信息披露规则》第 41 条规定，挂牌公司应当及时披露按照全国股转系统公司治理相关规则须经董事会审议的关联交易事项。挂牌公司应当在董事会、股东大会决议公告中披露关联交易的表决情况及表决权回避制度的执行情况。我们认为，一般的非公众公司也可以在公司章程中制定关联交易表决权回避条款，以降低关联交易引发资源或者义务不合规转移的风险。

以上是股东表决权回避或排除的几种情形，包括法律直接规定和公司章程设定。我们建议，在制定公司章程时，为了维护公司以及全体股东的共同利益，防止大股东利用表决权优势侵害小股东的利益，可以考虑引入表决权回避制度。

九、公司股权比例设置不当的风险

公司意思自治是公司法的基本价值取向。在股东表决权制度上的体现就是，公司可以通过章程来设定股东表决权的行使规则。但不可否认的是，股权比例仍然是决定股东各项权利的最根本因素。如果公司股权比例设定不当，极易造成公司股东因利益纠纷而产生矛盾，甚至是出现公司僵局，最终影响到公司的正常经营活动。公司股权比例一般可以分为四种主要结构：平均型股权结构、高度绝对控股型结构、绝对控股型结构以及相对控股型结构。

下面，我们就来分别介绍四种股权比例结构的特征以及对公司运营可能产生的影响：

第一种是平均型股权结构。此种股权结构一般是出现在关系比较好的股东之间，或实力相当的股东之间。比如：夫妻之间或者朋友之间，在创业时很容易采用这种股权比例结构。夫妻之间通常是按 1∶1 分配股权，朋友之间常采用 1∶1∶1 或者是 3∶3∶4 分配股权。此种模式看似简单、公平，但存在较大的隐患。前面提到，股东会有 2/3 以上表决权通过事项以及 1/2 以上表决权通过事项。在公司股权比例高度平均的情况下，任何一个股东将无法单独表决通过一项股东会决议事项。比如：我们曾见过好几例股东持股比例为 1∶1 的情况，当股东之间产生矛盾冲突时，公司根本形成不了有效的经营决策。因此，平均型股权结构存在较大的法律风险。

第二种是高度绝对控股结构。在此种结构中，绝大部分股权掌握在控股股东手中，小股东仅占有极小的股权比例。比如：控股股东持股 90% 以上，小股东单独或联合持股小于 10%。在此种股权比例结构下，公司的各项决策都会很顺利地通过。但一股独大也会造成控股股东凌驾于股东会、董事会的情况出现。此时，小股东几乎无所作为，其自身利益极易遭受控股股东的侵害。

第三种是绝对控股结构。在此种结构中，控股股东持有公司 66.7% 以上 90% 以下股权比例，控股股东仍然对公司享有绝对控制权。而此时，小股东单独或联合持有公司 10% 以上股权。根据公司法规定，小股东至少享有提议召集临时股东会会议的权利或者在公司经营管理发生严重困难时提起解散公司之诉的权利。

第四种是相对控股结构。在此种结构中，相对控股股东持有公司 50% 以上 66.7% 以下股权比例。此时，相对控股股东可以单独表决通过普通事项，而对于修改公司章程、增加或者减少注册资本、公司合并、分立、解散或者变更公司形式等重大事项却无法单独表决通过。在此种情况下，小股东的态度会对公司决策起到至关重要的作用。

以上是几种股权比例结构，我们不能直接判断哪种股权比例结构的优劣好坏。首先，股权比例结构是根据股东投资能力以及股东对公司的控制能力而确定的；其次，站在不同的股东角度，就会有不同的评判标准。大股东当然是希望绝对控股，但要绝对控股就会不利于公司融资和吸引技术型、资源型股东。而小股东想要获得较多的股权比例，也不一定具有相应的资金实力。综上，股权比例配置最终是各种因素综合、平衡的结果。但股权比例设置不当确实会影响到公司的运营。因此，我们有如下几点建议：一是不采用 1∶1

股权比例结构，绝对的平均极易产生公司僵局；二是应至少有相对控股股东，有利于公司进行决策；三是小股东持股比例最好超过10%，有利于制衡大股东权利。目前，在一些互联网等创新企业中采取7∶2∶1的股权架构是比较流行的做法，此种架构为企业创始人、技术股东以及后期投资人都留有了相应的空间。

十、股东身份权确认的注意事项

股东身份权是基于股东向公司投资而享有股东身份的权利。在有限责任公司中，股东身份通过以下形式体现：

《公司法》第25条规定，有限责任公司章程应当载明下列事项：股东的姓名或者名称。

《公司法》第31条规定，有限责任公司成立后，应当向股东签发出资证明书。出资证明书应当载明下列事项：①公司名称；②公司成立日期；③公司注册资本；④股东的姓名或者名称、缴纳的出资额和出资日期；⑤出资证明书的编号和核发日期。出资证明书由公司盖章。

《公司法》第32条规定，有限责任公司应当置备股东名册，记载下列事项：①股东的姓名或者名称及住所；②股东的出资额；③出资证明书编号。记载于股东名册的股东，可以依股东名册主张行使股东权利。公司应当将股东的姓名或者名称向公司登记机关登记。

依据上述法律规定，在有限责任公司中，股东身份一般是通过公司登记部门登记、章程、出资证明书、股东名册等予以体现。其中只要在公司章程、出资证明书以及股东名册上予以记录就应该产生确认股东身份的效力，而在公司登记部门进行登记只是起到对外公示的作用，如未经登记或者变更登记的，不得对抗第三人，但并不应影响股东身份的确认。而对于股份有限公司，存在发起设立和募集设立之分，其中全体发起人会记载于公司登记部门档案、章程、出资证明书、股东名册等文件中，但对后期新加入股东可能并不会在公司登记部门进行登记。这些股东身份需要通过中登公司、股转系统、证券公司以及记名股票等形式予以体现。

十一、股东利润分配权的实现规则

股东资产收益权是股东享有公司财产权的体现，是股东之所以投资公司的最根本目的。股东资产收益权一般分为三种形式：一是股东基于公司生产经营活动所产生的利润分配权；二是股东转让股权而产生的溢价收益权；三是公司在解散清算时的剩余财产分配权。

下面，我们首先来讨论股东的利润分配权，也就是红利分配权：

《公司法》第 34 条规定，股东按照实缴的出资比例分取红利。但是，全体股东约定不按照出资比例分取红利的除外。

该条款应注意以下两个问题：一是该条款规定是按照股东实缴出资比例进行分红，而不是按照认缴出资比例进行分红。这样规定的原因在于：股东实缴出资，即说明股东至少已经在资金方面对公司运营作出了贡献，既然作出了相应的贡献，就应该获得相应的投资回报。而如果以认缴出资作为分红的依据，认缴出资可能还未实际投入公司，在此种情况下，还获得与认缴出资比例相对应的分红，就会出现贡献与所得不相匹配的情况。这对已经实缴出资的股东是不公平的。二是如果全体股东一致同意，就可以不按照出资比例分取红利。该条款是公司意思自治的集中体现。由于利润分配权是由全体股东享有的权利，该项权利并不关乎全体股东以外的第三人。因此，只要全体股东一致同意就可以采取其他任何利润分配方式，包括以认缴出资比例分红的方式，甚至是一部分股东放弃分红的方式等。当然，需要特别注意的是，股东约定分红模式是需要全体股东一致同意的，而不能以 2/3 或 1/2 以上表决权通过的方式来实现。这样规定的原因在于：股东利润分配权是股东核心权利，相当于股东的生存权，如任由大股东通过表决权优势进行修改，就极易侵害到小股东的利益。因此，公司要修改分红模式一定要由全体股东一致同意。该规定是在公司法中为数不多需要全体股东一致同意的条款，需要特别注意。

接下来一个问题是，虽然股东分红比例规则是由公司法规定或由全体股东协商一致确定的，但公司当年利润分配方案并不需要由全体股东协商一致确定。《公司法》第 37 条第 1 款第 6 项规定，股东会审议批准公司的利润分配方案。而该项股东会审议事项属于普通审议事项，一般由超过 1/2 表决权股东同意即可通过。

从该规定可以看出，虽然公司控股股东无法单独决定股东利润分配比例，但完全可以掌控公司利润分配的节奏。此项规定的立法目的在于，公司利润除用于分配红利以外，还可能会用于公司扩大再生产或者弥补往年亏损等用途。因此，公司利润并非必须要分配，如果资本多数股东不同意分配即代表公司对利润使用的态度。然而，很多公司控股股东正是利用以上规则长期不分配利润，而是通过关联交易等行为将本应分配的利益转移到自己的关联方，此种行为将严重侵害小股东的利益。为此，公司法规定了一条保护性条款，即《公司法》第74条规定，公司连续5年不向股东分配利润，而公司该5年连续盈利，并且符合本法规定的分配利润条件的，对股东会以上决议投反对票的股东可以请求公司按照合理的价格收购其股权。该规定虽在一定程度上保护了小股东的利润分配权，但适用条件十分苛刻。因此，在很多时候几乎起不到相应的作用。

以上我们讨论的是股东利润分配权的实现规则。其中应注意的是，公司法规定，股东一般是按照实缴出资比例分取利润，而全体股东也可以通过约定的方式共同确定其他利润分配方式。

十二、股东知情权的行使规则

股东知情权是法律赋予股东了解公司运营情况、业务活动、财务状况的权利。公司股东作为公司的投资者，是公司的实际所有权人，当然享有了解公司基本信息的权利。同时，股东知情权也是平衡股东权力、监督经营者管理活动的重要方式和手段。比如：在公司中，一般存在控股股东。控股股东依靠其出资额或者持股比例足以对股东会、股东大会的决议产生重大影响，并基于其表决权优势而掌控公司的经营管理活动；而非控股股东可能无法参与公司的经营管理活动，甚至有可能对公司的经营活动以及财务信息一无所知。在此情况下，控股股东就可能会利用其控制地位做出一些侵害小股东利益的行为。而小股东只有通过获取公司经营信息，才可能进一步行使对公司的监督权，从而维护自身利益。因此，股东知情权对于股东尤其是中小股东而言是一项非常重要的权利。

根据公司的类型不同，股东知情权可以分为有限责任公司股东知情权和股份有限公司股东知情权，两者知情权范围以及实现方式存在较大区别。

我们先来看有限责任公司的相关法律规定，《公司法》第33条规定，股东有权查阅、复制公司章程、股东会会议记录、董事会会议决议、监事会会议决议和财务会计报告。股东可以要求查阅公司会计账簿。股东要求查阅公司会计账簿的，应当向公司提出书面请求，说明目的。公司有合理根据认为股东查阅会计账簿有不正当目的，可能损害公司合法利益的，可以拒绝提供查阅，并应当自股东提出书面请求之日起15日内书面答复股东并说明理由。公司拒绝提供查阅的，股东可以请求人民法院要求公司提供查阅。

根据该规定，有限责任公司股东知情权范围可以归为两类：一类是公司公司章程、股东会会议记录、董事会会议决议、监事会会议决议和财务会计报告。股东对该类公司信息享有无条件查阅、复制的权利，公司不应当以任何理由予以干涉、阻挠；另一类是公司的会计账簿。股东要想了解公司会计账簿信息必须要向公司提出书面请求，并说明目的。如公司认为股东查阅会计账簿有不正当目的，可能损害公司合法利益的，可以予以拒绝。另外，股东只能通过查阅的方式了解会计账簿信息，而不能对会计账簿进行复制，而对于第一类公司信息既可以查阅也可以复制。

那么，为什么公司法要对有限责任公司股东知情权内容区别对待呢？我们认为，这主要是从股东知情权和公司商业秘密的平衡角度考虑。我们看，公司的财务会计报告和会计账簿都是反映公司财务状况、经营成果和现金流量等有关会计信息的资料，但两者的反映程度差距很大。财务会计报告只是通过会计报表、会计报表附注和财务情况说明书等宏观反映公司的整体财务情况。而会计账簿是以会计凭证为依据，对全部经济业务进行全面、系统、连续、分类的记录和核算的簿籍。会计账簿需要对公司每一项经济行为进行记录，并附以合同、发票、汇款凭证等相应的会计凭证。显然，会计账簿更能具体、详实、客观地反映公司的经营行为。然而，公司会计账簿记录信息往往涉及公司的商业秘密甚至是技术秘密，一旦被第三人非法使用，将会影响到公司的正常经营活动。正因如此，公司法对股东查阅公司会计账簿极为谨慎，作出了一些限制性条款。比如：公司认为股东查阅会计账簿有不正当目的，可能损害公司合法利益的，可以拒绝提供查阅；再比如：股东只能查阅，不能复制会计账簿等。当然，如果公司拒绝提供查阅的，股东可以请求人民法院要求公司提供查阅。

我们再来看股份有限公司的相关法律规定，《公司法》第97条规定，股份有限公司股东有权查阅公司章程、股东名册、公司债券存根、股东大会会议记录、董事会会议决议、监事会会议决议、财务会计报告，对公司的经营提出建议或者质询。

我们看与有限责任公司相比，股份有限公司股东知情权范围和行使方式就要小一些。比如：在股份有限公司中，股东只能查阅相关公司信息，而无法进行复制；最重要的是，股东并不能查阅公司会计账簿。我们认为，这与股份有限公司的特性有关。在股份有限公司中，股权分为等比例份额，且非常分散。这就造成一个股份有限公司可能存在大量的股东，尤其是上市的公众公司，在理论上股东可以无限的多。而如果允许全体股东都可以查阅公司会计账簿，公司将无暇开展正常的经营活动；同时，公司将无商业秘密、技术秘密可保。正因如此，公司法将股份有限公司股东知情权设定在一定的范围内，既是为了保障股东知情权的行使，也是为了能保障公司的正常运营。

以上，我们讨论的是股东知情权的行使规则。股东知情权在不同公司类型中的范围以及实现方式有所不同，需区别对待。

十三、股东行使股东会决议撤销权的规则

公司股东依法享有资产收益、参与重大决策和选择管理者等权利。而股东以上权利一般是通过股东会决议的形式予以实现。因此，股东会决议对公司股东权益的实现起着至关重要的作用。我国公司法规定，股东会决议一般采取资本多数决原则。也就是，在股东会上，股东按照其所持股份或者出资比例对公司重大事项行使表决权，经代表多数表决权的股东通过，方能形成决议。此种情况下，小股东往往难以通过表决权方式对抗大股东。为防止股东滥用表决权，公司法赋予了股东对公司决议提起撤销之诉的权利。

下面，我们就来讨论股东行使股东会决议撤销权的相关规则：

（一）股东行使股东会决议撤销权分为程序依据和实体依据

程序依据是股东会的召集程序、表决方式违反法律、行政法规或者公司章程。这主要包括：

（1）召集人未通知全体股东。

（2）召集人未在会议召开 15 日前通知全体股东。

（3）未按法定顺序发起召集程序。

（4）未按公司法或者章程规定的表决权比例通过表决事项等。

实体依据是股东会表决内容违反公司章程。公司章程是公司的纲领性文件，是"公司的宪法"。公司章程对公司、股东、董事、监事、高级管理人员具有约束力。如果股东会表决内容违反公司章程即可以被撤销。

以上是股东行使撤销权的依据。但《公司法司法解释（四）》也规定，会议召集程序或者表决方式仅有轻微瑕疵，且对决议未产生实质影响的，人民法院不予支持。

（二）股东行使股东会决议撤销权的期限

股东的股东会决议撤销权是自股东会决议作出之日起 60 日内，请求人民法院撤销。需要注意的是，该期限并不是诉讼时效期限，并不存在中断、中止情形，也不存在股东知道或者应当知道的前提条件。也就是，股东撤销权只能在会议作出决议之日起 60 日内行使。

（三）股东行使股东会决议撤销权的方式

股东行使撤销权的方式是向人民法院提起诉讼。根据《公司法司法解释（四）》规定，行使撤销权的原告在起诉时具有公司股东资格，被告是公司，对决议涉及的其他利害关系人可以依法列为第三人。

（四）股东行使股东会决议撤销权的后果

如果股东撤销请求被法院支持，公司根据股东会已办理变更登记的，人民法院宣告该决议无效或者撤销该决议后，公司应当向公司登记机关申请撤销变更登记。但需要注意的是，即便在决议被撤销的情况下，公司依据该决议与善意相对人形成的民事法律关系不受影响。关于善意相对人的相关法律规定，我们在前文已经详细介绍，在此不再赘述。

以上，我们讨论的是股东行使股东会决议撤销权的依据、期限、方式以及后果。当股东会会议存在严重程序违法、实体违规时，相关股东有权提起股东会决议撤销之诉，以维护自身的合法权益。

十四、股东退出公司或提起解散公司权的行使规则

公司法规定股东不得抽逃出资，这是公司资本维持原则的体现。而股东要想实现从公司退出，一般有以下几种方法：一是将股权转让给其他股东或者公司以外的第三人；二是公司依据法定程序减资；三是公司进行解散清算。而在某些特殊情况下，股东也可以采取强制退出或强制请求解散公司的措施。

下面，我们就来了解一下股东该两项特殊退出方式：

（一）股东的强制退出权

《公司法》第74条规定，有下列情形之一的，对股东会该项决议投反对票的股东可以请求公司按照合理的价格收购其股权：①公司连续五年不向股东分配利润，而公司该五年连续盈利，并且符合本法规定的分配利润条件的；②公司合并、分立、转让主要财产的；③公司章程规定的营业期限届满或者章程规定的其他解散事由出现，股东会会议通过决议修改章程使公司存续的。自股东会会议决议通过之日起60日内，股东与公司不能达成股权收购协议的，股东可以自股东会会议决议通过之日起90日内向人民法院提起诉讼。

以上是股东利润分配权长期无法实现、股东财产权可能受到侵害时，股东可以采取的保护措施。股东可以通过公司收购股权的方式实现退出。本质上，这种退出方式也是通过公司减资实现，应履行相应的减资程序。

（二）股东提起解散公司权

《公司法》第182条规定，公司经营管理发生严重困难，继续存续会使股东利益受到重大损失，通过其他途径不能解决的，持有公司全部股东表决权10%以上的股东，可以请求人民法院解散公司。

以上是公司出现僵局时，股东可以采取的自救措施。本质上这种退出方式也是通过公司解散清算来实现的。需要注意的，只有持有公司全部股东表决权10%以上的股东才可以行使该项权利。

十五、股东代位诉讼权的行使规则

董事、高级管理人员作为公司的经营管理者，负有对公司谨慎、尽职管理的义务。然而，董事、高级管理人员一般是代表大股东利益，其经营管理

行为也大多是站在大股东利益角度。另外，在一些股权分散的公司中，也可能会出现董事、高级管理人员凌驾于公司股东的情况，这就是我们常说的内部人控制。在以上情况下，董事、高级管理人员为了大股东或者为了自身的利益，可能会做出一些侵害公司或其他股东合法权益的行为。这时，公司可以对相应董事、高级管理人员提起诉讼。然而，在很多情况下，直接让公司对董事、高级管理人员提起诉讼是无法实现的。道理很简单，董事、高级管理人员往往就是公司的实际控制人，控制了公司的董事、高级管理人员当然不会愿意公司来起诉自己。为了解决这种诉讼困境，公司法赋予了股东代替公司向侵害公司利益的董事、监事以及高级管理人员提起诉讼的权利，这就是股东的代位诉讼权。

下面，我们就来梳理公司法关于股东代位诉讼权行使的规定：

《公司法》第149条规定，董事、监事、高级管理人员执行公司职务时违反法律、行政法规或者公司章程的规定，给公司造成损失的，应当承担赔偿责任。

《公司法》第151条规定，董事、高级管理人员有本法第149条规定的情形的，有限责任公司的股东、股份有限公司连续180日以上单独或者合计持有公司1%以上股份的股东，可以书面请求监事会或者不设监事会的有限责任公司的监事向人民法院提起诉讼；监事有本法第149条规定的情形的，前述股东可以书面请求董事会或者不设董事会的有限责任公司的执行董事向人民法院提起诉讼。

监事会、不设监事会的有限责任公司的监事，或者董事会、执行董事收到前款规定的股东书面请求后拒绝提起诉讼，或者自收到请求之日起30日内未提起诉讼，或者情况紧急、不立即提起诉讼将会使公司利益受到难以弥补的损害的，前款规定的股东有权为了公司的利益以自己的名义直接向人民法院提起诉讼。

他人侵犯公司合法权益，给公司造成损失的，本条第1款规定的股东可以依照前两款的规定向人民法院提起诉讼。

另外，《公司法司法解释（五）》也明确规定，符合相应条件的股东可以对控股股东、实际控制人、董事、监事、高级管理人员利用关联交易侵害公司行为提起诉讼。

本节，讨论的是股东会治理的合规要求与法律风险防范。其中我们应重点关注股东会的法定职权、股东会会议召集通知的规则和程序、股东会会议召开的规则和程序、股东表决权的行使规则、公司利润的分配规则以及股东权利遭受侵害时的救济措施等事项。

第三节 董事会治理的合规要求与法律风险防范

公司股东会可以把公司经营管理权委托授权给董事会来统一行使。但董事会可能为了追求短期利益采取不恰当经营行为，而损害到公司的长远利益，进而最终损害到股东的投资利益。另外，如果公司股权分散，公司股东会就有可能失去对公司控制，公司转而会被董事会所控制。此时，控制了公司的董事会也有可能做出侵害公司股东利益的行为。因此，为了使公司董事会最大限度地服务于公司及公司股东利益，就需要建立起一套对董事会进行授权、管理、控制的制度安排，这就是公司治理要解决的第二问题——董事会治理。本节，我们就来讨论董事会治理的合规要求与法律风险防范。

一、董事会的作用

在现代企业制度中，全体股东是公司的所有权人，股东会是最高权力机构，股东会代表股东行使公司最高决策权。那么，既然公司有了股东会，为什么还需要设置董事会呢？

（一）节约运营成本、提高决策效率的需要

一个公司往往是由众多股东投资而组成。股东一旦出资入股组成公司后，就需要作为一个利益共同体来共同谋求公司的发展。然而，在日常经营管理中，公司除了要考虑决策的正确性、安全性外，还需要关注决策的时效性。如果公司日常经营管理活动都需要股东会决议通过，显然会极大地降低公司决策效率，同时增加公司运营成本。因此，股东通过将经营管理权委托给董事会的形式，让少数人来决策公司具体事务，这就可以有效地提高决策效率并降低运营成本。

（二）提高公司经营决策质量的需要

股东向公司出资入股，但不代表股东就有经营管理公司的能力。在很多情况下，股东可能对公司的经营管理一窍不通，或者是对所投资的行业并不熟知。正因如此，股东将公司的具体决策事项授权给具有专业技能或懂得经营管理的人，显然会提高公司的经营决策质量。

（三）防止股东滥用权力的需要

公司一个最重要的特征是股东的有限责任。有限责任公司的股东是以其认缴的出资额为限对公司承担责任；股份有限公司的股东是以其认购的股份为限对公司承担责任。现代公司制度之所以将股东责任设定为有限，很大程度是为了降低潜在投资人对投资风险的顾虑。在认为投资风险可控的情况下，投资人就会极大地增强投资意愿，整个投资市场才会变得活跃。然而，任何事情有利就有弊。股东一旦认识到自己的责任是有限的，就有可能滥用股东权利。为了解决这个问题，我国公司法引入了两项重要的制度：一项是所谓的"揭开公司的面纱"；而另外一项就是董事会制度。即虽然董事是受股东委托或指派经营管理公司，但董事从整体上要对公司负有忠实义务和勤勉义务。董事一旦违反以上义务将有可能承担损失赔偿责任。显然，董事会制度要求董事要代表公司的利益而不是仅仅代表某个股东的个人利益。另外，公司法还引入了职工董事和独立董事。其目的也还是希望董事相对独立于股东，董事通过自己专业的技能、独立的判断来经营管理公司，而不是唯股东之命是从。综上，公司法通过董事会制度可以在一定程度上防止股东滥用权力，从而保护公司、公司债权人以及公司其他股东的合法利益。

（四）全面执行经营决策的需要

公司经营决策的最终执行一般是由经理层完成的。而一些公司股东要么缺少掌控能力，要么缺少时间和精力来对经理层进行有效指挥和监督。在此情况下，一个有效而专业的董事会可以指挥、管理、监督经理层，将股东会的决策事项最终落实到具体的执行过程中。

（五）化解矛盾、维护各方利益的需要

公司治理就是协调公司股东和其他利益相关者相互之间关系的一种制度，

这些关系包括股东和股东之间的关系、股东和公司经营者之间的关系、经营者内部之间的关系、经营者和监督者之间的关系，等等。在这些关系中，总是存在着观念、利益、行为模式等各方面的矛盾和冲突。而董事会作为公司的中间层，连接着股东、经营层和其他利益相关者，可以在其中起到协调各方利益、化解各种矛盾冲突的作用。

综上，一个有效运转的董事会可以起到节约运营成本、提高决策效率和质量、防止股东滥用权力、监督执行经营决策和化解矛盾、维护各方利益的作用。

二、董事会的法定职权

董事会连接着股东、经营层和其他利益相关者，在公司治理和公司经营管理中起到承上启下的作用。那么公司法规定的董事会行使哪些法定职权呢？

《公司法》第46条规定，董事会对股东会负责，行使下列职权：①召集股东会会议，并向股东会报告工作；②执行股东会的决议；③决定公司的经营计划和投资方案；④制订公司的年度财务预算方案、决算方案；⑤制订公司的利润分配方案和弥补亏损方案；⑥制订公司增加或者减少注册资本以及发行公司债券的方案；⑦制订公司合并、分立、解散或者变更公司形式的方案；⑧决定公司内部管理机构的设置；⑨决定聘任或者解聘公司经理及其报酬事项，并根据经理的提名决定聘任或者解聘公司副经理、财务负责人及其报酬事项；⑩制定公司的基本管理制度；⑪公司章程规定的其他职权。

以上《公司法》所规定的有限责任公司董事会11项职权。同时，以上职权也适用于股份有限公司董事会。

前面提到，董事会起到承上启下的作用。这一点在董事会职权上体现得非常明显。董事会职权包括上下两个层面：向上是针对股东会而言；向下是针对经理层以及具体经营管理者而言。我们可以看到，董事会针对股东会的职权与股东会本身的职权具有对应关系。比如：董事会的职权一是召集股东会会议、向股东会报告工作并执行股东会的决议，而股东会对应的职权是审议批准董事会的报告；董事会职权二是决定公司的经营计划和投资方案，而股东会对应的职权是决定公司的经营方针和投资计划；董事会职权三是制订公司的年度财务预算方案、决算方案，利润分配方案和弥补亏损方案，增加或者减少注册资本方案，发行公司债券的方案，公司合并、分立、解散、清算或者变更公司形式的方案，而股东会对应的职权是审议批准以上方案。我们再来看董事会向下的三项主要职权：一是决定公司内部管理机构的设置；二是决定聘任或者解聘公司经理及其报酬事项；三是制定公司的基本管理制度。以上三项职权是董事会独立行使经营管理权的具体表现。

另外，国资委要求中央企业董事会履行相应的合规管理职责，这主要包括：一是审议批准企业合规管理基本制度和体系建设方案等；二是研究决定合规管理重大事项，审议批准合规管理年度报告；三是根据有关规定和程序，决定聘任或者解聘首席合规官；四是决定合规管理牵头部门的设置和职能；五是按照权限决定有关违规人员的处理事项；六是法律法规、公司章程等规定的其他合规管理职责。我们建议，非中央企业也可以在章程中规定董事会或执行董事的合规管理职责。

以上是董事会的职权范围。根据公司合规管理要求，董事会应忠实、勤勉地行使职权，既不能怠于行使职权，也不能超越权限行使职权。

三、公司董事的分类

我国公司法并没有对董事进行过详细的分类，我们尝试按照不同的标准对董事进行以下分类：

（一）按照董事是否持有公司股权，可以分为股权董事和非股权董事

股权董事，顾名思义就是该董事存在两种身份：一是其本身就是公司的股东，其通过向公司投资而持有公司的股权；二是该股东通过选举或委派方式担任公司的董事。在此种情况下，该董事既是公司的所有者也是公司的经营管理者。

非股权董事，也就是该董事没有向公司投过资，并不是公司的股东，不享有公司股东的任何权利，而其是通过选举或委派方式担任的董事。

（二）按照董事是否在公司担任具体职务，可以分为外部董事和内部董事

外部董事，就是没有在公司担任除董事以外任何职务的董事。该类董事除了对公司的经营决策事项进行独立的判断以外，并不参与公司的具体经营活动。

内部董事，也就是除了是公司董事会成员以外，还是公司的雇员，参与公司的具体经营活动。

（三）按照是否能对公司的决策事项作出独立判断，可以分为独立董事和非独立董事

独立董事，是指独立于公司股东且不在公司担任职务，并与公司或公司经营管理者没有重要的业务联系或专业联系，并对公司事务作出独立判断的董事。独立董事的独立性体现在三个方面：一是财产独立，即独立董事不持有公司的股权，不享有公司分红权；二是人格独立，即独立董事不存在与股东、董事会和管理层的利害关系；三是决策独立，即独立董事通过自己的独立思维对公司决策进行独立的判断，不代表任何一方的利益。另外，独立董事还具有专家性。专家性是指公司外聘的独立董事多是经济、法律、金融或人事管理方面的专门人才或是在社会上有一定影响的人士。

非独立董事，是指与公司、公司股东或者管理层等存在某种利益关系，并可能影响其独立判断的董事。

（四）按照是否为公司的职工，可以分为职工董事和非职工董事

职工董事，指是由职工代表大会或工会会员大会民主选举产生，依照法律程序进入董事会代表职工行使决策的职工代表。我国《公司法》第44条第2款规定，两个以上的国有企业或者两个以上的其他国有投资主体投资设立的有限责任公司，其董事会成员中应当有公司职工代表；其他有限责任公司董事会成员中可以有公司职工代表。董事会中的职工代表由公司职工通过职工代表大会、职工大会或者其他形式民主选举产生。

非职工董事，是由股东直接选举或委派产生的董事。由于职工股东和非职工股东产生的方式不同，就决定了两种董事所代表的利益群体不同。非职工董事从根本上是代表股东的利益，而职工董事根本上应是代表全体职工的利益。

以上就是我们对董事的分类，不同的类别可能存在交叉、重叠，有时很难区分。比如：外部董事和独立董事都不在公司任职，不参与公司的业务活动。两者的区别在于外部董事可能同时是公司的股东或者与某股东有一定的利害关系，而独立董事除了不参与公司业务活动以外，也不能是公司股东，也不能与公司股东、其他董事、经理等存在任何利害关系。显然，外部董事可能代表某一方的利益，而独立董事不代表或不应该代表任何一方的利益；再比如：内部董事和职工董事也有相似之处，内部董事和职工股东都会参与公司的生产经营活动。两者的区别在于，内部股东可能是股东会选举产生，而职工股东只能是由职工代表大会或工会民主选举产生，两者代表的利益主体并不相同。通过以上分析，我们发现，董事会就是由代表不同利益主体的董事组成的，代表不同利益主体的董事经过博弈后形成经营决策事项，再通过经理层的执行最终落实到具体的经营活动中去。

四、公司董事产生的规则

公司董事是公司不同利益主体的代表。由于利益主体不同，公司董事产生的方式也不尽相同。总结起来，主要有以下三种产生方式：

（一）通过股东会选举产生董事

公司法规定的股东会职权之一就是选举产生公司董事。该股东会职权属于股东会一般职权，也就是股东会 1/2 以上表决权股东通过即可。因此，理论上，相对控股股东就可以绝对控制董事会。而此时，非控股股东就很难在董事会中享有发言权。为了解决这个问题，公司可以采取几种方式：一种方式是在公司章程中强制性地规定每个股东可以享有的董事会席位，一般董事会席位应和股权比例相匹配；另一种方式是采取累计投票制，即股东的表决权票数是按照股东所持有的股票数与所选举的董事的乘积计算，而不是直接按照股东所持有的股票数计算。

下面，我们来看一下股东会选举产生董事的一般流程，主要包括：一是候选人提案；也就是持有一定比例股权的股东提出董事候选人并说明候选人的简历和其他基本情况。二是候选人同意提名；候选人做出书面承诺，同意接受提名，承诺所提供资料真实性、完整性，并保证当选后切实履行董事职责。三是披露候选人情况；包括：学历、工作经历、持股情况、是否与公司或公司股东、实际控制人存在关联关系、是否受过相关部门处罚或惩戒等。四是向全体股东公布候选人名单；五是采取直接投票或累计投票方式选举董事；六是任命董事。

（二）通过职工代表大会、职工大会或者其他形式民主选举产生职工董事

《公司法》第44条第2款规定，2个以上的国有企业或者2个以上的其他国有投资主体投资设立的有限责任公司，其董事会成员中应当有公司职工代表；其他有限责任公司董事会成员中可以有公司职工代表。董事会中的职工代表由公司职工通过职工代表大会、职工大会或者其他形式民主选举产生。从该规定可以看出，除国有背景公司以外，私营公司也可以通过民主选举产生职工董事。

（三）通过委派产生董事

公司法仅规定了一种委派情形，即《公司法》第67条规定，国有独资公司设董事会，董事会成员由国有资产监督管理机构委派。而对于一般的公司而言，公司法并没有规定委派制度。但我们认为，完全可以在公司章程中约定股东可以委派董事，并明确各股东委派董事名额、委派和任职的程序等内容。

以上就是公司董事产生的几种方式。需要注意的是，公司法只是概括性的表述，而董事产生的具体方式需要在章程或相关议事规则中明确规定。

五、董事会的组成规则

（一）关于董事会组成人数的规定

公司法对有限责任公司和股份有限公司董事会法定人数要求是不相同的。《公司法》规定，有限责任公司董事会成员为3人至13人，股份有限公司董事会成员为5人至19人。股份有限公司董事人数较多的原因在于，股份有限公司股权较为分散且公司规模一般较大，就需要有较多的董事来代表不同的利益主体，同时，也会发挥董事群策群力的作用。然而，董事人数并非越多越好，在设定董事人数时，需要兼顾公平和效率。另外，为了方便达成决策事项，董事会成员人数一般设为奇数。

（二）关于董事长的规定

我国《公司法》规定，董事会设董事长一人，可以设副董事长。董事长、副董事长的产生办法由公司章程规定。董事长可以行使以下职权：

（1）主持股东会会议和召集、主持董事会会议。

（2）签署董事会重要文件。

（3）检查董事会决议的实施情况。

（4）对公司的重要业务活动给予指导。

（5）在董事会闭会期间，根据董事会的授权，行使董事会部分职权。

（三）关于执行董事的规定

《公司法》第 50 条规定，股东人数较少或者规模较小的有限责任公司，可以设一名执行董事，不设董事会。执行董事可以兼任公司经理。执行董事的职权由公司章程规定。该规定正是考虑到公司运营效率的需要，在没有必要设立董事会时，就可以设立一名执行董事来全权经营管理公司。

（四）关于职工董事的规定

《公司法》规定，2 个以上的国有企业或者 2 个以上的其他国有投资主体投资设立的有限责任公司，其董事会成员中应当有公司职工代表；其他有限责任公司董事会成员中可以有公司职工代表。董事会中的职工代表由公司职工通过职工代表大会、职工大会或者其他形式民主选举产生。

（五）关于董事任期的规定

《公司法》第 45 条规定，董事任期由公司章程规定，但每届任期不得超过 3 年。董事任期届满，可以连选连任。

（六）关于国有独资公司董事会组成的特殊规定

《公司法》第 67 条规定，国有独资公司设董事会。董事每届任期不得超过 3 年。董事会成员中应当有公司职工代表。董事会成员由国有资产监督管理机构委派；但是，董事会成员中的职工代表由公司职工代表大会选举产生。董事会设董事长一人，可以设副董事长。董事长、副董事长由国有资产监督管理机构从董事会成员中指定。

六、董事会下设专业委员会

董事会可以设立各种专业委员会，向董事会提供专业意见和就专业事项提出议案。各专业委员会对董事会负责，所提议案应最终提交董事会审查决定。

下面，我们来介绍几种常见的专业委员会：

（一）战略委员会

战略委员会的职责包括：对公司长期发展战略规划进行研究并提出建议；对公司章程规定须经董事会批准的重大投资融资方案进行研究并提出建议；对公司章程规定须经董事会批准的重大资本运作、资产经营项目进行研究并提出建议；对其他影响公司发展的重大事项进行研究并提出建议；对以上事项的实施进行检查；董事会授权的其他事宜。

（二）薪酬与考核委员会

薪酬与考核委员会的职权包括：根据董事及高级管理人员管理岗位的主要范围、职责、重要性以及其他相关企业相关岗位的薪酬水平制定薪酬计划或方案；审查公司董事（非独立董事）及高级管理人员的履行职责情况并对其进行年度绩效考评；负责对公司薪酬制度执行情况进行监督；董事会授权的其他事宜。

（三）审计委员会

审计委员会的职责包括：提议聘请或更换外部审计机构；监督公司的内部审计制度及其实施；负责内部审计与外部审计之间的沟通；审核公司的财务信息及其披露；审查公司内控制度，对重大关联交易进行审计；公司董事会授予的其他事宜。

（四）提名委员会

提名委员会职责包括：根据公司经营活动情况、资产规模和股权结构对董事会的规模和构成向董事会提出建议；研究董事、经理人员的选择标准和程序，并向董事会提出建议；广泛搜寻合格的董事和经理人员的人选；对董事候选人和经理人选进行审查并提出建议；对须提请董事会聘任的其他高级管理人员进行审查并提出建议；董事会授权的其他事宜。

（五）合规委员会

国资委要求中央企业设立合规委员会，与企业法治建设领导小组或风险控制委员会等合署，承担合规管理的组织领导和统筹协调工作，定期召开会议，研究决定合规管理重大事项或提出意见建议，指导、监督和评价合规管理工作。

以上是几个常见的专业委员会，公司应根据自身的需要设置专业委员会。各专业委员会也应由在该专业领域具有一定特长的人员担任，以便能实际发挥专业委员会对董事会提供智力支持的作用。

七、董事会会议的程序规则

董事会会议是董事会在职责范围内研究决策公司重大事项和紧急事项而召开的会议。与股东会会议一样，董事会会议也分为两种形式：一种是定期会议；另一种是临时会议。董事会会议全流程一般包括：提议召开、会议筹备、会议通知、会前准备、会议召开以及会后归档等几个阶段。

下面，我们来讨论董事会会议各阶段需要关注的事项：

（一）董事会会议的提议召开

由于定期会议是定期召开，因此，并不存在提议召开问题。而临时会议则需要提议召开。公司法未规定有限责任公司提议召开临时会议的主体，这需要由公司章程或董事会议事规则作出规定。而对于股份有限公司，《公司法》第110条第2款规定，代表1/10以上表决权的股东、1/3以上董事或者监事会，可以提议召开董事会临时会议。董事长应当自接到提议后10日内，召集和主持董事会会议。

（二）董事会会议的召集和主持

《公司法》规定，董事会会议由董事长召集和主持；董事长不能履行职务或者不履行职务的，由副董事长召集和主持；副董事长不能履行职务或者不履行职务的，由半数以上董事共同推举一名董事召集和主持。

（三）董事会会议的通知

公司法未对有限责任公司召开董事会会议的通知方式和召集期限作出规定。这需要由公司章程或董事会议事规则作出规定。公司法对股份有限公司召开定期董事会的通知期限有明确规定，即《公司法》第110条第1款规定，董事会每年度至少召开 2 次会议，每次会议应当于会议召开 10 日前通知全体董事和监事。会议通知应具体写明会议召开的时间、地点、审议内容、表决方式等内容。会议通知应有效送达董事、监事和其他需要参会人员，公司应留存通知送达回证或其他证明有效送达的材料。

（四）出席会议的董事人数

《公司法》第 111 条规定，股份有限公司董事会会议应有过半数的董事出席方可举行。这么规定的原因在于：如果出席董事人数太少，就很难发挥董事群策群力的作用，也可能会出现个别董事操纵董事会的现象。反之，如果强制性要求更多董事参会，也会影响董事会的运行效率，进而影响到公司的正常经营。另外，公司法并未对有限责任公司出席董事会人数进行规定，这可以由公司章程或董事会议事规则来规定。

（五）会议签到

通过会议签到可以确定参与会议董事人数是否符合公司法或公司章程的规定。

（六）审核董事授权的效力

董事因故不能出席的，应当委托其他人员代为出席，委托书中应载明授权范围。董事会秘书应审核授权委托的有效性。

（七）董事表决

董事就董事会审议议案，作出肯定、否定或者弃权等意思，并依据董事会议事规则形成董事会决议。

（八）董事会会议记录

《公司法》第 112 条规定，股份有限公司董事会应当对会议所议事项的决定作成会议记录，出席会议的董事应当在会议记录上签名。完整的会议记录应包括以下内容：会议召开的时间、地点和召集人姓名；出席董事的姓名以及委托出席人姓名；会议议程；董事发言要点；每一表决事项的表决方式和结果；董事签字等。

（九）董事会会议材料归档

董事会会议全流程完整的资料，应由董事会秘书负责归档保存。尤其是会议通知、通知回证、参会签到表、授权委托书、会议记录、决议等文字材料应妥善保存。

以上是董事会会议需注意的程序性问题。董事会会议程序不合规，将有可能影响董事会决议的效力。因此，董事会应规范会议召开行为。

八、董事会会议的表决规则

董事表决是指董事基于其董事身份而享有的，就董事会的议案作出肯定、否定或者弃权等意思表示的权利。

下面，我们来讨论董事会会议的表决规则：

（一）董事会会议表决规则

《公司法》第 48 条规定，有限责任公司董事会决议的表决，实行一人一票。

《公司法》第 111 条规定，股份有限公司董事会会议应有过半数的董事出席方可举行。董事会作出决议，必须经全体董事的过半数通过。董事会决议的表决，实行一人一票。

从以上规定，我们可以看出，无论是有限责任公司还是股份有限公司，每一个董事都享有一票表决权，且各表决权效力相等。相比较而言，股东会表决权反映的是资本的意愿，而董事会表决权更体现人的智慧。另外，公司法并没有规定有限责任公司董事会决议通过的比例，这完全可以由公司章程或董事会议事规则来确定。而股份有限公司董事会采取简单多数决原则，也就是董事会作出决议，需要经全体董事过半数通过。

（二）表决权回避事项

与股东会表决一样，董事会会议表决也存在表决权回避或者是表决权排除事项。《公司法》第 124 条规定，上市公司董事与董事会会议决议事项所涉及的企业有关联关系的，不得对该项决议行使表决权，也不得代理其他董事行使表决权。对于非上市公司，公司法没有作出类似的规定，我们建议一般公司也可以在章程中就涉及董事的关联事项作出相似的表决权回避规定。

以上，我们讨论的是董事会会议表决应注意的事项。由于董事会表决采取一人一票制，因此，股东所拥有的董事会席位，直接关系到股东对公司施加影响的程度。股东应重视董事在公司治理中发挥的作用。

九、董事会决议无效或可被撤销的情形

公司法根据董事会会议是否违反法律、法规、公司章程以及召开程序是否违反规定，分别规定了董事会决议无效以及可被撤销的情形。

（一）董事会决议无效的情形

《公司法》第 22 条第 1 款规定，董事会的决议内容违反法律、行政法规的无效。所谓无效就是自始无效、当然无效。比如：董事会决议销售违禁物品；再比如：董事会决议在未取得金融牌照前就开展相应的金融业务。这些都是因为董事会决议违反了法律、法规强制性的规定，而从一开始就无效。

（二）董事会决议可被撤销的情形

《公司法》第 22 条第 2 款规定，董事会的会议召集程序、表决方式违反法律、行政法规或者公司章程，或者决议内容违反公司章程的，股东可以自决议作出之日起 60 日内，请求人民法院撤销。该条是规定董事会决议可被撤销的情形。

无效和可撤销两个不同的法律概念。无效的决议，是因为违反国家法律、行政法规，而从一开始就无效，且当然无效。而撤销的前提是董事会决议的内容并不违反法律、行政法规的规定，只是因为程序违法或者是内容违反章程规定而可以被撤销。总的来说，可以被撤销的决议内容上是合法的，而在被依法撤销前，决议也是有效的。

十、提起董事会决议无效或撤销之诉的规则

前面提到，董事会会议违反法律、法规、公司章程以及召开程序违反规定，相关主体可以提起董事会决议无效或撤销之诉。下面，我们就来讨论提起该类诉讼的原告、被告、诉讼后果及豁免情形等问题：

（一）提起撤销董事会决议的原告

《公司法司法解释（四）》第 2 条规定，依据《民法典》第 85 条、公司法第 22 条第 2 款请求撤销股东会或者股东大会、董事会决议的原告，应当在起诉时具有公司股东资格。

（二）应诉被告和第三人

《公司法司法解释（四）》第 3 条规定，原告请求确认股东会或者股东大会、董事会决议不成立、无效或者撤销决议的案件，应当列公司为被告。对决议涉及的其他利害关系人，可以依法列为第三人。

（三）判决确认无效或者撤销的法律后果。

《公司法司法解释（四）》第 6 条规定，股东会或者股东大会、董事会决议被人民法院判决确认无效或者撤销的，公司依据该决议与善意相对人形成的民事法律关系不受影响。

（四）豁免情形。

《公司法司法解释（四）》第 4 条规定，会议召集程序或者表决方式仅有轻微瑕疵，且对决议未产生实质影响的，人民法院不予支持。

本节，我们讨论的是董事会治理的合规要求与法律风险防范。其中，我们应重点关注董事会的法定职权、董事会会议召开程序规范、董事表决权的行使规则、董事会决议无效或可被撤销情形等事项。

第四节　监事会治理的合规要求与法律风险防范

前面提到，公司大股东为了自身的利益有可能会损害小股东的利益；而董事会或董事为了自身的利益也有可能会损害公司以及股东的利益。此时，一个制度上的安排就是设立监事会，由监事会来监督股东、监督董事会在法律、法规以及公司章程、规章制度范围内开展活动。本节，我们就来讨论监事会治理的合规要求与法律风险防范。

一、监事会的作用

公司的目标是希望通过公司董事、高级管理人员以及全体员工的生产经营活动而获得利润，股东作为公司投资者从中获得投资回报，董事、高级管理人员以及员工作为智力、体力的付出者也能获得相应的劳务报酬。可以看出，一个公司只要有以上人员、资金、财物、智力、体力的投入，就可以运转起来，并且只要经营管理得当，也会有较高的运营效率。而监事会，顾名思义是为了监督公司的经营管理行为而设立的，监督就不可避免地会带来运营效率的降低。那么为什么还要在公司中引入监事会呢？监事会又能在公司合规管理中发挥什么样的作用呢？

下面，我们就来讨论公司设立监事会的作用：

（一）监事会可以监督董事会的行为

除职工董事外，其他董事是由股东通过股东会选举或委派产生的。从这个角度来说，董事或者董事会的利益应该是与股东会的利益保持一致的，公司法也明确规定董事会应向股东会负责。然而，董事一般是由所信任的股东提名，通过直接投票或者累计投票选举产生，也就是说，该董事可能仅代表提名股东的利益，而不完全代表全体股东的利益。另外，股东向公司投资，是公司财产的所有权人。而董事并不一定向公司投资，其也就不是公司的所有权人，其身份也仅仅是受个别股东委托经营管理公司的代表。在此时，股东和董事对最终经营结果的期望是不一样的，股东期望的是获得最大的利润回报，而董事可能更希望获得丰厚的劳务报酬。在这种情况下，董事和其提名股东的价值取向也不一定完成相同。综上，股东和董事的利益诉求并非完全一致，董事为了某一股东的利益，甚至是为了自身的利益，就有可能做出一些违背公司利益或其他股东合法权益的行为。因此，公司需要设立监督机构来监督、规范董事会及董事的经营管理行为。

（二）监事会可以监督经理层的行为

董事是由股东会直接选举产生，但经理等高级管理人员并不需要股东会选举产生，而是由董事会选聘和任命。经理是以自身的职业素质和职业能力来具体经营管理公司的人，其经营管理公司的最大动力是通过付出智力和体力而获得相应的劳务报酬。显然，公司经理与公司股东的利益诉求也并非完全一致。另外，相比董事而言，公司经理更远离股东，其行使公司经营决策执行权就更不易受到股东及股东会的直接控制。在此情况下，也需要引入监事会来监督公司经理的经营管理行为。

（三）监事会可以监督股东的行为

同样，股东内部之间也存在利益冲突，尤其是控股股东有可能利用在股东会中的表决权优势作出一些侵害小股东利益的行为。比如，控股股东可以通过股东会决议让公司为其提供担保。再比如，控股股东可以通过关联交易把本属于公司的利益输送给控股股东个人，等等。在此情况下，也可以通过引入监事会的方式来监督股东的行为。

（四）监事会可以监督公司的行为

前面提到，公司各个主体都有各自的利益诉求，就即便公司全部主体利益诉求保持一致，也并不代表公司的运营决策就完全正确，也不代表公司行为就符合法律、法规以及公司章程、规章制度的规定。比如，公司有可能为了逃避债务而将公司资产以较低价格转让给第三人。再比如，公司有可能违反法律规定销售违禁物品等。因此，引入监事会也可以起到监督公司行为的作用。

综上，监事会并不是为了监督而监督，其最终目的是希望通过监督使公司高效、安全地运行，并尽量维护公司各方参与人的利益。

二、监事会的法定职权

《公司法》第 53 条规定，监事会、不设监事会的公司的监事行使下列职权：

（一）检查公司财务

公司财务是公司在生产经营过程中涉及资金的活动，反映公司具体的运营情况。监事会通过检查公司财务来保证财务会计信息的可靠性，避免舞弊现象的发生。同时，监事会将检查过程中发现的问题反馈给股东会，为股东会今后决策提供参考依据。监事会在检查公司财务时，可以聘请会计师事务所等协助其工作，费用由公司承担。

（二）对董事、高级管理人员执行公司职务行为进行监督

该项监督的内容主要包括：董事、高级管理人员是否存在挪用公司资金；是否将公司资金以其个人名义或者以其他个人名义开立账户存储；是否违反公司章程的规定，未经股东会、股东大会或者董事会同意，将公司资金借贷给他人或者以公司财产为他人提供担保；是否违反公司章程的规定或者未经股东会、股东大会同意，与本公司订立合同或者进行交易；是否未经股东会或者股东大会同意，利用职务便利为自己或者他人谋取属于公司的商业机会，自营或者为他人经营与所任职公司同类的业务；是否接受他人与公司交易的佣金归为己有；是否擅自披露公司秘密；是否违反对公司忠实义务的其他行为等。

当董事、高级管理人员的行为损害公司的利益时，监事会可以要求董事、高级管理人员予以纠正；另外，监事会可以对违反法律、行政法规、公司章程或者股东会决议的董事、高级管理人员提出罢免的建议。

（三）提议召开临时股东会会议

《公司法》第39条规定，监事会或者不设监事会的公司的监事提议召开临时会议的，应当召开临时会议。董事会或者执行董事不能履行或者不履行召集股东会会议职责的，由监事会或者不设监事会的公司的监事召集和主持。

（四）向股东会会议提出提案

根据监事会的职权，监事会可以向股东会提出以下议案：提议解除不称职的董事职务的提案；要求董事会采取行动解除不称职经理职务的提案；以公司名义追究损害公司利益的董事、经理法律责任的提案；提名由股东代表出任的监事候选人以及独立监事候选人的提案；提出解聘或不再续聘会计师事务所的提案等。

（五）对董事、高级管理人员提起诉讼的职权

以上就是监事会行使职权的范围，涵盖了对公司、股东、董事、高级管理人员的监督。其中，监事会可以发挥重要的合规监督职能。这主要包括：

监督股东会重大决策行为是否合规；监督董事会、经理层履职行为是否合规；监督公司规章制度是否合规，等等。

三、监事会行使监督职能的保障措施

（一）质询或者建议

《公司法》第54条第1款规定，监事可以列席董事会会议，并对董事会决议事项提出质询或者建议。

（二）对公司异常经营情况进行调查

《公司法》第54条第2款规定，监事会、不设监事会的公司的监事发现公司经营情况异常，可以进行调查。

（三）监事薪酬保障

《公司法》第37条第2款规定，股东会选举和更换非由职工代表担任的董事、监事，决定有关董事、监事的报酬事项。

（四）监事行使职权费用保障

《公司法》第54条第2款规定，监事会行使调查权。必要时，可以聘请会计师事务所等协助其工作，费用由公司承担。

第56条规定，监事会、不设监事会的公司的监事行使职权所必需的费用，由公司承担。

（五）知情权保障

《公司法》第150条规定，股东会或者股东大会要求董事、监事、高级管理人员列席会议的，董事、监事、高级管理人员应当列席并接受股东的质询。

董事、高级管理人员应当如实向监事会或者不设监事会的有限责任公司的监事提供有关情况和资料，不得妨碍监事会或者监事行使职权。

（六）监事会诉权

《公司法》第151条规定，监事会或者不设监事会的有限责任公司的监事可以应符合条件股东请求对违反法律、行政法规或者公司章程的规定的公司董事、高级管理人员向人民法院提起诉讼。

以上就是监事会行使监督职能的保障措施，包括：行为保障、权利保障、物质保障以及救济途径保障，等等。

四、监事会的组成规则

（一）有限责任公司监事会的组成

《公司法》第51条规定，有限责任公司设监事会，其成员不得少于3人。股东人数较少或者规模较小的有限责任公司，可以设1至2名监事，不设监事会。

监事会应当包括股东代表和适当比例的公司职工代表，其中职工代表的比例不得低于1/3，具体比例由公司章程规定。监事会中的职工代表由公司职工通过职工代表大会、职工大会或者其他形式民主选举产生。

监事会设主席1人，由全体监事过半数选举产生。监事会主席召集和主持监事会会议；监事会主席不能履行职务或者不履行职务的，由半数以上监事共同推举一名监事召集和主持监事会会议。

董事、高级管理人员不得兼任监事。

第52条规定，监事的任期每届为3年。监事任期届满，连选可以连任。

监事任期届满未及时改选，或者监事在任期内辞职导致监事会成员低于法定人数的，在改选出的监事就任前，原监事仍应当依照法律、行政法规和公司章程的规定，履行监事职务。

（二）股份有限公司监事会的组成

《公司法》第117条规定，股份有限公司设监事会，其成员不得少于3人。

监事会应当包括股东代表和适当比例的公司职工代表，其中职工代表的比例不得低于1/3，具体比例由公司章程规定。监事会中的职工代表由公司职工通过职工代表大会、职工大会或者其他形式民主选举产生。

监事会设主席1人，可以设副主席。监事会主席和副主席由全体监事过半数选举产生。监事会主席召集和主持监事会会议；监事会主席不能履行职务或者不履行职务的，由监事会副主席召集和主持监事会会议；监事会副主席不能履行职务或者不履行职务的，由半数以上监事共同推举一名监事召集和主持监事会会议。

董事、高级管理人员不得兼任监事。

五、监事会会议的召开规则

监事会会议是指监事会为监督公司各个利益主体恰当履行各自职责而召开的会议。召开监事会会议是监事会履行职责的重要方式之一。监事会会议也分为两种形式：一种是定期会议，另一种是临时会议。

下面，我们来简要介绍监事会会议召集程序和议事规则：

（一）有限责任公司监事会会议召集程序和议事规则的规定

《公司法》第 55 条规定，监事会每年度至少召开一次会议，监事可以提议召开临时监事会会议。

监事会的议事方式和表决程序，除本法有规定的外，由公司章程规定。

监事会决议应当经半数以上监事通过。

监事会应当对所议事项的决定作成会议记录，出席会议的监事应当在会议记录上签名。

（二）股份有限公司监事会召集程序和议事规则的规定

《公司法》第 119 条规定，监事会每 6 个月至少召开一次会议。监事可以提议召开临时监事会会议。

监事会的议事方式和表决程序，除本法有规定的外，由公司章程规定。

监事会决议应当经半数以上监事通过。

监事会应当对所议事项的决定作成会议记录，出席会议的监事应当在会议记录上签名。

以上是监事会会议召开时，需注意的程序性问题。监事会应严格按照法律、法规以及公司章程、规章制度的规定召开监事会会议。

六、监事会无法有效发挥监督职能的原因及相应的对策

我国公司治理结构属于二元治理结构。在这种结构中，股东会下设董事会和监事会，分别行使经营决策权和监督权。监事会负责监督董事、经理的经营管理行为，监事会的权力来源于股东会，并向股东会负责。然而，现阶

段我国监事会的监督职能相对较弱，甚至在很多公司中监事会只是一个摆设，经常起不到切实监督的作用。

下面，我们就来讨论监事会无法有效发挥监督职能的原因及相应的对策：

（一）股东并不重视监事会的职能作用

股东最根本的目标是获得投资收益，该目标是通过董事会及其聘任的经理在经营管理公司的过程中实现的。显然，从目标实现角度来讲，董事会以及经理在公司治理中处于核心地位。而监事会的设立并不会直接产生经济效益，有时甚至会降低经营决策的效率。在效率和安全、效率和公平发生冲突时，很多股东往往会选择效率优先。殊不知，当安全、公平得不到保障时，高效并不一定能获得预期的效果，甚至可能会产生灾难性的结果。比如：董事未经股东会或者董事会同意，将公司资金借贷给他人或者以公司财产为他人提供担保，就有可能造成公司巨大损失甚至是破产。因此，作为投资人的股东应重视监事会，并充分发挥监事会的监督作用。

（二）监事会的构成及监事产生方式不合理

按照我国公司法规定，监事会由股东代表和适当比例的职工代表组成。但在实践中，无论是股东代表还是职工代表往往是由控股股东、董事长、经理或其他掌握实权的人提名或直接指定产生。显然，如果监督者是由被监督者指定产生，就很难有效发挥监督职能。为了解决这个问题，就必须通过公司章程来进一步规范监事会的组成及监事产生的方式：一是要在章程中明确股东代表和职工代表比例、产生方式；二是可以明确每个股东的监事席位，甚至规定小股东可以获得更多的监事席位；三是限制控股股东的监事提名权，同时禁止董事、经理提名监事，等等。

（三）监事一般是公司的雇员，无法有效发挥监督的职能

在实践中，监事一般也是公司的员工。这就造成监事在公司中的双重身份：一是作为监督者监督董事、经理的经营管理行为；二是作为公司的员工，与公司形成劳动合同关系，其工资、职位等均由公司经理来制定。显然，当监督者受制于被监督者时，也很难发挥监督者的监督职能。另外，前面提到，监事的工作并不能直接带来经济利益，其工作成果也不易量化，因此，监事

的报酬往往低于其他高级管理人员。在此情况下，监事也不愿意冒着得罪董事和经理的风险来行使监督职能。为此，我们认为，应设立独立的监事薪酬制度，监事的薪酬标准由股东会来决定，并且应得到有效保障。另外，可设立独立监事，也就是该监事不是公司员工，与董事、经理没有上下级管理关系。该独立监事的任务就是监督公司的经营管理行为，并对自己的监督行为负责。

（四）监事会责、权设置不当

我国公司法规定了监事会有检查公司财务的职权，也规定了董事、高级管理人员应当如实向监事会或者不设监事会的有限责任公司的监事提供有关情况和资料，并不得妨碍监事会或者监事行使职权。但以上规定更多是监事会的权力，而不是监事会的责任。当监事会不依法行事以上职权时，就无法发挥监督的作用。因此，要发挥监事会的职能，就应该通过公司章程规定监事会的职责范围，董事、高级管理人员对监事会的配合范围、程度，等等。比如，可以在公司章程中明确规定涉及关联交易、担保事项、重大投资项目、股东借贷等必须向监事会通报，监事会有义务对是否符合法律、法规以及公司章程、规章制度规定进行监督。再比如，公司董事、经理等应定期向监事会提供财务报告，监事会应就该财务报告发表意见，并对意见负责。此外，可在公司章程中确定监事会报告制度，明确监事会向股东会报告的内容、形式，监事会应对报告真实性、完整性负责，等等。

以上，我们讨论的是监事会无法有效发挥监督职能的原因及相应的对策。我们认为，监事会是否能发挥监督职能，根本上还是与股东对监事会的认识程度有关，只有股东对监事会予以了充分重视，才能通过制定章程及相应配套措施来发挥监事会的监督职能。

第五节　经理层治理的合规要求与法律风险防范

股东会和董事会体现了公司所有权和公司经营权的分离。而公司经营权还可以进一步分为公司经营决策权和公司经营决策执行权，董事会行使的是公司经营决策权，而经理层行使的是公司经营决策执行权。本节，我们就来讨论经理层的合规要求与法律风险防范。

一、经理层在公司治理结构中的地位和作用

(一) 公司经理受董事会或执行董事委托代为执行公司管理事务

董事会作为经营决策机构，一般不直接参与经营决策的执行，而是聘任具有专门知识、专门技能的经理在董事会授权范围内执行董事会的决策事项，开展具体的经营管理活动。公司经理对董事会负责，受董事会的监督。综上，公司经理是受董事会或执行董事的委托，从事公司经营管理活动的代理人，公司经理与董事会之间是委托与受托的关系。公司经理需要在董事会指导和控制下，并在董事会授权范围内开展业务活动。

(二) 公司经理对外代表公司开展活动

公司经理职权来源于董事会的委托授权，但公司经理对外开展业务活动是代表着公司，而不是代表着公司董事会。换句话说，即便公司经理的行为超越了董事会的授权，其行为也应作为公司行为对第三人产生法律效力，除非经理与第三人存在恶意串通损害公司利益的行为。

(三) 公司经理是公司的员工

从公司法角度，董事会有权决定聘任或者解聘公司经理及其报酬事项，董事会和经理形成授权委托关系。但从劳动合同法角度，公司才是聘任经理的主体，公司和经理之间形成雇主和雇员的关系。只不过经理并不是普通的雇员，而是属于公司的高级管理人员，除需履行劳动法相关义务以外，还需履行公司法及公司章程等规定的义务。从以上分析，我们可以看出，即便董事会解聘公司经理职务，也并不代表公司与该人员的劳动关系当然解除，两者属于不同的法律关系。

综上，公司经理是受董事会或执行董事的委托，从事公司经营管理活动的代理人，公司经理与董事会之间是委托与受托的关系。公司经理对外代表公司开展活动，对内是公司的高级管理者。

二、公司经理的法定职权

《公司法》第 49 条规定，有限责任公司可以设经理，由董事会决定聘任

或者解聘。经理对董事会负责，行使下列职权：①主持公司的生产经营管理工作，组织实施董事会决议；②组织实施公司年度经营计划和投资方案；③拟订公司内部管理机构设置方案；④拟订公司的基本管理制度；⑤制定公司的具体规章；⑥提请聘任或者解聘公司副经理、财务负责人；⑦决定聘任或者解聘除应由董事会决定聘任或者解聘以外的负责管理人员；⑧董事会授予的其他职权。另外，法律规定有限责任公司经理职权适用于国有独资公司以及股份有限公司经理。

从以上规定，我们可以总结出公司经理的 4 项主要职权：

（1）执行董事会的战略决策。主要包括：执行董事会决议，并向其汇报工作；实施董事会批准的战略方案；控制战略实施过程。

（2）履行日常的经营管理活动。主要包括：制订年度经营计划，提交董事会决议；在实施年度经营计划和战略方案过程中，配置人、财、物，制订各项规章，保证计划和方案的实施。

（3）具体实施财务投资计划。主要包括：提出公司预、决算方案，执行董事会预、决算决议；负责日常财务管理，汇总公司财务报表；在董事会授权范围内决定对内、对外投资。

（4）组织人事管理。主要包括：拟定公司内部管理机构设计方案；提出副总经理和财务负责人人选；聘任和解聘其他员工，决定员工报酬，并制定员工的奖惩考核制度。

另外，国资委对中央企业经理层提出了相应的合规管理职责，这主要包括：拟订合规管理体系建设方案，经董事会批准后组织实施；拟订合规管理基本制度，批准合规管理具体制度、年度计划等；制定合规管理工作流程，确保合规要求融入业务领域；及时制止并纠正不合规的经营管理行为，按照权限对违规人员进行责任追究或提出处理建议；对重大合规风险及时采取应对措施；指导、监督和评价各部门、各子企业合规管理工作；提名首席合规官人选；法律法规、公司章程等规定的其他合规管理职责。我们建议，非中央企业也可以在章程中规定经理层的合规管理职责。

综上，公司经理是公司经营决策执行者，公司经理的行为代表公司，其行为后果通常由公司来承担。因此，公司经理应严格在职权范围内合规开展活动。而关于公司经理不合规行为及法律后果，我们将在本章第七节专门论述。

第六节　法定代表人治理的合规要求与法律风险防范

公司是一个法人组织，法人本身不是人，是法律拟制的人。而作为拟制的人，公司的意思表达仍然需要依赖于自然人来完成。为此，我国法律设立了法定代表人制度。本节，我们就来讨论法定代表人治理的合规要求与法律风险防范。

一、公司法定代表人的任职资格和职权

公司法定代表人是指依据法律或公司章程规定代表公司行使民事权利、履行民事义务的主要负责人。法定代表人对外以公司名义开展民事活动时，其与公司之间并非代理关系，而是代表关系。

下面，我们就来了解一下公司法定代表人的任职资格和职权：

（一）公司法定代表人的任职资格

《公司法》第13条规定，公司法定代表人依照公司章程的规定，由董事长、执行董事或者经理担任。根据该规定，公司法定代表人应由公司经营管理部门的负责人担任。

另外，《市场主体登记管理条例》第12条规定，有下列情形之一的，不得担任公司、非公司企业法人的法定代表人：①无民事行为能力或者限制民事行为能力；②因贪污、贿赂、侵占财产、挪用财产或者破坏社会主义市场经济秩序被判处刑罚，执行期满未逾5年，或者因犯罪被剥夺政治权利，执行期满未逾5年；③担任破产清算的公司、非公司企业法人的法定代表人、董事或者厂长、经理，对破产负有个人责任的，自破产清算完结之日起未逾3年；④担任因违法被吊销营业执照、责令关闭的公司、非公司企业法人的法定代表人，并负有个人责任的，自被吊销营业执照之日起未逾3年；⑤个人所负数额较大的债务到期未清偿；⑥法律、行政法规规定的其他情形。

（二）公司法定代表人的职权

（1）在法律、法规以及公司章程规定的职权范围内行使职权、履行义务，代表公司参加民事活动。

（2）代表公司对外签署法律文书。法定代表人的行为即代表公司的行为。比如：公司与他人签署合同，只要是该公司法定代表人签字，即代表公司对该合同予以认可。

（3）代表公司参加民事诉讼。根据《民事诉讼法》相关规定，法人由其法定代表人进行诉讼。送达诉讼文书，受送达人是法人的，应当由法人的法定代表人签收。

二、公司法定代表人超越职权行为的效力

法定代表人代表公司对外开展活动，其在职权范围内的行为都应被视为公司行为。那么，法定代表人超越职权范围的行为是否也应被认定为公司行为呢？其越权行为又会产生什么样的法律后果呢？

下面，我们就来具体讨论这个问题：

（一）公司法定代表人的职权来源

（1）法律、法规的直接规定。法定代表人是公司的代表机关，其行为也应首先符合法律、法规的规定。同时，法律、法规也明确赋予了公司法定代表人相应的职权。比如，《公司法》第128条规定，股票由法定代表人签名，公司盖章。再比如，《公司法》第155条规定，公司发行债券，由法定代表人签名，公司盖章。再比如，《民事诉讼法》第51条第2款规定，法人由其法定代表人进行诉讼。以上就是法定代表人代表权的体现。

（2）公司章程的直接规定。公司章程可以对法定代表人职权进行直接规定。同时，公司章程对股东会、董事会、经理的限制性规定也可以适用于公司法定代表人。比如：《公司法》第16条规定，公司向其他企业投资或者为他人提供担保，依照公司章程的规定，由董事会或者股东会、股东大会决议。我们也完全可以在公司章程中规定，法定代表人不得在没有董事会或者股东会决议的情况下以公司的名义对外提供担保，否则就属于超越职权。

（3）公司股东会、董事会决议。股东会是公司最高权力机关，决定公司的重大事项，比如：公司增加或者减少注册资本，发行公司债券，公司合并、分立、解散、清算或者变更公司形式，等等。董事会是公司经营事项决策机关，决定公司的经营计划和投资方案等。而公司法定代表人只是公司的代表

机关，只有当公司股东会、董事会依法、依章程作出有效的决议后，法定代表人才能依据相应的决议代表公司履行相应的职权。比如：公司要增加注册资本，只有在股东会决议通过以后，法定代表人才能签署相应的公司变更登记申请书。

（二）公司法定代表人越权行为的效力

《民法典》第 61 条规定，依照法律或者法人章程的规定，代表法人从事民事活动的负责人，为法人的法定代表人。法定代表人以法人名义从事的民事活动，其法律后果由法人承受。法人章程或者法人权力机构对法定代表人代表权的限制，不得对抗善意相对人。

《民法典》第 504 条规定，法人的法定代表人或者非法人组织的负责人超越权限订立的合同，除相对人知道或者应当知道其超越权限外，该代表行为有效，订立的合同对法人或者非法人组织发生效力。

从以上规定可以看出，除非相对人知道或者应当知道法定代表人越权，否则，法定代表人的越权代表行为有效，公司应对法定代表人的越权行为承担责任。当然，公司承担相应的责任后，可以依照法律或者公司章程的规定，向有过错的法定代表人追偿，但这并不影响越权行为的法律效力。

三、挂名法定代表人的法律风险

《公司法》第 13 条规定，公司法定代表人依照公司章程的规定，由董事长、执行董事或者经理担任，并依法登记。公司法定代表人变更，应当办理变更登记。根据该规定，法定代表人应由公司经营管理负责人担任。但在实践中，大量公司法定代表人是由公司员工或者是由公司以外的第三人担任，法定代表人并不实际参与公司的经营管理活动。在这种情况下，从本质上来说，法定代表人只是挂名而已。但这种挂名行为无论对公司还是对挂名人来说，均存在较大的法律风险。

（一）对公司的法律风险

根据法律规定，法定代表人以公司名义从事的民事活动，其法律后果由公司承受。可以说，法定代表人的行为就是公司的行为。而挂名法定代表人也是法定代表人。公司以外的第三人不会考虑也没有能力认定法定代表人是否为挂名。而挂名法定代表人以公司名义对外发生的行为同样是代表公司的行为。比如：挂名法定代表人以公司名义与第三人签订了一份贸易合同。公司就不能以该法定代表人是挂名为由否认该合同的法律效力。除非有证据证明，第三人明知法定代表人为挂名，且与该法定代表人恶意进行串通而签订的合同。但这种举证难度是非常大的。因此，法定代表人是公司的重要职能部门，在大多数情况下，法定代表人的行为就代表公司的行为，如果我们选择一个不负责任甚至是别有用心的人来担任公司的法定代表人，会存在较大的法律风险。

（二）对挂名人的法律风险

我国法律规定了多种公司责任溯及法定代表人的情况。比如：如果公司对外负债，虽然公司法定代表人没有偿债义务，但法院执行机关会将法定代表人列入失信人名单，采取限高、限制出境等措施。再比如：如果公司违反行政法规，法定代表人可能会受到相应的行政处罚。再比如：如果公司犯罪，法定代表人还有可能要共同承担刑事责任。因此，挂名法定代表人，也会存在一定的法律风险。

综上，挂名法定代表人无论对公司还是对挂名人来说均存在较大的法律风险，要尽量避免挂名法定代表人的情况出现。

第七节　公司董监高关系治理的合规要求与法律风险防范

董事、监事、高级管理人员是授权管理或监督公司运营的主体，通常简称为"董监高"，其中高级管理人员包括公司的经理、副经理、财务负责人、上市公司董事会秘书和公司章程规定的其他人员。本节，我们就来讨论公司董监高关系治理的合规要求与法律风险防范。

一、不能担任公司董事、监事或高级管理人员的主体

董监高在公司运营中起到至关重要的作用，但董监高不应仅代表个别股东的利益，而是应从公司和全体股东利益角度出发管理或监督公司运营。正因为公司董监高的重要性，公司法从任职资格、法定义务等多方面对董监高

提出了较高的要求。

下面，我们就来了解一下公司法对董监高任职资格的要求：

《公司法》第146条规定，有下列情形之一的，不得担任公司的董事、监事、高级管理人员：①无民事行为能力或者限制民事行为能力；②因贪污、贿赂、侵占财产、挪用财产或者破坏社会主义市场经济秩序，被判处刑罚，执行期满未逾五年，或者因犯罪被剥夺政治权利，执行期满未逾五年；③担任破产清算的公司、企业的董事或者厂长、经理，对该公司、企业的破产负有个人责任的，自该公司、企业破产清算完结之日起未逾三年；④担任因违法被吊销营业执照、责令关闭的公司、企业的法定代表人，并负有个人责任的，自该公司、企业被吊销营业执照之日起未逾三年；⑤个人所负数额较大的债务到期未清偿。公司违反以上规定选举、委派董事、监事或者聘任高级管理人员的，该选举、委派或者聘任无效。董事、监事、高级管理人员在任职期间出现以上情形的，公司应当解除其职务。

综上，在选举、委派、聘用董监高人员时，公司应考察相关人员是否满足公司法关于董监高任职资格的要求。

二、董监高对公司的忠实和勤勉义务

公司董监高分别享有对公司的经营决策权、监督权和执行权。公司法具体规定了公司董监高的职权范围。另外，全体股东也可以通过公司章程进一步明确董监高的职权范围。而为了防止董监高滥用权力或怠于行使职权，公司法还规定了董监高在行使职权时应尽的法定义务。

《公司法》第147条第1款规定，董事、监事、高级管理人员应当遵守法律、行政法规和公司章程，对公司负有忠实和勤勉义务。

（一）忠实义务

所谓忠实义务是指公司董监高必须忠实于公司、忠实于全体股东的利益，一切从公司和股东利益角度出发。当公司利益与董监高个人利益发生冲突时，应首先考虑公司利益。同时，董监高更不得利用公司赋予的职权为自己或为第三人谋取不正当利益。忠实义务是一种信赖义务，公司正是基于对董监高品德的信赖，才委任其为公司管理各项事务。公司法以列举方式规定了几种违反对公司忠实义务的情形，《公司法》第148条规定，董事、高级管理人员不得有下列行为：①挪用公司资金；②将公司资金以其个人名义或者以其他个人名义开立账户存储；③违反公司章程的规定，未经股东会、股东大会或者董事会同意，将公司资金借贷给他人或者以公司财产为他人提供担保；④违反公司章程的规定或者未经股东会、股东大会同意，与本公司订立合同或者进行交易；⑤未经股东会或者股东大会同意，利用职务便利为自己或者他人谋取属于公司的商业机会，自营或者为他人经营与所任职公司同类的业务；⑥接受他人与公司交易的佣金归为己有；⑦擅自披露公司秘密；⑧违反对公司忠实义务的其他行为。

（二）勤勉义务

所谓勤勉义务是指公司董监高应谨慎、认真、勤勉地履行公司赋予的各项职权，以最大努力为公司工作并同时尽到合理的注意义务。比如：《公司法》第150条就规定，股东会或者股东大会要求董事、监事、高级管理人员列席会议的，董事、监事、高级管理人员应当列席并接受股东的质询。董事、高级管理人员应当如实向监事会或者不设监事会的有限责任公司的监事提供有关情况和资料，不得妨碍监事会或者监事行使职权。而中国证监会发布的《上市公司章程指引》第98条对董事勤勉义务作出了更具体规定：①应谨慎、认真、勤勉地行使公司赋予的权利，以保证公司的商业行为符合国家法律、行政法规以及国家各项经济政策的要求，商业活动不超过营业执照规定的业务范围；②应公平对待所有股东；③及时了解公司业务经营管理状况；④应当对公司定期报告签署书面确认意见。保证公司所披露的信息真实、准确、完整；⑤应当如实向监事会提供有关情况和资料，不得妨碍监事会或者监事行使职权；⑥法律、行政法规、部门规章及本章程规定的其他勤勉义务。我们认为，普通公司也可以根据具体情况，在章程中增加对本公司董事勤勉义务的要求。

以上我们梳理了董监高对公司负有忠实和勤勉义务所包括的内容，下文，我们具体来讨论董监高违反法定义务应承担的责任。

三、董事、高级管理人员应避免挪用公司资金

公司资金是由股东投资、公司借贷以及公司生产经营活动等汇聚而成的，

其是公司的资产，从本质上来说也是全体股东的资产。公司董事、高级管理人员作为公司的经营决策者和执行者应合理利用公司资金为公司创造价值。而董事、高级管理人员挪用资金，就是将公司资金用于非公司经营活动以外的其他事项，其本身不会对公司经营活动产生任何作用，反而会造成公司资金处于不安全状态。显然，董事、高级管理人员挪用公司资金行为是一种典型的违反对公司忠实义务的行为。

不仅如此，由于挪用公司资金实际侵害到公司的财产权利，从侵权法角度，挪用公司资金还是一种侵权行为。而当该种侵权行为较为严重时，就涉嫌构成挪用资金罪。根据《刑法》第 272 条规定，挪用资金罪，是指公司、企业或者其他单位的工作人员利用职务上的便利，挪用本单位资金归个人使用或者借贷给他人，数额较大、超过 3 个月未还的，或者虽未超过 3 个月，但数额较大、进行营利活动的，或者进行非法活动的行为。具体来说，挪用资金罪分为三种情况：一是挪用本单位资金归个人使用或者借贷给他人，数额较大、超过 3 个月未还的。二是挪用本单位资金归个人使用或者借贷给他人，虽未超过 3 个月，但数额较大，进行营利活动的。这种行为没有挪用时间是否超过 3 个月的限制，只要数额较大，且用于营利活动就构成犯罪。三是挪用本单位资金进行非法活动的。这种行为没有挪用时间、挪用数额的限制，只要挪用本单位资金用于非法活动就构成了本罪。比如：将挪用来的资金用于赌博、走私等，无论时间长短、数额多少都构成挪用资金犯罪。

公司董事、高级管理人员挪用公司资金行为不仅违反对公司忠实义务，还有可能构成犯罪。另外，需要说明一点，公司法并未规定监事挪用公司资金的情形，但刑法上规定只要是公司、企业或者其他单位的工作人员利用职务上的便利，挪用本单位资金都有可能构成犯罪，这里当然包括监事甚至包括普通的公司员工。

四、董事、高级管理人员应避免将公司资金以其个人名义或者以其他个人名义开立账户存储

公司资金是公司的资产，公司资金应按照会计法及相关法律规定在公司账户上进行存储。而在实践中，经常会出现公司资金在体外循环的情况。其产生原因无外乎有几种：一是方便资金使用；二是逃避纳税；三是规避债务。

但公司资金在体外循环会带来诸多风险。比如：董事、高级管理人员作为受托管理公司人员，如果将公司资金以其个人名义或者以其他个人名义开立账户存储，该资金就脱离了公司的控制，此时，董事、高级管理人员的个人资产必将和公司资产混同，就即便董事、高级管理人员对公司有着无限的忠诚，公司股东也会对其产生合理怀疑。另外，以个人名义开立账户，是严重违反会计法的行为，公司财务制度将形同虚设。如果公司以此方式来逃避纳税，将会侵害到国家的税收利益，还有可能构成犯罪。因此，董事、高级管理人员将公司资金以其个人名义或者以其他个人名义开立账户存储行为不仅是一种违反对公司忠实义务的行为，也是违法行为。

接下来，我们对比一下该行为与挪用公司资金行为。前者挪用人将公司资金用于公司生产经营以外的事项，比如：自己使用或是借给他人使用；而后者董事、高级管理人员不是将资金用于他用，而还是用于公司，但该行为违反了相关财务制度，同样属于违法行为。

五、董事、高级管理人员应避免违规出借公司资金

股东是公司资金的最终所有权人，公司资金一般用于公司的生产经营活动。董事、高级管理人员将公司资金借贷给他人使用显然不是用于公司的生产经营活动。但该借贷行为并不一定是违规行为，因为公司法明确规定的是，只有当董事、高级管理人员违反公司章程的规定，未经股东会、股东大会或者董事会同意，将公司资金借贷给他人的行为才是违规行为。具体来说，只有公司章程明确规定了董事、高级管理人员是否可以对外出借资金以及数额，出借是否需要股东会或董事会的批准等事项，董事、高级管理人员才必须依据该章程的规定履行相应的审批手续。否则，董事、高级管理人员的行为即不视为违规。这就提醒我们，在制定公司章程时，如对公司借贷行为有限制性要求，就需要在章程中予以明确规定。

接下来，我们再来看一下该行为和挪用公司资金的区别。董事、高级管理人员挪用公司资金是在未办理任何财务手续的情况下或者是采取欺骗的方式，利用职务之便将公司资金挪作他用。而董事、高级管理人员将公司资金借贷给他人是履行部分相应的手续，只是未经股东会、股东大会或者董事会同意。比如：公司和借款人签订有借款合同、公司财务上有其他应收账款的

挂账，等等。

六、董事、高级管理人员应避免违规以公司财产为他人提供担保

担保是债权人为保障其债权的实现，要求债务人或第三人向债权人提供担保的行为。根据法律规定，债务人可以用自己的财产提供担保，比如：用自己的房屋提供抵押担保、用自己的股权提供质押担保。而债务人也可以在第三人同意的情况下，以第三人的财产提供担保。当然，如果债务人的债务到期后，债务人和第三人就有可能要同时承担还债义务。我们可以看到，本来第三人同债权人和债务人交易行为没有任何关系，但一旦第三人提供了担保，就有可能要和债务人承担几乎同等的责任。因此，无论是公司还是个人对外提供担保要慎而又慎。

公司法对公司提供担保设定了多个条款，其中《公司法》第148条规定，董事、高级管理人员不得违反公司章程的规定，未经股东会、股东大会或者董事会同意，以公司财产为他人提供担保。该条款是对董事、高级管理人员承担对公司忠实义务的规定。这样规定的原因在于，从本质上来说，公司财产是全体股东的财产，公司财产一般应用于公司的生产经营活动。董事、高级管理人员受股东委托经营管理公司，就应合理利用公司财产，将其效用发挥到最大。而如果董事、高级管理人员随意将公司财产对外担保，该财产不仅发挥不了应有的效用，而且还会处于不安全的状态。因此，董事、高级管理人员谨慎使用公司财产对外进行担保是其忠实义务的体现。公司法对董事、高级管理人员承担该忠实义务也设定了条件，也就是说如果公司章程中明确规定董事、高级管理人员以公司财产为他人提供担保需要经股东会、股东大会或者董事会同意，就必须严格按照公司章程规定执行；反之，如果公司章程没有对担保事项进行规定，董事、高级管理人员就可以依据职权行为。可以说，前者是股东最高决策权的体现，而后者是董事、高级管理人员经营管理自主权的体现。该规定也提醒我们，如果股东对公司担保有限制性的要求，就需要在公司章程中明确规定，以此来限制董事、高级管理人员的行为。

另外，《公司法》第16条对公司担保作出了更为明确的规定，即公司向其他企业投资或者为他人提供担保，依照公司章程的规定，由董事会或者股东会、股东大会决议；公司章程对投资或者担保的总额及单项投资或者担保

的数额有限额规定的，不得超过规定的限额。公司为公司股东或者实际控制人提供担保的，必须经股东会或者股东大会决议。前款规定的股东或者受前款规定的实际控制人支配的股东，不得参加前款规定事项的表决。该项表决由出席会议的其他股东所持表决权的过半数通过。以上规定可以分为两种情况：一种情况是公司为一般主体提供担保，如果公司章程有担保规定的、按章程执行，章程没有规定的就不受限制；另一种情况是公司为公司股东或者实际控制人提供担保的，在章程没有规定担保事项的情况下，也必须经股东会或者股东大会决议通过，并且该股东或者实际控制人应予以回避。

七、董事、高级管理人员应避免违规自我交易

董事、高级管理人员是受股东委托经营管理公司的人员。董事、高级管理人员对外开展经营活动是代表公司的。而如果公司与董事、高级管理人员进行交易，就相当于董事、高级管理人员即代表甲方，同时本身也是乙方。这样就形成了所谓的自我交易行为。自我交易最大的问题在于，董事、高级管理人员不是公司的所有权人，但在很大程度上掌握着公司的经营决策权。而如果董事、高级管理人员与公司进行交易，从常理上来说，其会更多考虑自身的利益。因此，自我交易很容易造成董事、高级管理人员违背对公司的忠实义务，侵害公司的合法利益。

需要注意的是公司法并未完全否定自我交易行为。公司法规定的是董事、高级管理人员不得违反公司章程的规定或者未经股东会、股东大会同意，与本公司订立合同或者进行交易。也就是说，只要公司章程规定可以自我交易或者股东会、股东大会同意自我交易，该自我交易行为还是应该被允许的。因此，这也提醒我们，应该在公司章程中对是否允许自我交易以及自我交易的规则进行规定。比如：通过章程规定允许自我交易，但必须以市场公允的价格进行交易，交易应符合市场普遍的条件，等等。当然，即便公司章程没有规定自我交易规则，董事、高级管理人员也必须经过股东会、股东大会同意才可以自我交易。这与前面我们所讨论的董事、高级管理人员将公司资金借贷给他人或者以公司财产为他人提供担保的前提条件是存在一定差别的。

八、董事、高级管理人员应避免接受他人与公司交易的佣金归为己有

董事、高级管理人员接受他人与公司交易的佣金已是一种收受商业贿赂行为。所谓商业贿赂，是指经营者为销售或者购买商品而采用财物或者其他手段贿赂对方单位或者个人的行为。

《反不正当竞争法》第7条规定，经营者不得采用财物或者其他手段贿赂下列单位或者个人，以谋取交易机会或者竞争优势：①交易相对方的工作人员；②受交易相对方委托办理相关事务的单位或者个人；③利用职权或者影响力影响交易的单位或者个人。

经营者在交易活动中，可以以明示方式向交易相对方支付折扣，或者向中间人支付佣金。经营者向交易相对方支付折扣、向中间人支付佣金的，应当如实入账。接受折扣、佣金的经营者也应当如实入账。

根据以上规定，如果董事、高级管理人员接受他人与公司交易的佣金不入账而归为己有，情况就会发生变化。董事、高级管理人员是作为公司的受托管理者来管理公司，公司基于其管理行为而支付劳务报酬。当董事、高级管理人员接受他人与公司交易佣金以后，其考虑问题就很难再仅仅从公司的角度，而更有可能从公司的相对方角度考虑。因此，此种行为极易造成董事、高级管理人员违背对公司的忠实义务，而作出有损公司利益的行为。

另外，当董事、高级管理人员利用职务上的便利，索取他人财物或者非法收受他人财物，为他人谋取利益，数额较大时，还有可能构成犯罪。根据《关于办理商业贿赂刑事案件适用法律若干问题的意见》第1条规定，商业贿赂犯罪涉及刑法规定的以下八种罪名：①非国家工作人员受贿罪；②对非国家工作人员行贿罪；③受贿罪；④单位受贿罪；⑤行贿罪；⑥对单位行贿罪；⑦介绍贿赂罪；⑧单位行贿罪。

以上我们讨论的是董事、高级管理人员接受他人与公司交易的佣金归为己有的行为，该种行为不仅是一种违反对公司忠实义务的行为，如果情节严重，还有可能构成商业贿赂类犯罪。

九、董事、高级管理人员应避免擅自披露公司秘密

公司秘密是不为社会公众所知悉，由公司所持有、控制或保管，能为公

司带来经济利益或竞争优势，并被公司采取保密措施的所有信息，包括但不限于公司的商业秘密、技术秘密、管理秘密等。

公司董事、高级管理人员在工作中必然会接触到公司的秘密，而如果董事、高级管理人员擅自披露公司秘密，以上秘密将很有可能被其他同业公司所利用。公司将丧失重要的竞争优势，公司的利益也将受到损害。因此，董事、高级管理人员擅自披露公司秘密将严重违反对公司的忠实义务。

另外，董事、高级管理人员擅自披露公司秘密，情节严重的，还可能构成侵害商业秘密罪。《刑法》第219条规定，违反约定或者违反权利人有关保守商业秘密的要求，披露、使用或者允许他人使用其所掌握的商业秘密，给商业秘密的权利人造成重大损失的，处3年以下有期徒刑或者拘役，并处或者单处罚金；造成特别严重后果的，处3年以上10年以下有期徒刑，并处罚金。

综上，董事、高级管理人员擅自披露公司秘密不仅是一种违反对公司忠实义务的行为，如果情节严重，还有可能构成侵犯商业秘密类犯罪。

十、董监高违反忠诚和勤勉义务的法律责任

《公司法》以及相关司法解释对董监高违反忠实和勤义务所应承担的法律责任作了规定。下面，我们来了解一下：

（一）公司要求赔偿权

《公司法》第149条规定，董事、监事、高级管理人员执行公司职务时违反法律、行政法规或者公司章程的规定，给公司造成损失的，应当承担赔偿责任。

根据该规定，董监高违反忠实和勤勉义务的赔偿责任应同时具备三个条件：一是董监高在执行公司职务时。如果董监高没有在执行公司职务，而是从事其他活动，就即便给公司造成损失，也不属于本责任承担的范围。二是董监高应违反法律、行政法规或者公司章程的规定。董监高违反忠实和勤勉义务应有相应的依据，其中包括法律依据和章程依据。法律依据来自法律的明文规定，而章程依据来自章程的明确规定。由于法律对董监高承担忠实和勤勉义务的规定较少且较为概括，因此，这就需要我们通过章程来进一步明

确和规范董监高的义务范围。这样才能做到有法可依、有章可循。三是董监高的行为应给公司造成损失。而如果董监高执行公司职务时虽违反了忠实和勤勉义务，但没有给公司造成损失，公司也无权向董监高主张赔偿责任。同时，该损失应是有证据能够证明的损失，否则法院也很难支持相应的赔偿主张。

（二）股东要求赔偿权

《公司法》第152条规定，董事、高级管理人员违反法律、行政法规或者公司章程的规定，损害股东利益的，股东可以向人民法院提起诉讼。该规定是针对股东利益受到损害的情况，股东可以直接要求赔偿。

而《公司法司法解释（四）》第12条规定，公司董事、高级管理人员等未依法履行职责，导致公司未依法制作或者保存《公司法》第33条、第97条规定的公司文件材料，给股东造成损失，股东依法请求负有相应责任的公司董事、高级管理人员承担民事赔偿责任的，人民法院应当予以支持。该规定是针对股东享有知情权的规定，公司董事、高级管理人员有义务保障公司股东的知情权。比如：确保股东可以查阅公司章程、股东会会议记录、董事会会议决议、监事会会议决议和财务会计报告，等等。如董事、高级管理人员未依法制作或者保存以上材料，以上人员将有可能承担赔偿责任。

（三）归入权

《公司法》第148条规定，董事、高级管理人员违反忠实义务规定所得的收入应当归公司所有。需要注意的是，这里所说违反忠实义务的主体包括董事、高级管理人员，不包括监事。而前面提到的公司要求赔偿权包括监事在内。

以上，我们讨论的是董监高违反忠诚和勤勉义务应承担的民事责任。除了民事责任以外，如果董监高严重违反忠诚和勤勉义务还有可能承担相应的刑事责任，比如：挪用资金罪、非国家工作人员受贿罪、侵害商业秘密罪，等等。

十一、董监高违反对公司法定义务，由谁来提起诉讼

由于董监高违反法定义务既可能损害到公司的利益，也可能直接损害到股东利益，因此，公司法根据损失主体不同，将提起诉讼的主体分为两种情况。

（一）给公司造成损失的情况

《公司法》第 149 条规定，董事、监事、高级管理人员执行公司职务时违反法律、行政法规或者公司章程的规定，给公司造成损失的，应当承担赔偿责任。

《公司法》第 151 条规定，董事、高级管理人员有本法第 149 条规定的情形的，有限责任公司的股东、股份有限公司连续 180 日以上单独或者合计持有公司 1%以上股份的股东，可以书面请求监事会或者不设监事会的有限责任公司的监事向人民法院提起诉讼；监事有本法第 149 条规定的情形的，前述股东可以书面请求董事会或者不设董事会的有限责任公司的执行董事向人民法院提起诉讼。

监事会、不设监事会的有限责任公司的监事，或者董事会、执行董事收到前款规定的股东书面请求后拒绝提起诉讼，或者自收到请求之日起 30 日内未提起诉讼，或者情况紧急、不立即提起诉讼将会使公司利益受到难以弥补的损害的，前款规定的股东有权为了公司的利益以自己的名义直接向人民法院提起诉讼。

他人侵犯公司合法权益，给公司造成损失的，本条第 1 款规定的股东可以依照前两款的规定向人民法院提起诉讼。

以上规定，需要注意几个问题：

（1）以上规定适用的情况是，公司利益受到损害。

（2）如果董事、高级管理人员违反法定义务，股东可以要求监事会或者监事提起诉讼；而如果监事违反法定义务，股东可以要求董事会或者执行董事提起诉讼。

（3）如果以上主体拒绝提起诉讼，或者拖延提起诉讼，或者情况紧急、不立即提起诉讼将会使公司利益受到难以弥补的损害的，股东有权以自己的名义直接提起诉讼。

（4）该诉讼获得的损失赔偿归于公司，而不是股东。

（二）给股东造成损失的情况

《公司法》第 152 条规定，董事、高级管理人员违反法律、行政法规或者公司章程的规定，损害股东利益的，股东可以向人民法院提起诉讼。

以上规定，也需要注意几个问题：

（1）以上规定适用于股东利益直接受到损害的情况。

（2）侵害主体包括董事、高级管理人员，不包括监事。

（3）股东直接提起诉讼，无需提起要求董事或监事等提起诉讼。

（4）该诉讼获得的损失赔偿归于股东，而不归于公司。

以上，我们讨论的是董监高违反对公司法定义务由谁来提起诉讼，下文，我们来讨论对董监高违法行为提起诉讼时各诉讼主体的地位问题。

十二、对董监高违法行为提起诉讼，各诉讼主体的法律地位

《公司法司法解释（四）》第 23 条规定，监事会或者不设监事会的有限责任公司的监事依据《公司法》第 151 条第 1 款规定对董事、高级管理人员提起诉讼的，应当列公司为原告，依法由监事会主席或者不设监事会的有限责任公司的监事代表公司进行诉讼。

董事会或者不设董事会的有限责任公司的执行董事依据公司法第 151 条第 1 款规定对监事提起诉讼的，或者依据《公司法》第 151 第 3 款规定对他人提起诉讼的，应当列公司为原告，依法由董事长或者执行董事代表公司进行诉讼。

第 24 条规定，符合《公司法》第 151 条第 1 款规定条件的股东，依据公司法第 151 条第 2 款、第 3 款规定，直接对董事、监事、高级管理人员或者他人提起诉讼的，应当列公司为第三人参加诉讼。

一审法庭辩论终结前，符合《公司法》第 151 条第 1 款规定条件的其他股东，以相同的诉讼请求申请参加诉讼的，应当列为共同原告。

第 25 条规定，股东依据《公司法》第 151 条第 2 款、第 3 款规定直接提起诉讼的案件，胜诉利益归属于公司。股东请求被告直接向其承担民事责任的，人民法院不予支持。

第 26 条规定，股东依据《公司法》第 151 条第 2 款、第 3 款规定直接提

起诉讼的案件，其诉讼请求部分或者全部得到人民法院支持的，公司应当承担股东因参加诉讼支付的合理费用。

本节，我们讨论的是公司董监高的任职资格、法定义务、违反义务应承担的责任以及相关诉讼规则等内容。由于公司董监高在公司运营中处于核心地位，董监高履行职务行为的好坏直接影响到公司的经营效果。因此，公司法对董监高独立设章予以规范，而其后多部公司法司法解释也对董监高行为及违规责任承担作出了更为明确的规定。这就要求公司董监高应当严格遵守国家法律、行政法规和公司章程、规章制度，忠诚、勤勉地为公司工作，避免因不合规行为而承担相应的法律责任。

本章我们关于公司合规治理的探讨就告一段落。我们主要讨论了公司治理的作用；一般公司治理结构；"三会一层"的法定职权；"三会一层"会议召集主持的规则和流程；表决权行使的规则；瑕疵会议的解决规则；公司董监高的任职资格；董监高对公司的忠实和勤勉义务以及违反义务的责任承担等内容。虽然公司法对公司治理体系提出了法定要求，但每个公司具体的公司治理体系则需要以公司章程及相应的规章制度予以确定。公司可以根据自身需要，在不违反法律强制性规定的情况下，建立起合规、合理、有效的公司治理体系。

第三章
企业劳动用工的合规要求与法律风险防范

　　企业运营离不开用工，良好的用工环境是企业稳定运营的保障。而随着我国劳动法律制度的不断完善，劳动者维权意识的不断增强，劳动用工纠纷也呈不断上升趋势，劳动争议案件已然成为司法审判中占比较高的一类案件。因此，规范企业劳动用工管理行为、防范劳动用工法律风险，已经成为企业合规管理需要重点关注的领域。本章我们就来讨论企业劳动用工的合规要求与法律风险防范。

第一节　企业劳动用工管理不合规现象概览

　　劳动用工管理直接关系到企业人才发展战略及劳动者权利保护，对此，国家针对企业劳动用工管理制定并出台了一系列法规制度。这不仅包括《劳动法》《劳动合同法》等劳动领域的基本大法，也包括国务院、国务院相关部门及地方行政机关制定的大量行政法规及部门规章。可以说，从企业招聘、面试、录用、培训、签订劳动合同、劳动者待遇、社保直至劳动者离职的各个环节，都受到不同效力层次或不同区域范围劳动法规的规范和约束，企业任何不合规的行为都有可能给自身带来劳动用工法律风险。

　　概括起来这些不合规行为主要包括：

　　（1）在劳动合同订立阶段。比如：不订立书面劳动合同；劳动合同缺乏必备条款；劳动合同种类使用不当；违法约定试用期；对非保密人员规定不必要的竞业限制；雇用童工；招聘歧视等。

　　（2）在劳动合同履行阶段。比如：未及时足额支付劳动报酬；未及时足额缴纳社会保险；强迫或者变相强迫劳动者加班；不安排劳动者正常休假；

强迫劳动者违章指挥、强令冒险作业；以暴力、威胁或者非法限制人身自由的手段强迫劳动者劳动；违反女职工和未成年工特殊劳动保护规定；合同期限届满未及时续约等。

（3）在解除或终止劳动合同阶段。比如：非法解除或终止劳动合同；不向劳动者送达解除或终止劳动合同通知书；不支付解除劳动合同补偿金；不协助办理离职手续；不开具离职证明等。

（4）劳动者工伤处理。比如：不提供劳动安全保障器具；不依法缴纳工伤保险；不及时申报工伤等。

（5）劳动规章制度制定。比如：不制定劳动规章制度；规章制度内容不合法；规章制度不经过民主审议或不公示等。

由于企业在劳动用工领域容易出现不合规的现象，企业更应该对劳动用工合规问题予以高度重视，制定合法有效的劳动用工管理制度、规范劳动用工管理行为、依法依规解决劳动用工管理过程中的争议纠纷，以实现节约人力成本、增加企业效益、增强员工凝聚力的目的。

第二节　企业招录的合规要求与法律风险防范

企业招录合规管理是企业劳动用工合规管理的重要环节，企业招录不合规行为有可能导致劳动争议的发生，甚至企业遭受行政处罚。本节，我们就来讨论企业招录的合规要求与法律风险防范。

一、企业招聘的合规要求

（一）企业发布招聘信息应真实、合法

《人力资源市场暂行条例》第 24 条规定，用人单位发布或者向人力资源服务机构提供的单位基本情况、招聘人数、招聘条件、工作内容、工作地点、基本劳动报酬等招聘信息，应当真实、合法。在实践中，一些企业在招聘简章、广告上浮夸企业实力、设定虚假招聘条件，以此来吸引优秀人才或仅为企业形象宣传。如应聘者在入职后，企业无法兑现承诺，企业不仅将可能承担民事赔偿责任，还可能因此而受到行政处罚。

（二）企业发布招聘信息不应含有歧视性的内容

《人力资源市场暂行条例》第 24 条同时规定，用人单位发布招聘信息，不得含有民族、种族、性别、宗教信仰等方面的歧视性内容。除此以外，就业歧视还包括户籍歧视、地域歧视、年龄歧视、身份歧视、残疾人歧视、传染病歧视等。需要注意的是，避免就业歧视与企业自主用工权并不矛盾，避免就业歧视是避免针对特定群体或个体设置差异化的招录条件或限制。而企业根据自身用工需要选择符合用工条件的劳动者，应受到保护。

（三）企业发布招聘信息不应含有限制劳动者合法权益的内容

劳动者合法权益应受到保护。比如：劳动者享有休息权、婚育权、继续教育权、职业选择权等都应受到保护。企业在发布招聘信息，不应含有限制劳动者合法权益的内容。

（四）企业招聘应尊重和保护应聘者隐私和其他个人信息

《民法典》第 1032 条规定，隐私是自然人的私人生活安宁和不愿为他人知晓的私密空间、私密活动、私密信息。在招录过程中，企业应充分了解应聘者与应聘岗位直接相关的个人信息，而对于与工作无必要联系的个人信息，就不应要求应聘者提供。

另外，《就业服务与就业管理规定》第 13 条规定，用人单位应当对劳动者的个人资料予以保密。公开劳动者的个人资料信息和使用劳动者的技术、智力成果，须经劳动者本人书面同意。因此，企业对以获知劳动者的个人信息也应予以保密以及合法使用。

（五）企业招聘应避免扣押应聘者证件或收取押金

企业和应聘者是平等主体之间的关系。在招聘时，企业不应以任何事由扣押应聘者的证件，也不应以任何名目收取应聘者押金、保证金或其他财物。

（六）企业招聘应避免不正当竞争

《就业服务与就业管理规定》第 15 条规定，用人单位不得以诋毁其他用人单位信誉、商业贿赂等不正当手段招聘人员。

二、劳动者入职审查的合规要求

除了常规的学历、工作经历、岗位胜任能力审查外，对劳动者的入职审查还应包括：

（一）审查劳动者与其他企业是否仍然存在劳动合同关系

在实践中，劳动者在未与上一家企业解除或终止劳动合同关系前，即与下家企业签订劳动合同的现象非常普遍。我国现行的法律并未禁止这种双重或多重劳动合同关系。比如说：《劳动合同法》第69条第2款就规定，从事非全日制用工的劳动者可以与一个或者一个以上用人单位订立劳动合同。而《关于审理劳动争议案件适用法律问题的解释（一）》第32条第2款也规定，企业停薪留职人员、未达到法定退休年龄的内退人员、下岗待岗人员以及企业经营性停产放长假人员，因与新的用人单位发生用工争议而提起诉讼的，人民法院应当按劳动关系处理。然而，企业通常并不希望劳动者在多家非关联企业同时工作。一方面，劳动都会有一定的强度。劳动者在多家企业工作必然会消耗更多的时间、体力和精力。这不仅有可能会降低工作效率，也可能会带来一定的安全隐患；另一方面，为企业勤勉、尽职工作是劳动者起码的义务。而如果劳动者在多家企业工作，往往会降低劳动者对企业的忠诚度，甚至有的劳动者为了谋取在一家企业的利益而不惜损害到另一家企业的利益。因此，我国法律也对多重劳动合同关系作出了限制性的规定，比如：《劳动合同法》第91条就规定，用人单位招用与其他用人单位尚未解除或者终止劳动合同的劳动者，给其他用人单位造成损失的，应当承担连带赔偿责任。根据该规定，用人企业招用尚未解除或者终止劳动合同的劳动者，存在一定的法律风险。尤其是当劳动者发生工伤事故涉及能否申报工伤以及高额赔偿金时，情况会变得更加复杂。

综上，我们认为在聘用劳动者前，企业一定要审查劳动者是否已经与其他企业解除或终止了劳动合同关系。具体审查方法可以包括：一是要求劳动者提供由上一家企业出具的解除或终止劳动合同协议书、通知书或其他证明文件；二是要求劳动者提供上一家企业主管部门的联系电话，直接进行背调核实之前劳动关系情况；三是要求劳动者出具与上一家企业已经解除或终止劳动关系的承诺书。在承诺书中可注明，如劳动者存在虚假陈述，相关责任由劳动者承担，企业不承担责任或者有权追偿损失等。

（二）审查劳动者是否存在竞业限制的限制

竞业限制是企业为保护自身的商业秘密或其他利益，在劳动关系存续期间或劳动关系结束后的一定时期内，限制劳动者到与本企业生产或者经营同类产品、从事同类业务的有竞争关系的其他用人企业工作，或者限制劳动者自己开业生产或者经营同类产品、从事同类业务企业的行为。竞业限制既有法律的明文规定，也可以通过劳动合同明确约定。如果企业明知劳动者处于竞业限制期限而仍然聘用的，企业将有可能同劳动者一同承担违反竞业限制的赔偿责任。

因此，在录用劳动者前，尤其是对技术型、商务型用工，企业应审查劳动者是否存在竞业限制的限制。具体审查方法可以包括：一是要求劳动者提供由上一家企业出具的不存在竞业限制的证明文件；二是要求劳动者提供上一家企业主管部门的联系电话，直接核实是否存在竞业限制；三是由劳动者出具不存在竞业限制的承诺书。在承诺书中可注明，如劳动者存在虚假陈述，相关责任由劳动者承担，企业不承担责任或者有权追偿损失等。

（三）审查劳动者是否存在保密义务的限制

竞业限制的根本目的之一，是为了保护上家企业的商业和技术秘密不被下家企业非法利用。但在上家企业未与劳动者签订竞业限制协议的情况下，劳动者也有对上家企业商业和技术秘密保密的法定义务。而如果劳动者已经与上家企业签署了保密协议，劳动者就更应按照协议约定履行保密义务，而下家企业也应防止侵害到上家企业的秘密。否则，下家企业也将有可能与劳动者一同承担侵害商业秘密的赔偿责任。

因此，在录用劳动者前，企业应审查劳动者是否存在保密义务的限制。具体审查方法可以包括：一是审核劳动者上一家供职企业是否为涉密企业，比如：科研单位、军工企业、高科技企业等；二是要求劳动者提供与上一家企业签署的保密协议，审核是否与本企业用工需求相冲突；三是要求劳动者提供上一家企业主管部门的联系电话，直接核实涉密情况；四是由劳动者出具不侵犯上家企业秘密的承诺书等。

（四）审查劳动者的年龄情况

劳动者应符合劳动用工的年龄规定。《劳动法》第 15 条规定，禁止用人单位招用未满 16 周岁的未成年人。文艺、体育和特种工艺单位招用未满 16 周岁的未成年人，必须遵守国家有关规定，并保障其接受义务教育的权利。该规定是为了保护未成年人的身心健康，促进义务教育制度的实施以及维护未成年人的合法权益。因此，在招聘过程中，企业应注意避免招用童工。

需要指出的是，劳动法规定了劳动者的最低年龄限制，但并未规定最高年龄限制。而实际上，现行的法律、法规也未规定最高聘用年龄的限制。但我国相关法律对退休年龄却做了明确的限制。《劳动合同法》第 44 条第 2 项规定，有下列情形之一的，劳动合同终止：劳动者开始依法享受基本养老保险待遇的。《劳动合同法实施条例》第 21 条规定，劳动者达到法定退休年龄的，劳动合同终止。因此，如果企业聘用达到法定退休年龄人员从事劳动时，双方并不形成劳动合同关系，而是形成劳务关系。需要注意的是，达到法定退休年龄人员是无法办理工伤保险的，企业聘用该类人员一旦出现工伤事故，法院一般会认定适用工伤赔偿的标准，但无法通过工伤保险进行赔偿，而是由企业来承担相应的赔偿责任，这是聘用超过退休年龄人员最大的法律风险。企业确需聘用超过退休年龄人员提供劳务时，应作出相应风险防范制度乃至商业保险方面的筹划。

（五）审查劳动者的身体状况

某些行业、某些岗位对劳动者的身体情况有特殊要求。在招聘时，企业可以对这些特殊要求进行说明，但也应避免出现就业歧视。而对于存在职业病风险的企业，要重点审查劳动者入职之前是否存在相关职业病史，比如：煤炭开采行业是尘肺病高发的行业。在录用新劳动者时，煤炭企业就应重点审查劳动者入职前是否已经患有尘肺病，防止工伤责任无法划分的风险。

（六）审查劳动者是否存在劳动争议

在拟聘用新劳动者前，企业应了解劳动者是否与上一家企业存在劳动争议、劳动争议产生的原因以及劳动争议是否已经解决等情况。企业核实这些情况有几个重要作用：一是判断劳动者是否已经正常离职上家企业；二是判断劳动者入职本企业是否会带来连带赔偿风险。比如：劳动者因竞业限制、保密义务、服务期限与上家企业产生纠纷，企业聘用该类劳动者就有可能被卷入该类纠纷中，甚至承担相应赔偿责任；三是企业可以以此来判断是否存在同样的用工风险。比如：在实践中，个别劳动者在入职时采取各种方式不与企业签订劳动合同，在工作一段时间后就以企业未签订劳动合同为由，要求企业支付双倍工资。

综上，企业审查劳动者是否存在劳动争议是非常有必要的。企业一般可以采取以下几种方式审查：一是由劳动者自己介绍；二是向上家企业了解情况；三是通过案件信息公开查询网站进行查询等。

本节，我们讨论的是企业招录的合规要求与法律风险防范。在实务操作中，企业应制定合规的招录制度、规范招录的流程、编制完善的招录系列文件并妥善保存招录的全部资料，以此来防范因招录不合规行为导致的劳动争议或遭受行政处罚等风险发生。

第三节　填写劳动者主体身份的合规要求与法律风险防范

根据《劳动合同法》第 17 条规定，劳动合同应当具备以下条款：用人单位的名称、住所和法定代表人或者主要负责人；劳动者的姓名、住址和居民身份证或者其他有效身份证件号码；劳动合同期限；工作内容和工作地点；工作时间和休息休假；劳动报酬；社会保险；劳动保护、劳动条件和职业危害防护。除以上必备条款外，用人单位与劳动者还可以约定试用期、培训、保守秘密、补充保险和福利待遇等其他事项。本节，我们首先来讨论在劳动合同中填写劳动者主体身份的合规要求与法律风险防范。

一、填写劳动者身份信息

在录用前，企业应严格核实劳动者的身份信息，并在劳动合同中正确填写劳动者姓名（包括曾用名）及身份证件号码。如劳动者身份信息不准确，一旦劳动者在工作中因不良行为给企业带来经济或者信誉方面的损害之后，很可能因身份不明，导致企业无法对劳动者造成的经济或者信誉损失进行追责。

二、填写劳动者年龄信息

在劳动合同条款中应明确填写劳动者的年龄。根据《劳动法》第94条规定，用人单位非法招用未满16周岁的未成年人的，由劳动行政部门责令改正，处以罚款；情节严重的，由市场监督管理部门吊销营业执照。因此，企业不得招用年龄未满16周岁的劳动者。另外，我国法律也规定了最高退休年龄，企业招用超过最高退休年龄劳动者将不是劳动合同关系而是劳务关系。

三、填写劳动者文化程度信息

在劳动合同条款中应填写劳动者的文化程度，以明确企业对劳动者文化程度的要求。如劳动合同履行过程中，企业发现劳动者存在弄虚作假的情况，可追究劳动者的责任。

四、填写劳动者其他信息

在劳动合同中应填写劳动者户口所在地、家庭住址、通信地址、联系电话、邮箱地址等信息。尤其准确填写劳动者联系方式信息是非常重要的，这是因为：一方面，这有利于企业与劳动者日常沟通、联系；另一方面，当出现劳动争议纠纷时，方便法律文书的有效送达。

综上，在劳动合同书中，应该全面、准确填写劳动者身份信息。这不仅有利于企业了解劳动者与工作岗位直接相关的基本情况，也为企业今后劳动用工管理提供了便利，更能够防范和避免相应法律风险发生。

第四节　设置劳动合同期限的合规要求与法律风险防范

劳动合同期限是企业与劳动者约定劳动关系存续的期间。根据《劳动合同法》第12条规定，劳动合同按照期限不同可以分为固定期限劳动合同、无固定期限劳动合同和以完成一定工作任务为期限的劳动合同。本节，我们就来讨论设置劳动合同期限的合规要求与法律风险防范。

一、设置固定期限劳动合同期限应考虑的因素

固定期限劳动合同是指企业与劳动者在劳动合同书中明确约定劳动关系的起始时间和终止时间，当劳动合同期限届满时，劳动合同关系即告终止的劳动合同类型。企业与劳动者签订固定期限劳动合同，能够留住人才，增强企业与劳动者之间的互信，增强劳动者的忠诚度，有利于建立和谐、稳定的劳动用工关系。那么，在设置固定期限劳动合同期限时，应考虑哪些因素呢?

我们认为，就企业而言，应主要考虑三方面因素：

（一）企业应根据自身经营发展需要设置劳动合同期限

企业设置劳动合同期限必须从生产实际出发，根据企业生产需要来确定。企业应对劳动力的使用进行科学预测，将生产岗位划分为若干序列，分别对劳动力的使用作出规划，按照劳动力规划设计劳动合同期限，形成劳动合同期限数据库。使劳动合同长短并用，形成梯次配备、灵活多样的用工格局。

（二）企业应根据劳动者具体情况设定劳动合同期限

（1）劳动者年龄情况。劳动者的年龄应和劳动合同期限相匹配，应避免出现劳动者已到退休年龄，劳动合同期限还没届满的情况。

（2）劳动者身体情况。根据劳动者的体质强弱合理确定劳动合同期限，避免因劳动者身体原因而造成劳动者履行劳动合同的困难。

（3）劳动者专业技术能力。比如：劳动者具有较高的专业技术能力，且属于企业长期紧缺岗位人才，企业就可以设置较长时间的劳动合同期限。

（三）企业应考虑法律的限制

1. 设定短期劳动合同应注意的问题

很多企业为实现灵活用工，往往与劳动者签订短期劳动合同，在劳动合同期限届满时，再续签短期劳动合同。需要注意的是，这种签订劳动合同的方式存在重大风险。根据《劳动合同法》第14条第2款第3项规定，连续订立二次固定期限劳动合同，且劳动者没有本法第39条和第40条第1项、第2项规定的情形，劳动者提出或者同意续订、订立劳动合同的，除劳动者提出订立固定期限劳动合同外，应当订立无固定期限劳动合同。因此，除非企业

只想与劳动者签订一次较短时间的劳动合同，否则，采取"短期、多签"的方式会使企业陷入被动，也不利于稳定企业与劳动者的用工关系。我们建议，除非企业确需短期一次用工以外，企业初次录用普通劳动者可以签订 3 年及以上期限劳动合同。由于 3 年期限劳动合同的试用期最长为 6 个月，企业完全可以在 6 个月试用期内考察出劳动者的劳动态度、工作能力以及是否符合企业岗位要求等。

2. 设定长期劳动合同应注意的问题

对于重要岗位的稀缺人才，企业往往会设定较长期限的劳动合同，这有利于企业技术队伍及管理队伍的稳定。但也需注意的是，《劳动合同法》规定，劳动者在企业连续工作满 10 年的，劳动者提出签订或同意续订劳动合同的，企业就必须与劳动者签订无固定期限劳动合同。因此，在设定长期劳动合同期限时，企业也应考虑触发无固定期限劳动合同的问题。如果企业不愿触发无固定期限劳动合同，又希望与劳动者签订较长时间的劳动合同，在与劳动者初次签订固定期限劳动合同时可以设定 3~9 年期限。

二、无固定期限劳动合同的适用情形

无固定期限劳动合同是指企业与劳动者在劳动合同书中明确约定无固定终止时间的劳动合同类型。在企业与劳动者签订无固定期限劳动合同后，除非出现法定情形，企业不得单方面解除与劳动者的劳动合同关系。无固定期限劳动合同制度有两方面重要作用：一方面可以稳定劳动合同关系，降低用人企业的用工成本，提高劳动者的归属感；另一方面国家通过该项制定安排，客观上降低了企业不签订劳动合同、签订多次短期劳动合同的概率，为促进就业提供了一定的制度保障。

下面，我们就来梳理无固定期限劳动合同的适用情形：

（一）协商一致签订无固定期限劳动合同

企业和劳动者可以协商一致签订无固定期限劳动合同。当企业需要长期留用人才，而劳动者也愿意长期供职一家用人企业时，双方可以签订无固定期限劳动合同。

（二）劳动者在用人企业连续工作满 10 年

根据《劳动合同法》第 14 条第 2 款第 1 项规定，劳动者在该用人单位连续工作满 10 年的，劳动者提出或者同意续订、订立劳动合同的，除劳动者提出订立固定期限劳动合同外，应当订立无固定期限劳动合同。关于 10 年的起算时点问题，《劳动合同法实施条例》第 9 条规定，《劳动合同法》第 14 条第 2 款规定的连续工作满 10 年的起始时间，应当自用人单位用工之日起计算，包括劳动合同法施行前的工作年限。在实践中，一些企业为规避 10 年期限的规定，往往将工作快满 10 年的劳动者安排到其他企业工作，但该操作并不能起到规避 10 年期限的作用。根据《劳动合同法实施条例》第 10 条规定，劳动者非因本人原因从原用人单位被安排到新用人单位工作的，劳动者在原用人单位的工作年限合并计算为新用人单位的工作年限。原用人单位已经向劳动者支付经济补偿的，新用人单位在依法解除、终止劳动合同计算支付经济补偿的工作年限时，不再计算劳动者在原用人单位的工作年限。因此，当企业安排劳动者到新的企业工作时，只要原企业未依法解除合同并支付劳动者经济补偿金，劳动者工作年限都是合并计算的。

（三）连续订立二次固定期限劳动合同

根据《劳动合同法》第 14 条第 2 款第 3 项规定，连续订立二次固定期限劳动合同，且劳动者没有本法第 39 条和第 40 条第 1 项、第 2 项规定的情形，劳动者提出或者同意续订、订立劳动合同的，除劳动者提出订立固定期限劳动合同外，应当订立无固定期限劳动合同。国家制定该项制度的重要目的之一是为了防止用人企业以"短期、多签"方式任意控制劳动者用工期限。

（四）视为签订无固定期限劳动合同的情形

根据《劳动合同法》第 14 条第 3 款规定，用人单位自用工之日起满 1 年不与劳动者订立书面劳动合同的，视为用人单位与劳动者已订立无固定期限劳动合同。国家制定该项制度的重要目的之一是为了督促用人单位及时与劳动者签订书面劳动合同。

三、以完成一定工作任务为期限的劳动合同应注意的问题

以完成一定工作任务为期限的劳动合同是指企业与劳动者约定以某项工

作的完成为合同期限的劳动合同形式，当合同约定的工作或工程完成后，该劳动合同即告终止。

下面，我们就来梳理以完成一定工作任务为期限的劳动合同应注意的问题：

（一）以完成一定工作任务为期限的劳动合同适用情形

以完成一定工作任务为期限的劳动合同不约定固定的劳动合同期限，而是以完成某项工程、项目或季节性生产任务等作为劳动合同的期限。该类劳动合同最大好处是可以灵活确认双方合同到期时间。我们举例说明，比如：在建筑工程领域，企业承包一项目工程需要短期用工，但该工程何时完工存在不确定性。在此情况下，如果企业与劳动者签订固定期限劳动合同期限较短，但工程还未结束，企业就要与劳动者续签劳动合同，此时，就存在将来需签订无固定期限劳动合同的风险；而如果双方签订的固定期限劳动合同期限较长，但工程已经在劳动合同期限内竣工验收，企业若不想再雇佣该劳动者，就只能采取协商或违约解除劳动合同的方式。因此，对于以完成一定任务为内容的工作，企业可以选择采用以完成一定工作任务为期限的劳动合同形式。

（二）连续二次签订以完成一定工作任务为期限的劳动合同是否需签订无固定期限劳动合同问题

根据《劳动合同法》第 14 条规定，连续二次订立固定期限劳动合同后，再续订劳动合同时，劳动者可以选择签订无固定期限劳动合同。但是连续二次签订以完成一定工作任务为期限的劳动合同，显然不符合"连续订立二次固定期限劳动合同"的条件。因此，即便企业与劳动者连续两次签订以完成一定工作任务为期限的劳动合同，也无需签订无固定期限劳动合同。

（三）以完成一定工作任务为期限的劳动合同到期是否需要支付经济补偿金问题

依据《劳动合同法实施条例》第 22 条规定，以完成一定工作任务为期限的劳动合同因任务完成而终止的，用人单位应当依照《劳动合同法》第 47 条的规定向劳动者支付经济补偿。企业以完成一定工作任务为期限的劳动合同终止后，应当支付经济补偿金。

（四）以完成一定工作任务为期限的劳动合同是否可以约定试用期问题

《劳动合同法》第 19 条第 3 款规定，以完成一定工作任务为期限的劳动合同或者劳动合同期限不满 3 个月的，不得约定试用期。我们认为，以完成一定工作任务为期限的劳动合同，是以工作任务完成作为终止条件，工作任务完成的时间即为劳动合同的终止时间。对于这种工作任务而言，一般无法准确确定工作任务完成的具体时间，而且通常这种工作任务的期限都比较短。因此，对于以完成一定工作任务为期限的劳动合同，不得约定、也无法约定试用期。

综上，在劳动合同中设置劳动合同期限是一门学问。我们应综合考虑企业实际用工需求、劳动者具体情况、劳动法规的规定，恰当、科学地设置劳动合同期限，防范和避免相应法律风险发生。

第五节　设置试用期条款的合规要求与法律风险防范

劳动合同试用期是指企业与新招用的劳动者在劳动合同中约定，双方建立劳动关系以后，由双方相互考察、相互了解、相互选择的期间。在该期间届满时，双方根据具体情况作出继续履行或者解除劳动合同的决定。试用期对劳动合同双方都具有重要意义，试用期条款使劳动合同履行更具有预见性、可控性、灵活性。下面，我们就来讨论设置劳动合同试用期条款的合规要求与法律风险防范：

（一）关于试用期的适用范围问题

《劳动合同法》第 19 条第 2 款规定，同一用人单位与同一劳动者只能约定一次试用期。根据该规定，试用期只适用初次与企业建立劳动关系的劳动者。有下列情况之一，不能约定试用期：

（1）劳动合同期满续签或再次签订劳动合同的。

（2）因劳动合同期限未满调换工作岗位而变更劳动合同的。

（3）因病或非因工负伤医疗期满后从事企业另行安排的工作的。

（4）以完成一定工作任务为期限的劳动合同或者劳动合同期限不满 3 个

月的，不得约定试用期。

（二）关于试用期的期限问题

《劳动合同法》第 19 条第 1 款规定，劳动合同期限 3 个月以上不满 1 年的，试用期不得超过 1 个月；劳动合同期限 1 年以上不满 3 年的，试用期不得超过 2 个月；3 年以上固定期限和无固定期限的劳动合同，试用期不得超过 6 个月。第 3 款规定以完成一定工作任务为期限的劳动合同或者劳动合同期限不满 3 个月的，不得约定试用期，如下表 1 所示。

表 1　试用期期限一览表

劳动合同期限	试用期期限
3 年以上和无固定期限的	不得超过 6 个月
1 年以上不满 3 年的	不得超过 2 个月
3 个月以上不满 1 年的	不得超过 1 个月
3 个月以下的或以完成一定工作任务为期限的	不得约定试用期

（三）关于试用期的最低工资标准问题

《劳动合同法》第 20 条规定，劳动者在试用期的工资不得低于本单位相同岗位最低档工资或者劳动合同约定工资的 80%，并不得低于用人单位所在地的最低工资标准。我们认为，该条款应解释为：劳动者试用期的工资不能低于劳动合同约定工资的 80%；在劳动合同没有约定工资的情形下，不得低于同岗工资的 80%。同时，以上两种情况都必须满足不得低于企业所在地的最低工资标准。

（四）关于试用期劳动合同解除问题

《劳动合同法》第 21 条规定，在试用期中，除劳动者有本法第 39 条和第 40 条第 1 项、第 2 项规定的情形外，用人单位不得解除劳动合同。用人单位在试用期解除劳动合同的，应当向劳动者说明理由。而《劳动合同法》第 39 条第 1 项规定，劳动者在试用期间被证明不符合录用条件的用人单位可以解除劳动合同。因此，劳动者在试用期间不符合录用条件，是企业在试用期内与劳动者单方解除劳动合同最常见的一种情况。而劳动者试用期间是否符合企业的录用条件，应当以劳动法律法规规定的基本录用条件，并结合劳动者在试用期间的岗位条件、技术水平、专业技能、身体状况和思想品质等因素综合加以判定。

（五）关于是否能单独签订试用期合同问题

在《劳动合同法》实施以前，有些企业为了在试用期廉价使用劳动力并方便解除劳动合同，往往在招用劳动者时仅与劳动者签订单独的试用合同。在《劳动合同法》实施后，此种做法已无意义。根据《劳动合同法》第19条第4款规定，劳动合同仅约定试用期的，试用期不成立，该期限视为劳动合同期限。另外，企业可以与劳动者签订劳动合同后，再单独签订试用期合同，明确约定岗位条件和考核标准，并以此作为试用期结束后是否录用劳动者的依据。

（六）关于违法约定试用期的法律责任问题

根据《劳动合同法》第83条规定，用人单位违反本法规定与劳动者约定试用期的，由劳动行政部门责令改正；违法约定的试用期已经履行的，由用人单位以劳动者试用期满月工资为标准，按已经履行的超过法定试用期的期间向劳动者支付赔偿金。

综上，《劳动合同法》规定了劳动合同试用期的适用范围、试用期期限、试用期最低工资标准、试用期劳动合同解除、单独试用期合同禁止以及违法约定试用期的法律责任等规定。企业应严格按照《劳动合同法》的相关规定并结合本企业实际情况设置劳动合同试用期条款，防范和避免发生法律风险。

第六节　设置和变更工作岗位条款的合规要求与法律风险防范

在劳动合同签订时，工作岗位条款是必备条款。劳动者被录用到企业后，其所从事的工作或担任的职务，工作上应达到的标准和要求，都应当在劳动合同中加以明确约定。另外，当企业需要调整劳动者工作岗位时，也需要满足相应的条件并履行相应的程序。

下面，我们就来讨论设置和变更工作岗位条款的合规要求与法律风险防范：

（一）工作岗位作为工作内容的重要方面，属于劳动合同的必备条款，应当明确写入劳动合同中

工作岗位条款可包括以下内容：职位、职级、工作目标、详细工作内容、工作地点、工作条件、任职要求、岗位职责，等等。其中，工作岗位可使用类型式的约定，比如：管理员、操作工、辅助工、文员和营销等类型式工作岗位的约定，以便企业对劳动者实行定岗定职、绩效考核。另外，如需更详细约定，可在劳动合同中附上《职位责任书》等文件予以说明。

（二）企业变更劳动工作岗位，需与劳动者平等协商

工作岗位不是一成不变的。在企业经营状况、业务范围等客观条件发生改变时，企业可以根据变化的客观条件，调整劳动者的工作岗位。但工作岗位约定作为劳动合同的重要内容之一，对其所做的任何变更均应视为对劳动合同的变更，需遵循合法、公平、平等自愿、诚实信用的原则与劳动者进行协商。

（三）企业不得以劳动者不能胜任工作为由，对其工作岗位强行变更或解除劳动合同

依据《劳动合同法》第40条第2项的规定，劳动者不能胜任工作，经过培训或者调整工作岗位，仍不能胜任工作的，用人单位可以解除劳动合同。该条规定为企业提供了变更劳动者工作岗位的依据。在劳动者不能胜任工作时，企业在解除劳动合同之前，可以对其工作岗位进行调整。但是，在很多情况下，不能胜任工作并没有一个衡量标准。因此，企业应制定详尽、科学、可量化的工作岗位标准，并根据该标准进行考核，考核结果应告知劳动者，还应取得劳动者的确认。否则，劳动者可以对该"不能胜任工作"的认定提出质疑，拒绝工作岗位的变更。

（四）企业"客观情况发生重大变化"时，在能够履行岗位约定的情况下，企业不得擅自变更劳动者工作岗位

依据《劳动合同法》第40条第3项的规定，劳动合同订立时所依据的客观情况发生重大变化，致使劳动合同无法履行，经用人单位与劳动者协商，未能就变更劳动合同内容达成协议的，用人企业可以解除劳动合同。由于市

场经济瞬息万变，企业改制、兼并等现象时有发生，这些都可认定为"客观情况发生重大变化"，但企业只有在确实无法再提供原岗位的情况下，才可与劳动者商议工作岗位的变更，若原工作岗位仍存在，则企业不得擅自变更劳动者的工作岗位。

综上，企业与劳动者应根据实际情况约定劳动者工作岗位。企业欲变更劳动者工作岗位，应得到劳动者的同意并签订变更协议。在出现法定情形时，企业应履行相应的程序才能单方变更劳动者工作岗位或解除劳动合同。

第七节　设置工作时间条款的合规要求与法律风险防范

工作时间是劳动者为企业从事生产和工作的时间。根据法律规定，工作时间可以分为标准工作时间和非标准工作时间两种。

一、标准工作时间是 40 小时还是 44 小时

标准工作时间，又称标准工时制度，是指根据法律规定在正常情况下的工作时间，分为标准工作日和标准工作周。《劳动法》第 36 条规定，国家实行劳动者每日工作时间不超过 8 小时、平均每周工作时间不超过 44 小时的工时制度。而《国务院关于职工工作时间的规定》第 3 条规定，职工每日工作 8 小时、每周工作 40 小时。可以看出，该两者所规定日工作时间都是 8 小时，而周工作时间却是不一致的。这种区别有其历史成因。在劳动法颁布当时，国家实行每周 5 天半工作制。因此，周工作时长设定为不超过 44 小时。而在国务院颁布关于职工工作时间的规定时，国家已经开始实行每周 5 天工作制。因此，周工作时长就设定为不超过 40 个小时。根据《劳动部关于职工工作时间有关问题的复函》，我国目前实行劳动者每日工作 8 小时，每周工作 40 小时这一标准工时制度。在标准工时制度下，企业由于生产和经营的需要，经与工会或者劳动者协商之后可以延长工作时间。一般每日不得超过 1 小时；特殊情况下延长工作时间每日不得超过 3 小时，每月不得超过 36 小时。

另外，《劳动法》第 37 条规定，对实行计件工作的劳动者，用人单位应当根据本法第 36 条规定的工时制度合理确定其劳动定额和计件报酬标准。虽然这一规定表面上是通过确定劳动者的劳动数量来计算劳动报酬，但是实际

上也规定了劳动者的劳动时间。由于劳动法第 36 条规定的是标准工作时间制定。因此，计件工作时间也应视为一种特殊的标准工作时间。在实行计件工作时，劳动者的劳动定额要根据标准工时制度来合理确定。实行计件工资的劳动者，在完成定额任务且实际工作时间达到标准日工作时间之后，根据企业的要求从事劳动的，就应被视为加班加点。

二、实行不定时工作制和综合计算工时工作制需要履行审批程序

非标准工作时间是指在特殊情形下适用不同于标准工作时间的工作时间。根据《劳动法》第 39 条规定，企业因生产特点不能实行标准工作时间的，经劳动行政部门批准，可以实行其他工作和休息办法。根据法律规定，我国非标准工作时间主要包括：不定时工作时间、综合计算工作时间两种。

（一）不定时工作时间

不定时工作时间，又称不定时工作制，它是指因工作性质和工作职责的需要，劳动者每一工作日没有固定的上下班时间限制，无法适用标准工作时间或需要机动作业的工作时间制度。对于实行不定时工作制的劳动者，企业应按劳动法的规定，参照标准工时工作制核定工作量并采用弹性工作时间等适当方式，确保劳动者的休息休假权利和生产、工作任务的完成。根据《关于企业实行不定时工作制和综合计算工时工作制的审批办法》第 4 条规定，企业对符合下列条件之一的职工，可以实行不定时工作制：①企业中的高级管理人员、外勤人员、推销人员、部分值班人员和其他因工作无法按标准工作时间衡量的职工；②企业中的长途运输人员、出租汽车司机和铁路、港口、仓库的部分装卸人员以及因工作性质特殊，需机动作业的职工；③其他因生产特点、工作特殊需要或职责范围的关系，适合实行不定时工作制的职工。

（二）综合计算工作时间

综合计算工作时间，也称为综合计算工时工作制，是指分别以周、月、季、年为周期，综合计算工作时间，但其平均日工作时间和平均周工作时间应与法定标准工作时间基本相同。具体说，在综合计算周期内，某一具体日（或周）的实际工作时间可以超过 8 小时（或 40 小时），但综合计算周期内的总实际工作时间不应超过总法定的标准工作时间，超过部分应视为延长工作

时间并按《劳动法》的规定支付工资报酬。根据《关于企业实行不定时工作制和综合计算工时工作制的审批办法》第 5 条规定，企业对符合下列条件之一的职工，可实行综合计算工时工作制，即分别以周、月、季、年等为周期，综合计算工作时间，但其平均日工作时间和平均周工作时间应与法定标准工作时间基本相同。①交通、铁路、邮电、水运、航空、渔业等行业中因工作性质特殊，需连续作业的职工；②地质及资源勘探、建筑、制盐、制糖、旅游等受季节和自然条件限制的行业的部分职工；③其他适合实行综合计算工时工作制的职工。

综上，不定时工时工作制和综合计算工时工作制都必须经过劳动部门的批准，也就是说，要有相应的批准文件。另外，不定时工时工作制和综合计算工时工作制只针对相关特殊需要的企业和岗位，即使一家企业有不定时工时工作制和综合计算工时工作制的批准文件，也不意味着这家企业所有岗位、所有劳动者都执行不定时工时工作制和综合计算工时工作制。最后，两种工时工作制的审批是有年限的，年限届满必须重新申报，获得审批后方可继续执行非标准工时工作制度，否则需按标准工时工作制执行。

第八节 设置休息休假条款的合规要求与法律风险防范

休息休假时间是指劳动者按照法律规定，不从事工作而自由支配的时间。其中，劳动者工作日内的休息时间、工作日之间的休息时间和工作周之间的休息时间称之为休息；法定节日休息时间、探亲假时间和年休假时间则称之为休假。我国法律为保护劳动者的体力和精力得以恢复，对于劳动者休息休假权利作出了很多规定。在用工过程中，企业应避免违反相应的规定。

下面，我们就来讨论设置休息休假条款的合规要求与法律风险防范：

一、一个工作日内的休息时间

一个工作日内的休息时间是指劳动者在一个工作日内进行工作过程中的休息时间和就餐时间。一个工作日内的休息时间长短、次数一般由企业根据实际情况自主决定的，通常劳动者在连续工作 4 小时后应当安排一次休息，其中就餐休息时间一般不能少于半小时，这种休息时间不计入劳动者的工作时间之内。

二、连续两个工作日之间的休息时间

连续两个工作日之间的休息时间是指劳动者在前一个工作日结束后至后一个工作日开始之间的休息时间。一般而言，这种休息应当是连续不间断的。

三、公休日

公休日即周休息日，是劳动者工作一个工作周后的休息时间。《劳动法》第 38 条规定，用人单位应当保证劳动者每周至少休息 1 日。即用人企业必须保证劳动者每周至少有一次 24 小时不间断的休息。根据《国务院关于职工工作时间的规定》的规定，一般情况下星期六和星期日为周休息日；企业也可以根据实际情况，灵活安排本企业的周休息日。

四、法定节假日

法定节假日是法律统一规定的用以开展纪念、庆祝活动的休息时间。根据《劳动法》与国务院《全国年节及纪念日放假办法》的规定，企业应当依法安排劳动者休假的节日包括元旦、春节、国际劳动节、国庆节及法律法规规定的其他休假节日。

五、年休假

年休假是指劳动者达到一定工作年限后，每年享受的一定期限带薪休假。《劳动法》第 45 条对年休假作出了原则性规定，即"国家实行带薪年休假制度""劳动者连续工作 1 年以上的，享受带薪年休假。具体办法由国务院规定"。而国务院《职工带薪年休假条例》第 3 条规定，职工累计工作已满 1 年不满 10 年的，年休假 5 天；已满 10 年不满 20 年的，年休假 10 天；已满 20 年的，年休假 15 天。国家法定休假日、休息日不计入年休假的假期。

六、女职工的产假

《劳动法》第 62 条规定，女职工生育享受不少于 90 天的产假。另外，各个地市对女职工产假待遇有着不同的规定时间。

综上，劳动者休息休假均有法律法规的明文规定，企业应结合用工所在地政策和企业实际情况在内部规章制度中明确相关假期申请程序和待遇等，在法律政策框架内维护企业用工管理秩序、保障劳动者休息休假权利，防范和避免相应法律风险。

第九节　设置劳动报酬条款的合规要求与法律风险防范

劳动报酬关系到劳动者的切身利益，也是企业开展人才激励、增强企业活力的重要手段。劳动报酬条款是劳动合同的必备条款，也是核心条款。本节，我们就来讨论设置劳动报酬条款的合规要求与法律风险防范。

一、劳动报酬和工资的区别

根据《劳动法》《劳动合同法》《关于贯彻执行〈中华人民共和国劳动法〉若干问题的意见》以及《关于工资总额组成的规定》的相关规定，劳动报酬和工资并不是完全相同的概念。那么，劳动报酬与工资究竟有什么区别呢？

根据法律规定，企业在生产过程中支付给劳动者的全部报酬，可以包括三部分：

（1）货币工资，用人企业以货币形式直接支付给劳动者的各种工资、奖金、津贴、补贴等。

（2）实物报酬，即用人企业以免费或低于成本价提供给劳动者的各种物品和福利等。

（3）社会保险，指用人企业为劳动者直接向政府和保险部门支付的失业、养老、人身、医疗、家庭财产等保险金。

而原劳动部关于印发《关于贯彻执行〈中华人民共和国劳动法〉若干问题的意见》的通知第53条规定，劳动法中的"工资"是指用人单位依据国家有关规定或劳动合同的约定，以货币形式直接支付给本单位劳动者的劳动报酬，一般包括计时工资、计件工资、奖金、津贴和补贴、延长工作时间的工资报酬以及特殊情况下支付的工资等。"工资"是劳动者劳动收入的主要组成部分。劳动者的以下劳动收入不属于工资范围：①单位支付给劳动者个人的社会保险福利费用，如丧葬抚恤救济费、生活困难补助费、计划生育补贴等；②劳动保护方面的费用，如用人单位支付给劳动者的工作服、解毒剂、清凉饮料费用等；③按规定未列入工资总额的各种劳动报酬及其他劳动收入，如根据国家规定发放的创造发明奖、国家星火奖、自然科学奖、科学技术进步奖、合理化建议和技术改进奖、中华技能大奖等，以及稿费、讲课费、翻译费等。

从以上规定可以看出，劳动报酬是一个更广泛的概念，可以包括工资。劳动报酬是劳动者因从事生产活动所获得的全部报酬，而工资是以货币形式直接支付给劳动者的劳动报酬。

二、工资的形式

工资形式是指计量劳动和支付工资的形式。我国现行的工资形式主要有计时工资、计件工资两种基本形式，以及奖金、津贴两种辅助形式。

下面，我们就来分别介绍这几种工资形式：

（1）计时工资。计时工资是指按计时工资标准和工作时间支付给个人的工资报酬。计时工资的基本特征是，劳动量以劳动的直接持续时间来计量。计时工资标准是根据劳动者的技术熟练程度、劳动繁重程度等标准确定的，在相同的工作时间内，从事同种工作，并具有基本相同的劳动技能的劳动者的工资是相同的。计时工资可以分为月工资制、日工资制和小时工资制三种。另外，年薪是以一年为时间企业来支付劳动者工资的特殊工资形式。从广义上来说，年薪也可以说是计时工资的一种，但是与通常的计时工资形式不同，年薪主要适用于企业高级管理人员等特定人员。

（2）计件工资。计件工资是根据劳动者提供的合格产品的数量和规定的计件单价支付工资的一种形式。与计时工资不同，计件工资不是按劳动者劳动时间的长短，而是按照劳动者在企业时间内完成的合格产品的数量来计算工资报酬的。包括：一是，实行超额累进计件、直接无限计件、限额计件、超定额计件等工资制，按劳动部门或主管部门批准的定额和计件单价支付给个人的工资；二是，按工作任务包干方法支付给个人的工资；三是，按营业额提成或利润提成办法支付给个人的工资等。

（3）奖金。奖金是工资的补充形式。奖金有很多种，这里只介绍作为工资形式的奖金。奖金是企业对劳动者进行物质奖励形式的一种，是对劳动者超额劳动报酬和增收节支的报酬，主要包括超产奖、质量奖、节约奖、劳动竞赛奖、创造发明奖、年终奖，等等。奖金是构成劳动者工资的一个重要部分。

（4）津贴和补贴。津贴是辅助工资形式的一种，是指补偿职工在特殊条件下的劳动消耗及生活费额外支出的工资。任何一种作为工资形式存在的津贴，都是在法律规定下发放的。津贴的种类很多，主要有以下几类：

按工作特点和劳动条件设置的津贴，主要有矿山下井津贴、高温津贴、野外工作津贴等。

为特殊劳动和额外生活支出的双重性设置的津贴，主要有林区津贴、艰苦气象台站津贴、基建工程流动施工津贴、流动施工津贴等。

为特种保健要求设立的津贴，主要有保健津贴、医疗卫生津贴等。

岗位津贴，主要包括从事废旧物资回收加工利用工作的劳动者的津贴等。

物价补贴，主要是为保证职工工资水平不受物价上涨或变动影响而支付的各种补贴，包括生活费补贴、价格补贴等。

（5）加班加点工资。

（6）特殊情况下支付的工资。

三、不同工时工作制度下的加班工资待遇的设置

为了确保广大劳动者的合法权益不受侵害，《劳动合同法》第31条规定，用人单位安排加班的，应当按照国家有关规定向劳动者支付加班费。我国《劳动法》也对工作时间的延长、加班工资等问题作出了相应的规定。下面，我们就来讨论不同工时工作制度下的加班工资待遇问题：

（一）标准工时工作制度下的加班工资待遇

我国目前实行的标准工时工作制是每日工作不超过8小时、每周工作不超过40小时。如果用人企业每日安排劳动者在8小时之外工作的，就属于"加点"。而休息日、节假日安排劳动者工作的，就属于"加班"。根据《工资支付暂行规定》的相关规定，企业在劳动者完成劳动定额或规定的工作任务后，根据实际需要安排劳动者在法定标准工作时间以外工作的，应按以下标准支付工资：一是企业依法安排劳动者在日法定标准工作时间以外延长工

作时间的，按照不低于劳动合同规定的劳动者本人小时工资标准的150%支付劳动者工资；二是企业依法安排劳动者在休息日工作，而又不能安排补休的，按照不低于劳动合同规定的劳动者本人日或小时工资标准的200%支付劳动者工资；三是企业依法安排劳动者在法定休假节日工作的，按照不低于劳动合同规定的劳动者本人日或小时工资标准的300%支付劳动者工资。我们以国庆节为例，一般国庆10月1日、2日、3日为法定节假日，如企业安排加班，企业应按劳动者本人日或小时工资标准的300%支付劳动者工资；而国庆节10月4日、5日、6日、7日原为休假日，如企业安排加班，企业提供调休的，不用支付加班工资。而企业不提供调休的，需按劳动者本人日或小时工资标准的200%支付劳动者工资。

（二）计件工时工作制度的加班工资待遇

根据《劳动法》第37条规定，对实行计件工作的劳动者，用人单位应当根据本法第36条规定的工时工作制度合理确定其劳动定额和计件报酬标准。因此，实行计件工资的劳动者，在完成定额任务且实际工作时间达到标准日工作时间之后，根据企业的命令和要求从事劳动的，仍应被视为加班。根据《工资支付暂行规定》第13条第2款规定，实行计件工资的劳动者，在完成计件定额任务后，由用人单位安排延长工作时间的，应根据上述规定的原则，分别按照不低于其本人法定工作时间计件单价的150%、200%、300%支付其工资。因此，实行计件工时工作制度的加班工资应以件为企业计算。比如：企业安排劳动者在节假日加班，加班工资就为加班期间完成的产品件数乘以企业产品的工资金额，再乘以300%。即加班工资＝计件单价×300%×件数。

（三）综合计算工时工作制下的加班工资待遇

根据《工资支付暂行规定》第13条第3款规定，经劳动行政部门批准实行综合计算工时工作制的，其综合计算工作时间超过法定标准工作时间的部分，应视为延长工作时间，并应按本规定支付劳动者延长工作时间的工资。即企业按不低于劳动者本人小时工资标准的150%支付加班工资。如果企业是在法定节假日安排劳动者工作的，应按照不低于劳动者本人日或小时工资的300%支付加班工资。由此可见，经劳动保障行政部门批准实行综合计算工时工作制的劳动者，工作日正好是休息日的，属于正常工作；工作日正好是法定节假日的，则应按本人日工资标准的300%支付加班工资。

（四）不定时工时工作制度下的加班工资待遇

根据《工资支付暂行规定》第13条第4款规定，实行不定时工时工作制度的劳动者，不执行关于加班加点工资制度的规定。而实行不定时工作制，企业安排其在法定节假日工作，是否算作加班，需参考各地政策。

四、加班工资计算基数如何确定

由于立法中没有统一的标准，加班费纠纷裁判过程中对于基本数额的认定就会有差异。在劳动法中，对加班报酬进行规定的主要意义在于保障劳动者在超时工作时可以获得薪资补偿，本意是为了保护劳动者的合法休息权益。加班工资与正常工作工资之间具有明确的界限，即加班工资的产生是由于劳动者在正常工作结束之后的补充性工作，占用了劳动者的休息时间，因此，在补偿方面应当参照劳动者正常工作的工资进行倍率补偿。正常工资的定义应为雇主与劳动者之间根据劳动法明确规定的固定工资收入，将每月固定发放的工资项目作为发放加班工资的参考范畴，而劳动者报酬中的非固定收入部分不应纳入加班工资的补偿范围，如绩效奖励、差旅补助、奖金奖励等。

据此，一般情况下，在计算加班薪资时，需要依据劳动合同中所明确的劳动者统一正常工作薪资作为基本工资的计算基准，去除工资中所含的津贴内容。如在劳动合同中另行约定以本地区最低工资标准或低于劳动合同约定工资标准作为加班工资基数的，应按约定基本工资标准计算。比如：《北京市劳动争议案件会议纪要》第19条规定，对于加班工资的日或小时工资基数的确定，应参照《北京市工资支付规定》第44条的规定执行。用人单位与劳动者在劳动合同中约定了工资标准，但同时又约定以本市最低工资标准或低于劳动合同约定的工资标准作为加班工资基数，劳动者主张以劳动合同约定的工资标准作为加班工资基数的，应予支持。另外，若用人企业发放给劳动者的工资总额与劳动合约中所明确的数额不一致，则需要按照银行的流水、转账、连续数月实际支付的基本工资等计算加班费。

五、其他特殊情况下的工资设置

特殊情况下的工资支付是指根据法律的规定或者根据集体合同与劳动合

同的约定，在非正常情况下企业对劳动者的工资支付。

（一）关于休假期间的工资问题

劳动者依法享受年休假、探亲假、婚假、丧假期间，企业应按照劳动合同规定的标准支付劳动者工资；劳动者在事假期间，企业可以不支付其工资；劳动者生育或者施行计划生育手术依法享受休假期间，企业应当支付其工资。劳动者因产前检查和哺乳依法休假的，企业应当视同其正常劳动支付工资；劳动者患病或者非因工负伤的，在病休期间，企业应当根据劳动合同或集体合同的约定支付病假工资。企业支付病假工资不得低于当地最低工资标准的80%。

（二）关于依法参加社会活动期间的工资问题

劳动者在法定工作时间内依法参加社会活动，企业应视同其提供了正常劳动而支付工资。这些社会活动包括：一是依法行使选举权与被选举权；二是当选代表出席乡（镇）、区以上政府、党派、工会、青年团、妇女联合会等组织召开的会议；三是出任人民法院证明人；四是出席劳动模范、先进工作者大会；五是《工会法》规定不脱产工会基层委员会因工会活动占用的生产或工作时间；六是其他依法参加的社会活动。

（三）关于停工、停产期间的工资问题

非因劳动者原因造成企业停工、停产在一个工资支付周期内的，企业应按劳动合同规定的标准支付劳动者工资。超过一个工资支付周期的，若劳动者提供了正常劳动，则支付给劳动者的劳动报酬不得低于当地的最低工资标准；若劳动者没有提供正常劳动的，应按国家有关规定办理。比如：在北京市，企业没有安排劳动者工作的，应当按照不低于本市最低工资标准的70%支付劳动者基本生活费。

（四）关于企业破产时的工资问题

企业破产时，劳动者有权获得其工资。在破产清偿中，企业应按《企业破产法》规定的清偿顺序，首先支付其欠本企业职工的工资及社会保险费。

六、劳动报酬约定不明的解决方式

劳动报酬约定不明有两种情况：一种是未订立书面劳动合同，劳动报酬不明确；另一种是订立了书面劳动合同，劳动合同对劳动报酬约定不明确。

下面，我们就来分别介绍这两种情况：

（一）未订立书面劳动合同时，劳动报酬不明确的解决方式

《劳动合同法》第11条规定，用人单位未在用工的同时订立书面劳动合同，与劳动者约定的劳动报酬不明确的，新招用的劳动者的劳动报酬按照集体合同规定的标准执行；没有集体合同或者集体合同未规定的，实行同工同酬。

一般来说，企业应当与新招用的劳动者签订书面的劳动合同，并且在合同中约定支付劳动者的报酬。只要书面劳动合同中的劳动报酬条款符合法律要求，企业即可按照劳动合同约定的劳动报酬数额给付。但是，在现实中，确有一些企业在招用劳动者时，许诺给劳动者一定数额的报酬，但是双方并没有签订书面的劳动合同，而在企业对劳动者支付报酬时，劳动者发现实际获得报酬低于原先企业许诺的报酬，或是劳动者对工资报酬的计算方法发生了分歧，比如说：双方就工资报酬究竟是税前还是税后产生争议等。根据以上规定，如果企业与劳动者在用工的同时没有签订书面劳动合同，劳动者对工资报酬水平有异议的，根据公平和诚实信用原则，以集体合同规定的标准作为劳动者的工资报酬水平。这个集体合同可以是企业的集体合同或者是企业所在行业的集体合同。如果是没有集体合同的情况，按照同工同酬的原则，应当根据企业现在从事同样或类似工作的劳动者的工资报酬水平来确定。

（二）订立了书面劳动合同，劳动合同对劳动报酬约定不明确的解决方式

《劳动合同法》第18条规定，劳动合同对劳动报酬和劳动条件等标准约定不明确，引发争议的，用人企业与劳动者可以重新协商；协商不成的，适用集体合同规定；没有集体合同或者集体合同未规定劳动报酬的，实行同工同酬；没有集体合同或者集体合同未规定劳动条件等标准的，适用国家有关规定。

（1）对劳动报酬约定不明确的，双方可以再次进行协商。双方可以就劳

动报酬问题进行磋商解决，达成新的一致意见，维持和谐的劳动关系。

（2）适用集体合同的规定。如果双方就劳动报酬等内容的争议难以达成协议。那么，在这种情况下，企业与劳动者之间的劳动合同中劳动报酬条款应适用企业或者企业所在行业的集体合同的规定。

（3）没有集体合同或者集体合同未规定劳动报酬的，企业应当对劳动者实行同工同酬。

综上，劳动报酬条款是劳动合同的必备条款，也是核心条款。企业应根据法律法规规定设置劳动报酬条款、加班费支付条款以及其他特殊情况下报酬支付条款。同时，我们也建议，企业应当根据经营情况及发展规划制定符合企业需求的薪酬体系制度，以规范企业薪酬管理行为、激励劳动者的劳动积极性。

第十节　设置社会保险条款的合规要求与法律风险防范

社会保险是指国家通过立法的形式，由社会集中建立的基金，以保障公民在年老、疾病、工伤、失业、生育等情况下依法从国家和社会获得物质帮助的权利。

一、用人企业和劳动者如何缴纳社会保险

按我国现行的法律法规规定，社会保险主要有五项：基本养老保险、基本医疗保险、工伤保险、失业保险、生育保险。其中，养老保险、医疗保险和失业保险，这三种社会保险是由企业和个人共同缴纳保险费；工伤保险和生育保险则完全是由用人企业缴纳保险费，劳动者个人不需要缴纳。由于社会保险是强制保险，企业和劳动者都应当依法缴纳，法律法规规定应当由劳动者个人缴纳的部分，由企业在劳动者的工资中代为扣缴。如企业不按规定为劳动者参保缴纳保险费，除应承担补缴保险费的责任外，还将成为劳动者随时解除劳动合同的一个法定事由。

二、企业不为劳动者缴纳社保或少缴社保的纠纷处理

在实践中，企业不为劳动者缴纳社保或少缴社保的情况比比皆是，其原

因多种多样、情况也各有不同。

下面，我们就以北京市为例，来介绍处理各类社保纠纷案件的一般原则：

第一种是企业与劳动者约定，工资中包括企业负担的养老、医疗、失业等社会保险费，而不向社会保险经办机构缴纳社会保险费的，其效力如何认定。

根据《北京市劳动争议案件会议纪要（二）》规定，企业负有自行申报按时足额缴纳社会保险费的法定责任，劳动者应当缴纳的社会保险费由企业代扣代缴。企业与劳动者约定工资中包括社会保险费，而不向社会保险经办机构缴纳社会保险费的行为无效。劳动者主张未办社会保险损失赔偿的，可以从赔偿额中扣减企业已按约定支付给劳动者的社会保险费。

第二种是企业以向劳动者支付金钱代替缴纳社会保险的，企业在补缴社会保险后能否要求劳动者返还已付金钱。

根据《北京市劳动争议案件会议纪要（二）》规定，如果企业补缴社会保险后劳动者在社会保险方面已不存在损失的，企业可以要求劳动者返还为代替缴纳社会保险而支付的金钱。

第三种是企业未给劳动者缴纳社会保险费，劳动者通过其他渠道自行缴纳保险费后，要求企业据此支付费用是否支持。

根据《北京市劳动争议案件会议纪要（二）》规定，劳动者通过其他渠道缴纳保险费包括劳动者自行缴纳和在其他企业缴纳两种形式，这两种形式均与劳动关系的真实状态不符，违反社会保险法的规定，对社会保险的登记、核定、缴纳、支付等正常秩序造成影响，因此，仲裁委、法院不予支持。

第四种是关于农民工要求企业给付养老保险赔偿的诉讼请求是否予以支持。

根据《北京市劳动争议案件会议纪要（二）》规定，仲裁委、法院对于2011年7月1日《中华人民共和国社会保险法》实施前企业未为农民工缴纳养老保险的，可判决赔偿损失，对于2011年7月1日后农民工的养老保险问题原则上由社会保险经办机构和劳动行政部门依法处理，仲裁委、法院不再判决赔偿损失。

综上，依法缴纳社会保险是企业的法定义务，企业不能通过免责条款方式规避缴纳社会保险的义务。企业不为劳动者缴纳社保或少缴社保，该类违法行为将面临相当不利的法律风险。

第十一节　订立和履行服务期协议的合规要求与法律风险防范

《劳动合同法》第 22 条规定，用人单位为劳动者提供专项培训费用，对其进行专业技术培训的，可以与该劳动者订立协议，约定服务期。那么什么是服务期？在什么情况下可以适用服务期制度？服务期与劳动合同期限有什么关系？劳动者违反服务期约定又要承担什么样的责任？本节，我们就来讨论订立和履行服务期协议的合规要求与法律风险防范。

一、订立服务期协议的目的

根据《劳动合同法》第 37 条关于劳动者提前通知解除劳动合同以及第 38 条劳动者单方解除劳动合同的条款，劳动者几乎享有无条件单方面解除劳动合同的权利。而企业必须满足相对严格的条件，才能够单方面解除劳动合同。劳动合同法的立法本意是为了保护劳动合同关系中相对较弱劳动者的合法权益。然而，在实践中，时常会出现企业录用劳动者后，其为劳动者提供了某项专门培训并付出了较大的培训成本，而劳动者在培训结束并获得某项专业技能或某项专业技术以后即离开企业的情况。在此情况下，企业不仅没有从劳动者的培训中获得相应的收益，反而为此付出了相应的培训成本。因此，为了保障企业的合法利益、激励企业培养劳动者的积极性，劳动合同法专门制定了服务期制度。即企业和劳动者可以订立服务期协议或在劳动合同中设置服务期条款，约定如果企业为劳动者提供专项培训费用，对其进行专业技术培训的，劳动者必须在该企业工作满一定的期限，否则劳动者就应支付相应的违约金。

二、服务期制度的适用范围

根据《劳动合同法》第 22 条规定，只有企业为劳动者提供专项培训费用，对其进行专业技术培训的，才可以适用服务期制度。从该内容来看，该规定是一个附条件的授权性条款。所附条件是企业提供专项培训费用，对劳动者进行专业技术培训。而所授权内容是，在满足所附条件情况下，才可以适用服务期制度。这里就出现一个问题，企业为劳动者提供的培训可以是多种形式的，比如：入职培训、岗前培训、在岗培训，等等。那么，这些培训形式是否与劳动合同法第 22 条规定的专业技术培训的内涵一致呢？我们认为，这些培训形式的内涵是存在一定区别的。入职培训主要是企业给新入职劳动者介绍企业的基本情况、工作流程、劳动纪律、组织结构、人员结构等，目的是使新入职劳动者尽快融入企业；岗前培训主要是企业对劳动者上岗前进行的岗位基础技术理论、生产工艺和实际操作技术、劳动纪律等方面的培训，其目的是使劳动者尽快熟练掌握岗位技能；在岗培训是对已在岗人员进行的培训，其目的是使劳动者进一步提升岗位能力。而《劳动合同法》第 22 条规定的专业技术培训应该从两个方面进行考量：一是对劳动者进行某项专业技术的专门培训。该专业技术甚至有可能是企业尚未掌握的技术，需要企业专门派劳动者外出培训或聘请外部专业人员进行专门培训。而一般的入职培训、岗前培训、在岗培训仅需要通过企业内部资源即可以完成。二是该项专业技术培训需要企业支付专门的费用，包括：聘请专业培训师的费用、外出学习的差旅费以及因培训产生的其他直接费用，等等。而一般的入职培训、岗前培训、在岗培训不需要额外支付这些费用。因此，从服务期制度的立法本意上来看，只有企业为劳动者提供了专业技术培训并支付了专门的培训费用，才是服务期制度适用的范围。而企业仅对劳动者进行了一般意义上的入职培训、岗前培训、在岗培训，就不应适用服务期制度。

三、订立服务期协议的合规要求

《劳动合同法》对约定服务期的条件、劳动者违反服务期约定的违约责任以及违约金的标准进行了规定。但《劳动合同法》并没有对服务期的期限、服务期的起算时间、培训费的组成等进行具体规定。

下面，我们就来简要介绍订立服务期协议的注意事项：

（一）专业技术培训项目或专业技术培训的认定标准

《劳动合同法》第 22 条规定，用人单位为劳动者提供专项培训费用，对其进行专业技术培训的，可以约定服务期。因此，在服务期协议中，应明确约定具体的专业技术培训项目或者至少约定专业技术培训的认定标准。否则，企业与劳动者对专业技术培训的认识不一，极易产生纠纷。我们建议，在对劳动者进行具体的专业技术培训前，企业与劳动者签订服务期协议，双方对该项培训属于《劳动合同法》第22条规定的专业技术培训予以确认。

（二）约定培训费的项目

《劳动合同法》第22条规定，违约金的数额不得超过用人单位提供的培训费用。因此，专业技术培训的费用是确定违约金数额上限的唯一标准。为防止劳动合同双方对培训费用的组成产生异议，我们建议，在服务期协议中明确约定专业培训费用的组成、计算方式、凭证确认方式等。比如：培训费用的组成可以包括企业交付给第三方的培训费、有支付凭证的培训费用、培训期间的差旅费以及因培训产生的其他直接费用，等等。

（三）约定服务期的期限

《劳动合同法》第22条并没有规定服务期的时长。我们认为，企业之所以约定服务期的目的，是希望通过为劳动者提供专业技术培训而获得更高的预期收益。因此，企业为劳动者提供培训的内容应与服务期限长短密切相关。企业应从以下几个方面综合考虑确定服务期的期限：一是该项培训技术是否为用人企业急需技术；二是该技术短时间内是否会落后；三是该技术预期会给用人企业带来的收益；四是该项培训所支出的成本等。

（四）约定服务期的起始时间

约定服务期起始日期过早，劳动者尚未提供服务，也计算在服务期内，对企业不公平；约定服务期起始日期过晚，企业可能利用优势地位变相延长服务期，对劳动者不公平。服务期一般可从培训结束，开始提供服务之日起算。当然，若双方对服务期起始日期另有约定，应从其约定。

（五）约定违约金的金额

根据《劳动合同法》的规定，违约金的数额不得超过企业提供的培训费用。企业要求劳动者支付的违约金不得超过服务期尚未履行部分所应分摊的培训费用。该规定是法律强制性的规定，企业应根据该规定来设定违约金的数额及计算方式，否则无效。

四、履行服务期协议的合规要求

在履行服务期协议时，企业应严格按照服务期协议约定的程序履行并注意保留劳动者参加专业培训的相关证据，具体应注意事项如下：

（一）双方确认所参加的专项技术培训项目

我们建议企业建立培训登记台账，由参加专项技术培训的劳动者进行签字确认。同时，企业应保留专业培训的记录并由劳动者签字确认。

（二）确认、保留培训费用凭证

企业应保留培训费用、培训期间的差旅费以及因培训产生的其他直接费用凭证，并要求参加培训的劳动者签字确认。

（三）确定服务期起始时间

虽然服务期起始时间在服务期协议中已经做了约定，但服务期协议有时是约定以培训结束后开始计算服务期。因此，在实际履行服务期协议时，可在服务期开始计算时，由双方书面予以确认。

（四）服务期长于劳动合同期限的处理

根据《劳动合同法实施条例》第17条规定，劳动合同期满，但是用人企业与劳动者依照《劳动合同法》第22条的规定约定的服务期尚未到期的，劳动合同应当续延至服务期满；双方另有约定的，从其约定。

五、劳动者违反服务期约定的责任

《劳动合同法》第22条第2款规定，劳动者违反服务期约定的，应当按照约定向用人单位支付违约金。违约金的数额不得超过用人单位提供的培训费用。用人单位要求劳动者支付的违约金不得超过服务期尚未履行部分所应分摊的培训费用。该条款有三层含义：

第一层含义是如果劳动者违反服务期约定，是应当按照约定向企业支付违约金的。需要注意的是，在劳动合同法中，企业可以要求劳动者支付违约金的情况只有两种：一种是劳动者违反保密义务和竞业限制义务的；而另外一种就是劳动者违反服务期约定的。除以上两种情形外，企业不得与劳动者约定由劳动者承担违约金。另外，劳动者违反服务期约定，企业并不享有要求劳动者继续履行劳动合同的权利，而仅是可以要求劳动者支付违约金。这与企业单方面违约解除劳动合同的情形是有所区别的。

第二层含义是违约金的数额不得超过企业提供的培训费用。该条款的立法目的在于：一方面，使企业对劳动者培训成本在一定程度上得以弥补；另一方面，也避免由于违约金过高，导致劳动者在服务期内不能流动，影响劳动者的择业自由权。但该规定并没有考虑到企业为劳动者提供专业技术培训根本目的是使企业从中获得更多的经济效益，而劳动者违反服务期约定仅赔偿培训费用部分，显然不能弥补企业的期待利益损失。

第三层含义是企业要求劳动者支付的违约金不得超过服务期尚未履行部分所应分摊的培训费用。我们举例来说明，比如：A 公司聘用张三后，委派张三前往德国培训 2 个月，双方签署服务期协议约定，张三经培训后需在 A 公司服务不少于 3 年。A 公司为张三培训共花费 30 万元，而张三经培训后仅在 A 公司工作了 1 年即离职。按照《劳动合同法》第 22 条第 2 款的规定，张三的服务期为 3 年，每年应分摊 10 万元培训费用。而服务期尚有 2 年没有履行，张三应支付 A 公司不超过 20 万元的违约金。

综上，服务期制度是企业仅有两种可以向劳动者主张违约金的情形，其目的是保障企业的合法利益、激励企业培养劳动者的积极性。在适用服务期制度时，应注意关注服务期协议的订立、服务期制度的适用条件、培训证据的固定和保留、服务期的起算时间以及违反服务期约定的责任承担等事项。

第十二节　设置保密义务和竞业限制条款的合规要求与法律风险防范

如前所述，根据劳动合同法规定，企业可以要求劳动者支付违约金的情形只有两种：一种是劳动者违反服务期约定；而另外一种是劳动者违反保密义务和竞业限制约定。什么是劳动者的保密义务和竞业限制？如何约定保密义务和竞业限制条款？又该如何应用保密义务和竞业限制条款？本节，我们就来讨论设置保密义务和竞业限制条款的合规要求与法律风险防范。

一、设置保密义务和竞业限制条款的目的

（一）劳动者的保密义务

在企业中，劳动者不可避免地会接触到企业的技术信息、经营信息、管理信息以及其他信息。如果这些信息不为公众所知悉，能为企业带来经济利益、具有实用性并经企业采取保密措施，该类信息就属于企业的商业秘密。而商业秘密是一种无形财产，企业掌握了他人尚未掌握的商业秘密，不但可以获取高额的经济利益，还可以在市场竞争中占得先机。显然，企业不会愿意将自己的商业秘密公之于众或被其他商业竞争对手所知悉。因此，企业通常会要求掌握企业商业秘密的劳动者承担保密义务。同时，保守企业商业秘密也是劳动者的法定义务。

（二）劳动者的竞业限制义务

《劳动合同法》第 23 条规定，用人单位与劳动者可以在劳动合同中约定保守用人单位的商业秘密和与知识产权相关的保密事项。对负有保密义务的劳动者，用人单位可以在劳动合同或者保密协议中与劳动者约定竞业限制条款，并约定在解除或者终止劳动合同后，在竞业限制期限内按月给予劳动者经济补偿。劳动者违反竞业限制约定的，应当按照约定向用人单位支付违约金。

从该规定可以看出，劳动者的保密义务和竞业限制是密切相关的。实际上，竞业限制制度的根本目的就是保护企业的商业秘密、抑制或削弱竞争对手的不正当竞争行为。具体来说，由于商业秘密具有秘密性特征，使得商业秘密一旦被公开，商业秘密便不可恢复地永久丧失。基于以上原因，劳动合同法规定，对负有保密义务的劳动者，企业可以与其签订竞业限制条款，限制劳动者离职后在一定期限内到特定单位工作，从而减少商业秘密灭失的风险，以确保企业在市场竞争中仍处于优势地位。与企业董监高的竞业限制不同，劳动者的竞业限制是以保护企业的商业秘密为前提，实际上，竞业限制只是企业保护其商业秘密一种重要手段。而公司法等对企业董监高所规定的竞业限制并不完全是为了保护企业商业秘密而设定的，企业董监高的竞业限制更多源于其对企业的忠实义务。

二、制定竞业限制协议的合规要求

(一) 受竞业限制约束的对象

《劳动合同法》第 24 条第 1 款规定，竞业限制的人员限于用人单位的高级管理人员、高级技术人员和其他负有保密义务的人员。竞业限制的范围、地域、期限由用人单位与劳动者约定，竞业限制的约定不得违反法律、法规的规定。

由于劳动合同法设立竞业限制制度的目的是保护企业的商业秘密，而高级管理人员、高级技术人员、其他负有保密义务的人员必然最容易接触到用人企业的商业秘密。因此，该三类劳动者可以成为竞业限制的对象。但需要注意的是，该三类劳动者并不当然就受到竞业限制的约束，只有在企业与其达成竞业限制协议或条款以后，该三类劳动者才受到竞业限制的约束。另外，无法接触到企业商业秘密的普通劳动者不能作为竞业限制的对象。

(二) 保密条款的约定

如前所述，设立竞业限制制度的目的是保护企业的商业秘密。因此，在竞业限制协议中应明确界定什么是商业秘密、特定企业商业秘密的内容和范围、商业秘密采取的保密措施、劳动者的保密义务、劳动者的保密期限等内容。企业与劳动者只有对保密条款达成了一致意见，企业才能更好保护其自身商业秘密。同时，竞业限制约定才能更好地落实。

(三) 竞业限制内容及期限条款的约定

《劳动合同法》第 24 条第 2 款规定，在解除或者终止劳动合同后，前款规定的人员到与本单位生产或者经营同类产品、从事同类业务的有竞争关系的其他用人单位，或者自己开业生产或者经营同类产品、从事同类业务的竞业限制期限，不得超过 2 年。

根据该规定，对劳动者的竞业限制并不是全面的限制，而只是限制劳动者到与本企业生产或者经营同类产品、从事同类业务的有竞争关系的其他企业，或者自己开业生产或者经营同类产品、从事同类业务。该规定的道理很简单，经营同类产品、从事同类业务，说明与以上用人企业存在竞争关系，而用人企业采取保密措施的技术信息、经营信息、管理信息以及其他信息可能正是其他企业所急需要的，如果劳动者获知了用人企业商业秘密用于其他企业，不仅有可能使其他企业迅速获得经济效益，并且也会极大地削弱用人企业的竞争优势。而如果劳动者虽然掌握了用人企业的商业秘密，但到非经营同类产品、从事同类业务的企业工作，双方并不存在竞争关系，且劳动者所掌握的商业秘密也无法发挥效用，在此种情况下，就应保护劳动者的就业权和生存权。另外，由于商业秘密具有时效性，劳动合同法规定，对劳动者竞业限制的最长时间也不得超过 2 年，该规定同样是为了保护劳动者的就业权和生存权。

（四）竞业限制补偿条款的约定

企业与劳动者签署竞业限制协议必然会影响到劳动者的就业权和生存权。为了确保劳动者不因竞业限制约定而致使生活陷入困境，劳动合同法明确规定，在解除或者终止劳动合同后，在竞业限制期限内，企业应按月给予劳动者经济补偿。而劳动合同法本身并没有规定给予劳动者经济补偿的具体标准。我们认为，企业给予劳动者经济补偿，就是为了弥补劳动者不能够在经营同类产品、从事同类业务的企业工作的损失，但劳动者是完全可以到非该类企业工作的。因此，劳动者丧失的仅是部分职业选择权和就业权。在此情况下，企业完全可以给予劳动者低于其在本企业实际工作工资的补偿金。当然，该补偿金也不宜过低，毕竟劳动者的择业权受到了很大限制，更重要的是，竞业限制一定程度上剥夺了劳动者的自我发展机会。《关于审理劳动争议案件适用法律问题的解释（一）》第 36 条规定，当事人在劳动合同或者保密协议中约定了竞业限制，但未约定解除或者终止劳动合同后给予劳动者经济补偿，劳动者履行了竞业限制义务，要求用人单位按照劳动者在劳动合同解除或者终止前 12 个月平均工资的 30%按月支付经济补偿的，人民法院应予支持。前款规定的月平均工资的 30%低于劳动合同履行地最低工资标准的，按照劳动合同履行地最低工资标准支付。我们建议，企业在约定竞业限制补偿金时，不应低于该标准。

（五）在职期间竞业限制条款的约定

劳动合同法所规定的是劳动者离职后的竞业限制问题，而并没有规定劳动者是否在在职期间可以受竞业限制的约束。我们认为，劳动者在职期间竞业限制应是其法定义务。《劳动合同法》第 39 条第 4 项规定，劳动者同时与其他用人单位建立劳动关系，对完成本单位的工作任务造成严重影响，或者经用人单位提出，拒不改正的，用人单位可以解除劳动合同。根据该规定，劳动者双重劳动关系本身就是受限的，更不必说劳动者到存在竞争关系的企业工作。我们认为，为了更好地保护用人企业的合法利益，在竞业限制协议中可对在职竞业限制进行明确的约定。

（六）竞业限制责任条款的约定

劳动者违反竞业限制约定应该承担违约责任，否则竞业限制约定将无任何约束力。《劳动合同法》第 23 条规定，劳动者违反竞业限制约定的，应当按照约定向用人单位支付违约金。同时，《劳动合同法》第 90 条规定，劳动者违反本法规定解除劳动合同，或者违反劳动合同中约定的保密义务或者竞业限制，给用人单位造成损失的，应当承担赔偿责任。因此，劳动者违反竞业限制约定的，企业不仅可以依据约定向劳动者主张违约金，并且还可以主张损失赔偿。而关于违约金的标准，劳动合同法并没有明确规定。我们认为，设定违约金的标准可以从两个方面考虑：一是劳动者违反竞业限制规定给企业带来的损失；二是劳动者违反竞业限制规定所获得的收益。

三、竞业限制协议履行的合规要求

（一）劳动合同解除或终止后，企业应按月支付竞业限制补偿金

如果企业与劳动者约定了竞业限制协议，在劳动合同解除或终止以后，企业就有义务向劳动者按月支付竞业限制补偿金，否则，企业即构成违约。劳动者可以主张支付该补偿金。另外，《关于审理劳动争议案件适用法律问题的解释（一）》第 38 条规定，当事人在劳动合同或者保密协议中约定了竞业限制和经济补偿，劳动合同解除或者终止后，因用人单位的原因导致 3 个月未支付经济补偿，劳动者请求解除竞业限制约定的，人民法院应予支持。根据该规定，企业在一定期限内未支付经济补偿的，劳动者是享有解除竞业限制约定的权利的。该规定是司法机关保护劳动者生存权的体现。

（二）在竞业限制协议中未约定经济补偿的处理

《关于审理劳动争议案件适用法律问题的解释（一）》第36条规定，当事人在劳动合同或者保密协议中约定了竞业限制，但未约定解除或者终止劳动合同后给予劳动者经济补偿，劳动者履行了竞业限制义务，要求用人单位按照劳动者在劳动合同解除或者终止前12个月平均工资的30%按月支付经济补偿的，人民法院应予支持。前款规定的月平均工资的30%低于劳动合同履行地最低工资标准的，按照劳动合同履行地最低工资标准支付。另外，《北京市劳动争议案件会议纪要》第38条规定，用人单位与劳动者在劳动合同或保密协议中约定了竞业限制条款，但未就补偿费的给付或具体给付标准进行约定，不应据此认定竞业限制条款无效，双方在劳动关系存续期间或在解除、终止劳动合同时，可以通过协商予以补救，经协商不能达成一致的，可按照双方劳动关系终止前最后一个年度劳动者工资的20%~60%确定补偿费数额。根据以上规定，当竞业限制协议中未约定经济补偿时，该协议并不当然无效。在劳动者履行了竞业限制义务的情况下，是可以依据以上标准向企业主张补偿的。

（三）企业是否可以单方面解除竞业限制协议

《关于审理劳动争议案件适用法律问题的解释（一）》第39条规定，在竞业限制期限内，用人单位请求解除竞业限制协议的，人民法院应予支持。在解除竞业限制协议时，劳动者请求用人单位额外支付劳动者3个月的竞业限制经济补偿的，人民法院应予支持。《北京市劳动争议案件会议纪要》第37条规定，用人单位与劳动者在劳动合同或保密协议中约定了竞业限制条款，用人单位如在此后认为劳动者不必履行竞业限制约定的，应当明确告知劳动者。在用人单位告知前劳动者已按约定履行了义务，因此，要求用人单位支付履行期间经济补偿的，应予支持。我们认为，竞业限制协议是为了保护企业商业秘密而设定的，其内容更多是限制劳动者的权利。在此情况下，企业单方面解除竞业限制协议，是其以明示的方式放弃了一种保护商业秘密的方式，且该放弃行为也不会对劳动者带来负面影响。因此，企业可以单方面解除竞业限制协议。

（四）劳动者违反竞业限制约定后，企业是否有权要求劳动者继续履行竞业限制义务

《关于审理劳动争议案件适用法律问题的解释（一）》第 40 条规定，劳动者违反竞业限制约定，向用人单位支付违约金后，用人单位要求劳动者按照约定继续履行竞业限制义务的，人民法院应予支持。这样规定的原因在于，企业与劳动者约定竞业限制协议的初衷是为了保护其商业秘密，而约定违约金更多是为了预防劳动者违反竞业限制规定。在劳动者违反竞业限制规定时，很多企业还是希望继续以竞业限制作为保护商业秘密的一种手段。因此，劳动者违反竞业限制约定，企业仍然可以要求劳动者按照约定继续履行竞业限制义务。

本节，我们讨论的是设置保密义务和竞业限制条款的合规要求与法律风险防范。在设置该类条款时，应关注商业秘密的范围、商业秘密与竞业限制的内在关系、竞业限制的适用主体、竞业限制的期限、竞业限制的经济补偿规则、违反竞业限制的责任承担等事项。

第十三节　签订书面劳动合同的合规要求与法律风险防范

2008 年，《劳动合同法》颁布实施以前，企业不与劳动者签订书面劳动合同的情况非常普遍。在没有书面劳动合同的情况下，企业与劳动者的权利、义务、责任关系就处于不确定状态。这给企业任意调整劳动者工资标准、用工形式、用工时长等带来极大的便利，甚至有的企业还以此直接否认双方存在的劳动关系。为了保障劳动者的合法权益，维护正常的劳动用工秩序，《劳动合同法》明确规定了企业与劳动者在一定期限内必须签订书面劳动合同，并首创了未签订书面劳动合同二倍工资制度。本节，我们就来讨论签订书面劳动合同的合规要求与法律风险防范。

一、企业与劳动者初次建立劳动关系时，应及时签订书面劳动合同

（一）初次建立劳动关系，签订劳动合同的最晚时间节点

《劳动合同法》第 10 条规定，建立劳动关系，应当订立书面劳动合同。

已建立劳动关系，未同时订立书面劳动合同的，应当自用工之日起1个月内订立书面劳动合同。

根据该规定，企业与劳动者自实际用工时起建立劳动合同关系，并在建立劳动关系的同时就应该签订书面劳动合同。而签订劳动合同的期限最晚不得超过用工之日起1个月。

（二）初次建立劳动关系未签订书面劳动合同二倍工资计算期间

《劳动合同法》第82条第1款规定，用人单位自用工之日起超过1个月不满1年未与劳动者订立书面劳动合同的，应当向劳动者每月支付二倍的工资。《劳动争议调解仲裁法》第27条规定，劳动争议申请仲裁的时效期间为1年。仲裁时效期间从当事人知道或者应当知道其权利被侵害之日起计算。

根据以上规定，初次建立劳动关系未签订书面劳动合同二倍工资的计算期间，可由应当签订劳动合同的时间、实际签订劳动合同的时间、终止劳动合同关系的时间以及劳动者主张二倍工资的时间来综合确定。

下面，我们来分别进行说明：

第一种情况，未签订劳动合同，劳动者在1年内离职。我们来举例说明，比如：A公司与张三于2017年1月1日建立劳动关系，双方一直未签订劳动合同，2017年10月25日A公司与张三解除劳动关系。自2017年2月1日起，A公司未与张三签订劳动合同，违反法律规定，应从此时向张三支付二倍工资。而A公司与张三劳动合同解除的时间是2017年10月25日，劳动用工时间未满1年，二倍工资计算就应截止到2017年10月25日。因此，A公司应支付二倍工资的期间是自2017年2月1日至2017年10月25日。接下来，我们还需要考虑二倍工资的仲裁时效问题。根据北京市的规定，二倍工资的仲裁时效是从提起仲裁之日起向前推1年起算。比如：张三于2017年10月25日提起仲裁申请，可向前追溯到2016年10月25日，张三主张2017年2月1日至2017年10月25日的二倍工资显然不超过仲裁时效；再比如：张三于2018年5月1日提起仲裁申请，可向前追溯到2017年5月1日，因此，张三主张2017年2月1日至2017年4月30日期间的二倍工资就因超过仲裁时效不会被支持，而张三主张2017年5月1日至2017年10月25日期间的二倍工资因在仲裁期间内，仍应被支持；再比如：张三于2018年11月1日提起仲裁申请，可向前追溯到 2017 年 11 月 1 日，显然，张三主张 2017 年 2 月 1 日至 2017 年 10 月 25 日的二倍工资全部超过了仲裁时效，不应被支持。

第二种情况，未签订劳动合同，劳动关系在 1 年后终止或继续存续。我们来举例说明，比如：A 公司与张三于 2017 年 1 月 1 日建立劳动关系，双方一直未签订劳动合同，2018 年 10 月 1 日 A 公司与张三解除劳动合同。我们看，A 公司自 2017 年 2 月 1 日起未与张三签订劳动合同，违反法律规定，应从此时向张三支付二倍工资。A 公司与张三劳动合同解除的时间是 2018 年 10 月 1 日。而根据法律规定二倍工资只应计算至用工满 1 年，也就是计算截止到 2017 年 12 月 31 日。因此，A 公司应支付二倍工资的时间是自 2017 年 2 月 1 日至 2017 年 12 月 31 日。而从 2018 年 1 月 1 日起，张三在 A 公司工作满 1 年，应视为签订无固定期限的劳动合同，张三无权主张在此期间的二倍工资。接下来还应考虑的是仲裁时效问题，具体适用同上，不再赘述。但对于仲裁时效问题，还有两点需要注意：一是二倍工资的仲裁时效抗辩应该在仲裁阶段就明确提出，如未在该阶段提出，法院将不支持该类抗辩；二是仲裁时效存在中止、中断的情形，当事人可视情况适用。

二、企业与劳动者建立无固定期限劳动关系时，应及时签订书面劳动合同

（一）关于不签订无固定期限劳动合同二倍工资的适用情形

根据《劳动合同法》第 14 条规定，无固定期限劳动合同，是指用人单位与劳动者约定无确定终止时间的劳动合同。

无固定期限合同可以包括三种情形：

（1）企业与劳动者协商一致，可以订立无固定期限劳动合同。

（2）劳动者提出或者同意续订、订立劳动合同的，除劳动者提出订立固定期限劳动合同外，应当订立无固定期限劳动合同：一是劳动者在该企业连续工作满 10 年的；二是企业初次实行劳动合同制度或者国有企业改制重新订立劳动合同时，劳动者在该企业连续工作满十年且距法定退休年龄不足 10 年的；三是连续订立 2 次固定期限劳动合同，且劳动者没有《劳动合同法》第 39 条和第 40 第 1 项、第 2 项规定的情形，续订劳动合同的。

（3）企业自用工之日起满 1 年不与劳动者订立书面劳动合同的，视为企业与劳动者已订立无固定期限劳动合同。

需要注意的是，第一种协商签订无固定期限劳动合同的情形以及第三种视为签订无固定期限劳动合同的情形，都不适用《劳动合同法》第 82 条第 2 款关于二倍工资的规定，只有第二种必须要签订无固定期限劳动合同的情形才适用二倍工资的规定。

（二）不签订无固定期限劳动合同二倍工资的计算期间

《劳动合同法》第 82 条第 2 款规定，用人单位违反本法规定不与劳动者订立无固定期限劳动合同的，自应当订立无固定期限劳动合同之日起向劳动者每月支付二倍的工资。

该条款规定，未签订无固定期限劳动合同二倍工资支付的起算时间是"应当订立无固定期限劳动合同之日起"，而截止时间，没有规定。这不得不说是劳动合同法的一个纰漏，这也给法院在适用该条款时带来不小的困扰。《北京市劳动争议案件会议纪要（二）》第 28 条第 4 款规定，用人单位违反《劳动合同法》第 14 条第 2 款、第 82 条第 2 款规定，不与劳动者订立无固定期劳动合同的，二倍工资自应订立无固定期限劳动合同之日起算，截止点为双方实际订立无固定期限劳动合同的前 1 日。但该规定仍然存在问题，比如：对未订立无固定期劳动合同的二倍工资，是否没有时间上限？如果劳动者有证据证明其一直主张权利，没有超过时效，是否一直支持未订立无固定期劳动合同的二倍工资，支持至实际订立之日？为此，北京市高级人民法院关于印发《2014 年部分劳动争议法律适用疑难问题研讨会会议纪要》的通知，对以上《北京市劳动争议案件会议纪要（二）》第 28 条第 4 款进一步的研讨意见是：一是用人单位违反《劳动合同法》第 14 条第 2 款、第 82 条第 2 款规定，不与劳动者订立无固定期限劳动合同的，法律法规对用人单位向劳动者支付二倍工资没有规定时间上限，即未签无固定期劳动合同时间与因此支付的双倍工资时间相同，而不受支付 12 个月二倍工资上限限制，但适用 1 年的仲裁时效；二是如果有证据证明没有超过时效，用人单位违法不与劳动者订立无固定期劳动合同的二倍工资，自应订立无固定期限劳动合同之日起算，截止点为双方实际订立无固定期限劳动合同的前 1 日。根据该规定，在北京市范围内，未签订无固定期限劳动合同二倍工资支付的起算时间是"应当订立无固定期限劳动合同之日起"，而截止时间至双方实际订立无固定期限劳动合同的前一日且没有上限限制，但适用 1 年的仲裁时效规定。我们还是来举例说明，比如：A 公司与张三已经签订了两次固定期限劳动合同，第 2 次固定期限劳动合同于 2018 年 1 月 1 日到期届满。那么根据法律规定，如张三要求签订无固定期限劳动合同，A 公司于 2018 年 1 月 2 日就必须与张三签订无固定期限劳动合同，如未签订，A 公司就应该从 2018 年 1 月 2 日支付未签订劳动合同的二倍工资。我们假设 A 公司与张三于 2018 年 10 月 10 日签订无固定期限劳动合同，那么张三可以主张二倍工资的期间是从 2018 年 1 月 2 日至 2018 年 10 月 9 日。而如果 A 公司与张三于 2019 年 10 月 10 日签订无固定期限劳动合同，那么张三可以主张二倍工资的期间是从 2018 年 1 月 2 日至 2019 年 10 月 9 日。而如果 A 公司一直未与张三签订无固定期限劳动合同且双方劳动关系一直存续，张三就可以一直主张二倍工资。当然，企业在仲裁、诉讼过程中可以以仲裁时效进行抗辩。比如：我们最后举例的这种情况，如果张三是在 2019 年 12 月 1 日提起仲裁，要求 A 公司支付从 2018 年 1 月 2 日至 2019 年 10 月 9 日的二倍工资，A 公司可以以超过 1 年仲裁时效进行抗辩。根据前文论述，仲裁时效应从提起仲裁申请之日起向前计算 1 年，张三于 2019 年 12 月 1 日提起仲裁，往前计算 1 年是 2018 年 12 月 1 日，因此，仲裁委应仅支持从 2018 年 12 月 1 日至 2019 年 10 月 9 日的二倍工资。在这里，还需要注意的是，仲裁时效的抗辩必须由企业主动提出，而仲裁机构和法院不会也不能主动释明。

三、劳动合同期满后，劳动者仍在企业工作，企业与劳动者应及时续签书面劳动合同

根据《北京市劳动争议案件会议纪要（二）》第 27 条规定，劳动合同期满后未订立劳动合同，劳动者仍在原用人单位继续工作，应适用《劳动合同法》第 10 条、第 14 条第 3 款、第 82 条，《劳动合同法实施条例》第 6 条、第 7 条的规定进行处理。在此情况下，因为用人单位对原劳动合同期满和继续用工的法律后果均有预期，因此不需要再给予 1 个月的宽限期，原劳动合同期满次日，即是用人单位应当订立劳动合同之日和承担未订立劳动合同的

法律后果之日。

因此，在劳动合同期满后未订立劳动合同二倍工资应从原劳动合同期满次日。而《北京市劳动争议案件会议纪要（二）》第 28 条第 3 款规定，如果劳动合同期满后，劳动者仍在用人单位工作，用人单位未与劳动者订立书面劳动合同的，计算二倍工资的起算点为自劳动合同期满的次日，截止点为双方补订书面劳动合同的前 1 日，最长不超过 12 个月。

我们还是来举例说明，比如：2015 年 1 月 1 日，A 公司与张三签订了 3 年的固定期限劳动合同，劳动合同于 2017 年 12 月 31 日到期，合同到期后张三仍在 A 公司工作但未续签劳动合同。在此情况下，张三可以向 A 公司主张从 2018 年 1 月 1 日起支付二倍工资，截止到双方签订书面劳动合同或终止劳动合同止，但最长只能主张到 2018 年 12 月 31 日。同样，企业可以以仲裁时效进行抗辩，已超过仲裁时效部分的请求将不会得到支持。

另外，需要注意的是，如果企业与劳动者在劳动合同中已经约定劳动合同到期续延，但未约定续延期限，在劳动合同到期后，劳动者仍继续工作，双方均未提出解除或终止劳动合同时，属于双方意思表示一致续延劳动合同，可视为双方订立一份与原劳动合同内容和期限相同的合同，故劳动者主张未签订劳动合同的二倍工资不应被支持。

四、未签订劳动合同二倍工资的计算基数

《劳动合同法》第 82 条规定，用人单位自用工之日起超过 1 个月不满 1 年未与劳动者订立书面劳动合同的，应当向劳动者每月支付二倍的工资。用人单位违反本法规定不与劳动者订立无固定期限劳动合同的，自应当订立无固定期限劳动合同之日起向劳动者每月支付二倍的工资。

该条规定了两种支付二倍工资的情形，该工资应为劳动者正常工作时间的工资，但并没有规定是按应付工资还是按实付工资支付，也没有规定哪些工资应计算在内，哪些工资不计算在内。这就造成不同省市，甚至是同一省市不同仲裁机构、法院对二倍工资计算基数产生了不同的认识。

我们以北京市为例，北京市二倍工资基数一般是按照劳动者正常工作时间应得工资计算，但不包括以下两项：一是支付周期超过 1 个月的劳动报酬，如季度奖、半年奖、年终奖、年底双薪以及按照季度、半年、年结算的业务

提成等；二是未确定支付周期的劳动报酬，如一次性奖金、特殊情况下支付的津贴、补贴等。同时，对企业违法克扣或欠付工资应计算到二倍工资以内。我们来举例说明，比如：2019 年 1 月，张三入职 A 公司，双方一直未签订劳动合同。2019 年 2 月，张三应发工资为 5000 元，其中交通费和通信补助 400 元、加班费 500 元，而 A 公司克扣张三 2000 元，实发了 3000 元。2019 年 7 月份 A 公司支付张三半年提成 1 万元，2019 年年底 A 公司支付张三年终奖 1 万元。2020 年 1 月张三以 A 公司未签订劳动合同为由离职并主张二倍工资赔偿。那么，张三应获得的 2019 年 2 月份未签订劳动合同的二倍工资赔偿是多少呢？首先，张三应发工资为 5000 元，实发工资为 3000 元，应以应发工资 5000 元为基数计算二倍工资；其次，交通费和通信补助 400 元属于津贴或补贴，应予以扣除；再次，加班费 500 元属于非稳定性、持续性收入，一般会予以扣除；最后，半年期提成和年终奖均不属于计算项目。因此，张三应获得的 2 月份二倍工资赔偿应是：5000 元减去 400 元减去 500 元等于 4100 元。

需要再次强调的是，不同的地方二倍工资的计算基数是有所不同的。实践中需要以当地的规定为准。

五、企业与法定代表人、高管、人事负责人签订书面劳动合同的注意事项

（一）对于企业法定代表人

法定代表人是依法代表法人行使民事权利，履行民事义务的负责人。根据《公司法》第 13 条规定，公司法定代表人依照公司章程的规定，由董事长、执行董事或者经理担任，并依法登记。在此情况下，法定代表人本身一般就是企业的领导者和管理者，其要想利用在企业的特殊地位故意不签订劳动合同或取走劳动合同，一般是非常容易做到的事情。因此，在实践中，往往将法定代表人排除在二倍工资适用范围以外。

（二）对于企业高管人员

企业高管人员有不同的职责分工。我们认为，如果高管人员并不分管企业的人事管理部门，其应作为二倍工资适用范围人员。而如果高管人员职责范围包括管理订立劳动合同的内容，与企业签订书面劳动合同本身就是其个人应尽

的职责范围。因此，享有劳动人事管理职权的高级管理人员没有与企业签订书面劳动合同，不应作为二倍工资适用范围人员，但对有证据证明该类高管人员向企业提出签订劳动合同而被拒绝的，仍可支持该类高管人员的二倍工资请求。

（二）对于企业人事部门负责人或主管人员

人事部门负责人或主管人员熟谙劳动法律、法规，并承担所在企业与所聘员工订立劳动合同的职责，亦深知未订立劳动合同的法律后果。而在司法实践中，人事部门负责人或主管人员恶意拖延订立劳动合同或者离职后带走单位保存的合同文本并恶意索赔二倍工资的情况屡见不鲜，说明这类人员在订立劳动合同上有规避法律的便利。因此，对于企业人事部门负责人或主管人员没有与企业签订书面劳动合同，不应作为二倍工资适用范围人员，但对有证据证明该类人员向企业提出签订劳动合同而被拒绝的，仍可支持该类人员的二倍工资请求。

六、企业与停工留薪期内、病假及女性"三期"内劳动者签订书面劳动合同的注意事项

在审判实践中，对停工留薪期内、病假及女性"三期"能否主张二倍工资问题有着不同的认识。一种观点认为，企业只要在规定的期限内未签订劳动合同，劳动者就可以主张二倍工资。我们认为，从合同订立的流程来看，虽然法律规定签订书面劳动合同是企业的法定义务，但劳动合同本质上还是合同，是双方意思表示一致的结果。书面合同是否能够签订，不仅取决于企业，还取决于劳动者或者其他客观原因。因此，如果是企业的原因未签订劳动合同，企业应当支付二倍工资，但如果是劳动者或者其他客观原因未签订劳动合同，企业就不应支付二倍工资。从立法目的来看，《劳动合同法》第82条关于未签订劳动合同二倍工资的规定是惩罚性规定，其目的是在于督促企业在法定期限内与劳动者签订书面劳动合同。而如果企业已经尽到法定职责，但劳动者故意不签订劳动合同或者因客观原因无法签订劳动，企业就不应该承担二倍工资的赔偿责任。回到我们讨论的问题，在劳动者停工留薪期内、病假及女性"三期"内：一方面，劳动者并未实际提供完整的劳动，未依法完全享受工资待遇；另一方面，在这期限内，往往企业也无法与劳动者

签订劳动合同。在此情况下，还强制性要求企业与劳动者签订劳动合同既不现实也有悖立法本意。因此，我们认为，若此前双方签订过劳动合同，则视为原劳动合同期限顺延至期限届满，劳动者不能主张二倍工资。如果此前没签过，企业将承担很大的风险，企业可书面要求员工签订劳动合同，员工拒签的，虽然企业不能因此解除劳动关系，但是劳动者亦不能主张此后未签订劳动合同的二倍工资。

七、企业应避免不规范签订书面劳动合同

（一）补签劳动合同

我们首先来分析补签劳动合同的效力问题。我们认为，补签劳动合同应视为双方对于先前未订立合同事实的弥补，补签行为本身意味着劳动者与企业同意签署劳动合同。因此，在不违反真实意思表示的情况下，补签劳动合同应被认定为有效。在实践中，补签劳动合同一般有两种情况：一是将劳动合同补签到实际用工之日。在这种情况下，应视为企业与劳动者达成合意，劳动者对之前未签订劳动合同期间不再主张二倍工资；二是企业与劳动者虽然补签劳动合同，但未补签到实际用工之日。在这种情况下，应视为企业与劳动者并未就之前未签订劳动合同处理方法达成一致。因此，对实际用工之日与补签日之间相差的时间，依法扣除订立书面劳动合同的宽限期后，劳动者仍然有权主张未订立劳动合同二倍工资。

（二）代签劳动合同

关于代签行为可以分为几种情况：一是劳动者授权进行的代签行为，应认定为有效，劳动者无权主张二倍工资；二是劳动者明知存在代签行为，且事后认可的，应认定为有效，劳动者无权主张二倍工资；三是企业违背劳动者真实意思表示代签且事后劳动者并未追认的，应认定为无效，劳动者有权主张二倍工资。关于前两种情况，企业一定要保留相应的证据。比如：如果是授权代签，就需要保留劳动者书面授权委托书；如果是事后追认，就需要有书面追认的有效凭证。

（三）劳动合同形式不规范

在实践中，一些企业与劳动者并未签订标准的劳动合同，而是由劳动者

签订诸如载有工资标准、工作期限的入职登记表、任命书等文件。那么，签署该类文件是否能视为劳动合同呢？我们认为如果载有工资标准、工作期限的便签、入职登记表、任命书等文件，记录了劳动关系的基本内容，是劳资双方真实意思的表示，就应视为签订了劳动合同，劳动者无权主张二倍工资。另外，如果劳资双方是用电子邮件等非纸质形式订立的劳动合同，只要电子邮件内容是双方真实意思的表示，同样应视为双方订立了劳动合同，劳动者无权以未签订纸质劳动合同为由而主张二倍工资。

本节，我们讨论了签订书面劳动合同的合规要求与法律风险防范。企业应严格按照法律规定的程序和期限与劳动者签订书面劳动合同，并妥善保存书面劳动合同原件，避免因未签劳动合同或者签订劳动合同不规范行为而引发员工要求二倍工资的法律风险。

第十四节　劳动合同无效的情形及处理规则

虽然劳动合同不是普通意义上的民事合同，但也是合同的一种，劳动合同也存在无效的情形。本节，我们就来讨论劳动合同无效的情形及处理规则。

一、劳动合同无效的情形

（一）当事人意思表示不真实的劳动合同无效

《劳动合同法》第 26 条第 1 款第 1 项规定，以欺诈、胁迫的手段或者乘人之危，使对方在违背真实意思的情况下订立或者变更劳动合同的无效。

劳动合同应遵循平等、自愿、协商一致的原则。在签订劳动合同时，企业应当如实告知劳动者工作内容、工作条件、工作地点、职业危害、安全生产状况、劳动报酬以及劳动者要求了解的其他情况。同时，企业也有权了解劳动者与劳动合同直接相关的基本情况，比如：劳动者的健康状况、知识技能、学历、职业资格、工作经历以及其他与工作有关的劳动者个人情况。如果企业或劳动者故意告知虚假信息或隐瞒真实情况，使对方产生错误认识而作出不真实的意思表示，该劳动合同就应该被认定为无效。另外，如果一方以胁迫手段或者乘人之危方式订立劳动合同，也应被认定无效。

（二）企业免除自己的法定责任、排除劳动者权利的劳动合同无效

《劳动合同法》第26条第1款第2项规定，用人单位免除自己的法定责任、排除劳动者权利的劳动合同无效。

在劳动用工关系中，企业一般处于强势地位，而劳动者处于弱势地位。企业有可能会在劳动合同中设定一些免除自己责任、排除劳动者权利的条款。比如：约定劳动者出现工伤，企业概不负责；劳动者在职期间不得结婚和生育；企业不给劳动者缴纳社保；劳动者入职需要缴纳履约保证金，等等。这些条款都应被认定为无效。

（三）违反法律效力性规定的劳动合同无效

《劳动合同法》第26条第1款第3项规定，违反法律、行政法规强制性规定的劳动合同无效。

劳动合同是企业与劳动者双方协商一致的结果，但劳动合同本身不能违反法律、行政法规的强制性规定，否则应被认定为无效。比如：违反最低工资保障的规定；违反工作时间的规定；违反劳动安全与卫生条件的规定；违反最低就业年龄限制的规定，等等。

二、劳动合同无效的处理规则

《劳动合同法》第28条规定，劳动合同被确认无效，劳动者已付出劳动的，用人单位应当向劳动者支付劳动报酬。劳动报酬的数额，参照本单位相同或者相近岗位劳动者的劳动报酬确定。

由于劳动合同属于与人身有密切关系的合同，劳动者是以付出自己的劳动为代价而获得相应的劳动报酬。换句话说，劳动者一旦向企业付出了劳动，就不可能使劳动者与企业之间的劳动关系恢复到签订劳动合同前的状态，对已经履行的部分，只能按照事实劳动来对待，即视无效当有效来处理。在这个阶段，无论劳动者对劳动合同的无效是否存在过错，对劳动者付出的劳动，均应由企业按照订立劳动合同时所约定的劳动报酬或参照本企业、同工种、同岗位的工资标准支付劳动报酬。与一般民事合同无效不同，根据《劳动合同法》第39条第5项规定，当劳动者以欺诈、胁迫的手段或者乘人之危，使对方在违背真实意思的情况下订立或者变更劳动合同的被确认为无效的，企

业可以单方面解除劳动合同。而一般民事合同无效是自始无效、当然无效，并不存在解除问题。另外，根据《劳动合同法》第 86 条规定，劳动合同依照本法第 26 条规定被确认无效，给对方造成损害的，有过错的一方应当承担赔偿责任。

本节我们讨论的是劳动合同无效的情形及处理规则。下一节我们来讨论劳动合同变更的合规要求与法律风险防范。

第十五节　劳动合同变更的合规要求与法律风险防范

劳动合同是企业和劳动者意思表示一致的结果，劳动合同一旦签订，双方应按照劳动合同约定全面、恰当地履行。但劳动合同也可能基于主观、客观情况发生变化而需要变更。本节，我们就来讨论劳动合同变更的合规要求与法律风险防范。

一、企业名称、法定代表人等发生变更

《劳动合同法》第 33 条规定，用人单位变更名称、法定代表人、主要负责人或者投资人等事项，不影响劳动合同的履行。由于企业本身就是民事主体，企业的名称只是其主体的称谓，法定代表人、主要负责人是依法代表企业行使民事权利及履行民事义务的主体，而投资人是投资企业的主体，同样也不是企业本身。因此，企业变更名称、法定代表人、主要负责人或者投资人等事项发生变化，企业本身主体身份并没有发生变化，其与劳动者签订的劳动合同也不会受到影响。

二、企业合并或者分立

企业合并是两个或两个以上的企业合并为一个企业；而企业分立是一个企业分立成两个或两个以上的企业。根据《劳动合同法》第 34 条"用人单位发生合并或者分立等情况，原劳动合同继续有效，劳动合同由承继其权利和义务的用人单位继续履行"的规定，企业合并、分立后，劳动合同由承继其权利和义务的企业继续履行。同时，我们认为该条款所指的"承继"，是劳动合同关系层面的承继，而不是原企业与劳动者之间民事债权债务关系的承继。

如果原企业与劳动者之间存在民事债权债务关系，诸如：拖欠工资等，应根据《民法典》第 67 条 "法人合并的，其权利和义务由合并后的法人享有和承担。法人分立的，其权利和义务由分立后的法人享有连带债权，承担连带债务，但是债权人和债务人另有约定的除外" 的规定处理。

三、协商一致变更劳动合同

《劳动合同法》第 35 条规定，用人单位与劳动者协商一致，可以变更劳动合同约定的内容。变更劳动合同，应当采用书面形式。而《关于审理劳动争议案件适用法律问题的解释（一）》第 43 条规定，用人单位与劳动者协商一致变更劳动合同，虽未采用书面形式，但已经实际履行了口头变更的劳动合同超过 1 个月，变更后的劳动合同内容不违反法律、行政法规且不违背公序良俗，当事人以未采用书面形式为由主张劳动合同变更无效的，人民法院不予支持。因此，虽然法律规定变更劳动合同内容需要双方书面达成一致，但如果已经实际履行了口头变更的劳动合同超过 1 个月，且不存在其他无效的情形，该口头变更行为也应被视为有效。

本节，我们讨论的是劳动合同变更的合规要求与法律风险防范。下一节我们来讨论最容易发生劳动争议的环节——劳动合同的解除。

第十六节　解除劳动合同的合规要求与法律风险防范

解除劳动合同是指劳动合同双方提前终止劳动合同关系的行为。解除劳动合同包括三种情形：一是企业和劳动者协商一致解除合同；二是劳动者单方面解除劳动合同；三是企业单方面解除劳动合同。其中，劳动者单方面解除劳动合同包括预告解除和即时解除两种情形；而企业单方面解除劳动合同包括过失性辞退、无过失辞退以及经济性裁员三种情形。本节，我们就来讨论解除劳动合同的合规要求与法律风险防范。

一、双方协商解除劳动合同的合规要求

《劳动合同法》第 36 条规定，用人单位与劳动者协商一致，可以解除劳动合同。协商解除劳动合同是双方对提前终止劳动合同意思表示一致的结果，

该种解除劳动合同形式没有实体和程序上的限定条件，只要双方达成一致，并且不违反法律强制性规定即可。但企业与劳动者协商解除劳动合同也应注意以下问题：

（一）应确定提出解除合同的主体及具体事由

虽然协商解除劳动合同是企业和劳动者协商一致的结果，但解除劳动的意向也应是由其中一方首先提出。如果是由企业提出解除劳动，劳动者表示同意的，企业应支付劳动者经济补偿金；而如果是劳动者首先提出解除劳动合同，企业同意的，则企业无须支付劳动者经济补偿金。因此，在解除劳动合同协议中，应明确约定提出解除劳动合同的主体以及具体事由。

（二）应明确约定解除劳动合同的时间节点

在劳动合同解除协议书中，应约定解除劳动合同的具体时间。一般可以有两种约定方式：一种是约定签订劳动合同解除协议书时解除；另一种是约定在某一个具体时间节点时解除。我们建议双方采用后一种方式较好，这可以为双方办理工作交接手续留足时间。

（三）应列明劳动合同解除时的各种费用负担

（1）解除劳动合同协议书应列明工资、奖金、加班费等发放截止时间以及具体数额。

（2）社保费用及公积金等缴纳截止时间以及具体数额。

（3）补偿金支付的数额及支付时间，等等。

（四）应约定离职交接事项

离职交接事项包括：经办工作交接；持有工作文件、资料交接；业务单位联络人及联系方式交接；财务交接；办公物品交接等。企业可以制作离职交接清单，由相关部门与劳动者办理交接手续，并签字确认。

（五）可约定竞业限制和保密相关事项

如双方签署过竞业限制和保密协议，在解除劳动时，双方可以就是否启动竞业限制条款、竞业限制具体要求、竞业限制补偿、保密义务等事项，作出进一步确认或约定。

（六）应约定无争议条款

协商解除劳动合同是双方就解除事项达成一致的结果，然而，解除劳动合同涉及事项较多，难免存在遗漏之处。因此，我们建议在协议中约定兜底条款，即约定本协议签订并全面履行后，双方再无其他争议。

二、劳动者单方解除劳动合同的方式

劳动者享有单方解除劳动合同的权利，具体包括预告解除和即时解除两种方式。

（一）预告解除

《劳动合同法》第37条规定，劳动者提前30日以书面形式通知用人单位，可以解除劳动合同。劳动者在试用期内提前3日通知用人单位，可以解除劳动合同。

这一规定表明，劳动者只要在规定的时间内提前通知企业就可以解除劳动合同，而不需要满足特定的事由。劳动合同法规定预告解除基于两方面目的：一方面，劳动者向企业提供劳动具有人身依附性，劳动力不能脱离劳动者而独立存在，当劳动者不愿再为企业工作时，企业不得强制劳动者继续提供劳动。因此，劳动者有权单方面提出解除劳动合同；而另一方面，虽然劳动者可以无条件解除劳动合同，但企业毕竟与劳动者形成了劳动用工关系，劳动者离职时，需要给企业一定时间用于完成工作交接、替换员工等工作，否则，如果劳动者可以不经通知随时离职，必然会影响到企业的用工稳定性和生产效率。因此，劳动者应提前30日以书面形式通知企业，才可以解除劳动合同。但劳动者在试用期内提前3日通知企业，就可以解除劳动合同。

（二）即时解除

《劳动合同法》第38条规定，用人单位有下列情形之一的，劳动者可以解除劳动合同：

（1）未按照劳动合同约定提供劳动保护或者劳动条件的。

（2）未及时足额支付劳动报酬的。

（3）未依法为劳动者缴纳社会保险费的。

（4）用人单位的规章制度违反法律、法规的规定，损害劳动者权益的。

（5）因本法第 26 条第 1 款规定的情形致使劳动合同无效的。

（6）法律、行政法规规定劳动者可以解除劳动合同的其他情形。

用人单位以暴力、威胁或者非法限制人身自由的手段强迫劳动者劳动的，或者用人单位违章指挥、强令冒险作业危及劳动者人身安全的，劳动者可以立即解除劳动合同，不需事先告知用人单位。

根据该规定，在发生以上法定事由时，劳动者无需提前通知企业即可以解除劳动合同。可以看出，以上法定事由均是企业存在过错的情形，如果不赋予劳动者即时解除权，劳动者的人身及财产权益将处于持续被侵害状态。

三、企业单方面解除劳动合同的情形

劳动者享有无条件单方面解除劳动合同的权利。而企业只有在具备了法定条件时，才享有单方解除劳动合同的权利，这主要包括：过失性辞退、无过失性辞退、经济性裁员三种情形。

（一）过失性辞退

过失性辞退是指，在劳动者存在法定过失的情况下，企业无须事先通知劳动者即可以单方解除劳动合同的情形。《劳动合同法》第 39 条规定了六种劳动者存在过失，用人单位可以解除劳动合同的情形。

1. 在试用期间被证明不符合录用条件的，企业可以单方面解除劳动合同

在实践中，企业适用该条款时，应注意以下几个问题：

（1）企业应设定录用条件以及不符合录用条件的情形。如果企业没有设定录用条件，就根本谈不上劳动者被证明不符合录用条件问题。因此，企业应该在招聘劳动者前就设定录用条件。比如：劳动者应满足的学历条件、工作经验、职业技能、岗位胜任能力、身体条件，等等。另外，企业也应列举不符合录用条件的情形。比如：劳动者提供个人信息时隐瞒真实情况、告知虚假信息，违背诚实信用要求；职业技能考查、考核不合格，不符合所从事岗位工作的要求；身体患有不宜所从事岗位工作的疾病；不能胜任所从事岗位的工作等。

（2）企业应提前向劳动者告知录用条件和不符合录用条件的情形。录用

条件是企业和劳动者双向选择的重要参考依据，企业应提前告知劳动者并留存告知证据。在实践中，一般可以采取几种方式：一是发布招聘公告，在招聘公告中列明录用条件，并留存招聘公告载体；二是制作《员工招聘登记表》列明录用条件，由劳动者签字确认；三是在劳动合同中直接列明录用条件，由劳动者签字确认；四是在企业规章制度中对录用条件进行详细规定并通过有效方式告知劳动者；五是通过邮件、微信等渠道有效送达并能够留存信息的方式告知劳动者等。

（3）企业应在试用期内对劳动者进行考核。企业应建立劳动者试用期考核制度。企业可通过给新入职劳动者安排试用期工作计划，对试用期间日常表现进行记录，试用期满前进行考核等方式，确定劳动者是否符合录用条件。

（4）企业在试用期解除劳动合同，应向劳动者送达解除通知。劳动者在试用期间被证明不符合录用条件的，企业可以单方面解除劳动合同。企业在解除劳动合同时需要注意几个问题：一是以书面形式向劳动者发出解除劳动合同通知书，并保留劳动者签收凭证或其他有效送达凭证；二是解除劳动合同通知书应说明解除理由，主要是劳动者不符合录用条件的情况；三是解除劳动合同通知书应列明劳动合同解除时间、工资支付截止时间、工作交接等事项。

2. 劳动者严重违反企业规章制度的，企业可以单方面解除劳动合同

在实践中，企业适用该条款时，应注意以下几个问题：

（1）企业应制定合法有效的规章制度。企业制定规章制度需注意几个问题：一是规章制度应该合法。虽然企业享有自主制定规章制度的权利，但规章制度不得违反法律的规定。比如：规章制度规定劳动者应根据企业需要随时加班、劳动者不得在在职期间生育等都是违反法律强制性规定的，劳动者即便违反了这些规章制度也不应被辞退。二是规章制度应该合理。一些企业为加强管理，或为随时解除劳动者提供便利，制定出一些非常苛刻的规章制度。比如：上班迟到即可解聘，与领导产生矛盾即可解聘等。这些制度虽不违反法律规定，但因缺少合理性，一般不会被劳动仲裁机构或法院采纳。三是涉及解除劳动合同的条款必须具体，这样企业提出解除劳动合同时才有据可循。比如：在规定劳动者旷工解除劳动合同时，需要明确规定劳动者连续旷工多少天和在一定期限内累计旷工多少天可以解除合同等。

（2）制定规章制度需履行相应的程序。《劳动合同法》第4条第2款规定，用人单位在制定、修改或者决定有关劳动报酬、工作时间、休息休假、劳动安全卫生、保险福利、职工培训、劳动纪律以及劳动定额管理等直接涉及劳动者切身利益的规章制度或者重大事项时，应当经职工代表大会或者全体职工讨论，提出方案和意见，与工会或者职工代表平等协商确定。在司法实践中，企业以未经职工代表大会或者全体职工讨论的规章制度解除与劳动者的劳动合同，很有可能会被认定为无效。

（3）企业规章制度应该进行公示。根据《劳动合同法》第4条第4款规定，用人单位应当将直接涉及劳动者切身利益的规章制度和重大事项决定公示，或者告知劳动者。该规定是劳动者监督权和知情权的体现。在实践中，一般可以采取几种操作方式：一是在企业经营场所公告栏进行公示，并拍照留存资料；二是在企业网站进行公示，并留存备份；三是在劳动合同中注明劳动者收到并知晓企业相关规章制度；四是由劳动者单独签收相关规章制度；五是劳动者在入职培训时学习相关规章制度并签字确认等。

（4）劳动者因严重违反企业规章制度，企业才能解除劳动合同。劳动者违反企业规章制度应具有严重性，如果仅是轻微违反规章制度，企业不应解除劳动合同。

（5）企业应向劳动者送达解除劳动通知书。企业向劳动者发出解除劳动通知书需注意几个事项：一是企业必须以书面形式通知劳动者；二是企业应确保劳动收到解除劳动合同通知书或能够证明该通知书有效送达劳动者；三是解除劳动合同通知书内容应包括：劳动者违反规章制度的条目、事实依据、劳动合同解除时间、费用支付以及交接手续办理等内容。

3. 劳动者严重失职，营私舞弊，给企业造成重大损害的，企业可以单方面解除劳动合同

在实践中，企业适用该条款时，应注意以下几个问题：

（1）劳动者须存在"严重失职，营私舞弊"的情形。严重失职，营私舞弊是指劳动者在劳动合同期间，没有按照岗位职责履行自己的义务，违反其忠于职守、维护企业利益的义务，有未尽职责的严重过失行为或者利用职务之便谋取私利的故意行为，这些行为可以包括：第一，劳动者提供虚假履历、虚假学历、虚假职业资格证书的。第二，劳动者因故意或重大过失，导致企

业有形财产、无形财产遭受重大损害的。第三，劳动者在履职期间故意将自己掌握的单位核心技术资料或用户信息资源等机密泄露给他人等。

（2）劳动者严重失职，营私舞弊，应给企业造成重大损害。因劳动者一般过失行为造成损失的，企业对劳动者拥有管理责任，企业可以对其进行处分。但是这种处分，应该本着教育和警示原则。只有劳动者存在故意、重大过失行为，给企业造成重大损害的，企业才能解除与劳动者的劳动关系。另外，给企业造成重大损害的标准应在规章制度中明确，否则，很难认定是否构成重大损害。

（3）企业应向劳动者发出解除劳动通知书。企业向劳动者发出解除劳动通知书需注意几个事项：一是企业必须以书面形式通知劳动者；二是企业应确保劳动者收到解除劳动合同通知书或能够证明该通知书有效送达劳动者；三是解除劳动合同通知书内容应包括：说明劳动者严重失职营私舞弊的情形、劳动者给企业带来的重大损失、劳动合同解除时间、费用支付以及交接手续办理等内容。

4. 劳动者同时与其他企业建立劳动关系，对完成本企业的工作任务造成严重影响，或者经企业提出，拒不改正的，劳动者可以单方面解除劳动合同

多重劳动关系是劳动者在同一时期与两个或两个以上的企业存在劳动关系。劳动合同法对多重劳动关系持既不支持也不否定的态度，企业对此享有自主决定权。即如果企业发现或者明知劳动者与其他企业建立劳动关系，企业既可以采取认可态度，也可以要求劳动者改正或解除劳动合同。而企业以此解除劳动合同需注意几个问题：一是劳动者存在多重劳动关系需对完成本企业工作任务造成严重影响。但何谓"严重影响"，劳动合同法并未提及。我们建议，企业可以在规章制度或者劳动合同书中予以具体说明。比如：在规章制度中明确规定，禁止劳动者存在多重劳动关系，否则，即可以解除劳动合同。二是如果劳动者多重劳动关系没有给完成本企业工作任务造成严重影响，企业需提出改正要求，在劳动者拒不改正的情况下，企业才可以解除劳动合同。

以上，我们讨论了四种过失性辞退的情形。另外，劳动者以欺诈、胁迫的手段或者乘人之危，使企业在违背真实意思的情况下订立或者变更劳动合同的，企业可以解除劳动合同。劳动者被依法追究刑事责任的，企业也可以

解除劳动合同。以上均是基于劳动者存在过失情况下，企业可以单方解除劳动合同的情形。

（二）无过失性辞退

企业无过失性辞退是指劳动者本身并不存在过失，但是由于存在法定的情形，企业提前30日以书面形式通知劳动者或者额外支付劳动者1个月工资后，可以解除劳动合同。《劳动合同法》第40条规定了三种劳动者不存在过失，用人单位可以解除劳动合同的情形。

1. 劳动者患病或者非因工负伤，在规定的医疗期满后不能从事原工作，也不能从事由企业另行安排的工作的，企业可以解除劳动合同

在实践中，企业适用该条款时，应注意以下几个问题：

（1）该规定仅适用于劳动者患病或者非因工负伤情形。劳动者患病或者非因工负伤是影响工作的两种情况，而该两种情况的发生均与企业没有关系。其中，患病是劳动者自身生物生理体征发生的不正常的变化，但不包括劳动者在工作活动中因接触粉尘、放射性物质和其他有毒、有害物质等因素而引起的疾病；而非因工负伤是指非因工作原因受到的身体伤害。

（2）劳动者患病或者非因工负伤医疗期内不得解除劳动合同。《企业职工患病或非因工负伤医疗期规定》第2条规定，医疗期是指企业职工因患病或非因工负伤停止工作治病休息不得解除劳动合同的时限。劳动者在医疗期内，用人单位不得解除劳动合同。另外，在医疗期内，企业仍需向劳动者支付工资。根据《关于贯彻执行〈中华人民共和国劳动法〉若干问题的意见》第59条规定，在规定的医疗期间内由企业按有关规定支付其病假工资或疾病救济费，病假工资或疾病救济费可以低于当地最低工资标准支付，但不能低于最低工资标准的80%。

（3）不能从事原工作，也不能从事由企业另行安排的工作，须经过相关部门鉴定。《企业职工患病或非因工负伤医疗期的规定》第6条规定，企业职工非因工致残和经医生或医疗机构认定患有难以治疗的疾病，在医疗期内医疗终结，不能从事原工作，也不能从事用人单位另行安排的工作的，应当由劳动鉴定委员会参照工伤与职业病致残程度鉴定标准进行劳动能力的鉴定。被鉴定为一至四级的，应当退出劳动岗位，终止劳动关系，办理退休、退职

手续，享受退休、退职待遇；被鉴定为五至十级的，医疗期内不得解除劳动合同。根据该规定，医疗期届满后，企业需要证明劳动者不能从事原来的工作，也不能从事由企业另行安排的工作，需要经过劳动能力鉴定程序，而不能由企业直接判断。

（4）企业解除劳动合同需履行相应的程序。根据《劳动合同法》第40条规定，劳动者因患病或者非因工负伤在符合劳动合同解除条件时，用人单位需提前30日以书面形式通知劳动者本人或者额外支付劳动者1个月工资后，才可以解除劳动合同。在实践中，企业通常采用额外支付劳动者1个月工资方式解除劳动合同。其原因在于：一是劳动者因患病或者非因工负伤，本身已无法正常工作，企业以提前30日通知方式解除劳动合同，企业仍然要支付该30天的工资；二是劳动者在该30天的期限内仍然会存在疾病、负伤或其他形式的风险。因此，企业一般会采用额外支付劳动者1个月工资方式解除劳动合同，也就是通常所说的"N+1"模式。

2. 劳动者不能胜任工作，经过培训或者调整工作岗位，仍不能胜任工作的，企业可以解除劳动合同

在实践中，企业适用该条款时，应注意以下几个问题：

（1）企业应证明劳动者不能胜任工作。在劳动法领域，要认定劳动者不能胜任工作，不能由企业随意评判，企业一般需通过量化考核方式评判劳动者是否胜任工作。这里需要注意几个问题：

第一，考核目标设定要具有合理性。比如：不能设定根本不可能完成的任务目标，所设定的任务目标要求是同岗位的其他劳动者可以完成的；设定的任务目标要与岗位职责是相关的；设定的任务目标要跟薪酬水平有一定的相当性，不能差距甚远，等等。

第二，量化考核要具体明确。比如：对于销售岗位，规定一个月的销售任务和回款额是多少金额，这样就是客观上可量化的指标；而对于行政岗位，可以用其他部门对行政工作的评价来进行量化考核，等等。

第三，量化考核期间要合理。评判一个劳动者是否胜任工作，应该以一定期间内的工作表现作为判断依据。这个考核期间一定要合理，如果太短，不足以评判劳动者胜任工作的情况。

第四，考核过程要完备。

第五，考核结果要告知劳动者。

（2）只有经过培训或者调整工作岗位，仍不能胜任工作的，企业才可以解除劳动合同。在培训环节，培训的内容要具有针对性，要根据劳动者在考核中不胜任的事项进行培训。另外，企业应该向劳动者发出培训的书面通知、写明培训的内容；在培训中应该有培训签到表，记载清楚培训的主题；培训结束后要有培训效果记录表，等等。这些书面文件，都需要劳动者签字确认。

在调岗环节，当劳动者不胜任工作时，企业可单方面对劳动者予以调岗，无须征得劳动者同意。但劳动者调整后的岗位要具有合理性，比如：劳动者不胜任财务经理工作，企业就不应将该劳动者调整至其更不能胜任的技术岗位等。此外，调岗的时候，应向劳动者发出调岗通知书，调岗通知书中要明确调岗的事由，并由劳动者签字确认。

（3）应规范该种解除劳动合同的操作程序。首先，企业岗位量化考核制度需要公示。其次，量化考核结果以及依据该考核结果做出的调岗决定或培训决定，要及时通知劳动者。再次，如果劳动者收到企业的调岗通知后明确表示拒绝并未在规定的时间内到岗，企业可以直接解除劳动合同。而如果劳动者收到企业的调岗通知后在规定的时间内到岗，除非该劳动者被证明不能胜任新岗位，否则企业不能单方解除劳动合同。最后，根据《劳动合同法》第 40 条规定，企业需提前 30 日以书面形式通知劳动者本人或者额外支付劳动者 1 个月工资后，才可以解除劳动合同。

3. 劳动合同订立时所依据的客观情况发生重大变化，致使劳动合同无法履行，经企业与劳动者协商，未能就变更劳动合同内容达成协议的，企业可以解除劳动合同

在实践中，企业适用该条款时，应注意以下几个问题：

（1）企业要证明劳动合同订立时所依据的客观情况确已发生重大变化，致使劳动合同无法履行。客观情况发生变化是指发生不可抗力或出现导致劳动合同全部或部分条款无法履行的情况，如企业搬迁、合并、分立、工作岗位取消等致使劳动合同无法履行或无法完全履行的情况。

（2）企业要证明未能就变更劳动合同内容或者中止劳动合同达成协议。企业确因客观情况发生重大变化，需要解除劳动合同时，一定要注意先与劳动者进行必要的沟通和协商，只有经协商无法就变更劳动合同达成一致意见，

企业才可以解除劳动合同。

　　以上，我们讨论了三种无过失性辞退的情形。无过失性辞退是企业和劳动者均无过失的情况下，因劳动者无法继续履行劳动合同或客观情况发生重大变化致使合同履行不能，企业单方解除劳动合同的方式。

　　（三）经济性裁员

　　经济性裁员是指企业一次性辞退部分劳动者，以此作为改善生产经营状况的一种手段，其目的是保证企业能够渡过难关，继续生存下去。由于经济性裁员必然会影响到劳动者的生活，增加社会失业率，因此，企业采取经济性裁员需经过法定的程序。

　　在实践中，企业适用经济性裁员时，应注意以下几个问题：

　　（1）经济性裁员须达到人数要求。企业在经济性裁员时，劳动者既无主观过错又无客观履约不能，经济性裁员完全是因为企业的原因致使劳动合同不能继续履行造成的。鉴于裁减员工涉及众多劳动者的利益，其社会影响远甚于对个别劳动者的解雇，因此，《劳动合同法》第41条对经济性裁员人数进行了严格的限定，即限定在"裁减人员20人以上或者裁减不足20人但占企业职工总数10%以上"，才可以适用经济性裁员。

　　（2）经济性裁员适用的情形。根据《劳动合同法》第41条规定，只有在四种情况下可以采取经济性裁员措施：①依照企业破产法规定进行重整的；②生产经营发生严重困难的；③企业转产、重大技术革新或者经营方式调整，经变更劳动合同后，仍需裁减人员的；④其他因劳动合同订立时所依据的客观经济情况发生重大变化，致使劳动合同无法履行的。

　　（3）经济性裁员需履行相应的程序。首先，企业进行经济性裁员，须提前30日向工会或者全体职工说明情况，并同时提出裁减人员方案。减员方案可以包括：被裁减人员名单、裁减人时间及实施步骤，符合法律、行政法规规定和集体合同约定的被裁减人员的经济补偿办法。其次，企业向当地劳动保障行政部门报告裁减人员方案以及工会或者全体职工的意见，并听取劳动保障行政部门的意见。最后，由企业正式公布裁减人员方案，与被裁减人员办理解除劳动合同手续，按照有关规定向被裁减人员本人支付经济补偿金，并出具裁减人员证明书。

以上，我们讨论的是企业经济性裁员。由于经济性裁员涉及众多劳动者利益，企业在采用该种方式解除劳动合同时，应特别注意该方式适用的条件以及应履行的程序，否则，易触发连锁反应或引起群体事件。

四、企业不得解除劳动合同的情形

《劳动合同法》第 42 条规定，劳动者有下列情形之一的，用人单位不得依照本法第 40 条、第 41 条的规定解除劳动合同：

（1）从事接触职业病危害作业的劳动者未进行离岗前职业健康检查，或者疑似职业病病人在诊断或者医学观察期间的。

（2）在本单位患职业病或者因工负伤并被确认丧失或者部分丧失劳动能力的。

（3）患病或者非因工负伤，在规定的医疗期内的。

（4）女职工在孕期、产期、哺乳期的。

（5）在本单位连续工作满十五年，且距法定退休年龄不足五年的。

（6）法律、行政法规规定的其他情形。

以上规定是企业解除劳动合同的禁止性规定。在实践中，企业在适用该规定时，应注意以下几个问题：

（一）劳动者存在以上情形，企业仍可以适用过失性辞退解除劳动合同

前文提到，企业解除劳动合同可以分为三种形式，分别是过失性辞退、无过失性辞退以及经济性裁员。过失性辞退是企业在劳动者存在法定过失的情况下辞退劳动者，而无过失辞退以及经济性裁员均是在劳动者不存在法定过失但出现其他法定事由情况下辞退劳动者。《劳动合同法》第 42 条所规定的禁止用人单位解除劳动合同的情形，是法律为了保护特定人群的生命权、健康权以及就业权而设定的。当劳动者出现劳动合同法第 42 条所规定的情形时，企业不得通过无过失性辞退以及经济性裁员解除与劳动者的劳动合同关系，这体现了法律对以上特定人员的保护。但需要注意的是，当劳动者出现《劳动合同法》第 42 条所规定的情形时，企业仍然可以通过过失性辞退方式解除与劳动者的劳动合同关系。比如说：女职工在孕期、产期、哺乳期内，如果严重违反企业的规章制度或严重失职，营私舞弊，给企业造成重大损害

的，企业仍然可以单方面解除劳动合同。

（二）劳动者上列情形消失后，企业仍然可以行使无过失辞退权或进行经济性裁员

《劳动合同法》第 42 条规定了六种禁止用人单位解除劳动合同的情形，但这六种情形并非都会一直持续存在。当相关情形消失后，企业仍然可以适用无过失辞退或经济性裁员解除劳动合同。比如：从事接触职业病危害作业的劳动者进行了离岗前职业健康检查，或者疑似职业病病人在诊断或者医学观察，均未发现职业病的；患病或者非因工负伤，超过规定的医疗期的；女职工在孕期、产期、哺乳期的。出现以上情况，企业仍然可以适用无过失辞退或经济性裁员解除劳动合同。

五、企业向劳动者支付经济补偿金的合规要求

经济补偿金是在劳动合同解除或终止后，企业依法一次性支付给劳动者经济上的补偿。

下面，我们就来讨论企业向劳动者支付经济补偿金应注意的问题：

（一）企业应当向劳动者支付经济补偿金的情形

第一种情形，在企业与劳动者协商解除劳动合同时，如果是企业向劳动者提出解除劳动合同的，企业应支付劳动者经济补偿金。

第二种情形，在劳动者单方解除劳动合同时，如果劳动者是由于企业过错而解除劳动合同的，企业应支付劳动者经济补偿金。这里的企业过错包括：企业未按照劳动合同约定提供劳动保护或者劳动条件的；未及时足额支付劳动报酬的；未依法为劳动者缴纳社会保险费的；企业的规章制度违反法律、法规的规定，损害劳动者权益的；因企业过错致使劳动合同无效的等情形。

第三种情形，在企业单方解除劳动合同时，如果企业适用无过失性辞退解除劳动合同，企业应支付劳动者经济补偿金。

第四种情形，如果企业适用经济性裁员解除劳动合同，企业应支付劳动者经济补偿金。

第五种情形，固定期限劳动合同届满，如果企业同意续订劳动合同，但降低劳动合同约定条件，劳动者不同意续订的，劳动合同终止，企业应当支

付经济补偿；如果企业不同意续订，无论劳动者是否同意续订，劳动合同终止，企业应当支付经济补偿。

第六种情形，企业被依法宣告破产的，劳动合同终止，企业应支付劳动者经济补偿金。

第七种情形，企业被吊销营业执照、责令关闭、撤销或者企业决定提前解散的，劳动合同终止，企业应支付劳动者经济补偿金。

（二）企业无需支付劳动者经济补偿金的情形

根据劳动合同法规定，并非所有的劳动合同解除或终止情形都需要支付劳动者经济补偿金。

下面，我们来介绍企业无需支付劳动者经济补偿金的情形：

第一种情形，在企业与劳动者协商解除劳动合同时，如果是劳动者向企业提出解除劳动合同的，企业无需向劳动者支付经济补偿金。

第二种情形，由于劳动者的过失，企业适用过失性辞退解除劳动合同，企业无需向劳动者支付经济补偿金。

第三种情形，在固定期限劳动合同届满时，企业同意续订劳动合同，且维持或者提高劳动合同约定条件，劳动者不同意续订的，劳动合同终止，企业无需向劳动者支付经济补偿金。

第四种情形，劳动者开始依法享受基本养老保险待遇的，企业无需向劳动者支付经济补偿金。

第五种情形，劳动者死亡，或者被人民法院宣告死亡或者宣告失踪的，企业无需向劳动者支付经济补偿金。

（三）经济补偿金的计算

《劳动合同法》第 47 条规定，经济补偿按劳动者在本单位工作的年限，每满 1 年支付 1 个月工资的标准向劳动者支付。6 个月以上不满 1 年的，按 1 年计算；不满 6 个月的，向劳动者支付半个月工资的经济补偿。劳动者月工资高于用人单位所在直辖市、设区的市级人民政府公布的本地区上年度职工月平均工资 3 倍的，向其支付经济补偿的标准按职工月平均工资 3 倍的数额支付，向其支付经济补偿的年限最高不超过 12 年。本条所称月工资是指劳动者在劳动合同解除或者终止前 12 个月的平均工资。

在实践中，企业适用该规定时，应注意以下几个问题：

1. 经济补偿金的计算基数问题

根据该规定，经济补偿金的计算基数一般为劳动者在劳动合同解除或者终止前 12 个月的平均工资。依据《劳动合同法实施条例》的有关规定，计算解除或终止劳动合同经济补偿金的计算基数月工资，应当按照劳动者应得的工资计算。何谓应得工资，按照该条例的解释包括了计时工资或者计件工资以及奖金、津贴和补贴等货币性收入总和。我们认为，凡是劳动者终止或解除劳动合同前 12 个月，属于工资范围内的应得货币收入都应该计算进去，由此应理解为工资总额。对于工资总额所包括的内容，原劳动部《关于贯彻劳动法若干问题的意见》第 53 条、国家统计局《关于工资总额组成的规定》第 4 条作了解释，是指用人单位依据国家有关规定或劳动合同的约定，以货币形式直接支付给本单位劳动者的劳动报酬，其中包括计时工资、计件工资、奖金、津贴和补贴、加班加点工资以及特殊情况下支付的工资等。因此，凡是 12 个月当中应得以及已经得到的上述范围的货币收入，都应作为工资的范围予以计算，但是，应当将不属于工资范围的社会保险福利费用、劳动保护方面的费用、按规定未列入工资总额的各种劳动报酬及劳动收入予以剔除。另外，需要注意的是，如果劳动者月工资高于本地区上年度职工月平均 3 倍的，向其支付经济补偿的标准按月平均工资 3 倍的数额支付，低于当地最低工资标准的，按照当地最低工资标准计算。

2. 经济补偿金的计算年限问题

《劳动合同法》第 47 条规定了两种计算经济补偿金的情况：在第一种情况下，经济补偿金按劳动者在本单位工作的年限，每满 1 年支付 1 个月工资的标准向劳动者支付。6 个月以上不满 1 年的，按 1 年计算；不满 6 个月的，向劳动者支付半个月工资的经济补偿。该种情况计算经济补偿金没有年限的上限；而在第二种情况下，劳动者月工资高于用人单位所在直辖市、设区的市级人民政府公布的本地区上年度职工月平均工资 3 倍的，向其支付经济补偿的标准按职工月平均工资 3 倍的数额支付，向其支付经济补偿的年限最高不超过 12 年。

3. 企业逾期不支付经济补偿金的法律责任问题

《劳动合同法》第 85 条规定，用人单位解除或者终止劳动合同，未依照本法规定向劳动者支付经济补偿的，由劳动行政部门责令限期支付，逾期不支付的，责令用人单位按应付金额 50% 以上 100% 以下的标准向劳动者加付赔偿金。因此，企业逾期不支付经济补偿金还应承担赔偿责任。

综上，并非在所有的劳动合同解除或终止情形下，企业都需要支付劳动者经济补偿金。企业应根据法律规定的支付条件、补偿金基数标准、计算年限向劳动者支付经济补偿金。

六、企业违法解除或者终止劳动合同的法律后果

《劳动合同法》第 48 条规定，用人单位违反本法规定解除或者终止劳动合同，劳动者要求继续履行劳动合同的，用人单位应当继续履行；劳动者不要求继续履行劳动合同或者劳动合同已经不能继续履行的，用人单位应当依照本法第 87 条规定支付赔偿金。

在实践中，企业在适用该规定时，应注意以下几个问题：

（一）企业只有在违法解除或者终止劳动合同时，才应承担以上法律责任

前面提到，企业单方面解除劳动合同可以有三种方式，分别是：过失性辞退、无过失性辞退以及经济性裁员。以上三种方式是法律规定企业可以解除劳动合同的形式。企业适用以上三种方式解除劳动合同属于合法解除，除法律规定应支付劳动者补偿金以外，企业不应承担任何不利后果。但如果企业违法解除或者终止劳动合同就应承担相应的不利后果。

（二）在企业违法解除或者终止劳动合同时，劳动者享有继续履行权

在企业违法解除或者终止劳动合同时，劳动合同关系并不当然的终结。如果劳动者要求继续履行，企业必须继续履行；只有当劳动者不要求继续履行劳动合同或者劳动合同已经不能继续履行时，企业才应当支付劳动者赔偿金。因此，当企业违法解除或者终止劳动合同时，劳动者可以选择向劳动仲裁机构提起继续履行劳动合同或要求赔偿违法解除劳动合同赔偿金。

（三）在企业违法解除或者终止劳动合同时，应承担的赔偿金标准

根据《劳动合同法》第 87 条规定，用人单位违反本法规定解除或者终止劳动合同的，应当依照本法第 47 条规定的经济补偿标准的二倍向劳动者支付赔偿金。

本节，我们讨论的是企业和劳动者劳动合同解除的情形以及解除注意事项；企业支付解除和终止劳动合同经济补偿金应注意的事项；企业违法解除或者终止劳动合同，应承担的法律后果等问题。由于解除劳动合同涉及劳动合同双方的利益，尤其是影响到劳动者的就业权和生存权，因此，劳动合同法详细规定了各种解除劳动合同方式适用的条件和解除程序。在涉及劳动合同解除事项时，企业不仅要关注劳动合同解除的条件和解除程序，还应注意固定和保留劳动合同解除过程中形成的相关证据材料，以预防和降低发生相应的法律风险。

第十七节　劳务派遣的合规要求与法律风险防范

劳务派遣指由具有法定经营资质的劳务派遣单位与派遣劳动者订立劳动合同，把劳动者派往实际用工企业，由实际用工企业向派遣单位支付服务费，向劳动者支付劳动报酬的一种用工形式。劳务派遣作为一种特殊用工方式，对于扩大就业、节约企业用工成本和管理成本具有双重意义。而在现实生活中，经常有企业为规避劳动用工法律责任，而采取劳务派遣的用工形式。本节，我们就来讨论劳务派遣的合规要求与法律风险防范。

一、劳务派遣的合规要求

（一）劳务派遣用工形式主体之间的法律关系

在劳务派遣用工形式中存在三方主体，即劳务派遣单位、实际用工企业以及劳动者。劳务派遣单位与劳动者形成劳动合同关系，双方需签订书面的劳动合同；劳务派遣单位与实际用工企业形成劳务派遣合同关系，双方需签订书面劳务派遣协议；实际用工企业与劳动者并不直接形成劳动合同关系，而是形成实际用工关系。

（二）企业寻求合作的劳务派遣单位应符合的条件

由于劳务派遣单位专业从事劳务派遣工作，其涉及众多劳动者的切身利益。因此，《劳动合同法》对劳务派遣单位提出了特殊的要求，并采取行政许可方式进行管理。

《劳动合同法》第 57 条规定，经营劳务派遣业务应当具备下列条件：

（1）注册资本不得少于人民币 200 万元。

（2）有与开展业务相适应的固定的经营场所和设施。

（3）有符合法律、行政法规规定的劳务派遣管理制度。

（4）法律、行政法规规定的其他条件。

经营劳务派遣业务，应当向劳动行政部门依法申请行政许可；经许可的，依法办理相应的公司登记。未经许可，任何单位和个人不得经营劳务派遣业务。

（三）劳务派遣仅是补充用工形式，适用岗位应满足"三性"的要求

《劳动合同法》第 66 条规定，劳动合同用工是我国的企业基本用工形式。劳务派遣用工是补充形式，只能在临时性、辅助性或者替代性的工作岗位上实施。

前款规定的临时性工作岗位是指存续时间不超过 6 个月的岗位；辅助性工作岗位是指为主营业务岗位提供服务的非主营业务岗位；替代性工作岗位是指用工单位的劳动者因脱产学习、休假等原因无法工作的一定期间内，可以由其他劳动者替代工作的岗位。

用工单位应当严格控制劳务派遣用工数量，不得超过其用工总量的一定比例，具体比例由国务院劳动行政部门规定。

（四）企业不得自我派遣

经营劳务派遣业务应当依法取得劳务派遣经营许可证。企业不得设立劳务派遣单位向本企业或者所属企业派遣劳动者，企业或者其所属企业也不得出资或者合伙设立劳务派遣单位向本企业或者所属企业派遣劳动者。

二、劳务派遣单位和实际用工企业的权利和义务

《劳动合同法》规定了劳务派遣单位和实际用工企业以下权利和义务：

（一）劳务派遣单位的权利和义务

（1）劳务派遣单位应与劳动者签订 2 年以上的固定期限劳动合同。除约定一般劳动合同应具备的条款外，劳动合同还应载明被派遣劳动者的用工企

业以及派遣期限、工作岗位等情况。

（2）劳务派遣单位应当按月向劳动者支付劳动报酬，被派遣劳动者享有与用工企业劳动者同工同酬的权利。用工企业应当按照同工同酬原则，对被派遣劳动者与本企业同类岗位的劳动者实行相同的劳动报酬分配办法。用工企业无同类岗位劳动者的，参照用工企业所在地相同或者相近岗位劳动者的劳动报酬确定。被派遣劳动者在无工作期间，劳务派遣单位应当按照所在地人民政府规定的最低工资标准，向其按月支付报酬。劳务派遣单位跨地区派遣劳动者的，被派遣劳动者享有的劳动报酬和劳动条件，按照用工企业所在地的标准执行。

（3）劳务派遣单位应与企业签订书面劳动派遣协议。劳务派遣单位有权依据劳动派遣合同要求用工企业支付用于支付劳动者劳动报酬的费用、缴纳社会保险的费用以及劳务派遣单位应得的管理费或服务费等。

（4）劳务派遣单位应当将劳务派遣协议的内容告知被派遣劳动者。劳务派遣单位不得克扣用工企业按照劳务派遣协议支付给被派遣劳动者的劳动报酬。劳务派遣单位和用工企业不得向被派遣劳动者收取费用。

（5）劳务派遣单位根据《劳动合同法》等相关规定，监督、指导用工企业合法用工，维护劳动者的合法权益。同时，劳务派遣单位应敦促劳动者自觉遵守法律法规以及用工企业的规章制度，维护用工企业的合法权益。

（二）实际用工企业的权利和义务

（1）用工企业有权自行选择被派遣劳动者，但应保证符合法律法规规定及劳务派遣协议的有关约定。

（2）用工企业有权向劳动者告知本企业各类规章制度，并要求劳动者遵守，在劳动者违反企业规章制度时，有权依据规章制度进行处理。

（3）用工企业应遵守劳动法律、法规，为劳动者提供符合国家劳动标准的工作场所、工作条件、卫生设施、卫生条件和劳动保护等。对在岗被派遣劳动者进行工作岗位所必需的培训。

（4）用工企业应当根据工作岗位的实际需要与劳务派遣单位确定派遣期限，不得将连续用工期限分割，订立数个短期劳务派遣协议。

（5）用工企业应按照劳务派遣合同约定向劳务派遣单位支付相应的管理

费或服务费。同时，按照劳务派遣合同约定，向劳务派遣单位支付用于支付劳动者劳动报酬的费用、缴纳社会保险的费用、加班费、绩效奖金以及提供与工作岗位相关的福利费用。

（6）如被派遣劳动者在用工企业工作期间发生工伤事故，用工企业应立刻通知劳务派遣单位并协助共同处理相关事宜，同时由用工企业承担法律、法规规定的应由实际用工企业承担的工伤保险责任，支付相关费用。

（7）用工企业不得将被派遣劳动者再派遣到其他企业。

三、当劳务派遣单位或用工企业给被派遣劳动者造成损害时，由谁来承担赔偿责任

在劳务派遣中存在三方主体，当劳务派遣单位或用工企业给被派遣劳动者造成损害时，是由谁来承担赔偿责任呢？

下面，我们就来讨论这个问题：

劳务派遣单位或用工企业给被派遣劳动者造成损害的情形主要包括：未同工同酬支付劳动报酬；未按时足额支付加班费、绩效奖金、提供与工作岗位有关的福利待遇；被派遣劳动者遭受工伤；违法解除劳动合同等情形。《劳动合同法》第 92 条第 2 款规定，用工单位给被派遣劳动者造成损害的，劳务派遣单位与用工单位承担连带赔偿责任。

根据该规定，如果是企业给劳动者造成的损害，劳务派遣单位与用工企业承担连带赔偿责任。反之，如果是劳务派遣单位给被派遣劳动者造成损害的，劳动合同法并未规定用工企业应承担连带赔偿责任。《劳动合同法》之所以这样规定，是基于三者之间的法律关系。由于用工企业与劳动者之间形成用工关系，当用工企业给劳动者造成损害时，用工企业应是当然的责任承担主体。同时，劳务派遣单位与劳动者之间形成劳动合同关系，被派遣劳动者正是基于与劳务派遣单位的劳动合同关系才被派遣到用工企业工作，因此，当用工企业给劳动者造成损害时，劳务派遣单位应与用工企业承担连带赔偿责任。反之，如果是劳务派遣单位给被派遣劳动者造成损害的，由于劳务派遣单位与被派遣劳动者是劳动合同关系，劳务派遣单位应是当然的责任承担主体，而此时，如果用工企业并不存在过错，用工企业就不应承担责任。我们来举例说明，比如：张三被 A 劳务公司派遣到 B 公司工作，如果 B 公司未

按时、足额将工资费用支付给 A 公司，造成 A 公司无法按时、足额向张三支付工资。在这种情况下，B 公司作为实际用工企业应承担支付工资的责任，同时，A 劳务公司作为张三签订劳动合同的主体也应与 B 公司连带承担给付责任。反之，如果 B 公司已经按时、足额将工资费用支付给了 A 劳务公司，A 劳务公司并未按时、足额将工资支付给张三。在这种情况下，A 公司应承担支付义务，而 B 公司并不存在过错，就不应与 A 公司连带承担给付责任。

四、劳务派遣中的退回以及劳动合同解除

《劳动合同法》第 65 条第 2 款规定，被派遣劳动者有本法第 39 条和第 40 条第 1 项、第 2 项规定情形的，用工单位可以将劳动者退回劳务派遣单位，劳务派遣单位依照本法有关规定，可以与劳动者解除劳动合同。

《劳务派遣暂行规定》第 12 条规定，有下列情形之一的，用工单位可以将被派遣劳动者退回劳务派遣单位：

（1）用工单位有劳动合同法第 40 条第 3 项、第 41 条规定情形的。

（2）用工单位被依法宣告破产、吊销营业执照、责令关闭、撤销、决定提前解散或者经营期限届满不再继续经营的。

（3）劳务派遣协议期满终止的。

以上是用工企业将被派遣劳动者退回劳务派遣单位的相关规定。由于用工企业与被派遣劳动者存在用工关系，但并未形成劳动合同关系。因此，当出现以上法定情形时，企业仅享有将劳动者退回劳务派遣单位的权利，而不享有劳动合同解除权。

当被派遣劳动者被用工企业退回后，劳务派遣单位重新派遣时维持或者提高劳动合同约定条件，被派遣劳动者不同意的，劳务派遣单位可以解除劳动合同；劳务派遣单位重新派遣时降低劳动合同约定条件，被派遣劳动者不同意的，劳务派遣单位不得解除劳动合同。但被派遣劳动者提出解除劳动合同的除外。另外，如果当劳务派遣单位被依法宣告破产、吊销营业执照、责令关闭、撤销、决定提前解散或者经营期限届满不再继续经营的，劳动合同终止。用工企业应当与劳务派遣单位协商妥善安置被派遣劳动者。

本节，我们讨论的是劳务派遣的合规要求、劳务派遣各方的权利和义务、劳务派遣的责任承担、劳务派遣的退回及劳动合同解除等问题。适用劳务派

遭用工形式的企业应做到依法合规，防范因被诉或者被举报进而被劳动监察行政处罚的法律风险。

第十八节　工伤处理的合规要求与法律风险防范

工伤是工作伤害的简称，也称职业伤害，是指生产劳动过程中，由于工作原因直接或间接引起的事故伤害或视作工伤情形。企业应合法、合规处理劳动者工伤事件，否则，不仅将可能承担不必要的赔偿责任，还可能遭受行政处罚，乃至企业声誉受损的不利后果。本节，我们来讨论工伤处理的合规要求与法律风险防范。

一、工伤的一般认定标准

根据法律规定，工伤认定一般需考虑以下几个方面因素：其一，是否存在劳动关系；其二，是否符合"三工"标准；其三，伤亡员工是否存在主观故意。

（一）是否存在劳动关系

劳动关系的存在是工伤认定的前提和基础。在处理工伤争议时，首先必须确认民事主体之间是否存在劳动关系。如果存在劳动关系，同时符合工伤认定的其他要件，才应认定为工伤。在《工伤保险条例》第 18 条中就规定，提出工伤认定申请的材料中，应包括与用人单位存在劳动关系（包括事实劳动关系）的证明材料。这里的证明材料主要是企业与劳动者签订的劳动合同。如果企业与劳动者没有签订劳动合同，就需要有其他证据来证明双方存在事实劳动关系。比如：劳动者可以提供在企业工作的工牌、签到表、工资支付凭证等。

（二）是否符合"三工"标准

我们通常所说的"三工"标准，是指工作时间、工作场所、因工作原因受到伤害。工作时间是指在劳动合同中约定的工作时间或者企业规定的工作时间以及加班加点的工作时间；工作场所是指劳动者日常工作所在的场所和企业临时指派其所从事工作的场所；工作原因是指劳动者受伤与从事本职工作之间存在因果关系，包括直接工作原因和间接工作原因。需要说明的是，以上工伤认定的"三工"标准的地位和作用并不等同。因工作原因受到伤害是核心要素，而工作时间、工作场所则不是每种工伤情形都必须满足的。另外，工作时间、工作场所都可以进行相应的延伸。比如：劳动者在上班途中遭遇车祸就不是在工作时间和工作场所，但劳动者在上班的途中与工作本身有密切的关系，因此，也被纳入工伤认定的范畴。

（三）伤亡员工是否存在主观故意

与企业相比，劳动者无论在经济上还是谈判地位上，均处于相对弱势的地位。在遭受人身伤害的情况下，劳动者的处境更加不利。为保护劳动者权益、照顾伤亡者，我国法律对工伤认定适用无过错原则，即无论劳动者在工作中受到伤害时是否存在过错，都应纳入工伤认定的范畴。企业对劳动者伤亡承担无过错责任，可以使劳动者受到的伤害能够及时获得救济，也能提升企业劳动安全保护意识，减少劳动者工伤事故。但需要指出的是，企业无过错工伤责任原则并不包含劳动者的故意行为，比如：劳动者自残、自杀等行为导致自身伤害的，企业不承担工伤赔偿责任。但企业就此要承担举证责任。

二、《工伤保险条例》规定应当认定为工伤的七种情况

我国《工伤保险条例》采用列举的方式将工伤分为三种情形：应当认定为工伤的情形、视同工伤的情形以及不得认定、不视同工伤的情形。

我们首先来了解应当认定为工伤的七种情况：

（一）在工作时间和工作场所内，因工作原因受到事故伤害的

该种情形是典型意义上的工伤，完全符合工伤认定的三要素。工作时间是法律规定、企业规章制度规定或者劳动合同约定的工作时间。这里也包括加班、加点的工作时间。工作场所包括劳动者日常工作的场所以及企业临时安排的工作场所。工作原因是劳动者在工作过程中发生的人身伤害等事故。在工伤认定三要素中，工作原因是需要重点考虑的要素。如果劳动者在工作时间、工作场地并非因工作原因受到伤害，在大多数情况会被排除在工伤认定的范围之外。

（二）工作时间前后在工作场所内，从事与工作有关的预备性或者收尾性工作受到事故伤害的

在该种情况下，劳动者受到伤害并不是在规定的工作时间，而是在工作时间前后发生。但劳动者是因为从事与工作有关的预备性工作或收尾性工作而受到的伤害，以上工作与正式开始的工作之间有密切的关联关系，因此，此种情况也应被认定为工伤。比如：劳动者正式工作前，在车间更衣室更换工作服时不慎摔倒，就应认定为工伤；再比如：劳动者下班后，在车间整理生产工具时不慎被砸伤，也应被认定为工伤。

（三）在工作时间和工作场所内，因履行工作职责受到暴力等意外伤害的

在此种情况下，劳动者受伤并不是因为正常工作本身，而是来自第三人的伤害。比如：城管人员在正常履行职务的过程中，第三人采用暴力致使城管人员受伤，就应被认定为工伤。另外，该种情况需满足在工作时间、工作场所的条件。比如：城管人员在下班回家途中受到第三人暴力伤害，就不能认定为工伤。

（四）患职业病的

职业病是指企业的劳动者在职业活动中，因接触粉尘、放射性物质和其他有毒、有害物质等因素而引起的疾病。需要注意的是，与职业有关的疾病范围非常广。比如：因长期伏案工作引起的颈椎病，因工作压力过大引起的神经衰弱、高血压等。但目前，这些疾病都不是法定职业病范围。《职业病分类和目录》将职业病分为 10 类共 132 种，只有被列入该目录范围内的职业病才有可能被认定为工伤。但可以预见的是，随着社会的发展变化以及人们对职业病认识不断深入，法定职业病的范围也会作出相应的调整。

（五）因工外出期间，由于工作原因受到伤害或者发生事故下落不明的

在该种情况下，劳动者发生伤害并不是在日常工作的场所，而是在日常工作场地以外的场地。但由于劳动者仍然是因为工作原因而受到的伤害，此种情况也应被认定为工伤。比如：企业安排劳动者出差到外地参加一个会展，在途中发生交通事故受伤，就应被认定为工伤。但如果劳动者参加完会展后，顺便到某一个景点旅游时不慎摔伤，就不能被认定为工伤。

（六）在上下班途中，受到非本人主要责任的交通事故或者城市轨道交通、客运轮渡、火车事故伤害的

该种情况被认定为工伤需满足三个基本条件：一是在上下班途中。上下班途中是指劳动者在合理的时间与路线上离开家到企业或离开企业回到家的过程。如果其在中途去了其他地方办理其他事务，而该事务与其工作或回家没有必然联系，则该过程就不应认定为上下班途中。当然，对劳动者上下班途中时间与路线的界定应遵循合理性原则，可适当放宽。比如：劳动者提前上班或推迟下班，只要在正常合理的时间范围内就应予认定。如果提前上班或推迟下班并非出于工作，而是出于其他个人事务，则不予认定；再比如：上下班途中顺路买菜、接小孩的，只要不超出常规的时间和路线而发生机动车事故的，一般也可认定为工伤；二是必须是交通事故或者城市轨道交通、客运轮渡、火车事故造成的伤害，除此以外受到的伤害都不能认定为工伤；三是必须是非本人主要责任。交通事故责任认定一般是由交通行政主管部门负责完成，交通事故责任包括：全责、主要责任、同等责任、次要责任以及无责等五种情况。劳动者只有在交通事故中被认定为非主要责任及以下，才有可能被认定为工伤。

（七）法律、行政法规规定应当认定为工伤的其他情形

该规定属于兜底性条款。由于现实生活纷繁复杂，《工伤保险条例》无法列举全部工伤类型。同时，随着社会的发展，也可能会出现新型的工伤类型。因此，为了更全面地规范工伤范围，《工伤保险条例》规定了法律、行政法规规定应当认定为工伤的其他情形。

三、《工伤保险条例》规定视同工伤的三种情况

《工伤保险条例》第 15 条规定了三种视同工伤的情况。

（一）在工作时间和工作岗位，突发疾病死亡或者在 48 小时之内经抢救无效死亡的

在此种情形下，劳动者不是因为从事与生产劳动有关的工作发生的人身伤害事故、急性中毒事故死亡，而是因为突发疾病死亡，也就是说劳动者并

非因工死亡。那么，为什么《工伤保险条例》将此种情况也认定为工伤呢？从立法本意看，立法部门正是考虑到此类突发疾病或在48小时之内经抢救无效死亡可能与工作劳累、工作紧张等因素有关，实质上是将工伤保险的范围由工作原因造成的事故伤害扩大到了其他情形，最大限度地保障了这部分人的权益。该种情形又分为两种情况：一种是在工作时间和工作岗位，突发疾病死亡的，可视同工伤；另一种是在工作时间和工作岗位，突发疾病在48小时之内经抢救无效死亡的。在实践中，第一种情况较为简单，而第二种情况较为复杂。第二种情况涉及两个需要重点考量的问题：第一，48小时的起始时间；第二，抢救行为的认定。对于48小时起算时间，各地、各部门有不同的认定标准，目前最权威的认定是以医疗机构的初次抢救时间作为突发疾病的起算时间。对于抢救行为，须有在劳动者突发疾病后，直接送医院或医疗机构当场抢救的行为。至于其他情形，如在工作时间、工作岗位发病或者自感不适，但未送医院抢救而是回家休息，48小时内死亡的，不应视同工伤。

（二）在抢险救灾等维护国家利益、公共利益活动中受到伤害的

在此种情况下，劳动者并不是因为从事与生产劳动有关的工作发生的人身伤害事故、急性中毒事故而伤亡，也很有可能不是在工作时间和工作地点伤亡。该种情况被视同工伤的立法目的在于，彰显国家对优良传统和高尚行为的推崇和鼓励，并从制度上对该种情况下遭受伤害的劳动者提供必要的救济途径。从该条款文义上看，这规定属于包括列举内容的概括性条款，该条款举例规定，劳动者在抢险救灾时受到伤害应被视为工伤，同时，该款概括性规定只要劳动者在维护国家利益、公共利益活动中受到伤害的就应被认定为工伤。比如：在一些地方性规定中，就直接将见义勇为行为视为工伤。

（三）劳动者原在军队服役，因战、因公负伤致残，已取得革命伤残军人证，到企业后旧伤复发的

在该种情况下，劳动者同样不是因为从事与生产劳动有关的工作发生的人身伤害事故、急性中毒事故而受到伤害。该种情况被视同工伤是为了最大限度地保障退役、转业伤残军人的权益。另外，需要说明的是，劳动者有以上第一种、第二种情形的，按照《工伤保险条例》有关规定享受工伤保险待遇；劳动者有以上第三种情形的，按照《工伤保险条例》的有关规定享受除

一次性伤残补助金以外的工伤保险待遇。

四、《工伤保险条例》规定不得认定为工伤或者视同工伤的三种情况

《工伤保险条例》第16条规定了三种不得认定为工伤或者视同工伤的情况。

（一）故意犯罪的

该种情形不得认定为工伤或者视同工伤应把握两个问题：一是劳动者必须实施故意犯罪。如果劳动者是过失犯罪，仍有可能构成工伤。比如：劳动者在吊装机器设备时因违章作业造成他人被砸身亡，自己同时也受伤，该劳动者就有可能构成重大责任事故罪。但重大责任事故罪属于过失犯罪，该劳动者所受伤害仍有可能被认定为工伤。二是必须是受伤劳动者本人实施的故意犯罪行为。如果是第三人犯罪行为致使劳动者受伤的，该劳动者所受伤害仍有可能被认定为工伤。

（二）醉酒或者吸毒的

关于醉酒或者吸毒不得认定为工伤或者视同工伤应把握几个问题：一是饮酒不等于醉酒。劳动者只有饮酒达到醉酒状态，在从事工作期间因酒精作用行为失控自身导致伤害的，才不得认定为工伤。关于醉酒的标准，相关劳动法律、法规并没有具体规定。而在《车辆驾驶人员血液、呼气酒精含量阈值与检验》第3.3条规定，饮酒驾车是指车辆驾驶人员血液中的酒精含量大于或者等于20mg/100mL，小于80mg/100mL的驾驶行为。第3.4条规定，醉酒驾车是指车辆驾驶人员血液中的酒精含量大于或者等于80mg/100mL的驾驶行为。我们认为，相关部门可以以此为标准来认定醉酒。二是吸毒在医学上称之为药物依赖或药物滥用。吸毒后，人的控制能力降低，行为往往不受约束。吸毒属于国家严厉打击的违法行为。因此，无论行为人吸食毒品的量多少，只要因吸食毒品造成自身伤害，都排除在工伤认定范围之外。三是醉酒或者吸毒应有专门机关来认定。《关于审理工伤保险行政案件若干问题的规定》第1条规定，人民法院审理工伤认定行政案件，在认定是否存在《工伤保险条例》第14条第6项"本人主要责任"、第16条第2项"醉酒或者吸毒"和第16条第3项"自残或者自杀"等情形时，应当以有权机构出具的事故责任认定书、结论性意见和人民法院生效裁判等法律文书为依据，但有相

反证据足以推翻事故责任认定书和结论性意见的除外。前述法律文书不存在或者内容不明确，社会保险行政部门就前款事实作出认定的，人民法院应当结合其提供的相关证据依法进行审查。

（三）自残或者自杀的

自残是行为人故意伤害自己身体的行为。自杀是行为人自己结束生命的行为。因行为人自残或者自杀完全是属于主观故意，其与工作没有任何关系，因此，劳动者自残或者自杀造成伤亡应排除在工伤认定的范围以外。

五、工伤认定的流程

《工伤保险条例》规定了应当认定为工伤、视同工伤以及不得认定为工伤或者视同工伤的情形。那么，当劳动者遭受伤害事故时，由谁来提出工伤认定申请呢？由谁来认定是否属于工伤呢？工伤认定要履行哪些流程呢？又要注意哪些事项呢？

下面，我们就来讨论工伤认定的流程问题：

（一）工伤认定的提出

《工伤保险条例》第17条规定，职工发生事故伤害或者按照职业病防治法规定被诊断、鉴定为职业病，所在单位应当自事故伤害发生之日或者被诊断、鉴定为职业病之日起30日内，向统筹地区社会保险行政部门提出工伤认定申请。遇有特殊情况，经报社会保险行政部门同意，申请时限可以适当延长。用人单位未按前款规定提出工伤认定申请的，工伤职工或者其近亲属、工会组织在事故伤害发生之日或者被诊断、鉴定为职业病之日起1年内，可以直接向用人单位所在地统筹地区社会保险行政部门提出工伤认定申请。

从以上规定可以看出，提出工伤认定的主体既可以是企业，也可以是工伤劳动者或者其近亲属、工会组织等。但不同主体提出工伤认定的性质、期限以及后果是完全不同的。首先，当劳动者发生事故伤害或者按照职业病防治法规定被诊断、鉴定为职业病时，其所在企业负有提出工伤认定的法定义务，如果企业未在法定期限提出工伤认定申请的，应承担相应的不利后果。而当企业不履行以上法定义务时，工伤劳动者或者其近亲属、工会组织则有权利提出工伤认定申请。其次，企业应当自事故伤害发生之日或者被诊断、

鉴定为职业病之日起 30 日内提出工伤认定申请，而工伤劳动者或者其近亲
属、工会组织可以在事故伤害发生之日或者被诊断、鉴定为职业病之日起 1
年内提出工伤认定申请。需要注意的是，工伤认定申请期限应为社会保险行
政部门受理工伤认定申请的程序性期限。超过该法定期限提出工伤认定申请
不再适用工伤认定行政程序，超过期间发生的工伤保险费用也不再从工伤保
险基金支付，但劳动者获得工伤赔偿的实体权利并不因此而丧失。对于该种
情况，劳动者仍可通过诉讼方式，要求企业进行工伤赔偿，但需注意诉讼时
效问题。最后，如果企业未提出工伤认定申请或未在规定的时间内提出工伤
认定申请的，在此期间发生符合《工伤保险条例》规定的工伤待遇等有关费
用，将会由企业全部负担。

（二）工伤认定的立案受理

工伤认定应由企业所在地的设区的市级社会保险行政部门负责办理。根
据《工伤保险条例》第 18 条规定，提出工伤认定申请应当提交下列材料：一
是工伤认定申请表；二是与企业存在劳动关系（包括事实劳动关系）的证明
材料；三是医疗诊断证明或者职业病诊断证明书（或者职业病诊断鉴定书）。
其中，工伤认定申请表应当包括事故发生的时间、地点、原因以及劳动者伤
害程度等基本情况；劳动关系证明材料主要包括劳动合同、工资支付凭证、
工牌以及其他可以证明劳动关系存在的证明材料。如果工伤认定申请人提供
材料不完整的，社会保险行政部门应当一次性书面告知工伤认定申请人需要
补正的全部材料。申请人按照书面告知要求补正材料后，社会保险行政部门
应当受理。而当企业否认与劳动者存在劳动关系时，劳动者需首先通过劳动
仲裁、诉讼方式确认劳动关系后，才能进行工伤认定。

（三）工伤认定的调查核实

社会保险行政部门受理工伤认定申请后，需要对事故伤害进行调查核实，
企业、劳动者、工会组织、医疗机构以及有关部门应当予以协助。职业病诊
断和诊断争议的鉴定，依照职业病防治法的有关规定执行。对依法取得职业
病诊断证明书或者职业病诊断鉴定书的，社会保险行政部门不再进行调查核
实。由于工伤认定涉及劳动者重要权益，按照正当程序原则，劳动部门应当
告知劳动者提出异议和证据的权利，给予劳动者发表意见和陈述的机会，并

将劳动者意见作为是否进行调查核实的重要考虑因素。其中，当劳动者或者其近亲属认为是工伤，企业不认为是工伤的，由企业承担举证责任。在这种情况下，劳动部门受理后，应向企业发出举证通知书，由企业承担否认是工伤的举证责任。

（四）工伤认定决定的作出

根据《工伤保险条例》第 20 条规定，社会保险行政部门应当自受理工伤认定申请之日起 60 日内作出工伤认定的决定，并书面通知申请工伤认定的劳动者或者其近亲属和该劳动者所在企业。社会保险行政部门对受理的事实清楚、权利义务明确的工伤认定申请，应当在 15 日内作出工伤认定的决定。作出工伤认定决定需要以司法机关或者有关行政主管部门的结论为依据的，在司法机关或者有关行政主管部门尚未作出结论期间，作出工伤认定决定的时限中止。

（五）对工伤认定不服的救济途径

根据《工伤保险条例》第 55 条规定，申请人对工伤认定不服主要包括两种情况：一是申请工伤认定的劳动者或者其近亲属、该劳动者所在企业对工伤认定申请不予受理的决定不服；二是申请工伤认定的劳动者或者其近亲属、该劳动者所在企业对工伤认定结论不服。对于以上两种情况，有关单位或者个人可以依法申请行政复议，也可以依法向人民法院提起行政诉讼。而根据《行政复议法》第 9 条规定，当事人认为工伤认定决定侵犯其合法权益的，可以自知道该具体行政行为之日起 60 日内提出行政复议申请。根据《行政诉讼法》第 44 条、第 45 条、第 46 条规定，当事人不服工伤认定决定可以先向行政机关申请复议，对复议决定不服的，再向人民法院提起诉讼；也可以直接向人民法院提起诉讼。直接向人民法院提起诉讼的，应当自知道或者应当知道作出行政行为之日起 6 个月内提出。因此，当事人就工伤认定不服在提出行政复议或行政诉讼时应特别注意相应的时效问题。

六、工伤认定后的劳动能力鉴定

劳动者出现伤亡情况，首先应进行工伤认定。工伤认定结论一经作出，如果认定劳动者属因工负伤，劳动者就可以享受报销挂号费、住院费、医疗费、药费等待遇，工伤医疗期还可领取工伤津贴。而劳动者经治疗伤情相对稳定后存在残疾、影响劳动能力的，应当进行劳动能力鉴定。劳动能力鉴定主要是对劳动功能障碍程度和生活自理障碍程度的等级鉴定。如果劳动者伤残等级评定后，则应当停发工伤津贴，改为享受伤残待遇，领取伤残抚恤金或一次性伤残补助金。

下面，我们就来具体讨论劳动能力鉴定应注意的问题：

（一）劳动能力鉴定的提出

《工伤保险条例》第23条规定，劳动能力鉴定由用人单位、工伤职工或者其近亲属向设区的市级劳动能力鉴定委员会提出申请，并提供工伤认定决定和职工工伤医疗的有关资料。

根据该规定，劳动者发生工伤，经治疗伤情相对稳定后存在残疾、影响劳动能力的，或者停工留薪期满，工伤劳动者或者其企业应当及时向设区的市级劳动能力鉴定委员会提出劳动能力鉴定申请。工伤劳动者本人因身体等原因无法提出劳动能力初次鉴定、复查鉴定、再次鉴定申请的，可由其近亲属代为提出。在实践中，一般情况，劳动者为了能够尽早得到补偿会主动申请劳动能力鉴定，但是不排除部分劳动者缺少法律意识，对国家规定认知不足，不知道还需要申请劳动能力的鉴定，不去申请劳动能力鉴定或故意不配合企业申请劳动能力鉴定。这时，企业作为用工主体有义务主动申请做劳动能力鉴定。但由于劳动能力鉴定是双方的行为，在企业已经按照规定要求劳动者进行劳动能力鉴定后，劳动者对此予以拒绝的，应视为劳动者放弃该权利。此种情况下，企业无需承担相应的责任。但企业应固定和保留相关的证据材料。

（二）劳动能力鉴定的资料及内容

根据《工伤职工劳动能力鉴定管理办法》第8条规定，申请劳动能力鉴定应当填写劳动能力鉴定申请表，并提交下列材料：①有效的诊断证明、按照医疗机构病历管理有关规定复印或者复制的检查、检验报告等完整病历材料；②工伤职工的居民身份证或者社会保障卡等其他有效身份证明原件。申请材料齐全后，最终由劳动能力鉴定委员会出具劳动能力鉴定结论通知书。劳动能力鉴定包括劳动功能障碍程度和生活自理障碍程度的等级鉴定。其中，劳动功能障碍分为十个伤残等级，最重的为一级，最轻的为十级；生活自理障碍分为三个等级：生活完全不能自理、生活大部分不能自理和生活部分不能自理。

（三）劳动能力鉴定的机构

劳动能力鉴定的机构包括省、自治区、直辖市劳动能力鉴定委员会和设区的市级劳动能力鉴定委员会。设区的市级劳动能力鉴定委员会收到劳动能力鉴定申请后，应当从其建立的医疗卫生专家库中随机抽取3名或者5名相关专家组成专家组，由专家组提出鉴定意见。设区的市级劳动能力鉴定委员会根据专家组的鉴定意见作出工伤职工劳动能力鉴定结论；必要时，可以委托具备资格的医疗机构协助进行有关的诊断。

（四）劳动能力鉴定的流程

设区的市级劳动能力鉴定委员会应当自收到劳动能力鉴定申请之日起60日内作出劳动能力鉴定结论，必要时，作出劳动能力鉴定结论的期限可以延长30日。劳动能力鉴定结论应当及时送达申请鉴定的单位和个人。申请鉴定的单位或者个人对设区的市级劳动能力鉴定委员会作出的鉴定结论不服的，可以在收到该鉴定结论之日起15日内向省、自治区、直辖市劳动能力鉴定委员会提出再次鉴定申请。省、自治区、直辖市劳动能力鉴定委员会作出的劳动能力鉴定结论为最终结论。自劳动能力鉴定结论作出之日起1年后，工伤劳动者或者其近亲属、所在单位或者经办机构认为伤残情况发生变化的，可以申请劳动能力复查鉴定。

七、工伤劳动者的保险待遇

根据《工伤保险条例》《职业病防治法》等规定，劳动者因工作遭受事故伤害或者患职业病，享受相应的工伤保险待遇。这些工伤保险待遇包括：

（一）劳动者工伤医疗费用、工伤康复费用以及伙食补助费用应从工伤保险基金支付

劳动者因工作遭受事故伤害或者患职业病进行治疗，应享受工伤医疗待遇。劳动者治疗工伤应当在签订服务协议的医疗机构就医，情况紧急时可以先到就近的医疗机构急救。治疗工伤所需费用符合工伤保险诊疗项目目录、工伤保险药品目录、工伤保险住院服务标准的，从工伤保险基金支付。工伤

保险诊疗项目目录、工伤保险药品目录、工伤保险住院服务标准，由国务院社会保险行政部门会同国务院卫生行政部门、食品药品监督管理部门等部门规定。劳动者住院治疗工伤的伙食补助费以及经医疗机构出具证明，报经办机构同意，工伤劳动者到统筹地区以外就医所需的交通、食宿费用从工伤保险基金支付，基金支付的具体标准由统筹地区人民政府规定。工伤劳动者治疗非工伤引发的疾病，不享受工伤医疗待遇，按照基本医疗保险办法处理。工伤劳动者到签订服务协议的医疗机构进行工伤康复的费用，符合规定的，从工伤保险基金支付。

（二）工伤劳动者安装辅助器具费用应从工伤保险基金支付

工伤劳动者因日常生活或者就业需要，经劳动能力鉴定委员会确认，可以安装假肢、矫形器、假眼、假牙和配置轮椅等辅助器具，所需费用按照国家规定的标准从工伤保险基金支付。

（三）工伤劳动者停工留薪期内的工资福利等由所在企业支付，评定伤残等级后，享受伤残待遇

劳动者因工作遭受事故伤害或者患职业病需要暂停工作接受工伤医疗的，在停工留薪期内，原工资福利待遇不变，由所在企业按月支付。停工留薪期一般不超过 12 个月。伤情严重或者情况特殊，经设区的市级劳动能力鉴定委员会确认，可以适当延长，但延长不得超过 12 个月。工伤劳动者评定伤残等级后，停发原待遇，按照《工伤保险条例》有关规定享受伤残待遇。工伤劳动者在停工留薪期满后仍需治疗的，继续享受工伤医疗待遇。

（四）工伤劳动者停工留薪期内的护理由所在企业负责，评定伤残等级后需要护理的从工伤保险基金中支付

生活不能自理的工伤劳动者在停工留薪期需要护理的，由所在企业负责。工伤劳动者已经评定伤残等级并经劳动能力鉴定委员会确认需要生活护理的，从工伤保险基金按月支付生活护理费。生活护理费按照生活完全不能自理、生活大部分不能自理或者生活部分不能自理 3 个不同等级支付，其标准分别为统筹地区上年度职工月平均工资的 50%、40% 或者 30%。

（五）劳动者因工致残被鉴定为一级至四级伤残的，保留劳动关系，退出工作岗位，享受以下待遇：

（1）从工伤保险基金按伤残等级支付一次性伤残补助金，标准为：一级伤残为 27 个月的本人工资，二级伤残为 25 个月的本人工资，三级伤残为 23 个月的本人工资，四级伤残为 21 个月的本人工资。

（2）从工伤保险基金按月支付伤残津贴，标准为：一级伤残为本人工资的 90%，二级伤残为本人工资的 85%，三级伤残为本人工资的 80%，四级伤残为本人工资的 75%。伤残津贴实际金额低于当地最低工资标准的，由工伤保险基金补足差额。

（3）工伤劳动者达到退休年龄并办理退休手续后，停发伤残津贴，按照国家规定享受基本养老保险待遇，基本养老保险待遇低于伤残津贴的由工伤保险基金补足差额。

（4）劳动者因工致残被鉴定为一级至四级伤残的，由企业和职工个人以伤残津贴为基数，缴纳基本医疗保险费。

（六）劳动者因工致残被鉴定为五级、六级伤残的，享受以下待遇：

（1）从工伤保险基金按伤残等级支付一次性伤残补助金，标准为：五级伤残为 18 个月的本人工资，六级伤残为 16 个月的本人工资。

（2）保留与企业的劳动关系，由企业安排适当工作。难以安排工作的，由企业按月发给伤残津贴，标准为：五级伤残为本人工资的 70%，六级伤残为本人工资的 60%，并由企业按照规定为其缴纳应缴纳的各项社会保险费。伤残津贴实际金额低于当地最低工资标准的，由企业补足差额。

（3）经工伤劳动者本人提出，该劳动者可以与企业解除或者终止劳动关系，由工伤保险基金支付一次性工伤医疗补助金，由企业支付一次性伤残就业补助金。一次性工伤医疗补助金和一次性伤残就业补助金的具体标准由省、自治区、直辖市人民政府规定。

（七）劳动者因工致残被鉴定为七级至十级伤残的，享受以下待遇：

（1）从工伤保险基金按伤残等级支付一次性伤残补助金，标准为：七级伤残为 13 个月的本人工资，八级伤残为 11 个月的本人工资，九级伤残为 9 个月的本人工资，十级伤残为 7 个月的本人工资。

（2）劳动、聘用合同期满终止，或者劳动者本人提出解除劳动、聘用合同的，由工伤保险基金支付一次性工伤医疗补助金，由企业支付一次性伤残就业补助金。一次性工伤医疗补助金和一次性伤残就业补助金的具体标准由省、自治区、直辖市人民政府规定。

（八）劳动者因工死亡，其近亲属按照下列规定从工伤保险基金领取丧葬补助金、供养亲属抚恤金和一次性工亡补助金：

（1）丧葬补助金为6个月的统筹地区上年度职工月平均工资。

（2）供养亲属抚恤金按照劳动者本人工资的一定比例发给由因工死亡劳动者生前提供主要生活来源、无劳动能力的亲属。标准为：配偶每月40%，其他亲属每人每月30%，孤寡老人或者孤儿每人每月在上述标准的基础上增加10%。核定的各供养亲属的抚恤金之和不应高于因工死亡劳动者生前的工资。供养亲属的具体范围由国务院社会保险行政部门规定。

（3）一次性工亡补助金标准为上一年度全国城镇居民人均可支配收入的20倍。

以上是工伤劳动者的工伤保险待遇。需要注意的是，并非所有的用工关系都纳入工伤保险的适用范畴。《工伤保险条例》第2条规定，中华人民共和国境内的企业、事业单位、社会团体、民办非企业单位、基金会、律师事务所、会计师事务所等组织和有雇工的个体工商户应当依照本条例规定参加工伤保险，为本单位全部职工或者雇工缴纳工伤保险费。因此，只有以上用工主体为劳动者缴纳工伤保险，才纳入工伤保险的适用范畴。而对于非法用工单位，比如：无营业执照或者未经依法登记、备案的单位以及被依法吊销营业执照或者撤销登记、备案的单位受到事故伤害或者患职业病的职工，或者企业使用童工造成的伤残、死亡童工的，该类单位无法通过工伤保险进行赔付，而只能比照《工伤保险条例》规定的标准向伤残职工或者死亡职工的近亲属、伤残童工或者死亡童工的近亲属给予一次性赔偿。

八、工伤赔偿与侵权赔偿是否可以同时适用

劳动者在工作中因第三人侵权发生工伤的情况时有出现，比如：劳动者在上下班途中发生交通事故受伤。如果劳动者是因为受到非本人主要责任的

交通事故或者城市轨道交通、客运轮渡、火车事故伤害的，应被认定为工伤，并享受工伤保险待遇。而同时，劳动者发生交通事故一般也是由于第三人侵权行为造成的，按照《民法典》侵权责任编的相关规定，劳动者也可以向第三人主张侵权赔偿。那么，在这种情况下，工伤保险待遇与第三人侵权赔偿是否可以同时适用呢？如果能够同时适用，适用的范围又应当如何确定呢？

下面，我们就来讨论这个问题：

最高人民法院《关于审理人身损害赔偿案件适用法律若干问题的解释》第3条规定，依法应当参加工伤保险统筹的用人单位的劳动者，因工伤事故遭受人身损害，劳动者或者其近亲属向人民法院起诉请求用人单位承担民事赔偿责任的，告知其按《工伤保险条例》的规定处理。因用人单位以外的第三人侵权造成劳动者人身损害，赔偿权利人请求第三人承担民事赔偿责任的，人民法院应予支持。最高人民法院《关于审理工伤保险行政案件若干问题的规定》第8条第3款规定，职工因第三人的原因导致工伤，社会保险经办机构以职工或者其近亲属已经对第三人提起民事诉讼为由，拒绝支付工伤保险待遇的，人民法院不予支持，但第三人已经支付的医疗费用除外。

根据以上规定，因企业以外的第三人侵权造成劳动者人身损害的，劳动者既有权要求第三人承担民事赔偿责任，也有权要求享受工伤保险待遇。以上司法解释之所以这样规定是因为，在第三人侵权引发的工伤事故中，存在民事侵权赔偿与工伤保险赔偿的竞合，虽然两者都是因第三人侵权引发的，但两者之间的法律性质以及承担赔偿的主体、相应的法律基础均不同，故工伤事故中的劳动者既可以依法得到民事赔偿，也可依法获取工伤保险待遇，两者之间不能相互替代。而通过检索相关案例所反映的情况，我们可以看到法院在面对工伤赔偿与第三人侵权赔偿竞合案件时，基本上对当事人主张工伤赔偿和侵权赔偿的行为也是予以认可的。但在具体的赔偿认定上，多数法院认为，在造成劳动者死亡的情况下，劳动者的家属可以在一次性工亡补助金和侵权造成的死亡赔偿金上兼得，而在生前治疗过程中产生的医疗费、营养费、交通费、误工费、鉴定费、护理费等费用上则不能兼得。在造成劳动者伤残的情况下，劳动者可以在一次性伤残补助金和伤残赔偿金上兼得，同样在劳动者治疗期间产生的各种费用，如医疗费、营养费、交通费、误工费、鉴定费、护理费则不能兼得。可以看出，该种赔偿模式基于两方面考虑：一方面是强调对弱势劳动者的倾斜性保护，使劳动者的损害能够得到全面补偿；另一方面是防止劳动者因工伤而获得额外收益，避免道德风险。

　　本章我们关于企业劳动用工合规的探讨就告一段落。劳动用工合规是企业合规管理的重点领域。企业劳动用工不合规行为，不仅将有可能引发劳动用工纠纷，企业还将面临行政处罚，甚至是承担刑事责任的风险。这必将影响到企业的生产经营活动以及社会声誉。因此，企业应重视劳动用工的合规管理，避免或最大限度减少劳动用工不合规行为。

第四章

企业合同管理的合规要求与法律风险防范

　　合同贯穿于企业经营活动的每个环节，从企业的设立到企业解散终止，从企业的内部管理到企业的对外经营活动。然而只要有合同，就会有合同风险。事实上，企业最常遇到的风险就是合同风险，而当合同风险转化为现实纠纷时，企业不仅要花费大量的人力、物力、财力，有时还要承担相当不利的法律后果。企业合同管理就是通过设立合同管理部门，制定合同管理制度等一系列管理措施，来规范合同行为、降低合同风险并实现企业经营目标。本章我们就来讨论企业合同管理的合规要求与法律风险防范。

第一节　合同审核的合规要求与法律风险防范

　　在合同审核过程中，审核人员一般会重点关注合同主体是否适格、合同是否有效、合同条款是否齐备、合同条款表述是否准确、合同条款是否符合相关合同法规的规定、合同条款是否能实现合同目的，等等。而按照合规管理的要求，审核人员还应关注合同条款是否违反企业章程规定、企业规章制度以及相关的行业准则、国际条约、规则、标准等；审核人员不仅要审核合同条款是否符合相关合同法规的规定，还要关注反商业贿赂、反垄断、反不正当竞争、安全环保、产品质量、进出口管制、经济制裁等合规事项，以及合同条款是否存在其他合规事项安排；另外，审核人员不仅要关注合同的内容合规，还应关注合同的形式合规。本节，我们就来讨论合同审核的合规要求与法律风险防范。

一、合同审核前的准备工作

　　在合同审核之前，审核人员应充分了解待审合同的背景和目的、企业所处的合同地位、合同的类型以及所对应的审核要点。在此基础上，审核人员才能有的放矢地审核合同。

下面，我们就来具体介绍合同审核前的准备工作：

（一）合同审核之前，审核人员应当了解待审合同的背景和合同目的

合同审核有两个基本目标：一是帮助企业顺利实现交易目的；二是防范交易风险。审核人员只有根据合同的背景和交易目的才能判断合同的性质、交易步骤、交易方式、可能存在的风险点、如何规避或降低风险等问题。而如果审核人员仅凭借自身已有经验来判断合同的风险点，就很容易造成所修改的合同偏离企业需求，也达不到降低合同风险的作用。因此，在进行合同审核前，审核人员应该主动向商务人员了解本次交易的背景和交易目的乃至本次交易的商业及技术特点，然后才可对合同进行审核、修改。

（二）合同审核之前，审核人员应当了解双方的合同地位

合同是平等主体之间设立、变更、终止民事权利义务关系的协议。但主体身份上的平等并不代表主体资金实力、供求关系、市场地位上的平等。在审核合同之前，审核人员应充分了解企业在本合同中所处的地位，并根据企业合同地位设定审核方案。比如：如果企业处于合同强势地位，就要尽可能用好这种优势，设定对企业更为有利的条款；而如果企业处于合同弱势地位，审核人员一方面要尽可能为企业争取公平的合同条款，另一方面要明确向企业告知存在的重大风险点，由企业合同主管部门最终决策，并提示业务部门在合同履行中加以规避。

（三）合同审核之前，审核人员应当准确判断合同类型

对于任何需要审核的合同，不论合同的标题如何表述，都应当通过了解合同的背景和目的、阅读合同的条款，来准确把握合同的类型以及所涉及的法律关系，以确定该合同所适用的法律法规以及该类合同所对应的审核要点。

（四）合同审核之前，审核人员应当收集、梳理该类合同所对应的审核要点

当我们确定了合同类型后，应尽量收集、梳理该类合同的审核要点。一般情况下，可以通过以下几种方式收集：

（1）审核人员应注意全面收集与待审合同相关的规范。这主要包括：法

律法规、监管规定、行业准则和国际条约、规则、标准，以及企业章程、规章制度等。尤其是企业章程、规章制度，这较容易被审核人员忽视，但往往在该类规范中就有对某类交易行为的限制性或禁止性规定。

（2）审核人员应关注相关司法解释。比如：买卖合同、建设施工合同、矿业权合同、房屋租赁合同等，相关司法解释对合同的制定起到重要指导作用。

（3）通过裁判文书的争议焦点梳理审核要点。裁判文书内容都是真实发生的案例，其中产生争议纠纷的问题必然是该类合同应当关注的问题。因此，审核人员可以通过查阅一定数量的裁判文书，梳理该类合同的争议焦点以及法官对焦点问题的司法观点，来提前预防该类合同的风险或至少对风险发生的结果作出预判。

（4）通过合同范本来梳理审核要点。很多合同类型已经形成了较为权威的合同范本。比如：国家合同示范文本、行业推荐的示范合同文本、大型企业的合同范本等，审核人员可以通过研究这类合同范本梳理出相应的审核要点。

（5）通过网络搜索审核要点。互联网上相关合同类型的审核要点，有些是审核人员或法务人员在实践基础上总结出来的经验。审核人员可以甄别参考适用。

综上，在合同审核之前，审核人员应了解待审合同的背景和目的、合同各方地位、合同的类型、合同法律关系以及合同的审核要点。在充分了解以上信息后，审核人员才能进入合同的实质审核阶段，为避免合同风险奠定基础。

二、合同的实质审核——合同效力的审核

根据《民法典》规定，合同的效力可分为四类：有效的合同；无效的合同；可撤销的合同；效力待定的合同。其中，后三种属于效力瑕疵合同。《民法典》明确规定了效力瑕疵合同的情形以及处理规则。另外，《民法典》合同编还对一些具体合同类型的效力进行了规定。要确保签订的合同合法有效，合同审核人员就要全面清晰地了解效力瑕疵合同及其法律后果。

下面，我们就来梳理民法典关于效力瑕疵合同的一般规定，在合同审核

实务中识别相关风险：

（一）无效的合同

（1）无民事行为能力人实施的民事法律行为无效。

（2）行为人与相对人以虚假的意思表示实施的民事法律行为无效。

（3）违反法律、行政法规的强制性规定的民事法律行为无效。但是该强制性规定不导致该民事法律行为无效的除外。违背公序良俗的民事法律行为无效。

（4）行为人与相对人恶意串通，损害他人合法权益的民事法律行为无效。

（5）合同中的下列免责条款无效：一是造成对方人身损害的；二是因故意或者重大过失造成对方财产损失的。

对于无效的合同，自始无效、当然无效。行为人因该行为取得的财产，应当予以返还；不能返还或者没有必要返还的，应当折价补偿。有过错的一方应当赔偿对方由此所受到的损失；各方都有过错的，应当各自承担相应的责任。法律另有规定的，依照其规定。

（二）可撤销的合同

合同有效的一个前提是签约各方意思表示真实。现实中却多发意思表示不真实不完整的情形，法律汇总了下列情况，赋予可撤销权：

（1）基于重大误解实施的民事法律行为，行为人有权请求人民法院或者仲裁机构予以撤销。

（2）一方以欺诈手段，使对方在违背真实意思的情况下实施的民事法律行为，受欺诈方有权请求人民法院或者仲裁机构予以撤销。

（3）第三人实施欺诈行为，使一方在违背真实意思的情况下实施的民事法律行为，对方知道或者应当知道该欺诈行为的，受欺诈方有权请求人民法院或者仲裁机构予以撤销。

（4）一方或者第三人以胁迫手段，使对方在违背真实意思的情况下实施的民事法律行为，受胁迫方有权请求人民法院或者仲裁机构予以撤销。

（5）一方利用对方处于危困状态、缺乏判断能力等情形，致使民事法律行为成立时显失公平的，受损害方有权请求人民法院或者仲裁机构予以撤销。

对于可撤销的合同，撤销前有效，撤销后失去法律约束力。行为人因该行为取得的财产，应当予以返还；不能返还或者没有必要返还的，应当折价补偿。有过错的一方应当赔偿对方由此所受到的损失；各方都有过错的，应当各自承担相应的责任。法律另有规定的，依照其规定。但需注意的是，为维护合同的稳定性，当事人的撤销权必须在法定期限内行使，在法定期限内不行使，相应的撤销权消灭。《民法典》第152条规定了撤销权消灭的期限：①当事人自知道或者应当知道撤销事由之日起1年内、重大误解的当事人自知道或者应当知道撤销事由之日起90日内没有行使撤销权；②当事人受胁迫，自胁迫行为终止之日起1年内没有行使撤销权；③当事人知道撤销事由后明确表示或者以自己的行为表明放弃撤销权。当事人自民事法律行为发生之日起5年内没有行使撤销权的，撤销权消灭。

（三）效力待定的合同

（1）限制民事行为能力人实施的纯获利益的民事法律行为或者与其年龄、智力、精神健康状况相适应的民事法律行为有效；实施的其他民事法律行为经法定代理人同意或者追认后有效。

（2）无权代理人以被代理人的名义订立合同，被代理人已经开始履行合同义务或者接受相对人履行的，视为对合同的追认。

对于效力待定的合同，既非有效，也非无效，合同效力有待相关主体确定。另外，《民法典》还规定表见代理行为、越权订立合同行为、超越经营范围订立合同行为等，一般会被认定为有效合同，该三种情况应与效力待定合同予以区别。

以上，我们梳理了《民法典》关于效力瑕疵合同的几种情形。审核人员应当依据以上规定，审核一般合同类型的法律效力。另外，针对具体的合同类型，《民法典》合同编等可能会作出具体的规定，这就需要审核人员关注具体合同类型的特别规定。

三、合同的实质审核——类型审核

合同标题一般就体现合同的类型，《民法典》规定了19类典型合同。《民法典》针对各类合同特点，对相关典型合同作出了指导性的规定，这主要包括：合同的定义、合同应采取的形式、合同的主体资格、合同的主要内容、合同的主要条款、合同当事人的权利和义务、合同责任以及违约责任承担等内容。审核人员应该通过分析交易的实质法律关系，来准确确定具体合同的类型名称，避免发生合同名称与所签合同内容不一致、合同内容与实际履行内容不一致的情况。比如：将实为建设工程合同约定为一般的承揽合同；将实为买卖合同约定为技术合同等。如果审核人员将合同标题设定错误，而该合同类型又非企业希望履行的合同，就会造成双方意思表示乃至合同履行和法律适用上的混乱，为纠纷的产生埋下风险隐患。比如：建设工程合同与一般的承揽合同性质十分相似，但建设施工合同属于特殊类型的承揽合同，需要签订书面协议、有的需要履行招投标程序、施工的承包方还需要有专业的资质等。另外，建设施工合同有专门的《建筑法》以及相应司法解释等予以规范。因此，如果审核人员将实为建设施工合同的名称设定为一般的承揽合同，就会人为地降低对该类合同的要求。当然，一些施工合同的主体故意将合同名称设定为承揽合同，以此来规避法律对建设工程合同的特殊要求。在司法实践中，这样操作一般并不会起到规避法律规定的作用，法官通常会根据合同的具体内容及履行情况来确定合同的性质。但毕竟合同类型错误也会给双方纠纷解决制造麻烦，增加司法审判结果的不确定性。

综上，在审核合同时，审核人员一定要依据合同目的和合同内容设定正确的合同类型，确定恰当的合同标题。

四、合同的实质审核——合同主体审核

在合同的实质审核阶段，对合同主体的审核是必不可少的。下面，我们就来介绍这一阶段对合同主体的一般审核要点：

（一）合同主体的资格审核

在合同签订时，通常会出现几类主体：自然人、集团公司、总公司、分公司、母公司、子公司、公司内部职能部门、合伙企业、合伙企业的合伙人、个人独资企业、个人独资企业的投资人等。我们首先要审核哪些主体具备签订合同的资格。比如：公司内部职能部门、合伙企业的合伙人以及个人独资企业的投资人都不应直接成为签订合同的主体；被吊销或者注销的企业不应再对外签订合同等。综上，相关主体只有具备签约资格，才能使得合同具有

合法性、可履行性及可救济性。

（二）合同主体的资质审核

对于一些特殊合同类型，合同主体需要具备法定的经营资质以及相应的资质等级。当签订该类合同的主体不具备资质时，不仅合同本身会被认定为无效，还会加大工作成果出现质量问题的风险，进而造成合同主体承担违约责任、侵权责任，或导致合同主体遭受行政处罚，乃至承担刑事责任。因此，在审核合同时，审核人员应审核合同主体是否需要特定资质，例如：建设工程施工合同的承包人，应取得建筑施工企业资质以及相应资质等级；合作开发房地产合同的当事人，至少其中一方应具备房地产开发经营资质；从事食品生产、食品流通、餐饮服务，应当依法取得食品生产许可、食品流通许可、餐饮服务许可；金融类委托理财合同的受托人，应具备金融类委托理财资质；从事期货经纪业务，或从事期货交易的，应具备相应法定资格等。

（三）合同签订主体与履约主体的一致性审核

签订合同就是一个设定权利义务的过程。一个法理前提是人（包括自然人及法人）只有权处分自身权利、义务，而不能为他人设定义务，这就是合同的签约主体及履约主体要一致的合规要求。我们来举例说明，比如：在建设施工合同中，挂靠人以被挂靠建设施工单位的名义签订合同，挂靠人实际施工。即便该类合同约定得如何完善，也会被认定为无效合同；再比如：买卖合同由集团公司签署，而由下属公司实际履行，合同主体也可能因未全面履行合同而存在承担违约责任的风险。

（四）合同主体的关联性审核

《公司法》第21条规定，公司的控股股东、实际控制人、董事、监事、高级管理人员不得利用其关联关系损害公司利益。《公司法》第216条第4项规定，关联关系，是指公司控股股东、实际控制人、董事、监事、高级管理人员与其直接或者间接控制的企业之间的关系，以及可能导致公司利益转移的其他关系。另外，《中华人民共和国企业国有资产法》等法规还对其他特定领域关联关系进行了界定。具有关联关系的主体签订交易合同应符合法律的规定，否则，相关合同可能会被认定为无效，相关交易行为也有可能被认为是违法行为而致使合同主体遭受行政处罚，乃至承担刑事责任。因此，在审核合同时，审核人员应审核合同主体是否为关联方、关联交易是否合规。审核内容主要包括：一是签约方是否为关联方；二是关联交易的价格是否公允；三是关联交易是否存在违法目的。比如：转移资产、逃避债务、偷逃税款等；四是关联交易是否履行法定程序。比如：公司担保行为、借贷行为是否经过股东会或董事会决议，关联方是否履行回避义务等；五是关联交易是否违反特定领域规范要求。比如：上市公司关联交易规则等。

（五）合同主体的履约能力审核

合同主体履约能力不足，可能导致履行超期、工作成果质量出现问题、安全出现隐患，进而导致合同主体承担违约责任、侵权责任，乃至遭受行政处罚、承担刑事责任。比如：合同签订一方对自身支付合同价款能力有过高的估计，或者经营过程中财务情况发生重大变化，就有可能造成支付价款延缓或无法支付的情况出现；合同签订一方过高地估计了自身的生产能力和技术水平，或者本身就没有相应的生产能力和技术水平的情况下，盲目签订相应的合同，就可能基于无法满足合同要求而出现履约不能的情况，等等。因此，审核人员应考察合同各方主体的履约能力，识别合同签订后是否能够顺利履行的风险。

以上是对合同主体的一般审核要点。而对于重大、复杂合同，企业还应该对合同主体进行必要的尽职调查。关于对合同主体尽职调查的方法、内容、分析以及应用等问题，我们将在本书第五章进行专节讨论。

五、合同的实质审核——"鉴于"条款

"鉴于"条款又称为"叙述性条款"。合同中的"鉴于"条款，主要是陈述合同所依赖的重大事实背景、各方签订合同的初衷以及希望实现的合同目的等内容。

虽然"鉴于"条款未在合同正文中出现，但是"鉴于"条款对我们了解合同背景、合同目的提供了相应的依据。更重要的是当合同双方一旦发生争议时，"鉴于"条款将可能起到重要的证明作用。比如：《民法典》第563条第1款第1、4项规定，下列情形当事人可以解除合同：①因不可抗力致使不

能实现合同目的；②当事人一方迟延履行债务或者有其他违约行为致使不能实现合同目的。以上均提到了合同的目的，而在很多合同中，因合同结构的需要，一般不会在合同正文中陈述合同的目的，而是将合同的目的在"鉴于"条款中予以体现。因此，"鉴于"条款就可能成为判断合同目的的重要依据；再比如：在"鉴于"条款中，一般会表述合同主体的资格情况。而如果该表述内容与实际情况不符，相关合同主体就有可能要承担违约责任。综上，在稍微复杂的合同中，为避免发生争议或举证上的困难，可在合同开篇约定"鉴于"条款。

下面，我们就来讨论"鉴于"条款的审核要点：

（1）"鉴于"条款主要陈述的是签订合同的背景与合同目的，因此，不应涉及合同各方具体的权利和义务等实质性条款。

（2）"鉴于"条款对合同背景的表述应该是基于客观事实，因此，审核人员应该审核相关表述的真实性。比如："鉴于"条款陈述，甲乙双方已经于2018年5月5日签订了《股权转让协议》。那么，审核人员就应该审核该《股权转让协议》是否已经签订，是否由甲乙双方签订，是否于2018年5月5日签订以及签订的内容等事项。

（3）"鉴于"条款对合同背景的表述应与合同正文有关联性，否则，该表述没有实质意义。

（4）"鉴于"条款对合同目的的表述应当简要、明确，且与合同正文约定的实质性条款一致，与实际履行的合同目的一致。比如："鉴于"条款陈述本合同的目的是投资入股，而在正文中却体现的是民间借贷，合同前后自相矛盾，为争议的产生埋下隐患。

（5）"鉴于"条款还要力求简练，无需面面俱到，只限合同背景及目的的重要陈述内容即可。

六、合同的实质审核——标的条款

合同标的是合同法律关系的客体，是合同当事人权利和义务共同指向的对象。合同标的是整个合同的核心，合同的全部条款均是围绕合同标的来设定的，没有了合同标的，就没有了合同履行的对象，该合同就无法实际履行，也没有实际意义。

下面，我们就来讨论合同标的条款的审核要点：

（一）审核合同标的条款是否准确

根据传统民法理论，合同标的包括物、行为以及工作成果。比如：买卖合同的标的就是所买卖的有形物或无形物；运输合同、劳务合同、保管合同、仓储合同的标的就是相应的行为；而建设工程合同、加工承揽合同一般是完成的工作成果，等等。审核人员应根据不同的合同类型确定该类合同标的属于物、行为，还是工作成果，并在合同中准确表述。

（二）审核合同标的条款是否完整

除了应准确以外，合同标的条款还应该完整。审核人员应根据合同目的来审核合同标的的完整性。比如：在审核地质勘探施工合同时，甲方的合同目的是获得地质成果，那么，合同标的的内容除了应表述施工行为以外，还应明确约定获得地质报告的内容。

（三）审核合同标的是否符合国家产业指导目录

在投资领域，国家相关部门将外商投资中国产业分为鼓励投资类、限制投资类以及禁止投资类。对于限制投资类需要相应的行政审批才能够投资。而对于禁止投资类，外商就无法在华进行投资；再比如：在进口固体废物领域，国家相关部门也制定了允许进口、限制进口以及禁止进口的目录。

（四）审核合同标的是否违反他国进出口管制规定

企业在开展进出口贸易时，要符合相关国际组织、相关国家进出口管制的国际条约、法律法规。企业在帮助合作伙伴进行采购、销售、提供服务时，也应考察合作伙伴是否属于受限实体清单或拒绝人清单范围内，所提供交易行为是否违反相应进出口管制的规定。

（五）审核合同标的是否存在经济制裁限制

企业在开展进出口贸易时，要考察交易标的是否违反相关国际组织、相关国家经济制裁限制。企业在帮助合作伙伴进行采购、销售、提供服务时，也应考察合作伙伴是否属于受经济制裁清单或拒绝人清单范围内，所提供交易行为是否违反相应的经济制裁规定。

（六）审核交易行为是否存在洗钱风险

所谓洗钱是将违法、犯罪所得通过各种形式转换为形式合法所得的行为。在实践中，一些违法犯罪分子通过虚假交易合同进行洗钱是一种常用方式。审核人员应注意审核交易合同的真实性、合法性、交易资金来源等事项，预防交易伙伴利用交易进行洗钱的违法犯罪活动。

（七）审查交易行为是否存在垄断风险

垄断是指在生产、销售、提供特定产品或服务时，相关主体违法排除、限制市场竞争，进行独占或联合控制的行为。《反垄断法》规定的垄断行为包括经营者达成垄断协议，经营者滥用市场支配地位，具有或者可能具有排除、限制竞争效果的经营者集中。在合同审核时，审核人员应重点考察：第一，是否签署排除、限制竞争的协议、决定或者其他协同行为。比如：固定或者变更商品价格，限制商品的生产数量或者销售数量，分割销售市场或者原材料采购市场，限制购买新技术、新设备或者限制开发新技术、新产品，联合抵制交易等。第二，是否存在滥用市场支配地位，排除、限制竞争的行为。比如：以不公平的高价销售商品或者以不公平的低价购买商品，没有正当理由，以低于成本的价格销售商品，没有正当理由，拒绝与交易相对人进行交易，没有正当理由，限定交易相对人只能与其进行交易或者只能与其指定的经营者进行交易等。第三，审查交易行为是否为经营者集中，比如：经营者合并，经营者通过取得股权或者资产的方式取得对其他经营者的控制权，经营者通过合同等方式取得对其他经营者的控制权或者能够对其他经营者施加决定性影响等。如果是经营者集中，是否进行过有效申报、是否约定经营者申报风险分配条款等。

（八）审核交易标的是否存在知识产权法律障碍及侵权风险

在知识经济时代，全社会都越来越重视对知识产权的保护。在签订合同时，企业不仅要关注对自身知识产权保护，还要预防对其他主体知识产权的侵害。比如：对于合同相对人提供的涉知识产权产品或服务，就要关注相关知识产权是否为自有、是否经过授权、是否可以转让、侵权行为的处理等事项。

综上，在审核合同标的时，审核人员不仅要关注合同标的是否完整、准确，还应关注合同标的是否违反法律法规、监管规定、行业准则和国际条约、规则、标准，以及企业章程、规章制度等，以此来判断合同目的实现的可能性以及合同主体遭受行政处罚、被列入实体清单或被拒绝人名单、遭受国际制裁乃至承担刑事责任的可能性。

七、合同的实质审核——数量条款

数量条款是合同中不可缺少的条款。按照约定数量交货或者提供服务是合同主体的基本义务。如果不明确数量条款，就无法明确实际的交易量，也无法确定相应的交易价款。因此，虽然数量条款在合同中所占篇幅不大，但其重要性却不言而喻。

下面，我们就来讨论合同数量条款审核的要点：

（一）审核数量条款是否完整

数量条款不仅包括标的物的数量、重量、体积、容积等，还包括相对应的度量单位。尤其在国际贸易中，各国的度量单位各有不同，审核人员一定要重点审核合同所使用的度量单位，防止因意思表述不一致而带来的争议。另外，我们建议，在合同中明确约定度量单位换算的方式，以免产生不必要的纠纷。

（二）审核数量条款是否明确

在实践中，经常会出现由于合同标的物的数量约定不明确而产生的纠纷。数量是对合同标的物的计量要求。在签订合同时，当事人双方要对计量单位、计算方法以及变动幅度等内容作出明确具体的约定，应避免使用含义笼统的字眼。比如：将标的物数量写成"一车""一捆"等，都很容易产生纠纷。

（三）审核数量的计算方法是否存在歧义

一些无法直接用数字表述数量的合同，双方可以通过约定一种数量计算方法来确定数量。但如果双方对该数量计算方法条款理解不一致，就容易发生纠纷。对于可能存在歧义的数量计算方法，我们建议要以举例的方式进行必要的说明。

八、合同的实质审核——质量条款

质量条款是双方约定合同标的应达到的品质要求，是履行标的的重要属性。在合同中明确约定质量条款，既可以督促合同主体按照质量标准全面、恰当履行合同，也可以在出现纠纷时有据可判。下面我们就来讨论合同质量条款的审核要点。

（一）产品或服务的质量标准要求

《产品质量法》第12条规定，产品质量应当检验合格，不得以不合格产品冒充合格产品。产品验收合格就是产品质量要达到相应的质量标准。产品质量标准包括：国际标准、国家标准、行业标准和企业标准等。在合同审核时，要关注质量标准以及质量等级条款是否具体、准确。

（二）产品或服务的安全要求

合同一方提供产品或服务不符合安全要求，可能导致合同违约、产品侵权，甚至遭受行政处罚，乃至承担刑事责任。因此，在合同审核时，同样应关注安全标准以及安全等级条款是否具体、准确。

（三）产品或服务的环保要求

合同一方提供产品或服务不符合环境保护要求，可能导致企业遭受项目停滞损失、额外环保费用支出，甚至承担环境损害赔偿责任、遭受行政处罚等风险。因此，在合同审核时，还应考虑对产品或服务的环保要求。比如：建筑施工类合同中，就应包括建筑项目从设计、施工、验收、维护、运营各环节的环保要求；在汽车销售合同中，就应包括对车辆尾气排放标准的要求，等等。

九、合同的实质审核——合同价款

合同价款是合同约定用以支付合同履约方按照合同要求完成合同内容时的价款。合同价款条款是合同的核心条款，也是最易出现争议纠纷的条款。

下面，我们就来讨论合同价款条款的审核要点：

（一）审核合同价款是否违反《价格法》《反垄断法》等法律、法规的规定

根据《价格法》规定，商品或服务包括市场调节价、政府指导价、政府定价。对于适用市场调节价商品或服务，应审核是否存在操纵市场价格情况、是否存在价格倾销情况、是否存在哄抬价格情况、是否存在诱骗销售情况、是否存在价格歧视情况等。对于适用政府指导价或政府定价商品或服务，应审核是否符合政府指导或确定价格区间及浮动幅度，是否履行必要的听证、论证、公布程序等。另外，还应审核合同定价是否违反《反垄断法》的规定，比如：是否形成垄断协议，是否滥用市场支配地位等。

（二）审核价款的数额表述是否准确、完整

价款支付数额包括数字和单位两部分。对于数字一般要分别书写大小写，大小要确保一致，分期付款总额与合同总金额要保存一致；而单位要书写成人民币，不能简单写成元。如使用外币结算，要明确书写外币种类，换算方式等内容。另外，要明确表述所支付的价款是税后价款还是税前价款，税务承担主体等内容。

（三）审核所采用的价款支付方式是否恰当

价款的支付方式有多种，我们常见的支付方式包括：一次性付款、分期付款、先付后货、先货后付等模式，这些方式可以单独使用也可以组合使用。在选择支付方式时，主要考虑几个因素：一是要能够实现交易目的；二是要权衡双方的合同地位；三是要考虑支付方的资金实力和信誉；四是要有效降低交易风险等。比如说：对于一次性付款，通常适用于合同期限较短且交易相对方没有后续合同义务的合同，以及履约风险较小的合同；而对于分期付款，一般适用于合同期限较长，合同相对人需要履行后续合同义务的合同，或者履约风险较大的合同，等等。

（四）审核合同价款支付时间和期限约定是否恰当

对于分期付款方式，我们需要综合考虑付款的时间节点以及每次付款的比例。付款时间节点可包括：一是合同生效的时间；二是合同经相关管理部门批准、登记、备案的时间；三是标的物交付的时间；四是标的物验收合格的时间；五是质量保证期届满的时间等。而关于付款的比例问题，可根据该

时间节点风险的大小来设定。我们以股权转让价款支付为例，股权转让合同的节点可包括：合同生效、履行公司内部手续、办理变更登记手续、交接公司公章证照等阶段。其中履行公司内部手续时，其他股东有可能行使优先购买权，该股权交易行为可能就此终止；同样，办理股权变更登记手续是股权转让的标志性行为，如转让方怠于配合履行转让手续，股权转让行为将受到很大阻碍。因此，该两个阶段的履约风险较大。与前述两阶段相比，合同一般在签订时就生效，而公章证照交接一般仅是附随义务。因此，该两阶段风险都相对较小。通过以上分析，我们就可以将付款比例设定为2:3:3:2，或者1:4:4:1等，这样就可以有效降低股权受让方的风险，并能促使股权转让方尽快履行合同。

（五）审核价款支付形式是否有利、有效、安全

价款支付形式包括：现金支付、汇拨支付、转账支付、有价证券支付、实物等多种方式。由于每种支付方式有自己的优缺点，审核人员应根据企业的需求以及合同地位进行选择，并在合同中明确约定。比如：采用汇票支付，就应审核采用的是商业汇票、还是银行汇票。一般银行汇票就要比商业汇票拒付风险小得多。还需要审核汇票期限，一年期汇票显然要比半年期汇票拒付风险大，且财务损失也会更大。另外，审核人员应关注支付主体以往的履约情况。比如：通过网络查询，发现价款支付方存在票据纠纷，就应考虑是否再采用汇票支付的方式，甚至考虑是否签约。

（六）审核价款调整机制是否有效、合法

审核人员应审核价格调整条款约定的调整时间、调整条件、调整幅度等是否有效、是否合法，约定调整方式是否存在歧义。对于复杂调整机制，是否采用举例的方式予以说明等。

十、合同的实质审核——履行期限、地点和方式条款

（一）对履行期限的审核要点

履行期限是合同当事人实现权利和履行义务的时间，主要包括交付标的物、支付价款的时间。它是确定合同是否按时履行的标准。不同的合同对履

行期限有不同的规定，因而，履行期限有不同的具体含义。比如：买卖合同卖方的履行期限是指交货日期；加工承揽合同中承揽方的履行期限是指工作开始和完成的起止日期；货物运输合同中承运方的履行期限是装货日期或者交货日期等。

履行期限规定应该具体、明确，双方当事人要根据各自的需要和能力以及标的物的具体情况，协商确定合理的期限。如果需要分期或者分批履行的，对每一期的履行期限也要明确规定。如果履行期限需要顺延的，要明确规定顺延的条件、通知义务、费用负担以及延期违约责任等内容。

（二）对履行地点的审核要点

履行地点是合同当事人实现权利和履行义务的地点。明确规定履行地点，不仅对合同全面履行有直接作用，而且关系到合同风险的转移、所需各种费用的支付以及合同纠纷的管辖等问题。审核人员审核履行地点时，要对这些相关要素了然于胸，防范交易及诉讼管辖风险。

其中，有些合同履行地点是确定不变的，如建筑安装工程施工合同，只能在建筑物所在地履行。而另一些合同履行地点是可以变化的，如买卖合同的履行地点取决于约定的交货方式，可以是需方提货地点，也可以是供方代办托运的地点，也可以是供方送货时需方接货的地点。因此，需要在合同中明确约定履行地点。另外，在起草或审核合同的时候，要注意履约地址的完整性和准确性，比如：履约地点要包括省、市、县名称等，避免因重名或者地名错误而发生履约困难，造成损失。

（三）对履行方式的审核要点

履行方式是合同当事人履行义务的方式。不同性质的合同，履行方式也不同。比如：有的合同是以转移财产的方式履行；有的合同是以提供某种劳务的方式履行；有的合同则以完成一定的工作成果的方式履行。无论采取何种履行方式，在起草或审核合同时，都应作出明确具体的约定。

十一、合同的实质审核——合规承诺条款

企业应将合同相对人需遵守的相关合规行为准则和承诺的合规事项，在合同中约定为合规承诺条款。该类条款可包括的合规事项有：反商业贿赂、

反腐败，反不正当竞争，商业秘密保护，知识产权保护，环境保护，财务与纳税，劳动用工标准以及其他合规承诺事项。同时，合同中还应包括与合规条款相对应的违约责任条款。如有必要，合同双方还可以单独签署《合规承诺书》，详细约定双方的合规事项与违规责任承担事项等。

十二、合同的实质审核——终止和解除条款

合同的终止和解除是两个并不完全等同的法律概念，合同解除仅是合同终止的情形之一。

下面，我们就来分别介绍合同终止和解除的情形：

（一）合同的终止

合同终止是指合同权利义务关系的终止，其法律后果是发生一个向后的效力，即合同不再履行。《民法典》第 557 条规定了合同终止的若干情况：

（1）债务已经履行。

（2）债务相互抵销。

（3）债务人依法将标的物提存。

（4）债权人免除债务。

（5）债权债务同归于一人。

（6）法律规定或者当事人约定终止的其他情形。

这些法定终止情形，就给了合同审核人员广泛发挥的空间，应结合具体合同设定客观合理的合同终止条款。

（二）合同的解除

合同解除分为两种情况：一种是约定解除；另一种是法定解除。

约定解除。《民法典》第 562 条规定，当事人协商一致，可以解除合同。当事人可以约定一方解除合同的事由。解除合同的事由发生时，解除权人可以解除合同。约定解除是对合同审核人员水平的重要考验，一定要设置约定清晰的解约条件，规避约定不明的履约纠纷及诉讼风险。

法定解除。《民法典》第 563 条规定，有下列情形之一的，当事人可以解除合同：

（1）因不可抗力致使不能实现合同目的。

（2）在履行期限届满前，当事人一方明确表示或者以自己的行为表明不履行主要债务。

（3）当事人一方迟延履行主要债务，经催告后在合理期限内仍未履行。

（4）当事人一方迟延履行债务或者有其他违约行为致使不能实现合同目的。

（5）法律规定的其他情形。

另外，《民法典》合同编第二分编典型合同设置了关于合同解除的特别规定。如：赠与合同、不定期租赁合同、承揽合同、委托合同、货运合同、保险合同等，这就要求审核人员要掌握具体合同类型解除的规定。

合同终止和解除条款是关乎合同重大利益的条款，合同审核人员需对相关法律规定熟练掌握。除上述终止和解除的实质条件外，还要把行使终止和解除权的程序性条款设定好，避免产生歧义，即便日后发生争议纠纷，也有利于问题的解决。

十三、合同的实质审核——违约责任条款

违约责任就是合同当事人一方不履行合同义务或者履行合同义务不符合约定时，应当承担继续履行、采取补救措施或者赔偿损失等的责任。违约责任条款是合同能够顺利履行的反向保障，也是一方出现违约情况后另一方索赔的依据。因此，在合同中，违约责任条款的设定至关重要。

下面，我们就来讨论违约责任条款的审核要点：

（一）审核违约责任承担方式的约定是否恰当、是否于己方有利

在审核违约责任条款时，审核人员应逐条列举合同中可能发生的违约情形，并明确每种违约情形下违约责任的具体承担方式。根据《民法典》规定，违约责任的承担方式包括：继续履行、赔偿损失、采取补救措施、违约金责任、定金责任等。审核人员应根据可能的违约情形选择恰当的违约责任承担方式。比如：继续履行是指违约方不履行合同时，守约方要求违约方继续履行合同义务的责任承担方式。在审核设定该种责任承担方式时，审核人员至少需要考虑两个问题：其一，继续履行是否对己方有利；其二，是否具备继续履行合同的条件。

（二）审核违约金条款是否具有可操作性、可执行性

在制定违约金条款时，当事人可以约定一方违约时应当向对方支付一定数额的违约金，也可以约定因违约产生的损失赔偿额的计算方法。比如约定：如甲方违反本合同第 2.2 条约定，甲方应赔偿乙方 10 万元违约金；再比如约定：如乙方未在约定时间将转让价款一次性支付至本协议指定甲方账号，每逾期一天，乙方应按逾期总额万分之三向甲方支付违约金，等等。需要注意的是，违约金条款一定要有可操作性、可执行性，应避免出现"一方违约给对方造成损失的，违约方应承担相应的违约责任"等类似模糊责任条款。

（三）审核违约金条款是否符合法律规定

《民法典》第 585 条第 2 款规定，约定的违约金低于造成的损失的，人民法院或者仲裁机构可以根据当事人的请求予以增加；约定的违约金过分高于造成的损失的，人民法院或者仲裁机构可以根据当事人的请求予以适当减少。因此，违约金应约定得恰当，不宜过高，也不宜过低。

（四）审核定金约定条款是否合法

根据《民法典》规定，当事人可以约定一方向对方给付定金作为债权的担保。定金合同自实际交付定金时成立。定金的数额由当事人约定；但是，不得超过主合同标的额的 20%，超过部分不产生定金的效力。实际交付的定金数额多于或者少于约定数额的，视为变更约定的定金数额。债务人履行债务的，定金应当抵作价款或者收回。给付定金的一方不履行债务或者履行债务不符合约定，致使不能实现合同目的的，无权请求返还定金；收受定金的一方不履行债务或者履行债务不符合约定，致使不能实现合同目的的，应当双倍返还定金。

另外，合同审核人员应知晓"订金"与"定金"一字之差导致的法律属性不同，订金被认为是"预付款"，它并不具有债权担保的性质。当合同双方当事人因合同不成立或没有实际履行而发生纠纷时，作为预付款的"订金"则应当全部返还，不适用"定金罚则"。

（五）审核不同种类的违约责任条款的适用

《民法典》第 588 条规定，当事人既约定违约金，又约定定金的，一方违

约时，对方可以选择适用违约金或者定金条款。定金不足以弥补一方违约造成的损失的，对方可以请求赔偿超过定金数额的损失。根据以上规定，违约金与定金只能选择其一适用，定金不足以弥补损失的还可以主张赔偿金。

（六）规范使用法律用语

民法典是调整平等主体之间权利义务关系的法律，平等者之间无处罚权。因此，在合同中一般不能出现"罚款""罚金""处罚"等字样，而应以违约责任、违约金、赔偿金等约定形式出现。

十四、合同的实质审核——争议解决条款

合同争议条款是约定当发生合同争议时，通过何种方式、何种机构解决争议的条款。合同常规约定采用诉讼或仲裁方式解决纠纷。而关于具体采用何种方式，我们认为应根据仲裁与诉讼本身的特性、所审合同的性质、企业自身的要求等多方面因素综合确定。与诉讼相比，仲裁具有尊重当事人意思自治、一裁终局、仲裁审理不公开等特点。尊重当事人意思自治，是指当事人可以协议不受任何管辖限制地选择仲裁委员会，协商选择仲裁员，甚至选择仲裁所适用的法律等；而仲裁一裁终局的特性则保证了仲裁裁决作出即可生效，这使得当事人可以相对简便且可约定的程序定纷止争，避免经历诉讼一审、二审甚至再审漫长的审理过程；仲裁审理不公开，有利于保护当事人的隐私及商业秘密，尤其是涉及知识产权等案件。针对仲裁上述特性，在合同标的金额较大、涉及知识产权方面或工程承包类的合同时，可考虑约定以仲裁作为解决争议的方式，但需考虑仲裁费用成本高于法院诉讼费成本的问题。另外，在设置争议解决条款时，还应注意以下几个问题：一是仲裁与诉讼仅可二选其一；二是约定仲裁条款的，应准确写明仲裁机构的全称；三是约定诉讼解决的，应约定符合《民事诉讼法》关于地域管辖和级别管辖规定的法院管辖。

十五、合同的实质审核——生效条款

合同成立是对"当事人意思表示是否达成一致"事实的判断，而合同生效是对"当事人是否受合同约束"的法律状态的认定。合同审核人员应明确

知晓合同成立和生效之间的区别，合同成立，但不一定生效。合同成立和生效的关系可以分为四种情况：一是合同成立时即生效；一般情况下，在合同没有任何附加条件或期限限制时，合同成立就会发生法律效力。二是成立的合同，自批准时生效；对于一些特殊类型合同，法律、法规规定合同应当办理批准手续后生效的，如未办理批准手续，合同不生效。三是附生效条件的合同，自条件成就时合同生效；比如约定：本合同需要公证，自公证之日起生效。四是附生效期限的合同，自约定期限届满时生效。比如约定：本合同自双方签字30日后生效等。

需要注意的是，合同的生效条款，一般都在合同文本最后进行约定，该条款较容易被审核人员忽视。由于合同生效条款对合同各条款是否能发生法律效力起到重要作用，审核人员应重视该条款，认真审核合同生效条款是否合理、是否符合法律的规定，并就不是立即生效的合同提示企业商务及业务部门防范合同效力风险。

十六、合同的形式审核

在完成对合同的实质审核后，合同审核的重点工作就告一段落。但在审核收尾阶段，还应该对合同进行必要的形式审核。

下面，我们就来讨论形式审核的审核要点：

（一）审核合同结构是否合理

一般合同本身可分为三部分：首部、正文及签署部分。首部包括合同名称、编号、各方当事人名称、住所、邮政编码、法定代表人、电话、传真、电子信箱、开户行、账号等；正文则指合同第一条至最后一条的具体条款内容；签署部分包括合同各方签字盖章及签署时间、地点的部分。

在合同正文部分通常的结构是：在对合同标的物、数量和质量、价款或酬金、履行方式、地点和期限等合同必备条款进行叙述后，采取专章的形式对各方权利与义务进行界定，然后就是各方的保证和承诺条款，紧接着就是违约责任条款及争议解决方式条款等。这样做有三个好处：一是重点突出；二是便于叙述；三是能够保证合同整体框架的协调。

（二）注意合同内容编排

合同内容各有不同，有的合同要求面面俱到，有的合同则力求简明扼要。因此，合同编排要与合同具体内容相匹配，不用千篇一律。比如：有的合同采取"章""条""款""项"的形式；有的合同只有"条""款""项"；而有的合同干脆就按"一、二、三……"顺序排列即可。

（三）审核合同的细节

（1）合同各方当事人信息是否正确。

（2）合同名称与内容是否相符。

（3）合同前后表述是否存在矛盾冲突。

（4）称谓前后是否一致（如：甲方乙方、买方卖方均出现，且没有指代关系）。

（5）金额大小写是否一致。

（6）分期付款总额与合同总金额是否一致。

（7）期限表述是否一致（如："期限一年"与"2009年3月至2010年4月"）。

（8）序号、附件指代是否矛盾。

（9）行文用语是否准确、是否有错别字。

（10）页码是否标注错误等。

十七、审核合同签订的手续和形式是否完备

（一）审核是否满足签订合同的条件

审核合同的签订手续，应从以下几方面进行：法律、法规规定，合同应当办理批准手续的，审核是否办理了批准手续；如果合同中约定经公证后合同方能生效，审核合同是否经过公证机关公证或者存在公证手续障碍；如果合同是附生效条件或生效期限的，审核条件是否成就或期限是否届满；如果合同约定第三人为保证人的，应审核是否有保证人的签名或盖章，保证人是否履行相应的批准流程；采用抵押或质押担保的，应审核是否按法律规定或合同约定办理了抵押物登记手续或质物交付手续；合同各方是否都完成合同

文本的企业内部合规审批流程等。

（二）审核签约人有无签约权限，授权文书是否齐备

在很多情况下，合同并非由企业的法定代表人直接签署，而是由授权代表签署。此时，应当审核代表人的身份、有无代理权、代理权限范围、是否在授权期限内等，否则，可能会发生没有代理权或超越代理权签订合同的情况出现。

（三）审核盖章签字是否准确、完备

（1）要加盖合同主体的公章或合同专用章，不应加盖财务专用章，或其职能部门的专用章。

（2）公章名称和合同书中的名称以及营业执照名称应保持相一致，不能出现合同抬头是一个名称，加盖公章又是另一个名称的情况出现。

（3）加盖公章需盖在相应位置。

（4）注意鉴别公章的真伪。

（5）合同为多页的，应有骑缝章。自然人签约时，可以要求其在每一页底部均签字或骑缝签字。合同文本经过修改的，应由双方在修改过的地方盖章并签字确认。合同有清单、附件的，清单、附件部分也应盖章、签字。

（6）审核公章和签字是否齐备。

（7）最重要的是，留存足够份数的合同原件。

十八、合同审核的公司内部沟通与反馈

在合同审核过程中，存在一个非常普遍的现象，就是在审核人员将合同审核修改意见提交给企业以后，企业往往没有了下文，这是否代表企业完全认可了合同的审核修改意见呢？其实并非尽然，很多时候，企业只是想当然认为，只要是审核人员审核修改过的合同，就没有问题。这是一种误解，合同审核修改意见只是审核人员提出的方案、建议，其是否满足实际需要，仍需要与企业进行沟通、确认，而重大事项更需法务、合规、商务及业务、风险部门共同讨论。在审核修改合同时，审核人员对于需要提请企业注意的事项都要以书面形式提出，并对重点交易程序、内容与商务、业务部门具体经办人员沟通并确认。合同只有在各部门间不断沟通、意见反馈、修改完善后

才能趋于完善。

另外，不同企业对合同审核的要求并不相同，有些企业要求直接在原文修订批注即可，而有些企业则要求审核人员出具合同审核意见书。对于后者，审核人员需要特别注意合同审核意见书的行文表述，对于重大合同风险点要作出重点提示。而合同审核是一个反复修订的过程，在向企业反馈修改信息时，要注意标注修改合同的版本，注意传送合同的邮件主文和附件内容的一致性。否则，如果合同经多次修改，又涉及群发，各方层层转发邮件，就容易发生失误。我们建议，每一个修订版本都应注明修改主体、修改时间，以免出现混乱。

本节，我们讨论的是合同的实质审核、合同的形式审核、合同签订手续的审核、合同审核的沟通与反馈等事项。

第二节　合同履行的合规要求与法律风险防范

合同订立是合同法律关系建立的过程，合同主体要想实现各自的合同目的，还需要实际履行过程。一份再完善的合同，如果不能全面、适当、合规地履行，同样会面临相应的风险。本节，我们就来讨论合同履行的合规要求与法律风险防范。

一、合同履行应遵守的基本原则

在现实生活中，合同类型种类繁多、合同条款千差万别、合同履行情况复杂多变，这就造成法律不可能规定合同履行中遇到的所有问题。《民法典》规定了合同履行的一些基本原则，以此来规范、指导合同当事人的履约行为。

下面，我们就来介绍这些合同履行的基本原则：

（一）全面履行原则

全面履行原则，又称适当履行原则，是指当事人应当按照合同约定的主体、标的、质量、数量、履行期限、履行地点、履行方式等全面、适当地履行合同义务。比如：就履约主体而言，合同约定主体应当亲自履行合同义务，不得擅自转让合同义务或委托其他主体代为履行合同义务；就标的物而言，履约主体应当按照合同约定的标的物种类、数量、质量履行合同义务；就履行期限而言，履约主体应当按照合同约定的时间期限履行合同，不得迟延履行；就履行地点而言，履约主体应当严格按照合同约定的地点履行合同，不得任意变更履行地点；就履行方式而言，履约主体应当严格依照合同约定的方式履行合同，等等。

（二）诚实信用原则

诚实信用原则要求合同主体在履行合同时要讲究信用，恪守诺言，诚实不欺。《民法典》对诚实信用原则作出了具体规定，即合同主体在履行合同时应履行必要的通知、协助和保密等义务。通知义务是指合同当事人应将对交易相对方利益有重大影响的事项告知对方。比如：在买卖合同中，出卖人已经将货物运至交货地点，出卖人就有义务及时通知买受人接收；再比如：债权人将债权转让给第三人，债权人就有义务及时通知债务人该情况等。协作义务是指合同履行过程中，双方当事人应互助协作共同实现合同目的。比如：在买卖合同中，出卖人交付货物时，买受人应创造必要条件，提供方便予以接收等。而保密义务是指合同当事人负有保守合同相对人商业秘密、技术秘密的义务。比如：在合同订立时，一方不可避免地要向对方透露某些商业秘密或者技术秘密。对于这些秘密，无论合同是否约定保密条款，合同当事人都应该予以保密。

（三）绿色原则

绿色原则是《民法典》新创立的民事基本原则，也是合同履行的基本原则。绿色原则要求民事主体从事民事活动，应当有利于节约资源、保护生态环境。具体到合同履行方面，在履行合同时，合同主体就不能仅仅考虑如何实现合同目的，还要注意保护生态环境和自然资源，避免不必要的资源浪费，正确处理好生态环境与资源开发的关系，自觉维护社会公共环境利益等。

除了以上原则外，合同履行还应遵守平等、公平、经济合理、情势变更等原则。

二、合同交底的注意事项

前面提到，一份制定再完善的合同，如果不能全面、适当地履行，同样会面临风险。那么，为什么很多合同不能全面、适当的履行呢？我们在担任企业常年法律顾问的工作中发现，一个重要的原因在于，在合同的整个操作环节中，参与交易谈判、合同订立的人员并非都是实际履行合同的人员，而谈判、签订合同的人员并没有将合同内容详细、准确地告知实际履行人员，这种合同信息脱节的情况就极易造成合同无法全面、适当地履行。因此，合同履行第一个要解决的问题，就是需要企业法务部门将合同信息完整、准确地传达给合同实际履行的部门，这就是我们通常所说的企业内部的合同交底。合同交底是合同签订人员或合同管理人员向合同履行部门及人员传达合同意图、合同要点、合同执行计划的过程，形成企业内部合同签订、履行管理的规范。

下面，我们就来讨论合同交底应注意的问题：

（一）要全面梳理、分析合同交底的内容

合同交底的目的是将合同目标、任务、责任具体落实到实际履行人员，并指导履行人员的履约行为。由于合同类型不同，合同的关键点也有所不同，合同交底首先要梳理合同履行涉及的全部内容，并特别关注合同能否顺利履行的核心条款。比如：在生产加工企业中，存在大量的货物买卖合同，合同交底的内容就应该包括：买卖标的物的基本状况；价款；付款期限和方式；标的物运输和交付方式及费用承担；保险条款；标的物风险转移和所有权保留；标的物瑕疵声明和保证；质量异议和通知方式；质量保证期限；质量问题的解决方式；维修责任；知识产权归属；合同解除的约定条件和解除权行使方式；违约责任；通知和接收方式；争议解决方式；合同附件和效力等。合同交底就应该全面梳理和分析这些合同条款的内容、履行要求、履行方式以及特殊事项处理等。

（二）将合同交底内容落实到具体的职能部门及人员

由于企业内部各部门职能分工不同，这就需要企业将合同交底内容落实到具体的职能部门及人员。我们还以产品生产加工企业为例，在该类企业中包括原材料采购部门、生产部门、研发部门、销售部门、仓储部门、货运部门、售后服务部门、财务部门、法务部门、合规部门等。企业需要针对不同部门的职能分工进行有针对性的合同交底。比如：销售部门应重点了解产品的品种、规格、数量、质量以及交货时间等合同条款；货运部门应重点了解货物的运输和交付方式及费用承担等合同条款；财务部门应重点了解价款、付款期限和方式、标的物运输和交付方式及费用承担等合同条款；而法务部门应重点了解标的物风险转移和所有权保留、保密条款、知识产权归属、合同解除的约定条件和解除权行使方式、违约责任、通知和接收方式、争议解决方式、合同附件和效力等合同条款。企业各个部门只有在充分了解了合同条款后，才能根据自身的工作职责范围全面、充分履行合同的相关条款。

（三）召开合同交底会议，制定书面交底文件

在实践中，企业经常会遇到一些重大、复杂的合同。这些合同涉及标的额较大、履行部门较多、履行环节复杂、履行期限较长。对于这一类合同，我们建议采用召开合同交底会议并制定书面交底文件的方式，将具体的合同内容全面、准确落实到相关职能部门以及人员。比如：在建筑施工合同中，就可以制定出若干个表格，将合同条款内容、履行要求、履行方式、特殊事件处理等分解落实到具体的职能部门及人员，由职能部门负责人在表格上签字，对相应合同履行条款负责。

综上，合同交底是合同履行的前提和基础。企业应制定合同交底的制度、规范合同交底的管理流程，以降低合同不能全面、恰当履行的法律风险。

三、合同约定不明的履行规则

合同的全面履行原则是指当事人应当按照合同约定的主体、标的、质量、数量、履行期限、履行地点、履行方式等全面、适当地履行合同义务。然而，在实践中，存在约定内容并不完整、不明确的合同；也有本来约定尚可，但随着时间推移，客观条件变化，原来的约定不再完整、准确的合同。如产品质量的国家标准或者行业标准提升等。那么，对于这样的合同该如何来履行呢？

下面，我们就来讨论合同约定不明的履行规则：

（一）签订补充协议

当合同生效后，当事人就质量、价款或者报酬、履行地点等内容没有约定或者约定不明确时，解决该问题的最好方式是合同各方通过友好协商，就相关不明确的内容达成一致意见并形成补充协议。而对于主合同与补充协议

的效力问题，一般要明确约定，如果补充协议与主合同条款不一致或发生冲突时，以补充协议为准。

（二）依据合同有关条款或交易习惯

如合同各方不能就合同没有约定或者约定不明确的内容达成补充协议时，就需要按照合同有关条款或者交易习惯确定。何谓"交易习惯"，原《合同法司法解释（二）》（失效）第 7 条规定了两种情形：一是在交易行为当地或者某一领域、某一行业通常采用并为交易对方订立合同时所知道或者应当知道的做法；二是当事人双方经常使用的习惯做法。我们举例说明，比如：张三将房屋出租给李四，约定了房租的金额，但没有约定何时交纳租金。而当地租赁市场长期形成的交易习惯都是先付租金后实际居住，因此，当双方无法就合同履行的顺序达成补充协议时，应根据先付租金后实际居住的交易习惯履行。

（三）依法履行

当事人就有关合同内容约定不明确，如果当事人既无法达成补充协议，也无法依据合同有关条款或者交易习惯来履行合同时，就应该按照《民法典》第 511 条的规定来履行：

（1）质量要求不明确的，按照强制性国家标准履行；没有强制性国家标准的，按照推荐性国家标准履行；没有推荐性国家标准的，按照行业标准履行；没有国家标准、行业标准的，按照通常标准或者符合合同目的的特定标准履行。

（2）价款或者报酬不明确的，按照订立合同时履行地的市场价格履行；依法应当执行政府定价或者政府指导价的，依照规定履行。

（3）履行地点不明确，给付货币的，在接受货币一方所在地履行；交付不动产的，在不动产所在地履行；其他标的，在履行义务一方所在地履行。

（4）履行期限不明确的，债务人可以随时履行，债权人也可以随时请求履行，但是应当给对方必要的准备时间。

（5）履行方式不明确的，按照有利于实现合同目的的方式履行。

（6）履行费用的负担不明确的，由履行义务一方负担；因债权人原因增加的履行费用，由债权人负担。

综上，当合同约定不明时，履约方不应急于履行合同，而应根据《民法典》规定的解决方式和步骤全面、恰当地履行合同。当出现合同约定不明障碍时，商务、业务人员要及时汇总情况，协同法务人员共同商讨解决方案，避免产生延误合同履行的法律风险。

四、合同履行抗辩权的适用规则

在现实生活中，我们遇到的绝大部分合同是双务合同。双务合同是指当事人双方互付义务的合同，比如说，买卖合同、租赁合同、承揽合同等都是双务合同。对于双务合同而言，就存在合同履行的顺序问题。那么，当有义务履行合同的一方不履行合同义务时，另一方该如何处理呢？而当有义务先履行合同一方发现后履行一方财产状况发生重大变化，有可能会影响后履行一方的履行能力时，又该如何处理呢？

民法典规定了合同履行抗辩权制度。下面，我们来讨论合同履行抗辩权的适用规则：

（一）同时履行抗辩权

《民法典》第525条规定，当事人互负债务，没有先后履行顺序的，应当同时履行。一方在对方履行之前有权拒绝其履行请求。一方在对方履行债务不符合约定时，有权拒绝其相应的履行请求。

根据该规定，同时履行抗辩权应当满足以下几个条件：

（1）同时履行抗辩权只有在双务合同中才存在，对于单务合同，因只有合同一方当事人负有履行合同的义务，就不存在同时履行的问题，也就不会存在同时履行抗辩权。

（2）该类合同在履行时间上无先后之分，这是同时履行抗辩权的前提和基础。同时履行是指合同双方在同一时间内负有同时履行各自债务的义务。在实践中，即时清结的合同是最典型的同时履行合同。

（3）必须是一方未履行债务或履行不符合约定。未履行是指完全没有履行给付义务，而履行不符合约定是指不适当的履行。

（4）双方当事人互负债务必须有对等关系，当事人一方只能对未履行部分行使同时履行抗辩权。比如：在买卖合同中，出卖人按时交付部分货物而另外一部分未按时交付，则买受人不能拒付支付全部货款，而只能对未交付货物部分的货款行使同时履行抗辩权。

（二）先履行抗辩权

《民法典》第526条规定，当事人互负债务，有先后履行顺序，应当先履行债务一方未履行的，后履行一方有权拒绝其履行请求。先履行一方履行债务不符合约定的，后履行一方有权拒绝其相应的履行请求。

该条规定的就是先履行抗辩权。先履行抗辩权的适用有以下几个条件：

（1）必须是同一双务合同，当事人双方互负债务。先履行抗辩权存在于双务合同，对于各类单务合同不能适用。

（2）必须是双方互负的债务有先后履行顺序。如果没有先后履行顺序，则应适用同时履行抗辩权。

（3）必须是先履行一方的债务已到清偿期。先履行抗辩权的目的在于对抗先履行一方在没有履行自己义务的情况下要求后履行一方履行义务。而当先履行一方的债务清偿期尚未开始时，其根本就不应该履行义务，这时后履行一方也无权要求其履行义务，故谈不上先履行抗辩问题。

（4）必须是先履行一方未履行或履行债务不符合约定。如果先履行一方已履行了债务，后履行一方就不能要求先履行一方先履行职务。当然，如果先履行一方履行债务不符合约定，后履行一方可以要求先履行一方履行债务符合合同要求后再履行自己的债务。

（三）不安抗辩权

《民法典》第527条规定，应当先履行债务的当事人，有确切证据证明对方有下列情形之一的，可以中止履行：

（1）经营状况严重恶化。

（2）转移财产、抽逃资金，以逃避债务。

（3）丧失商业信誉。

（4）有丧失或者可能丧失履行债务能力的其他情形。

当事人没有确切证据中止履行的，应当承担违约责任。

以上规定，我们称之为不安抗辩权。不安抗辩权的现实意义是，当合同有先后顺序时，本来先履行一方应该先履行合同，但如果先履行一方发现后履行一方因某些特殊的原因丧失了履行能力，在这种情况下，还强制性要求先履行一方继续履行合同，就有可能造成先履行一方履行完合同以后，后履行一方因丧失履行能力而无法履行义务的情况出现，这样先履行一方必然会遭受损失。因此，为保护先履行一方的合法权益，民法典规定了不安抗辩权制度。

但需要注意的是，不安抗辩权的适用是有着严格的限制性条件的，这主要包括：

（1）后履行一方必须出现四种法定情形之一时，先履行一方才能适用不安抗辩权：一是后履行一方经营状况严重恶化。比如：后履行一方资金链断裂、资不抵债、破产等。在这种情况下，后履行一方已经不具备履约能力；二是后履行一方有转移财产、抽逃资金、逃避债务的行为。从这些行为可以看出，后履行一方已无履行合同的诚意，如不行使不安抗辩权，后履行一方将很有可能不履行自己的合同义务；三是后履行一方严重丧失商业信誉，使先履行一方难以相信其能履行合同义务；四是后履行义务一方有其他丧失或可能丧失履行债务能力情形的。比如：后履行一方公司正在低价转让或正在办理注销手续等，这些都很有可能造成后履行一方无法履行合同。

（2）如果先履行一方认为后履行一方存在以上四种法定情形，必须要有确切的证据予以证明。由于先履行一方先履行合同是其法定义务，为了防止先履行一方滥用不安抗辩权，先履行一方必须要有充分、确切的证据证明后履行一方存在履约不能的重大可能性。比如：有确切证据证明后履行一方已经无法归还银行贷款以及其他应付账款、正在注销公司或正在进行破产清算，等等。

（3）先履行一方行使不安抗辩权而中止履行合同的，应当及时通知后履行一方。如后履行一方提供适当担保的，应当恢复履行。中止履行后，后履行一方在合理期限内未恢复履行能力且未提供适当担保的，视为以自己的行为表明不履行主要债务，先履行一方可以解除合同并可以请求后履行一方承担违约责任。

以上三种合同履行抗辩权是合同履行环节的重要权利内容，企业法务人员要熟练掌握。在合同不能正常履行时，法务人员应及时提示企业行使相关权利，督促合同相对人积极改正、全面履行合同，避免因未及时行使相关权利而造成丧失救济机会的法律风险。

五、合同相关主体要素发生变化时的履约规则

在合同履行过程中，经常会出现履行合同的主体发生合并、分立或者名称、法定代表人、住所、合同承办人等发生变化的情况。那么，在出现这些情况时，合同该如何履行呢？

下面，我们就来讨论合同相关主体要素发生变化时的履约规则：

（一）公司合并、分立时的合同履行问题

公司是法人组织。如果公司合并，就由合并后的公司来履行合同义务。而如果公司分立，要分为两种情况：一种情况是，合同各方可以约定由公司分立后的某个主体来履行合同义务；另一种情况是，如果没有约定合同继受的主体，那么公司分立后的所有主体都要履行合同义务并连带承担相应的责任。需要注意的是，以上是关于法人合并、分立后合同的履行问题，《民法典》并没有规定非法人组织的合并、分立后合同的履行问题，但《民法典》规定非法人组织可以参照法人规定执行，也就是说，理论上，合伙企业也同样适用该规定。但《合伙企业法》并没有规定合伙企业合并、分立的情形。

（二）合同主体住所变更时的合同履行问题

合同主体住所发生变化不影响合同的效力。但合同主体住所往往是合同的履行地或者是通知的接收地，当合同主体住所发生变化时，合同主体应及时通知交易相对方，否则，就有可能造成合同履行发生困难或者是重要通知无法送达的情况出现。

（三）合同承办人发生变化时的合同履行问题

在很多合同签订时，会在合同中明确约定合同履行的具体承办人。比如：在建设施工合同中，就会约定项目经理、项目负责人、监理、工程师等；在买卖合同中，也可能会约定具体的承办人员、货物接收人员，等等。在合同履行时，以上人员发生了变化，相关合同主体应及时与原承办人办理合同的交接手续，并将承办人变更情况及时书面通知合同相对人。

（四）合同主体股东、法定代表人、负责人变更时的合同履行问题

当合同主体股东、法定代表人、负责人发生变更时，同样不影响合同的效力，合同主体仍应依约履行合同。其中，当合同主体股东发生变化时，合同主体无需通知合同相对人；而当合同主体法定代表人、负责人发生变化时，我们还是建议要通知合同相对人。原因在于，合同主体法定代表人、负责人可以代表其对外开展业务活动，如合同相对人不知企业法定代表人、负责人发生变更的情况，就有可能造成履约障碍。

综上，当合同主体合并、分立或者名称、法定代表人、企业住所、合同承办人等发生变化时，合同仍然有效，应继续履行。但合同主体应将相关变更情况及时通知合同相对人。而由于合同主体分立、合并或者变更住所没有通知债务人，致使履行债务发生困难的，债务人可以中止履行或者将标的物提存。

六、变更合同内容条款的合规要求

合同条款变更的过程，就是合同当事人就合同某些具体条款重新达成一致意见的过程。在实践中，合同变更是容易产生合同纠纷的环节之一。在很多情况下，合同当事人在签订合同时都会非常谨慎、小心，生怕出现任何纰漏。而在合同履行过程中，当合同一方认为需要调整合同的某些条款时，通常情况下会口头与对方进行沟通，对方可能会一口答应或是提出自己的方案，等等。在这种情况下，如果双方能够按照调整后的条款顺利履行合同也不会出现什么问题，但如果双方合同履行得不顺利，就会因为没有书面的补充协议而造成合同履行障碍。而在司法实务中，当合同一方认为双方已经变更了合同条款，而又没有书面的变更证据时，一般也会被推定为合同条款没有变更，仍然适用原有的合同条款。

因此，当事人就需要变更的条款达成一致后，应该要签订书面的补充协议或者是变更协议。对于一些特殊的合同类型，还需要经过行政机关的批准才能变更合同条款。

七、在合同履行过程中，合同相对人出现轻微违约的处理原则

在合同履行过程中，因合同一方未履行合同条款或者是履行合同条款不

符合约定的，就构成违约。而合同违约的程度存在轻重之分。那么，当合同一方轻微违约时，该如何处理呢？我们认为，当合同一方轻微违约时，可依据以下原则来处理：

（一）优先考虑继续履行合同

如合同相对人出现轻微违约，但并不影响合同的继续履行时，应优先考虑继续履行合同而不是解除合同。这样考虑的原因在于，合同当事人签订合同是为了实现合同双方各自的合同目的，而合同双方为签订、履行合同已经付出了相应的资金和时间成本，如果仅因为合同相对人的轻微违约行为就解除合同，显然是得不偿失的做法。另外，合同法律理论中的重要原则之一是维护市场交易行为的稳定性，也就是，如果合同当事人仅出现轻微违约，合同一般也不能轻易被解除。

（二）当违约方出现轻微违约时，守约方应及时书面通知违约方并进行证据固定

这样做的目的在于：一是起到提醒的作用，告知违约方已经违反了合同的约定，让违约方尽快回到正确的履约行为上来；二是通过书面通知的形式，留存违约方违约的证据。我们认为，这一点非常重要。我们遇到过很多合同争议是这样发生的，当违约方违约时，守约方并不是及时通知违约方，而是以拒绝履行或不恰当履行合同的方式来对抗违约方的违约行为。当然，这可以说是守约方在行使抗辩权。但如果守约方没有以通知或其他方式固定违约方违约的证据时，守约方的行为就很有可能被认定为是违约行为，本来有理的事情就变成了没理。

（三）守约方应收集、固定违约方的违约证据

前面提到，守约方书面通知违约方的违约行为是证据固定的一种方式，但这并不够。实践中，常有采购方对交付货物因不合格而弃之不用，但没有采取相应固定证据的程序或者措施，最终发生诉讼而造成对不合格产品仍要支付货款的损失。因此，我们应该收集违约方违约的完整证据，才能作为索赔的依据。比如，在买卖合同中，如出卖人的产品出现了质量问题，就可以采取以下方式进行证据固定：一是要求出卖人在产品检验记录上共同签字；

二是对产品质量问题进行拍照；三是向出卖人发出质量异议通知书并取得有效送达回证；四是将产品交由双方约定的质检机构进行检验，等等。

（四）双方应尽量采取补救措施，减少损失、防止损失扩大

当合同当事人一方轻微违约时，违约方应尽量采取补救措施以减少损失。比如：采取修理、重作、更换、补足商品数量等措施。同时，守约一方也应当采取适当措施防止损失的扩大，而守约一方因防止损失扩大而支出的合理费用，应由违约方承担。

（五）守约方可要求违约方按照合同约定来赔偿损失

如果出现违约情形，一般都会或多或少地造成损失。对于守约方而言，一旦违约方违约，不论是继续履行合同，还是终止合同，都可以要求违约方按照合同约定来赔偿损失。如果合同对损失赔偿有约定的，可以依据合同约定执行；而如果合同对损失赔偿没有约定的，损失赔偿额应当相当于因违约所造成的损失，包括合同履行后可以获得的利益，但不得超过违反合同一方订立合同时预见到或者应当预见到的因违反合同可能造成的损失。

综上，当合同一方出现轻微违约时，合同守约方不应轻易提出解除合同，而应及时通知违约方纠正违约行为并及时固定违约方违约的证据。同时，守约方还可以向违约方主张损失赔偿责任。

八、对合同相对人的合规动态监测

在合同履行过程中，企业应持续检测合同相对人的资信、履约能力、合规事项的变化情况。企业应定期监测合同相对人是否存在被列入经营异常名录、失信被执行人名单、限制高消费、行业禁入名单等情况；合同相对人相关资质、许可、证照、授权等是否持续有效；支付款活动是否正常；是否存在不利网络舆情，等等。如发现合同相对人合规状态发生变化，应立即重新评估和调整合同相对人的合规风险等级，采取要求合同相对人整改、出具书面承诺、提供有效担保、追究违约责任、终止合作等措施，将合同相对人的合规风险降低到最低程度。对合同相对人动态监测制度应成为企业客户管理的一项合规制度，有助于及时发现并避免履约风险。

第三节　合同解除的合规要求与法律风险防范

合同解除是合同成立以后，没有履行完毕以前，在具备约定或法定的解除条件时，合同当事人通过行使解除权而使合同归于消灭的行为。在实践中，合同当事人不恰当行使合同解除权是产生合同纠纷最常见也是最重要的原因之一。本节，我们就来讨论合同解除的合规要求与法律风险防范。

一、合同解除的情形

根据民法典规定，合同解除分为两种情形：一种是约定解除；另一种是法定解除。

（一）合同约定解除

《民法典》第562条规定，当事人协商一致，可以解除合同。当事人可以约定一方解除合同的事由。解除合同的事由发生时，解除权人可以解除合同。

根据该规定，合同的约定解除又分为两种情形：

第一种情形是，合同双方可以通过协商的方式解除合同，这种方式是合同自治原则的体现。一般情况下，合同当事人有权通过协商签订合同，当然也有权通过协商方式变更或解除合同。

第二种情形是，如果合同中约定了解除合同的条件，当条件成就时，解除权人就可以解除合同。比如：在租赁合同中，通常会约定承租人在一定期限内没有支付租金，出租人就有权解除合同。该条款就是对合同解除条件的约定。

（二）合同的法定解除

合同法定解除是指出现合同法定解除情形时，解除权人行使解除权的行为。《民法典》第563条规定了五种合同法定解除的情形：

第一种情形是，因不可抗力致使不能实现合同目的，解除权人可以解除合同。该种情形应同时具备两个条件：一是发生不可抗力事件；不可抗力是指不能预见、不能避免并且不能克服的客观情况。包括自然灾害，如台风、地震、洪水、冰雹等。政府行为，如征收、征用等。社会异常事件，如罢工、骚乱，等等。二是不可抗力造成合同目的不能实现；比如：张三将房屋出租给李四，如遇政府的征收，该房屋将不再为张三所有，李四也将无法再从张三处承租该房屋，显然，该租赁合同的目的将无法实现。因此，该租赁合同就只能解除。反之，如果不可抗力的影响消除后，合同还能履行，就不能解除合同。比如：张三将房屋出租给李四，如遇台风、冰雹等，当该等自然灾害影响消除后，如房屋仍符合安全居住的条件，该租赁合同的合同目的仍能够实现，该合同就不应该解除。

第二种情形是，在履行期限届满之前，当事人一方明确表示或者以自己的行为表明不履行主要债务。这里包括明确表示和以自己的行为表示两种方式。我们还以承租房屋为例，比如：张三将房屋出租给李四，如果李四在承租期内明确表示不再承租房屋，或者是李四并没有明确表示，但李四已经搬离承租房屋并不再支付租金，在这两种情况下，张三都可以行使法定解除权。

第三种情形是，当事人一方迟延履行主要债务，经催告后在合理期限内仍未履行。该种情形应同时满足三个条件：一是一方应延迟履行债务，这是该种情形行使解除权的前提；二是延迟履行的是主要债务，如果延迟履行的是次要债务或者是附随债务则不能解除；三是该种情形不能直接行使解除权，需要经过催告后在合理的期限内仍未履行主要债务的。当事人一方应同时具备了以上三个条件，解除权人才能行使解除权。

第四种情形是，当事人一方迟延履行债务或者有其他违约行为致使不能实现合同目的。此种法定解除情形也应同时具备两个条件：一是合同一方迟延履行债务或者有其他违约行为；二是必须要达到致使不能实现合同目的的程度。比如：在一个买卖合同中，A 公司向 B 公司出售一批月饼，约定在农历 8 月 10 日前送货到店，而如果 A 公司延迟到农历 8 月 15 日才送货，此时已经过了销售月饼的最佳时期，B 公司收到月饼也无法卖出。在这种情况下，B 公司的合同目的无法现实，其就可以解除合同。而如果该买卖合同是出售的一般物品，没有较强的时令限制，就即便是晚上几天，双方的合同目的仍然能够实现，在这种情况下，一般就不能解除合同；再比如：张三将房屋出租给李四用于经营餐馆，但张三一直拒绝提供房屋产权证明。而根据法律规定，由于张三拒不提供房产产权证明而造成李四办不下来营业执照，进而也办不了食品经营许可证，在这种情况下，李四经营餐饮的合同目的就无法实现，因此，李四可以以此来解除合同。

第五种情形是，法律规定的其他情形。这是合同法定解除的兜底性条款。比如：在《民法典》合同编典型合同分编中就规定了多种合同法定解除的情形。以上我们讨论了合同解除的法律规定。

下面，我们来讨论实际解除合同时应注意的事项：

二、解除合同的合规要求

解除合同是涉及合同当事人重大利益的行为，一旦处理不好，当事人可能会遭受重大损失。因此，在解除合同时，解除权人应严格按照法律规定以及合同约定进行操作。下面我们就来讨论解除合同应注意的事项。

（一）合同解除权行使的时效性

《民法典》第 564 条规定，法律规定或者当事人约定解除权行使期限，期限届满当事人不行使的，该权利消灭。法律没有规定或者当事人没有约定解除权行使期限，自解除权人知道或者应当知道解除事由之日起 1 年内不行使，或者经对方催告后在合理期限内不行使的，该权利消灭。

根据该规定，合同解除权的行使具有非常强的时效性。规定解除权行使期限的原因在于：如果出现了解除合同的情形，而解除权人怠于行使解除权，合同将会长期处于一种不确定、不稳定的状态，这并不利于合同的继续履行，也不利于当事人对合同履行结果的预判。因此，法律规定了合同解除权行使的期限，如解除权人在规定的期限内不行使解除权，该解除权消灭，合同关系回归确定、稳定状态。《民法典》规定了解除权行使期限的三种情况：第一种情况是，如果法律规定或者当事人约定了解除权行使期限，就应该在该期限内行使，如在该期限内解除权人未行使解除权，该解除权就归于消灭。比如：《保险法》第 16 条第 3 款规定，保险人的合同解除权自其知道有解除事由之日起超过 30 日不行使而消灭。该种解除权行使的期限就是法律的明确规定；再比如：当事人可以约定，出现某种情形时，解除权人可以在两个月内行使解除权。该种解除权行使的期限就是当事人约定的解除权行使期限；第二种情况是，法律没有规定或者当事人没有约定解除权行使期限的，自解除权人知道或者应当知道解除事由之日起 1 年内不行使，该权利消灭；第三种情况是，法律没有规定或者当事人没有约定解除权行使期限，经对方催告后在合理期限内不行使的，该权利消灭。但实际上，《民法典》并没有规定该不行使解除权的"合理期限"究竟有多长。在最高人民法院《关于审理商品房买卖合同纠纷案件适用法律若干问题的解释》第 11 条第 2 款有如下规定，法律没有规定或者当事人没有约定，经对方当事人催告后，解除权行使的合理期限为 3 个月。对方当事人没有催告的，解除权人自知道或者应当知道解除事由之日起 1 年内行使。逾期不行使的，解除权消灭。该规定对商品房买卖合同解除权行使的"合理期限"做了一个界定，但该规定并不能普遍适用于其他合同类型。我们认为，法院对"合理期限"的认定有较大的自由裁量权，但也要结合具体交易合同的性质和情形确定。

（二）解除权行使应及时通知对方当事人

《民法典》第 565 条规定，当事人一方依法主张解除合同的，应当通知对方。合同自通知到达对方时解除；通知载明债务人在一定期限内不履行债务则合同自动解除，债务人在该期限内未履行债务的，合同自通知载明的期限届满时解除。对方对解除合同有异议的，任何一方当事人均可以请求人民法院或者仲裁机构确认解除行为的效力。当事人一方未通知对方，直接以提起诉讼或者申请仲裁的方式依法主张解除合同，人民法院或者仲裁机构确认该主张的，合同自起诉状副本或者仲裁申请书副本送达对方时解除。

以上条款规定了合同解除权行使的一个非常重要的程序，就是解除权人行使解除权时应及时通知对方。在实践中，很多当事人往往想当然地认为，既然已经发生了合同解除的事由，合同就会自然解除。殊不知，如果解除权人不履行通知义务，会给自己带来巨大的法律风险。比如：张三将房屋出租给李四，但张三提供的房屋存在一定的安全隐患，李四认为无法居住就自行搬离承租房屋。很显然，李四搬离承租房屋的目的就是要解除双方的租赁合同关系，但李四并没有向张三发出解除租赁合同的通知。在这种情况下，该租赁合同并不因李四的搬离而自然解除，张三仍有权向李四主张租金。因此，解除权人行使解除权最重要的程序就是通知对方。当然，如对方收到了解除通知后，对方可以请求人民法院或者仲裁机构确认合同解除是否有效。最后，我们还需要注意的是，解除权人要有充分的证据证明已经向对方发出过解除通知，否则，对方有可能不认可收到过解除通知。具体送达解除通知的方法包括：一是以公证快递送达方式发出解除通知；二是当面送达并留存签收回证；三是以快递送达留存面单；四是电子邮件送达，等等。在实务中，合同约定了具体通知方式的，通知时要严格按照合同约定方式操作并固定相应证据。

（三）合同解除后，应按法律规定或合同约定处理后续事宜

《民法典》第 566 条规定，合同解除后，尚未履行的，终止履行；已经履行的，根据履行情况和合同性质，当事人可以请求恢复原状或者采取其他补救措施，并有权请求赔偿损失。

合同解除是合同终止的一种形式，但合同解除是在合同没有完全履行完毕的情况下终止的。在此情形下，合同当事人就需要根据法定的规定或者是合同的约定来解决合同解除后的相关事宜。比如：如双方协商解除合同，就可以在解除合同的协议中约定后续事项解决方案；再比如：如果是一方违约造成合同解除，就可以要求恢复原状或者采取其他补救措施，并有权请求赔偿损失，等等。

（四）解除合同应收集、保存相应的证据

合同解除往往伴随着合同纠纷。因此，在解除合同时，一定要注意证据的收集和保存。收集的证据应包括：违约方严重违约的证据、违约方违约造成损失的证据、守约方守约的证据、守约方防止损失扩大的证据以及解除权人通知解除合同的证据，等等。

以上，我们讨论了解除合同应注意的法律问题。需要再次提醒的是，合同解除关乎合同当事人重大利益，而合同解除又涉及合同解除的条件、合同解除的程序、证据的固定和收集、索赔等诸多法律问题，一旦处理不好，当事人可能会遭受重大损失。因此，企业经营中遇到主动或者被动解除合同情形，应该重视法务人员的意见。在决策解除合同时，应充分评估法律风险，严格按照法律规定以及合同约定的程序操作。必要时，可外聘专业律师进行风险评估及指导操作解除合同的程序，并做好诉讼或仲裁预案。

第四节　企业合同管理制度的建立与具体操作

企业合同管理是企业管理的重中之重，企业有必要建立起一套常规化的合同管理与风险防范制度。从合同签订前，拟交易对象的主体资格审查、资质审查、信用状况审查、履约能力审查；到签订合同时，合同内容的设定、文本的规范、印章的合理使用；再到合同履行过程中的合同交底、履约管理、风险监控、纠纷解决等，企业都应建立起严密、完善且有可操作性的管理制度并予以切实落实。本节，我们就来讨论企业合同管理制度的建立及操作问题。

一、与合同相关的企业管理部门设置

规模化发展的企业经营，就是通过合同的签订和履行来进行的，从此意义上来说，企业的经营管理就是合同管理。合同管理首要的工作是建立相应的合同管理部门，通过各个合同管理部门的职能分工、有序配合，对合同进行动态的管理。根据合同管理的职能分工不同，合同管理部门主要涉及：

（一）商务部门（市场部）

这里的商务部门是指直接与合同相对人联系、沟通、谈判的部门，该部门不仅熟悉企业的外部市场竞争环境、客户需求等经营要素，并且还了解企业内部的生产工艺、产品性能、服务品质等企业生产要素。因此，商务部门一般是合同立项、谈判、合同起草的部门。但该部门一般是仅根据企业自身的业务需要设定相应的合同条款，其本身更关注于尽快促成合同的订立及履行，以实现企业经营战略为目标，不重点关注合同的法律风险控制。

（二）业务部门

这里的业务部门，指企业内部的生产部门，以商务部门需求为导向，实现企业对外市场要求的生产、服务，包含必要的采购任务。业务部门是合同履行的主要部门。企业应将合同交底事项切实落实到业务部门，并重点监控业务部门的履约行为。

（三）法务部门

法务部门是合同管理的核心部门，法务部门在合同签订和履行过程中都

应起到至关重要的作用。在合同签订时，法务部门主要负责合同的起草、审核、修改以及签订，必要时直接参与合同的谈判过程；在合同履行时，法务部门需要关注合同履行的整个流程，结合商务部、业务部门的合同履行情况，及时提出合同履行过程中出现的法律风险并提出相应的解决方案。法务部门在合同管理过程中应从实现合同目的和防范合同法律风险两个角度来履行自己的职责。前面提到，业务部门更关心促成合同的订立和履行，而容易忽略相应的法律风险防范，而法务部门就应该从防范法律风险的角度来管理合同。但在防范法律风险的同时，法务部门也应尽量保障合同能够顺利实施，尽量做到效率和安全的平衡。

（四）合同审批部门

合同审批是将法务部门审核修改完毕的合同提交合同审批部门进行最后审核批准的过程。在国有企业，经常把合同审批管理纳入合规管理范畴。实践中，合同一般是由主管副总经理、总经理、董事长进行审批。对于重大合同可由董事会、股东会等机构进行审批。企业应制定相应的审批制度来具体规定合同审批的部门、审批权限、审批形式、审批内容以及审批流程等内容，避免合同审批流于形式。

（五）合同印章管理部门

该部门一般隶属于行政部。为了加强对企业合同印章的管理，规范企业合同印章的使用及保管，企业应由专门机构对合同印章进行管理并制定相应的印章管理制度。企业应规范合同用章的使用范围、使用流程、管理职责、违规使用合同用章的责任等内容。印章管理部门应依据以上规范履行相应的合同管理职责。

（六）合同档案保管部门

合同档案管理是合同管理制度的重要组成部分。通过对合同的档案管理，可以保存与合同有关的证据材料，一旦发生纠纷，可以及时运用档案记载的内容，依法维护企业的权益。因此，企业应设立专门的合同档案管理部门并制定相应的合同档案管理制度。

（七）合同监督部门

合同监督是监督合同的签订、履行的全过程。合同监督部门可以是主管副总经理、企业内部审计部门或者是专设职能部门，国有企业纳入合规或者风险部管理。监督部门应根据企业合同管理的相关制度监督业务部门、法务部门、印章管理部门、档案部门的合同管理工作，及时提出合同管理过程中出现的风险点并督促相关部门进行整改。

二、建立合同订立流程管理制度

为规范企业合同签订行为，降低合同订立的法律风险，企业应制定相应的合同订立流程管理制度。下面，我们就来介绍企业合同订立的一般流程：

（一）商务部门谈判、起草合同

企业商务部门与合同相对人就合同条款进行谈判、协商，在合同基本内容达成一致的情况下，可以形成合同草案。如企业有自己的合同范本，应尽量使用合同范本。为了提高合同签订的效率，商务部门可在合同起草阶段，与法务部门、合规部门、财务部门、审计部门、业务部门等对合同相关条款进行沟通，形成一致意见。如涉及重大合规事项，应及时提请企业合规决策机构审议和决策。

（二）法务部门、合规部门审核合同

合同起草完毕后，业务部门应将合同草案交由法务部门、合规部门进行审核。法务部门应从合同的合法性、经济性、可行性、严密性等全方面进行审核；合规部门应对签订合同的流程合规性进行审核。在法律审核过程中，审核人员应对发现的问题进行修改和完善，并对合同风险点进行注释以提醒商务部门、业务部门。如遇重大、复杂合同，审核人员可将合同提交企业外部法律顾问进行再次审核，并由专业律师出具书面审核意见。

（三）业务部门审核合同

业务部门是合同最终的履行部门，应重点审核合同的可执行性。比如：合同约定的工作范围、双方权利义务、技术指标、工期、进度、质量、保修等条款。业务部门应根据企业自身的条件提出合同履行的可行性及履行障碍。

如业务部门认为无法全面履行相关合同条款，应及时将相关信息反馈给商务部门、法务部门探讨调整方案，并与合同相对人积极协商解决问题。

（四）财务部门审核合同

财务部门应重点审核合同价款支付方式、发票形式、税务负担、代扣代缴形式等与财税有关的条款。当合同约定的相关条款不符合国家和企业财务制度时，财务部门应及时反馈给商务部门、法务部门进行调整。

（五）合同审批部门审核批准

商务部门将经过法务部门、合规部门、业务部门以及财务部门审核调整后的合同送交合同相对人审核。双方对形成一致意见的合同条款进行确认，对无法达成一致意见条款进一步磋商，并形成意见后再次反馈给企业相关职能部门进行审核。通过反复审核和调整过程，最终形成合同定稿。最后，合同定稿交由合同审批部门审核批准。

（六）合同的签署和盖章

合同按照规定审核批准后，一般应先由合同相对人签字盖章，然后企业用章部门再盖章签字。

（七）合同存档和备案

合同签订后，根据合同档案管理规定交由业务部门、财务部门或其他归档部门留存使用。

（八）合规部门的全程监督

在合同签订过程中，合规部门负责对合同合规事项进行全程审核和监督。

以上是合同订立的一般流程。需要注意的是，不同的企业客观情况并不相同，合规重点领域及合规风险点也不尽相同。这就需要企业建立与实际情况相适应的合同审核工作机制，将合同的法律风险审核内容和合规审核内容交由一个部门或多个部门联合审核。

三、建立合同履行的监督与预警管理制度

在合同履行过程中，由于合同双方未按照法律规定或合同约定履行义务，

或者由于客观因素的影响，就有可能形成对合同履行的阻碍。因此，为确保合同能够全面、顺利、恰当地履行以及发生合同风险后能够及时、有效降低损失，企业应建立合同履行的监督与风险预警制度。

下面，我们就来讨论合同履行监督和预警的具体事项和方法：

（一）对合同条款的监督和预警

合同条款是在合同签订时就由合同双方约定的，但在合同履行过程中，合同监督部门还应全面审核合同条款是否能够满足实际履行的要求，如发现合同本身就存在瑕疵或者合同相应条款已经不能再满足现有的履行条件，合同监督部门应提请企业及时与合同相对人协商达成补充协议，以满足合同履行的条件。

（二）对合同双方履约行为的监督和预警

合同履行行为包括企业自身的履约行为以及合同相对人的履约行为，企业相关部门应同时监督合同双方的履约行为。当合同任何一方未按照合同条款履行义务时，应及时以书面形式提出，并须得到有效反馈。对于己方未按合同约定履约的，应分析相应的原因并及时进行整改，如因主客观原因无法再全面履行合同时，也应及时与合同相对人协商调整合同相应条款或解除合同；而对于合同相对人违约，应及时以书面形式通知对方违约情况并要求其整改。另外，企业可以视情况行使同时履行抗辩权、先履行抗辩权或不安抗辩权等，但该等抗辩权行使应在专业法务人员指导下完成。需要特别提醒的是，企业监督部门一旦发现合同违约行为应及时采取应对措施，而不能听之任之，使原本较小的风险演变成较大的风险，或者原本是合同相对人先行违约而因无证据证明反而演变成己方违约，等等。

（三）对合同相对人资信情况的监督和预警

一般情况下，在签订合同前，企业已经对合同相对人的资信情况进行过调查。然而，合同主体情况并不是固定不变的，在签订合同时，合同相对人资信情况可能良好，在履行阶段就可能发生变化。因此，监督部门应持续监督合同相对人的资信情况，一旦发现合同相对人的资信出现问题时，应及时向企业发出预警并采取相应的防范措施。

（四）对时效期限的监督和预警

为了督促权利人及时行使自己的权利，法律规定了相应的时效制度。比如：对于可撤销的合同，有 1 年、5 年除斥期间的规定；对于担保合同，有保证期间的规定；而最常见的就是诉讼时效的规定。在监督合同履行时，企业监督部门应充分关注合同履行过程中的时效问题。比如：当企业监督部门发现合同相对人存在合同解除的情形，而己方也不愿再履行合同时，就应及时提请企业发出解除合同的通知，防止因超过时效而无法解除合同；再比如：当监督部门发现应收账款的诉讼时效即将到期时，也应及时向企业发出预警，企业应及时采取措施中断诉讼时效或直接提起诉讼、仲裁程序。

（五）对外部环境变化的预警

合同履行的外部环境发生变化，也可能形成对合同履行的阻碍。比如：政治环境、市场环境、法律环境发生变化等。企业监督部门应持续关注这些外部环境的变化，当这些变化可能会影响到合同的履行时，应及时提醒企业采取相应的预防措施。

以上是合同履行监督和预警的具体事项和方法。我们建议，企业应根据自身的部门设置、业务类型、合同履行条件，制定出符合企业需求的合同履行监督和预警管理制度。

四、建立对应收账款的监督与预警专项管理体系

应收账款管理是合同管理的重中之重。企业应收账款总额较大、项目较多、欠期较长，会严重影响企业的正常运营，甚至会最终压垮企业。我们建议，企业可对应收账款建立监督与预警专项管理体系。这主要包括应收账款的事前防范、事中控制、事后补救。在事前，企业可建立客户资信审查机制、制定应收账款账期制度、制定完善通用的销售合同和担保合同模板、制定应收账款预警机制；在事中，企业可监督具体业务合同的履行情况、开展合同履行的证据留痕、及时进行应收账款风险预警；在事后，企业可对应收账款债务主体资格、股权及资本情况、涉诉情况再次进行审查，评价债务主体的被执行能力，对被执行能力欠缺的，找寻有无其他途径追及债权的方案。对合同签订、履行、验收资料进行全面审查，评价债权的法律保障及风险。对

合同双方往来函件、催收磋商记录进行审查，对债权诉讼时效进行审查评价。在对前述资料审查过程中，汇总问题，完善相关资料、补充相关证据，形成综合性清收方案，并最终开展包括诉讼在内的清收工作。

五、建立合同资料管理制度

合同资料管理是企业合同管理的一个重要环节。通过对合同资料的管理，企业可以保存与合同有关的证据资料。在一旦发生合同纠纷时，企业可以及时运用合同资料，依法维护企业的权益。

下面，我们就来讨论合同资料管理应注意的问题：

（一）合同资料的归集和保存流程

合同资料是合同签订、履行过程中形成的全部资料。因此，我们可以按照合同资料形成的阶段，来归集、移交和保存相关合同资料：

（1）在合同立项谈判阶段，项目负责人应指派专门人员负责归集该阶段资料。这些资料包括：合同立项的尽职调查报告、谈判会议纪要、框架协议、招投标文件、技术财务数据、授权委托书等。

（2）在合同签订阶段，项目负责人应指派专门人员负责归集该阶段资料。这些资料包括：主合同、从合同、工程图纸、技术标准和要求、工程量清单或预算书以及其他合同文件等。

（3）在合同履行阶段，项目负责人应指派专门人员负责归集该阶段资料。这些资料包括：合同履行过程中形成的来往函件、备忘录、会议纪要、签证、发票、送货凭证、汇款凭证、验收记录、催款函、通知函、决算书等。

在以上各阶段，归集人员应妥善保存好各种资料、做好资料归集记录以及填写完整的《归集文件目录》。当对应阶段工作完成以后，项目负责人应及时将该阶段形成资料移交给合同档案部门归档保存，合同档案部门应根据合同资料的类型分类编号、归档、管理。

（二）合同资料归集和保存的形式

企业归集、保存的合同资料有不同的形式，而不同形式的资料法律效力有所不同。合同管理部门应掌握不同形式合同资料的法律效力，防止归集、保管无效的合同资料。

（1）书面形式。我们认为，合同资料应尽量采用书面形式，只有通过白纸黑字形成的资料才具有最强的证据效力。而采用书面形式应注意几个问题：一是无论是什么样的书面资料，一定要有合同相对人的确认。比如：谈判形成的会议纪要，要有合同相对人授权代表的签字或盖章；发出的通知函，要有合同相对人的回证；提交的决算书，要合同相对人盖章等；二是书面资料应是原件，而不能是复印件或传真件，否则，证据效力极低。

（2）电子邮件形式。采用电子邮件形成合同资料至少有两大好处：一是电子邮件形成资料几乎可以永久保存，并可以随时调取；二是电子邮件可以方便确认送达。比如：如是纸质文件，则需要合同相对人签收或以公证快递的方式送达，而电子邮件，只要发出电子邮件就可以视为送达，无须再通过合同相对人确认。但需要注意的是，如要使用电子邮件，一定要在合同正文中明确注明以某个电子邮件作为接受文件的形式，并对该接收方式双方予以认可。

（3）影像资料。在一些情况下，我们在履行合同中需要以影像资料形式固定证据。比如：合同约定进场开工后支付首付款。此时，除了及时通知合同相对人书面确认开工情况外，最好以影像资料形式固定开工的情况；再比如：如合同一方提供的产品不合格，合同另一方就可以通过影像方式记录产品不合格的情况，等等。

（4）第三方资料。比如：在签订合同时，企业可由第三方进行合同见证；在产品质量出现问题时，可由质检部门出具质检报告；在提交决算书时，可通过公证送达的方式，等等。

以上是合同资料归集、保存流程以及资料保持形式应注意的问题。我们建议，企业应根据自身的部门设置、业务类型、合同资料形成方式和过程等情况，制定出符合企业需求的合同资料管理制度。

六、建立合同印章管理制度

《民法典》第 490 条规定，当事人采用合同书形式订立合同的，自当事人均签名、盖章或者按指印时合同成立。因此，加盖合同印章是合同成立的标志之一。为了加强企业对合同印章的管理，规范企业合同印章的使用及保管，企业应制定合同印章管理制度。

下面，我们就来讨论合同印章使用及保管应注意的问题：

（一）合同印章使用应注意的问题

（1）合同印章应由企业专门部门专门人员管理。

（2）企业对外签订合同，印章管理人员应审核合同评审表或其他报签文件是否齐全后才能用章。

（3）印章管理人员应严格填写《用章登记簿》，填写内容包括用章日期、用章单位、用章内容、批准用章人、经手人、盖章人等内容，用章人员应签字确认。

（4）印章管理人员盖章时，应审核合同抬头和落款单位名称是否与合同印章单位名称保持一致；除在合同落款处盖章外，还应盖骑缝章。

（5）盖章完毕后，印章保管人应将《用章审批登记表》《用章登记簿》或相关文件审批表复印件等资料存档以备检查。

（6）一般情况下，不得将印章携带出企业外使用。如确需在企业外用印时，必须经企业负责人批准，办理印章出借手续，并由印章管理人员或企业负责人指定的专人到场监印。

（7）严格禁止在空白纸张上盖章。

（二）合同印章的保管

（1）合同印章应存放在企业安全位置保存，不得私自带离企业保存。

（2）印章管理人员因故临时请假，经批准后指定临时保管人员，并做好印章的交接记录。

（3）合同印章变更时，应停止使用并交相关部门封存或销毁。

（4）合同印章丢失、损毁、被盗时，印章管理人员应及时上报相关部门予以处理。同时，登报挂失作废。

以上是合同印章管理应注意的问题。我们建议，企业应根据自身的部门设置、业务类型、合同签订流程等情况，制定出符合企业需求的合同印章管理制度。

七、建立企业合同范本制度

（一）制定企业合同范本的好处

（1）提高企业运营效率。企业对外交易的过程，就是企业与合同相对人签订、履行合同的过程。如果企业能够根据自身的生产经营情况制定出相应的合同范本，企业就可以在每一个交易中都按照合同范本的要求进行谈判、修订、审核以及履行合同，这样必然会极大地提高企业运营的效率。

（2）确保企业在合同谈判中处于优势地位。企业合同范本一般会约定对己方较为有利的条款，如企业能以自己的合同范本作为合同谈判的基础，就会使企业从谈判一开始就占据优势地位。

（3）规范合同履行行为。如果企业在对外交易过程中，大多数采用企业自身的合同范本，合同履行部门就可以按照相同的合同条款来履行合同，这样可以规范企业的履约行为。

（4）降低合同履行的风险。合同范本是企业在长期经营过程中总结、提炼形成的。在合同履行过程中，如企业发现问题可以通过修订合同范本予以规避，而通过合同范本反复的适用、修订，就可以不断降低企业履行合同的风险。

（二）制定企业合同范本的方法

（1）根据企业自身情况制定合同范本。国家相关部门制定过很多类型的合同范本。比如：买卖合同范本、租赁合同范本、建设施工合同范本，等等。企业可以以这些现成的合同范本作为基础，结合企业自身内部运营模式以及外部交易模式，制定出符合企业自身特点的合同范本。

（2）企业应不断修订、完善合同范本。合同范本制定完成以后，企业应根据合同履行过程中出现的问题或企业经营情况的变化不断修订、完善合同范本。比如：在履行合同过程中，企业会遇到这样那样的问题，履行人员就应该及时将这些问题反馈给合同制定部门，合同制定部门再对合同范本相关条款进行调整；再比如：企业因履行合同可能会遇到相应的诉讼，参与诉讼人员也应将诉讼过程中反映出的合同法律风险及时反馈给合同制定部门，由合同制定部门调整相应的合同条款。这样，企业合同范本可以在不断地使用过程中逐步完善起来。

八、建立企业客户资信管理制度

建立企业客户资信管理制度，就是要对企业客户的资信信息、资信档案、信用状况、信用等级等进行严格的制度化管理，利用客户资信数据来降低合同主体风险。

下面，我们就来讨论企业客户资信管理的主要内容：

（1）企业客户资信管理部门负责建立每位客户包括名称、住所、法定代表人、注册资金、电话、信用标准、信用等级内容的表单，并及时进行动态更新。

（2）企业客户资信管理部门对客户进行分级管理的依据包括：客户企业规模、客户商誉、客户网络舆情、客户履约情况、客户涉诉情况、客户担保等，企业客户资信管理部门根据以上标准对客户实行分级管理，根据客户不同的信用等级授予相应的信用额度、信用期限以及信用折扣。

（3）企业客户资信管理部门应对客户资信实行跟踪管理，补充客户信用信息，定期和不定期对客户的信用状况进行汇总分析，形成书面评价报告，并根据评价报告及时调整客户信用等级与授信额度。

（4）企业客户资信管理部门应定期将客户信用状况评价结果反馈给公司各相关部门。企业各相关部门也应及时收集客户信息并向企业客户资信管理部门反馈。

以上是企业客户资信管理的主要内容。我们建议，企业应根据自身的部门设置、业务类型、客户类别等情况，制定出符合企业需求的客户资信管理制度。

本章我们讨论的是企业合同管理的合规要求与法律风险防范。合同管理绝不仅只是合同审核而已，还应包括从合同相对人的资信审核、合同谈判、合同拟定、合同审核、合同签订、合同履行直到合同终止的全过程管理。合同管理应是一个动态的过程管理，任何一个合同管理阶段和环节出现问题，都有可能产生合同风险。企业要充分重视合同全流程的事前预防、事中控制和事后监督、救济的作用，使合同风险防范的各个环节规范化、程序化。

第五章

企业常规市场交易活动的合规要求与法律风险防范

市场交易是企业市场经营活动的又称，是合规管理的重要领域。对市场交易的合规要求应包括制定、完善合规交易管理制度，建立、健全合规交易体系，严格履行交易决策审批程序等。在交易过程中，企业不仅要规范自身的交易行为，还要关注商业伙伴交易行为的合规性；企业不仅要重视主营业务的合规交易活动，也要关注借贷、租赁、担保等常规交易活动的合规问题。企业的市场交易活动涵盖范围广泛，难以面面俱到。在本章我们仅以企业部分常规交易为例，来讨论企业市场交易活动的合规要求与法律风险防范。

第一节　市场交易合规管理部门设置

企业市场交易合规管理是指以有效防控市场交易合规风险为目的，以提升市场交易合规管理水平为导向，以企业、企业员工的市场交易行为为对象，开展包括制度制定、风险识别处置、合规性审查、合规风险应对、合规报告、合规评价、违规救济及责任追究、合规培训等有组织、有计划地管理活动。

为落实企业市场交易合规管理，企业应设置相应的市场交易合规管理部门，这些部门包括：

一、合规决策部门

合规决策部门负责市场交易合规基本制度的审议批准；重大市场交易事项的最终决策和审批；市场交易合规管理牵头部门的设置和职能分工；决定有关违规人员的处理等事项。按照国资委对中央企业的合规要求，董事会主要负责确定合规战略、作出合规事项决策，而由经理层负责具体落实和实施。

企业也可以单独设立首席合规官，全面负责企业的合规管理工作。

二、经营业务部门

经营业务部门是直接参与市场交易活动的主体，能够第一时间洞察到交易合规风险。因此，通常将经营业务部门作为合规风险防范的"第一道防线"。按照国资委对中央企业的合规要求，经营业务部门负责本领域的日常合规管理工作；按照合规要求完善业务管理制度和流程；主动开展合规风险识别和隐患排查；发布合规预警；组织合规审查；及时向合规管理牵头部门通报合规风险事项；妥善应对合规风险事件；做好本领域合规培训和商业伙伴合规调查等工作；组织或配合进行违规问题调查并及时整改等。

三、合规牵头部门

合规牵头部门是牵头组织各部门开展日常合规管理工作的部门，合规牵头部门是企业合规风险防范的"第二道防线"。在实践中，一般由法务部门、风控部门或者内控部门担任。其主要职能包括：起草市场交易合规基本制度和具体制度规定；参与企业重大市场交易事项合法合规性审查，提出意见和建议；组织开展市场交易合规风险识别和预警，组织做好重大市场交易合规风险应对；组织开展市场交易合规评价与考核，督促违规行为整改和持续改进；指导其他部门和子企业市场交易合规管理工作；组织或协助其他部门开展市场交易合规培训等。

四、合规监督部门

市场交易合规监督部门负责监督企业的市场交易行为，是企业合规风险防范的"第三道防线"。在实践中，市场交易合规监督部门包括监事会、纪检监察机构、审计、巡视等部门。合规监督部门在职权范围内监督经营业务部门、法务部门、合规部门、印章管理部门、档案部门的市场交易合规管理工作，及时提出管理过程中出现的合规风险点并督促相关部门进行整改。

综上，在市场交易合规管理过程中，企业可根据自身业务规模、业务结构和所面临的市场交易合规风险，形成相应的合规管理模式和机构设置。比如：具备条件的，可设立专门的市场交易合规管理机构，由其他相关职能部门予以配合；条件尚不具备的，也可以由一个部门牵头履行合规管理职责，而将市场交易合规管理相关职能嵌入到企业现有的职能部门。为统筹管理、提高运营效率，企业一般把合规、法律、风险几个条线纳入一个部门，或者由一个副总级领导统一三个条线的管理。企业通过各管理部门的职能分工、有序配合，对市场交易合规事项进行动态管理。

第二节　对商业伙伴的合规要求与法律风险防范

在市场交易活动中，企业的商业伙伴包括供应商、经销商、协作商、中介机构以及其他第三方。市场交易活动能否顺利进行，选择恰当、合规的商业伙伴是关键要素之一。因商业伙伴选择不当或商业伙伴的不合规行为，容易引发企业承担法律责任、遭受行政处罚、造成经济或声誉损失以及其他负面影响。为此，国资委要求中央企业将商业伙伴纳入合规管理的重点领域，要求"对重要商业伙伴开展合规调查，通过签订合规协议、要求作出合规承诺等方式促进商业伙伴行为"。另外，在国资委发布的《中央企业合规管理系列指南》中，还针对"商业伙伴"专门制定指南，对中央企业商业伙伴的合规管理进行指导。我们认为，民营企业也应该建立起对商业伙伴的合规管理制度。本节，我们就来先讨论对商业伙伴的合规要求与法律风险防范。

一、对商业伙伴开展合规调查

企业应对商业伙伴合规风险进行全流程动态管理，管理阶段应包括商业伙伴的选择阶段、合作阶段及合作结束阶段。在商业伙伴的选择阶段，企业应重视对商业伙伴的尽职调查，把对商业伙伴的尽职调查纳入合规管理中，调查事项包含下述几个方面。

（一）对商业伙伴主体资格进行调查

《民法典》第 464 条规定，合同是民事主体之间设立、变更、终止民事法律关系的协议。而民法典规定的民事主体包括自然人、法人以及非法人组织。

下面，我们就来分别讨论这三类主体开展交易活动的合规资格：

1. 自然人实施民事行为的主体资格

根据《民法典》相关规定，具有完全民事行为能力的自然人可以实施一般民事行为；限制民事行为能力人可以实施纯获利益或者与其年龄、智力相适应的民事行为。另外，除特定地提供劳务或者咨询需求外，自然人一般不作为商事主体的商业伙伴。

2. 法人实施民事行为的主体资格

《民法典》将法人分为营利法人、非营利法人、特别法人，对于营利法人需经依法登记成立。因此，判断商业伙伴是否具有营利法人资格，首先需要审核该主体的营业执照，通过营业执照可以核实该主体的真实名称、企业类型、住所地、法定代表人、注册资本、成立日期、经营期限、经营范围、登记状态等内容。比如：审核商业伙伴经营期限，可以判断其是否经营期限即将届满；审核商业伙伴经营范围，可以初步确认是否有相应交易主体资格；审核商业伙伴登记状态，可以确认其处于存续、吊销还是注销状态等。

3. 非法人组织实施民事行为的主体资格

在《民法典》中，将其他组织表述为非法人组织，非法人组织不具有法人资格，但是能够依法以自己的名义从事民事活动的组织，只不过都不能以自己的名义独立承担民事责任。非法人组织包括个人独资企业、合伙企业、不具有法人资格的专业服务机构等。对于该类主体，同样应审查其营业期限、经营范围以及是否可以签订特定类型合同等事项。

（二）对商业伙伴业务的合规调查

企业要想与商业伙伴顺利开展交易活动，对商业伙伴业务合规调查是重要环节之一。

1. 调查商业伙伴主营业务资质情况

根据国家对市场的管理需要，某些领域需要取得相应的资质，才能正常经营。比如：建设工程施工合同的承包人，应取得建筑施工企业资质以及相应资质等级；合作开发房地产合同的当事人，至少其中一方应具备房地产开发经营资质；从事食品生产、食品流通、餐饮服务，应当依法取得食品生产许可、食品流通许可、餐饮服务许可；金融类委托理财合同的受托人，应具备金融类委托理财资质，等等。因此，在选择商业伙伴时，企业应调查商业伙伴经营资质的类别、经营资质与营业执照的经营范围是否一致、经营资质是否存在过期情况、经营资质是否未办理年检、经营资质是否存在被吊销的风险、是否存在未取得相应经营资质开展业务等情况。

2. 调查拟开展业务是否受限

在与商业伙伴开展交易活动前，企业需要调查拟开展业务是否受限。首先，企业应特别关注国家发改委最新出台的《产业结构调整指导目录》，在目录中规定了鼓励类、限制类以及淘汰类产业。企业应根据以上目录及其他相关政策文件等综合判断，与商业伙伴开展该项业务是否受限以及是否具有商业前景；其次，如是进出口业务，企业还应调查该业务是否受进出口管制。商业伙伴是否在未取得相关进出口许可的情况下，开展进出口业务。商业伙伴是否将管制物品提供给受限国家或地区等；最后，企业还应审查商业伙伴及拟开展业务是否受经济制裁影响、是否存在商业垄断风险、是否存在洗钱风险，等等。

（三）对商业伙伴资本能力进行调查

商业伙伴合规风险之一，是通过虚构的商业主体、空壳公司、瑕疵商业主体开展商业活动，或甚至进行商业欺诈。因此，在开展市场交易活动前，企业不仅要考察商业伙伴主体的形式真实性、合法性、资质的有效性，还应考察商业伙伴的真实资本能力。

1. 调查商业伙伴股东是认缴还是实缴出资

自2014年起，我国《公司法》将注册资本由实缴制改成认缴制。按照该项制度规定，公司股东或发起人在协商确定公司注册资本金数额和各自所占的出资比例后，可以进一步在公司章程中自主约定各自完成出资的期限，在期限届满前，将承诺出资实缴到公司即可。因此，在公司营业执照上显示的注册资本数额就有可能只是投资人认缴的数额，而实际可能还未投资到公司或存在其他瑕疵出资情况。在注册资本认缴登记制度下，我们无法仅凭商业伙伴注册资本来判断商业伙伴的资金实力和偿债能力。而一些不良商业伙伴正是利用注册资本认缴制虚设注册资本，以骗取交易机会。因此，在选择商业伙伴时，企业应调查目标商业伙伴是认缴还是实缴出资，评估对后续交易可能带来的风险。

2. 调查商业伙伴股东是否存在瑕疵出资情形

在实践中，最常见的瑕疵出资有两种：虚假出资和抽逃出资。虚假出资是股东未按承诺出资额实际出资。比如：将价值较小的实物或知识产权评估高价入股；虚设债权凭证债转股入股；利用其他虚假财产凭证入股等。而抽逃出资是在实际入资后再通过各种手段抽逃出来的行为。比如：利用过桥资金入资再转出；入资后通过虚构债务转出等。另外，瑕疵出资的情况还包括：股票出资未完成变更登记手续；房产出资未完成不动产转移登记手续；以限制、禁止出资财产进行出资等。瑕疵出资隐蔽性强，会影响商业伙伴的债务偿付能力以及运营能力。因此，在选择商业伙伴时，企业应调查目标商业伙伴股东是否存在瑕疵出资情形以及评估对后续交易可能带来的风险。

3. 审核商业伙伴股东股权是否存在权利负担

如果商业伙伴股东股权存在质押、查封等情形，说明该商业伙伴股权结构可能不稳定、管理层有可能随时变动，商业伙伴的经营稳定性乃至交易能力也可能受限。因此，在选择商业伙伴时，企业应调查目标商业伙伴股东股权是否存在权利负担以及评估对后续交易可能带来的风险。

4. 审核商业伙伴股东资格可能存在的问题

在实践中，股东资格存在问题的情况有很多种，比如：商业伙伴某些股东为公司，但该公司已经被吊销营业执照或被注销；商业伙伴股东为自然人，但已经无法联系或不愿参与公司任何运营活动；商业伙伴的股东为公务员、法官、检察官等一些特殊身份人员或其委托代持股人员等。出现以上情况，同样能反映商业伙伴的经营稳定性和偿债能力。因此，在选择商业伙伴时，企业应调查目标商业伙伴股东资格可能存在的问题以及评估对后续交易可能带来的风险。

（四）对商业伙伴资产能力进行调查

商业伙伴资产价值高低、资产是否存在权属不清、是否存在权利瑕疵等，均对其交易能力产生重大影响。因此，选择商业伙伴时，企业应对商业伙伴主要资产进行调查，尤其是直接影响交易事项的资产更应全面、深入调查。

下面，我们就来讨论对商业伙伴主要资产的调查内容以及调查目的：

1. 调查商业伙伴土地使用权情况

土地使用权是重要资产，商业伙伴土地使用权通常会影响企业对商业伙伴资产价值和偿债能力的判断。另外，在实践中，企业和商业伙伴也可能直接开展以买卖土地使用权为目的的交易活动。因此，企业应重视对商业伙伴土地使用权情况的调查。调查内容包括：商业伙伴土地使用权是划拨还是转让，是工业、商业还是居住用地；商业伙伴获得土地使用权时，是否签订了土地出让合同、是否缴清土地出让金、土地用途与国有土地使用证载明的内容是否一致、公司取得出让土地的手续是否履行招拍挂程序、土地是否存在闲置情况、土地剩余使用年限等；土地是否存在抵押、查封等权利负担。

2. 调查商业伙伴房屋情况

与土地使用权情况一样，企业应根据交易目的需要，有针对性地调查商业伙伴房屋情况。比如：房屋是否存在权属证明、是否办理竣工验收手续、房屋实际情况是否与规划许可证一致、是否存在违章部分、如是购买房屋是否签订房屋买卖合同、是否交齐全部税费、是否存在对外出租或出借、房屋是否存在抵押查封等权利负担，等等。

3. 调查商业伙伴机器设备情况

机器设备是生产运营的基本物质基础。企业应根据交易目的判断商业伙伴机器设备的价值和效用。通常情况下，企业应调查机器设备的型号、性能、使用年限、数量、是否存在抵押查封等。尤其需要注意的是，如企业拟收购国有公司机器设备，还需要进一步调查相关机器设备是否存在行政划拨的情况、商业伙伴是否享有机器设备完全所有权，等等。

4. 调查商业伙伴流动资产情况

流动资产是商业伙伴可以在一年内或者超过一年的一个生产周期内变现或者耗用的资产合计，主要包括：现金、存货、应收账款、有价证券、预付款等内容。流动资产是商业伙伴最重要的资产，直接影响到商业伙伴运营效率以及价值高低。其中应收账款是商业伙伴经营过程中因销售商品、产品、提供劳务等业务，应向购买单位收取的款项。由于应收账款是商业伙伴应收未收款项，因此，该部分资产存在较大不确定因素。企业在调查商业伙伴流动资产时应重点核查其应收账款的情况，主要核查内容包括：应收账款是否真实存在、应收账款数额、应收账款形成时间、应收账款收回的可能性，等等。

（五）对商业伙伴知识产权的调查

在企业与商业伙伴开展交易活动时，时常会相互提供、使用含有知识产权的产品、服务，或直接以知识产权为交易对象。因知识产权缺陷，企业交易目的将面临落空风险；因知识产权侵犯第三方权利，将可能导致企业遭受第三方索赔风险；因知识产权违反法律法规，将可能导致企业及相关人员遭受行政处罚，甚至承担刑事责任风险。

因此，在涉及知识产权的交易活动中，企业应全面考察商业伙伴相应知识产权的情况。鉴于知识产权内容体系庞杂，本节，仅作简述。

1. 调查商业伙伴商标权情况

对商业伙伴商标权的调查应包括：商标的权属、商标权的期限、商标的类型、商标的保护范围、是否存在到期未续费情况、是否存在商标争议、是否存在使用他人注册商标情况、是否存在许可使用限制、是否进行过许可使用备案、是否存在授权他人使用情况、是否存在授权限制、是否存在许可使用备案，等等。

2. 调查商业伙伴专利权情况

对商业伙伴专利权的调查应包括：专利权的权属、专利权的种类、专利权的期限、是否存在未按规定缴纳年费的情况、是否存在专利争议、是否存在使用他人专利情况、专利使用是否进行过备案登记、是否存在授权他人使用专利情况、授权使用是否进行过备案登记，等等。

3. 调查商业伙伴著作权情况

对商业伙伴著作权的调查应包括：著作权的权属、著作权署名权的归属、著作权的年限、著作权是否存在授权使用、授权使用的范围以及权限，等等。

4. 调查商业伙伴商业秘密的情况

对商业伙伴商业秘密的调查应包括：商业秘密的内容、商业秘密的载体、商业秘密的保护时间和范围、商业秘密的保密措施、商业秘密的解密条件和期限、商业秘密的保护制度，等等。

（六）对商业伙伴对外风险的调查

下面，我们来讨论企业对商业伙伴对外风险的调查，具体调查内容包括：

1. 调查商业伙伴是否存在对外担保

商业伙伴对外担保会对其经营带来不确定因素，很多公司就是由于对外提供担保或者是联保，最终造成公司陷入债务泥潭。因此，企业选择商业伙伴时，应调查商业伙伴对外担保情况。具体调查的事项可包括：商业伙伴对外担保的数额、担保的类型、担保的期限、担保程序是否符合法律规定、是否存在无效担保情形、担保发生实际债务的可能性等。

2. 调查商业伙伴是否存在重大融资借贷

公司对外贷款主要包括金融贷款和民间借贷。金融借贷应注意贷款数额、期限、利息以及抵押担保等。而民间借贷要特别关注是否存在高利借贷、是否向不特定对象融资借贷、借款是否用于正常的生产经营活动等。

3. 调查商业伙伴是否存在重大资产交易行为

资产是公司开展正常经营活动的物质基础。如公司存在重大资产交易行为，很有可能会影响公司开展业务活动。因此，企业应审查商业伙伴的重大资产交易行为，主要包括：资产交易的对象、交易的目的、交易的对价、资产交割的方法和时间期限、是否取得公司内部批准、是否需要审批，等等。

4. 调查商业伙伴是否存在财产抵押、质押情形

如果商业伙伴财产存在抵押、质押情形，会影响到这些财产的效用。因此，企业应审核商业伙伴财产抵押、质押情形，这主要包括：不动产是否抵押、动产是否抵押、知识产权是否质押等。

（七）对商业伙伴关联交易和同业竞争的调查

商业伙伴关联交易和同业竞争可能导致相关交易主体资产流失、相关交易行为无效，以及相关交易主体董事、监事、高级管理人员遭受行政处罚，甚至承担刑事责任的风险。下面，我们来讨论对商业伙伴可能存在关联交易和同业竞争的调查：

1. 调查商业伙伴关联交易情况

关联交易是公司与关联方进行交易的行为。这里的关联方包括：公司的股东、董事、经理、监事、法定代表人、实际控制人等。《公司法》第 21 条规定，公司的控股股东、实际控制人、董事、监事、高级管理人员不得利用其关联关系损害公司利益。根据该规定，《公司法》并不禁止公司关联交易行

为的存在，而只是禁止以关联关系损害公司利益的行为。比如：公司将产品低价销售给关联股东或从股东处高价购买原材料等，都会损害公司的利益。不恰当的关联交易行为会影响到公司的独立性和资产的完整性。因此，在尽职调查时，企业应考察商业伙伴关联交易行为，考察的内容可以包括：核查关联交易是否符合相关法律法规的规定、是否按照公司章程或其他规定履行了必要的批准程序、关联交易定价依据是否充分、定价是否公允、与市场交易价格或独立第三方价格是否有较大差异及其原因、是否存在明显属于单方获利性交易、向关联方销售产生的收入占公司主营业务收入的比例、向关联方采购额占公司采购总额的比例、关联交易是否达到影响公司经营独立性的程度等。

2. 调查商业伙伴同业竞争情况

同业竞争是指公司的控股股东、实际控制人及其控制的其他企业所从事的业务与该公司业务相同或相似，双方构成或可能构成直接或间接竞争关系。在公司实际经营中，同业竞争的存在必然使得相关联的公司无法完全按照完全竞争的市场环境来平等竞争，控股股东、实际控制人及高级管理人员等会利用其表决权或职位之便对公司重大经营产生重大影响，如果其影响是不利于公司的，那将会对公司的正常经营收入及股东的利益造成影响。在判定同业竞争的问题上，与判定关联交易问题相类似，都应当遵循"实质重于形式"的原则，在进行具体案例分析时，应结合以上因素对具体问题进行综合判定。

（八）对商业伙伴董监高及具体交易业务团队的调查

管理层是企业经营管理的核心，交易事项的业务团队是衡量交易伙伴交易能力的重要方面，两者均应纳入选择商业伙伴的重要考量因素。管理层人员相对稳定、企业管理水平高，业务人员以往业绩经历好、业务能力突出，无疑会降低商业伙伴的交易风险。

（九）对商业伙伴环境保护合规风险的调查

商业伙伴环境保护合规风险是指因商业伙伴相关工作的开展或其工作成果不符合环境保护要求，可能导致企业遭受项目停滞损失、额外环保费用支出，甚至承担环境损害赔偿责任、遭受行政处罚等风险。对商业伙伴环境保护调查应包括以下事项：商业伙伴拟开展业务是否办理环保评价手续；该业务领域环境状况发生重大变更，是否重新办理环评审批手续；该业务是否越级取得环保批复；该业务项目配套的环保设施是否符合有关规定；该业务项目配套的环保设施是否投入使用；该业务项目试生产是否经过环保部门批准；商业伙伴是否领取排污许可证；商业伙伴是否存在严重污染情况；商业伙伴历史上是否因环保违法遭受处罚，等等。

（十）　对商业伙伴安全生产合规风险的调查

商业伙伴安全生产合规风险是指因商业伙伴相关工作的开展或其工作成果不符合安全生产要求，可能导致企业遭受项目停滞损失、额外安全费用支出，甚至承担人身财产损害赔偿责任、遭受行政处罚乃至承担刑事责任等风险。对商业伙伴安全生产调查应包括以下事项：是否建立、健全安全生产责任制，制定完备的安全生产规章制度和操作规程；安全投入是否符合安全生产要求；是否设置安全生产管理机构，配备专职安全生产管理人员；主要负责人和安全生产管理人员是否经考核合格；特种作业人员是否经有关业务主管部门考核合格，取得特种作业操作资格证书；是否对从业人员经安全生产教育和培训合格；是否依法参加工伤保险，为从业人员缴纳保险费；厂房、作业场所和安全设施、设备、工艺是否符合有关安全生产法律、法规、标准和规程的要求；是否有职业危害防治措施，并为从业人员配备符合国家标准或者行业标准的劳动防护用品；是否依法进行安全评价；是否有重大危险源检测、评估、监控措施和应急预案；是否有生产安全事故应急救援预案、应急救援组织或者应急救援人员，配备必要的应急救援器材、设备，等等。

（十一）　对商业伙伴劳动用工合规风险的调查

商业伙伴劳动用工合规风险是指商业伙伴违反劳动用工法律法规，可能导致企业遭受声誉损失、业务受阻，甚至遭受行政处罚等风险。对商业伙伴劳动用工的合规调查应包括以下事项：商业伙伴是否办理社会保险登记证；商业伙伴是否与员工订立书面劳动合同；商业伙伴是否依法与劳动者签订无固定期限劳动合同；商业伙伴签订的劳动合同是否缺乏法定必备条款；商业伙伴是否将劳动合同交付劳动者本人；商业伙伴签订的劳动合同试用期是否超过法定时限；商业伙伴签订的劳动合同文本是否符合《劳动合同法》关于竞业禁止的规定；商业伙伴是否能为所有员工及时足额缴纳社会保险费；商业伙伴缴纳的社保险种是否少于法定险种；商业伙伴是否存在雇佣童工、用工歧视、强迫劳动等问题；商业伙伴是否存在不支付或拖延支付薪资、薪酬待遇不符合法律规定等问题；商业伙伴是否存在欠缺用工相关保险、剥夺休息时间、强令冒险或超时作业、缺乏必要的安全生产保护措施等问题。

（十二）对商业伙伴纠纷处理的调查

在交易活动过程中，如商业伙伴经营管理混乱，涉诉涉执行案件较多，将直接影响交易安全、商业伙伴的交易能力。因此，商业伙伴涉诉审查是尽职调查中的重要环节。通过对商业伙伴所涉及的诉讼及执行情况的了解，企业可初步掌握该商业伙伴的债权债务纠纷、劳动用工纠纷，主营业务纠纷等，进而明晰商业伙伴真实的资信状况、市场声誉、经营管理情况，为后续交易提供信息基础及决策依据。

综上，对商业伙伴的合规调查是企业选择商业伙伴开展交易活动的重要环节之一，直接影响到对商业伙伴交易能力的判断，避免后续交易活动的风险。

二、对商业伙伴开展合规调查的方法

对商业伙伴开展合规调查的方法多种多样，企业可以根据交易各方的地位、交易的性质、交易的重要性并结合客观实际条件，来组合最佳的调查方案。

下面，我们就来介绍几种常用的调查方法：

（一）要求商业伙伴提供相应的证明材料

此种方法是最直接的方法，通常是企业为交易优势一方时所能采取的方法。比如：建设施工合同的发包方、借贷合同的出借方、技术服务合同的采购方、并购交易的收购方等，俗称"甲方"。"甲方"处于交易优势地位，就可以直接向商业伙伴索要较为完整的证明材料。这些证明材料包括营业执照、经营许可证、资质等级证书、产品质量合格证、生产经营许可证、产品使用说明书、财务报表、企业财产权属证明，等等。企业合规审查人员应核对以上证明材料的原件，并留存复印件。同时，企业应通过其他调查手段核实这些证明材料的真实性，制定商业伙伴提交虚假材料的合规处理机制。

（二）通过商业伙伴信用档案登记部门调取

商业伙伴的信用登记档案包括相对完整的企业历史沿革信息，其中大量信息可以反映商业伙伴的主体资格状况和交易能力。比如：在公司章程中，就能显示出股东认缴出资的数额和认缴期限，商业伙伴签订担保合同、关联交易合同的权限范围等。另外，通过公司变更情况，还能进一步反映出商业伙伴的发展及经营持续性、稳定性等情况。

（三）通过全国企业信用信息网查询

通过全国企业信用信息网查询，可以很简便地核实商业伙伴的名称、企业类型、住所地、法定代表人、注册资本、成立日期、经营期限、经营范围等基本企业信息。同时，该网站还提供了判断商业伙伴交易能力的几组重要信息。这主要包括：企业行政许可信息、行政处罚信息、列入经营异常名录信息、列入严重违法失信企业名单信息等内容。

（四）通过天眼查、启信宝等营利性网站查询

天眼查、启信宝所提供的企业信息比起全国企业信用信息网更为全面、智能。其内容包括：商业伙伴的基本信息、涉诉信息、执行信息、失信信息、财产抵押信息、股权出质信息、异常经营信息、行政处罚信息、股权冻结信息、司法协助信息等内容，以上内容对我们判断商业伙伴资信情况提供了重要的依据。

（五）通过国家权威网站调查

比如：可以通过中国裁判文书网、中国执行信息公开网、北大法宝等专业网站，调取商业伙伴的涉诉、涉执行的情况。

（六）通过商标局、专利局等网站调查

调查内容包括相关商标、专利是否真实；是否属于商业伙伴所有；是否在有效期之内以及保护的范围等内容。

（七）通过网络舆情调查

所谓网络舆情是网民对社会中各种现象、问题所表达的情感、态度、意见、观点的集合。对网络舆情的分析，有助于我们了解商业伙伴的企业形象、

信用状况。但需要注意的是网络中虚假信息较多，我们应该辨别真伪，理性判断。

（八）通过实地调查核实

俗话说"百闻不如一见"，无论是商业伙伴提供的资料，还是我们通过企业登记部门调取的企业档案，或是通过网络收集到的企业信息，都属于间接信息，我们只有通过实地调查才能更全面掌握商业伙伴的资信情况。我们认为，对于重要商业伙伴或者将来可能长期合作的商业伙伴，对其进行财务状况、厂房设备、管理水平、人员构成、商业信誉的实地考察，是非常有必要的。

（九）通过第三方调查

企业可以委托第三方调查机构展开尽职调查工作。比如：通过律师事务所、会计师事务所以及专业的调查公司进行调查等。

（十）通过客户评价调查

商业伙伴的客户对商业伙伴的交易能力和信用状况会有较为深刻的了解。通过商业伙伴客户的评价，有助于我们了解该主体的资信状况。当然，由于不同客户所站角度不同以及认知能力的限制，客户评价并不一定客观、准确。因此，企业合规调查人员不能偏听偏信，应结合多个渠道获得的信息，来综合判断商业伙伴的资信状况。以上是我们列举的十种调查方法，企业可以根据具体情况组合最佳的调查方案。

三、对商业伙伴合规调查资料及信息的分析及应用

在获得商业伙伴的资料和信息后，就需要对资料和信息进行分析及应用。下面，我们就来介绍对商业伙伴合规调查资料和信息进行分析及应用的步骤：

（一）资料、信息的可靠性分析

通过调查，企业可以得到大量商业伙伴的资料和信息。这些资料、信息有的非常准确，而有的却可能存在虚假误导成分。比如：通过全国企业信用信息网查询的信息，其中行政许可信息、行政处罚信息、列入经营异常名录信息、列入严重违法失信企业名单信息等内容基本上是真实的，而企业注册

资本缴纳情况要不然没有填写，要不然就不是真实的；再比如：通过实地调查看到的土地、厂房、设备也不一定就属于商业伙伴的，或者这些固定资产早已被设置了抵押，甚至是已经被查封；再比如：通过财务报表分析，该商业伙伴资产状况良好。但实际上，财务报表可能存在弄虚作假的情况，等等。因此，当企业在收集完商业伙伴的资料、信息以后，第一件要做的事就是判断材料的可信程度。这里提供两种判断方法：一是通过材料来源判断其可信程度。一般情况下，通过政府部门、权威机构收集的材料较为真实。比如：中国裁判文书网、中国执行信息公开网公布的商业伙伴涉诉、涉执行信息，基本是真实的；而商业伙伴自行提供的资料和信息需要区别对待，比如：商业伙伴提供的营业执照、资质证明也一般比较真实，但商业伙伴提供的财务报表就不一定真实；二是通过材料之间相互印证。比如：商业伙伴提供的财产清单，就可以通过权属证明文件、实地调查、不动产登记机关进行相互印证核实；再比如：调查股东对商业伙伴的实缴出资情况，通过营业执照是无法确认的，而天眼查或启信宝等网络工具显示的信息也不一定准确，就即便是公司章程中显示的股东实缴出资情况也不一定真实。必要时，需要调查人员向商业伙伴索要股东实际出资的汇款凭证等资料进行分析。当然，这也不一定完全可靠。但一般情况下，核实的渠道、方法越多，就越会接近事物的真实情况。

（二）对商业伙伴合规状况分析

对商业伙伴合规状况分析可以从多个维度进行，这主要包括：一是通过营业执照、登记档案，可以确认商业伙伴的真实名称、企业性质、营业期限以及营业范围；二是通过经营许可证、资质等级证书，可以判断商业伙伴是否可以从事某些特定行业；三是通过了解商业伙伴是否存在行政处罚信息、被列入经营异常名录信息、被列入严重违法失信企业名单信息情况以及涉诉、涉执行情况，可以判断商业伙伴的交易能力及商业信誉等。需要注意的是，对于商业伙伴涉诉情况，需要区别对待。这是因为，诉讼是解决纠纷的一种常用方式，并不是主体一旦涉诉，该主体的违约风险就会变大，这需要具体情况具体分析。比如：公司规模较大，涉诉案件一般就会较多；而公司规模非常小，不涉诉也可能存在较大的交易风险。当然，商业伙伴被诉情况较多，且被最高人民法院列入失信人名单时，该主体的交易风险一般就比较大，选择这类商业伙伴时就要特别慎重。

（三）分析结论的应用

对商业伙伴的调查分析结论，可以用于两个方面：

第一个方面，用于判断交易的风险等级，以此作出是否可作为商业伙伴、是否进行交易的初步判断。对商业伙伴可以设置三个层级的交易合规风险等级，一般风险、中等风险、重大风险，设置区别对待的商业伙伴合规管理制度。对于一般合规风险等级商业伙伴，判断为可以正常交易。同时，企业可基于业务需要和资信及交易能力调查情况，由该商业伙伴在合同中作出相关陈述和保证，并在合同中设置对应的合规条款；对于中等合规风险等级商业伙伴，考虑选择为商业伙伴进行交易时，可要求商业伙伴就相关风险事项提出相应处理建议和应对预案，争取化解风险后，再推进交易合作。在决定具体交易合作情况下，除由该商业伙伴在合同中作出相关陈述和保证并在合同中设置对应合规条款外，企业合规管理人员还应针对尚未化解的合规风险制订切实有效的风险防控措施并严格执行落实；对于重大合规风险等级商业伙伴，应判断不纳入商业伙伴选择范围或者不予具体交易，等等。

第二个方面，通过以上分析，可以在交易中为尽早识别风险、化解风险提供参考依据。比如：当我们了解到商业伙伴存在某些交易风险时，就可以通过谈判采取降低交易风险的措施条件。这些条件包括：在合同中约定分期支付对价款、约定较高额度的违约金、提供不动产抵押、第三人交易保证、降低信用额度，等等。

四、建立商业伙伴合规管理制度

建立企业商业伙伴合规管理制度，就是要对商业伙伴的合规信息、合规档案、合规状况、合规等级、动态监测等进行制度化管理，利用商业伙伴合规动态数据来降低企业市场交易的风险。

下面，我们就来讨论商业伙伴合规管理制度的主要内容：

（1）商业伙伴合规管理机构负责建立每位商业伙伴包括名称、住所、法定代表人、注册资金、电话、合规标准、合规等级内容的表单，并及时进行动态更新。

（2）商业伙伴合规管理机构对商业伙伴进行分级管理，分级依据包括：商业伙伴企业规模、商业伙伴商誉、商业伙伴网络舆情、商业伙伴交易情况、商业伙伴涉诉情况、商业伙伴的担保等。企业依据商业伙伴不同的等级授予相应的信用额度、信用期限以及信用折扣。

（3）商业伙伴合规管理机构应对商业伙伴合规情况实行跟踪管理，完善、调整商业伙伴合规信息，定期和不定期对商业伙伴的合规状况进行汇总分析，形成书面评价报告，并根据评价报告及时调整商业伙伴合规等级与授信额度。

（4）商业伙伴合规管理机构应定期将商业伙伴合规状况评价结果反馈企业各相关部门。企业各相关部门也应及时收集商业伙伴合规信息并向商业伙伴合规管理部门反馈。

（5）对商业伙伴进行全周期管控。在选择阶段，对商业伙伴进行尽职调查，将商业伙伴的合规管理情况纳入尽职调查范围；在签约阶段，将商业伙伴的合规义务纳入合同条款；在合作阶段，对商业伙伴进行必要的合规培训、合规风险监测和合规调查审计，并及时采取适当的风险应对措施；在合作结束后，对商业伙伴进行合规评价，作为后续合作风险评判的切实依据。

本节，我们讨论的是对商业伙伴合规调查的内容、调查的方法以及资料分析、结论应用，商业伙伴合规管理制度的建立等内容。在商业伙伴选择阶段，企业应重视对商业伙伴的合规调查，并根据调查结果确定是否继续合作、合作条件以及合作方式；在与商业伙伴合作阶段，也应关注商业伙伴的合规动态情况，为企业选好商业伙伴、降低交易风险提供合规管理保障。

第三节 企业一般交易活动的合规要求与法律风险防范

在企业的一般交易活动中，企业时常会因产品质量、消费者权益保护、市场竞争等环节不合规而引发相应的法律风险。本节，我们就从这几个方面来讨论企业一般交易活动的合规要求与法律风险防范。

一、企业产品质量的合规要求

产品质量是关系到企业生存和发展的重大问题。而近年来，由产品质量引发的一系列危害事件，都说明很多企业对产品质量的重视程度不够、保障产品质量的规章制度并不健全、措施也并不到位。

下面，我们就来梳理《产品质量法》对生产者和销售者产品质量的合规要求：

（一）生产者产品质量的合规要求

（1）企业产品标准合规要求：有国家标准、行业标准的，应当符合相应的标准。

（2）企业产品标识合规要求：产品或者其包装上的标识必须真实。产品应当符合在产品或者其包装上注明采用的产品标准，符合以产品说明、实物样品等方式表明的质量状况。

（3）企业产品性能合规要求：应当具备相应的使用性能，对产品存在使用性能的瑕疵应该作出说明。

（4）企业产品安全合规要求：不得存在危及人身安全、财产安全的不合理的危险。

（5）企业产品信誉合规要求：不得掺杂、掺假，不得以假充真、以次充好，不得以不合格产品冒充合格产品。

（二）销售者产品质量的合规要求

（1）销售者应当建立并执行进货检查验收制度，验明产品合格证明和其他标识。

（2）销售者应当采取措施，保持销售产品的质量。

（3）销售者销售的产品的标识应当符合法律的规定。

（4）销售者不得销售国家明令淘汰并停止销售的产品和失效、变质的产品。

（5）销售者不得伪造产地，不得伪造或者冒用他人的厂名、厂址。

（6）销售者不得伪造或者冒用认证标志等质量标志。

（7）销售者销售产品，不得掺杂、掺假，不得以假充真、以次充好，不得以不合格产品冒充合格产品。

二、产品质量问题可能引发的法律责任

因产品质量问题可能引发的法律责任包括民事法律责任、行政法律责任以及刑事法律责任。

（一）产品质量问题的民事责任

因产品质量引发的民事法律责任分为两类：一类是产品质量违约责任；另一类是产品质量侵权责任。

产品质量违约责任是指产品的生产者、销售者违反明示或默示担保的产品质量要求而依合同约定应承担的违约责任，通常表现为交付的产品不符合法律规定或合同约定的质量要求。产品质量侵权责任是产品制造者、销售者对因制造销售或者提供有缺陷产品致使他人遭受财产、人身损害所应承担的侵权责任。在实践中，经常会出现产品质量违约责任及侵权责任的竞合问题。违约责任与侵权责任竞合是指行为人实施的某一行为，同时具备了违约责任的构成要件和侵权责任的构成要件，导致违约责任与侵权责任同时产生的一种法律现象。我们举例说明，比如：因产品不符合质量要求，造成购买人财产、人身损害而产生的责任。该等责任可以是基于买卖合同关系而产生的违约责任，也可以是基于产品缺陷致人损害而产生的侵权责任。违约责任的承担方式包括继续履行、采取补救措施、赔偿损失、支付违约金等；产品侵权责任的承担方式包括停止侵害、排除妨碍、消除危险、返还财产、恢复原状、赔偿损失、赔礼道歉、消除影响和恢复名誉等。

（二）产品质量问题的行政责任

产品质量行政责任是指违反《产品质量法》及相关规定的主体依法应当承担的行政责任。《产品质量法》第 8 条第 2 款规定，县级以上地方市场监督管理部门主管本行政区域内的产品质量监督工作。县级以上地方人民政府有关部门在各自的职责范围内负责产品质量监督工作。《产品质量法》从第 49 条至第 72 条规定了相应的行政处罚罚则，可以采取的行政处罚措施包括责令改正，责令停止生产、销售，没收违法生产、销售的产品，罚款，没收违法所得，吊销营业执照等。

（三）产品质量问题可能引发的刑事责任

产品质量刑事责任是产品的生产者、销售者或相关主体因违反相应的产品质量刑事法律规定而承担的刑事责任。《刑法》第三章中专门规定了"生产、销售伪劣商品罪"一节，对各类生产、销售伪劣商品的犯罪构成以及刑事处罚作了具体规定。生产、销售伪劣商品罪涉及罪名包括生产、销售伪劣产品罪，生产、销售、提供假药罪，生产、销售、提供劣药罪，妨害药品管理罪，生产、销售不符合安全标准的食品罪，生产、销售有毒、有害食品罪，生产、销售不符合标准的医用器材罪，生产、销售不符合安全标准的产品罪，生产、销售伪劣农药、兽药、化肥、种子罪，生产、销售不符合卫生标准的化妆品罪。

三、企业消费者权益保护的合规要求

消费者是产品的需求方，是企业产品最终实现其价值的关键，是市场交易的重要参与者。消费者对企业的生存与可持续发展具有决定性的影响，因此，企业应特别关注对消费者权益的保护。《消费者权益保护法》规定，消费者享有安全保障权、知情权、选择权、公平交易权、获得赔偿权、成立维权组织权、获得知识权、受尊重权及信息得到保护权、监督权等九项权益。与之相对应的，《消费者权益保护法》规定了经营者的义务：

（一）经营者的合规义务

《消费者权益保护法》第 16 条规定，经营者向消费者提供商品或者服务，应当依照本法和其他有关法律、法规的规定履行义务。

经营者和消费者有约定的，应当按照约定履行义务，但双方的约定不得违背法律、法规的规定。

经营者向消费者提供商品或者服务，应当恪守社会公德，诚信经营，保障消费者的合法权益；不得设定不公平、不合理的交易条件，不得强制交易。

（二）听取意见、接受监督的义务

《消费者权益保护法》第 17 条规定，经营者应当听取消费者对其提供的商品或者服务的意见，接受消费者的监督。

（三）安全保障义务

《消费者权益保护法》第 18 条规定，经营者应当保证其提供的商品或者服务符合保障人身、财产安全的要求。对可能危及人身、财产安全的商品和服务，应当向消费者作出真实的说明和明确的警示，并说明和标明正确使用商品或者接受服务的方法以及防止危害发生的方法。

宾馆、商场、餐馆、银行、机场、车站、港口、影剧院等经营场所的经营者，应当对消费者尽到安全保障义务。

（四）对存在缺陷的产品和服务及时采取措施的义务

《消费者权益保护法》第 19 条规定，经营者发现其提供的商品或者服务存在缺陷，有危及人身、财产安全危险的，应当立即向有关行政部门报告和告知消费者，并采取停止销售、警示、召回、无害化处理、销毁、停止生产或者服务等措施。采取召回措施的，经营者应当承担消费者因商品被召回支出的必要费用。

（五）提供真实、全面信息的义务

《消费者权益保护法》第 20 条规定，经营者向消费者提供有关商品或者服务的质量、性能、用途、有效期限等信息，应当真实、全面，不得作虚假或者引人误解的宣传。

经营者对消费者就其提供的商品或者服务的质量和使用方法等问题提出的询问，应当作出真实、明确的答复。

经营者提供商品或者服务应当明码标价。

（六）标明真实名称和标记的义务

《消费者权益保护法》第 21 条规定，经营者应当标明其真实名称和标记。租赁他人柜台或者场地的经营者，应当标明其真实名称和标记。

（七）出具发票的义务

《消费者权益保护法》第 22 条规定，经营者提供商品或者服务，应当按照国家有关规定或者商业惯例向消费者出具发票等购货凭证或者服务单据；消费者索要发票等购货凭证或者服务单据的，经营者必须出具。

（八）质量担保义务、瑕疵举证责任

《消费者权益保护法》第 23 条规定，经营者应当保证在正常使用商品或者接受服务的情况下其提供的商品或者服务应当具有的质量、性能、用途和有效期限；但消费者在购买该商品或者接受该服务前已经知道其存在瑕疵，且存在该瑕疵不违反法律强制性规定的除外。

经营者以广告、产品说明、实物样品或者其他方式表明商品或者服务的质量状况的，应当保证其提供的商品或者服务的实际质量与表明的质量状况相符。

经营者提供的机动车、计算机、电视机、电冰箱、空调器、洗衣机等耐用商品或者装饰装修等服务，消费者自接受商品或者服务之日起 6 个月内发现瑕疵，发生争议的，由经营者承担有关瑕疵的举证责任。

（九）退货、更换、修理义务

《消费者权益保护法》第 24 条规定，经营者提供的商品或者服务不符合质量要求的，消费者可以依照国家规定、当事人约定退货，或者要求经营者履行更换、修理等义务。没有国家规定和当事人约定的，消费者可以自收到商品之日起 7 日内退货；7 日后符合法定解除合同条件的，消费者可以及时退货，不符合法定解除合同条件的，可以要求经营者履行更换、修理等义务。

依照前款规定进行退货、更换、修理的，经营者应当承担运输等必要费用。

（十）无理由退货义务

《消费者权益保护法》第 25 条规定，经营者采用网络、电视、电话、邮购等方式销售商品，消费者有权自收到商品之日起 7 日内退货，且无需说明理由，但下列商品除外：

（1）消费者定作的。

（2）鲜活易腐的。

（3）在线下载或者消费者拆封的音像制品、计算机软件等数字化商品。

（4）交付的报纸、期刊。

除前款所列商品外，其他根据商品性质并经消费者在购买时确认不宜退货的商品，不适用无理由退货。

消费者退货的商品应当完好。经营者应当自收到退回商品之日起 7 日内返还消费者支付的商品价款。退回商品的运费由消费者承担；经营者和消费者另有约定的，按照约定。

（十一）格式条款的使用限制义务

《消费者权益保护法》第 26 条规定，经营者在经营活动中使用格式条款的，应当以显著方式提请消费者注意商品或者服务的数量和质量、价款或者费用、履行期限和方式、安全注意事项和风险警示、售后服务、民事责任等与消费者有重大利害关系的内容，并按照消费者的要求予以说明。

经营者不得以格式条款、通知、声明、店堂告示等方式，作出排除或者限制消费者权利、减轻或者免除经营者责任、加重消费者责任等对消费者不公平、不合理的规定，不得利用格式条款并借助技术手段强制交易。

格式条款、通知、声明、店堂告示等含有前款所列内容的，其内容无效。

（十二）经营者不得侵犯消费者人格尊严和人身自由的义务

《消费者权益保护法》第 27 条规定，经营者不得对消费者进行侮辱、诽谤，不得搜查消费者的身体及其携带的物品，不得侵犯消费者的人身自由。

（十三）特定领域经营者的信息披露义务

《消费者权益保护法》第 28 条规定，采用网络、电视、电话、邮购等方式提供商品或者服务的经营者，以及提供证券、保险、银行等金融服务的经营者，应当向消费者提供经营地址、联系方式、商品或者服务的数量和质量、价款或者费用、履行期限和方式、安全注意事项和风险警示、售后服务、民事责任等信息。

（十四）合法收集、使用消费者个人信息的义务

《消费者权益保护法》第 29 条规定，经营者收集、使用消费者个人信息，应当遵循合法、正当、必要的原则，明示收集、使用信息的目的、方式和范围，并经消费者同意。经营者收集、使用消费者个人信息，应当公开其收集、使用规则，不得违反法律、法规的规定和双方的约定收集、使用信息。

经营者及其工作人员对收集的消费者个人信息必须严格保密，不得泄露、

出售或者非法向他人提供。经营者应当采取技术措施和其他必要措施，确保信息安全，防止消费者个人信息泄露、丢失。在发生或者可能发生信息泄露、丢失的情况时，应当立即采取补救措施。

经营者未经消费者同意或者请求，或者消费者明确表示拒绝的，不得向其发送商业性信息。

综上，如果企业不注重上述消费者权益及企业应承担的义务，不将产品和服务乃至对消费投诉应对纳入日常合规管理范畴，势必会发生各种法律风险，企业将难以长久经营。

四、侵害消费者权益的法律责任

与企业产品质量责任一样，侵害消费者权益的法律责任包括民事法律责任、行政法律责任以及刑事法律责任。

（一）民事法律责任

1. 经营者承担民事法律责任的情形

《消费者权益保护法》第 48 条规定，经营者提供商品或者服务有下列情形之一的，除本法另有规定外，应当依照其他有关法律、法规的规定，承担民事责任：

（1）商品或者服务存在缺陷的。

（2）不具备商品应当具备的使用性能而出售时未作说明的。

（3）不符合在商品或者其包装上注明采用的商品标准的。

（4）不符合商品说明、实物样品等方式表明的质量状况的。

（5）生产国家明令淘汰的商品或者销售失效、变质的商品的。

（6）销售的商品数量不足的。

（7）服务的内容和费用违反约定的。

（8）对消费者提出的修理、重作、更换、退货、补足商品数量、退还货款和服务费用或者赔偿损失的要求，故意拖延或者无理拒绝的。

（9）法律、法规规定的其他损害消费者权益的情形。

经营者对消费者未尽到安全保障义务，造成消费者损害的，应当承担侵权责任。

2. 经营者商品或者服务造成人身损害的赔偿责任

《消费者权益保护法》第49条规定，经营者提供商品或者服务，造成消费者或者其他受害人人身伤害的，应当赔偿医疗费、护理费、交通费等为治疗和康复支出的合理费用，以及因误工减少的收入。造成残疾的，还应当赔偿残疾生活辅助具费和残疾赔偿金。造成死亡的，还应当赔偿丧葬费和死亡赔偿金。

3. 经营者侵犯消费者人格尊严的民事责任

《消费者权益保护法》第50条规定，经营者侵害消费者的人格尊严、侵犯消费者人身自由或者侵害消费者个人信息依法得到保护的权利的，应当停止侵害、恢复名誉、消除影响、赔礼道歉，并赔偿损失。

4. 消费者有权主张精神损害赔偿

《消费者权益保护法》第51条规定，经营者有侮辱诽谤、搜查身体、侵犯人身自由等侵害消费者或者其他受害人人身权益的行为，造成严重精神损害的，受害人可以要求精神损害赔偿。

5. 造成财产损害的民事责任

《消费者权益保护法》第52条规定，经营者提供商品或者服务，造成消费者财产损害的，应当依照法律规定或者当事人约定承担修理、重作、更换、退货、补足商品数量、退还货款和服务费用或者赔偿损失等民事责任。

6. 经营者收取预付款后未履约的民事责任

《消费者权益保护法》第53条规定，经营者以预收款方式提供商品或者服务的，应当按照约定提供。未按照约定提供的，应当按照消费者的要求履行约定或者退回预付款；并应当承担预付款的利息、消费者必须支付的合理费用。

7. 对不合格商品的退货责任

《消费者权益保护法》第54条规定，依法经有关行政部门认定为不合格的商品，消费者要求退货的，经营者应当负责退货。

8. 经营欺诈将面临惩罚性赔偿责任

《消费者权益保护法》第55条规定，经营者提供商品或者服务有欺诈行为的，应当按照消费者的要求增加赔偿其受到的损失，增加赔偿的金额为消费者购买商品的价款或者接受服务的费用的3倍；增加赔偿的金额不足500

元的，为 500 元。法律另有规定的，依照其规定。

经营者明知商品或者服务存在缺陷，仍然向消费者提供，造成消费者或者其他受害人死亡或者健康严重损害的，受害人有权要求经营者依照本法第 49 条、第 51 条等法律规定赔偿损失，并有权要求所受损失 2 倍以下的惩罚性赔偿。

（二）行政法律责任

《消费者权益保护法》第 56 条规定，经营者有下列情形之一，除承担相应的民事责任外，其他有关法律、法规对处罚机关和处罚方式有规定的，依照法律、法规的规定执行；法律、法规未作规定的，由工商行政管理部门或者其他有关行政部门责令改正，可以根据情节单处或者并处警告、没收违法所得、处以违法所得 1 倍以上 10 倍以下的罚款，没有违法所得的，处以 50 万元以下的罚款；情节严重的，责令停业整顿、吊销营业执照：

（1）提供的商品或者服务不符合保障人身、财产安全要求的。

（2）在商品中掺杂、掺假，以假充真，以次充好，或者以不合格商品冒充合格商品的。

（3）生产国家明令淘汰的商品或者销售失效、变质的商品的。

（4）伪造商品的产地，伪造或者冒用他人的厂名、厂址，篡改生产日期，伪造或者冒用认证标志等质量标志的。

（5）销售的商品应当检验、检疫而未检验、检疫或者伪造检验、检疫结果的。

（6）对商品或者服务作虚假或者引人误解的宣传的。

（7）拒绝或者拖延有关行政部门责令对缺陷商品或者服务采取停止销售、警示、召回、无害化处理、销毁、停止生产或者服务等措施的。

（8）对消费者提出的修理、重作、更换、退货、补足商品数量、退还货款和服务费用或者赔偿损失的要求，故意拖延或者无理拒绝的。

（9）侵害消费者人格尊严、侵犯消费者人身自由或者侵害消费者个人信息依法得到保护的权利的。

（10）法律、法规规定的对损害消费者权益应当予以处罚的其他情形。

经营者有前款规定情形的，除依照法律、法规规定予以处罚外，处罚机关应当记入信用档案，向社会公布。

（三）刑事法律责任

《消费者权益保护法》第 57 条规定，经营者违反本法规定提供商品或者服务，侵害消费者合法权益，构成犯罪的，依法追究刑事责任。

五、企业不正当竞争行为的表现

不正当竞争行为是指经营者在生产经营活动中，违反《反不正当竞争法》相关规定，扰乱市场竞争秩序，损害其他经营者或者消费者的合法权益的行为。

《反不正当竞争法》规定了七类不正当竞争行为。

第一类，企业实施混淆行为，引人误认为是他人商品或者与他人存在特定联系。这些混淆行为包括：

（1）擅自使用与他人有一定影响的商品名称、包装、装潢等相同或者近似的标识。

（2）擅自使用他人有一定影响的企业名称（包括简称、字号等）、社会组织名称（包括简称等）、姓名（包括笔名、艺名、译名等）。

（3）擅自使用他人有一定影响的域名主体部分、网站名称、网页等。

（4）其他足以引人误认为是他人商品或者与他人存在特定联系的混淆行为。

第二类，企业采用财物或者其他手段贿赂有关单位或者个人，以谋取交易机会或者竞争优势。这些单位或个人包括：

（1）交易相对方的工作人员。

（2）受交易相对方委托办理相关事务的单位或者个人。

（3）利用职权或者影响力影响交易的单位或者个人。

需要注意的是，在企业在交易活动中，是可以以明示方式向交易相对方支付折扣，或者向中间人支付佣金。企业向交易相对方支付折扣、向中间人支付佣金的，应当如实入账。接受折扣、佣金的经营者也应当如实入账。

第三类，企业对其商品的性能、功能、质量、销售状况、用户评价、曾获荣誉等作虚假或者引人误解的商业宣传，欺骗、误导消费者。

第四类，企业实施侵犯商业秘密的行为，这些行为包括：

（1）以盗窃、贿赂、欺诈、胁迫、电子侵入或者其他不正当手段获取权利人的商业秘密。

（2）披露、使用或者允许他人使用以前项手段获取的权利人的商业秘密。

（3）违反保密义务或者违反权利人有关保守商业秘密的要求，披露、使用或者允许他人使用其所掌握的商业秘密。

（4）教唆、引诱、帮助他人违反保密义务或者违反权利人有关保守商业秘密的要求，获取、披露、使用或者允许他人使用权利人的商业秘密。

第五类，经营者进行下列有奖销售行为：

（1）所设奖的种类、兑奖条件、奖金金额或者奖品等有奖销售信息不明确，影响兑奖。

（2）采用谎称有奖或者故意让内定人员中奖的欺骗方式进行有奖销售。

（3）抽奖式的有奖销售，最高奖的金额超过 5 万元。

第六类，企业编造、传播虚假信息或者误导性信息，损害竞争对手的商业信誉、商品声誉。

第七类，企业利用技术手段，通过影响用户选择或者其他方式，实施妨碍、破坏其他经营者合法提供的网络产品或者服务正常运行的行为，这些行为包括：

（1）未经其他经营者同意，在其合法提供的网络产品或者服务中，插入链接、强制进行目标跳转。

（2）误导、欺骗、强迫用户修改、关闭、卸载其他经营者合法提供的网络产品或者服务。

（3）恶意对其他经营者合法提供的网络产品或者服务实施不兼容。

（4）其他妨碍、破坏其他经营者合法提供的网络产品或者服务正常运行的行为。

六、企业违反《反不正当竞争法》的法律责任

企业违反《反不正当竞争法》的法律责任包括民事法律责任、行政法律责任以及刑事法律责任。

（一）民事法律责任

《反不正当竞争法》第 17 条规定，经营者违反本法规定，给他人造成损害的，应当依法承担民事责任。

经营者的合法权益受到不正当竞争行为损害的，可以向人民法院提起诉讼。

因不正当竞争行为受到损害的经营者的赔偿数额，按照其因被侵权所受到的实际损失确定；实际损失难以计算的，按照侵权人因侵权所获得的利益确定。经营者恶意实施侵犯商业秘密行为，情节严重的，可以在按照上述方法确定数额的 1 倍以上 5 倍以下确定赔偿数额。赔偿数额还应当包括经营者为制止侵权行为所支付的合理开支。

经营者违反本法第 6 条、第 9 条规定，权利人因被侵权所受到的实际损失、侵权人因侵权所获得的利益难以确定的，由人民法院根据侵权行为的情节判决给予权利人 500 万元以下的赔偿。

（二）行政法律责任

《反不正当竞争法》第 4 条规定，县级以上人民政府履行工商行政管理职责的部门对不正当竞争行为进行查处；法律、行政法规规定由其他部门查处的，依照其规定。《反不正当竞争法》从第 18 条至第 30 条规定了不正当行为需承担的行政法律责任。这些责任包括责令停止违法行为，没收违法商品，没收违法所得，罚款，吊销营业执照等。

（三）刑事法律责任

涉及不正当竞争的罪名主要包括假冒注册商标罪，销售假冒注册商标的商品罪，非法制造、销售非法制造的注册商标标识罪，销售假冒注册商标的商品罪，损害商业信誉、商品声誉罪，虚假广告罪，串通投标罪，对非国家工作人员行贿罪，对单位行贿罪，单位行贿罪，非法经营同类营业罪，侵犯商业秘密罪等。

本节，我们梳理的是在企业的一般交易活动中，企业因产品质量、消费者权益保护、市场竞争等环节不合规而引发相应的法律风险，企业应通过主动的合规化管理，有效降低相关风险。

第四节　企业借贷活动的合规要求与法律风险防范

企业为扩大再生产、补足资金流动性、归还借款等，经常会开展借贷活动。根据出借的主体不同，企业借款又分为金融借贷和民间借贷。金融借贷是企业向经金融监管部门批准设立的从事贷款业务的金融机构及其分支机构进行贷款的活动；民间借贷是企业向非金融机构的自然人、法人、其他组织等进行借贷的活动。企业借贷活动应符合法律、法规以及企业章程、规章制度的规定，否则，将承担不利的后果。本节，我们来讨论企业借贷活动的合规要求与法律风险防范。

一、企业应避免从金融机构贷款后转贷

《最高院审理民间借贷案件的司法解释》第 13 条第 1 项规定，套取金融机构贷款转贷的，人民法院应当认定民间借贷合同无效。

为规避该类不合规借贷行为，企业应注意以下几个问题：

（一）企业对出借资金来源负有举证责任

企业从金融机构贷款是为了开展生产经营活动。对于一般企业而言，没有金融经营资质，不能开展金融借贷业务。企业套取金融机构贷款转贷给他人的民间借贷行为，既违反了信贷特许经营规定，又扰乱了信贷秩序、增加了市场融资成本，因此，应当认定此类借贷行为无效。一般认为，企业在对外出借资金时，要对资金来源负有举证责任。如果企业在签订借款合同时尚欠银行贷款未还的，可以推定为企业套取信贷资金，但企业能够举反证予以推翻的除外。

（二）转贷无效行为不以牟利为限

以上司法解释条款在修正前的规定是"套取金融机构信贷资金又高利转贷给借款人"，我们把原条款称之为高利转贷行为。原条款规定，只有在"高利转贷给借款人"情况下，才能认定合同无效。而新规定删除了"高利转贷"的限制性条件。显然，新规定扩大了该类无效行为的范围。也就是说，即便企业转贷行为不存在牟利，但是转贷行为违背了民间借贷资金来源应为自有

资金的规范要求，且为了其他企业和个人使用资金需求而套取金融机构贷款，本身就是规避监管、扰乱金融秩序的行为，故对此类合同也应当认定为无效。

（三）无效认定不需要借款人知道或者应当知道借款来源于银行贷款

以上司法解释条款在修正前还规定"借款人事先知道或者应当知道的"，也就是，只有在借款人知道或者应当知道借款来源于银行贷款的情况下，企业的转贷行为才被认定为无效。而新规定删除了"借款人事先知道或者应当知道"的限制性条件。显然，新规定进一步扩大了该类无效行为的范围。我们认为，"借款人事先知道或者应当知道的"，人为增加了借款人的举证难度，也为借贷双方串通认定合同有效提供了便利。另外，更为重要的是无论借款人事先知道还是不知道，转贷行为本身就是规避监管、扰乱金融秩序的行为，故对此类合同也应当认定为无效。

（四）套取金融机构贷款转贷行为无效的后果

一旦该类转贷行为被认定为无效，企业无权要求借款人按照转贷借款合同支付利息。但转贷借款合同无效，不会导致金融机构与企业签订的金融借款合同无效，企业仍然负有向金融机构还本付息的义务，造成转贷企业的经济损失。另外，《刑法》第 175 条规定了高利转贷罪。如果企业以转贷牟利为目的，套取金融机构信贷资金高利转贷他人，数额达到一定程度，还可能构成刑事犯罪。

综上，套取金融机构贷款转贷的，无论是否存在牟利、是否借款人明知，该类转贷合同都应被认定为无效。企业在向金融机构贷款时以及向他人出借资金时，应考虑是否会涉及该类违规行为。

二、企业应避免其他非法转贷行为

《最高院审理民间借贷案件的司法解释》第 13 条第 2 项规定，以向其他营利法人借贷、向本单位职工集资，或者以向公众非法吸收存款等方式取得的资金转贷的，人民法院应当认定民间借贷合同无效。

为规避以上不合规借贷行为，企业应注意以下几个问题：

（一）以向其他营利法人借贷取得的资金转贷的无效

以上司法解释条款修正了原条款的内容，将"企业"改为"营利法人"。

那么，该司法解释将"企业"改为"营利法人"是否暗示向非法人企业获取资金转贷是被允许的呢？当然不是。首先，资金来源于法人企业还是非法人企业，并无区别。显然，我们不能说转贷资金来源于公司无效，来源于合伙企业就有效；其次，该条文有一个"等"字。该条文仅以举例的方式说明转贷行为无效的情形，但并未排除非法人企业的情况。最后，转贷行为是否有效，最根本还是要判断该行为是否违反金融管理秩序。

（二）向本单位职工集资取得的资金转贷的无效

企业向内部员工集资可能出于两种目的：一是取得资金后用于本企业的生产经营活动；二是用于转贷给第三人。前者为了本企业的经营发展需要，且并未干扰正常的金融秩序，可以认定为普通的民间借贷行为，应为有效；而后者将所借款项再转借给第三人，具有金融借贷的属性，但企业并非金融机构，无金融借贷的资格，因此，该行为应被认定为无效。

（三）以向公众非法吸收存款取得的资金转贷的无效

以向公众非法吸收存款取得的资金转贷行为，在严重干扰国家金融秩序的同时，还严重危害不特定多数出借人的利益。显然，该类行为当然应被认定为无效。不仅如此，该类行为情节严重的，还涉嫌构成《刑法》第176条规定的非法吸收公众存款罪。需要说明的是企业向公众非法吸收存款，无论是否转贷，都有可能构成非法吸收公众存款罪。

通过以上分析，我们认为，以上条款规定的转贷资金来源具有广泛性，只要企业资金不是自有资金而是转借而来，违反金融管理秩序，该转贷行为就应被认定为无效。而由于该条款列举的三种转贷资金来源较为常见、危害也较大，才以列举方式进行突出强调而已。另外，该类转贷行为无效也不要求有牟利、借款人明知等限制性条件。企业应注意避免以上违规转贷行为。

三、企业应避免被认定为职业放贷人

《最高院审理民间借贷案件的司法解释》第13条第3项规定，未依法取得放贷资格的出借人，以营利为目的向社会不特定对象提供借款的，人民法院应当认定民间借贷合同无效。

为规避被认定为职业放贷人，企业应注意以下几个问题：

（1）"未依法取得放贷资格的出借人，以营利为目的向社会不特定对象提供借款的"，属于职业放贷行为，该类出借人称之为"职业放贷人"。职业放贷行为不仅违反民事法律规范，情节严重的，还涉嫌构成《刑法》第225条规定的非法经营罪。为了维护金融秩序与社会稳定，保护公民、法人和其他组织合法权益，国家通过刑事、民事等多部法律及司法解释来打击、惩治职业放贷行为。

（2）职业放贷人是指未经批准，以经营性为目的，通过向社会不特定对象提供资金以赚取高额利息，擅自从事经常性贷款业务的法人、非法人组织和自然人。职业放贷人既可以是法人、非法人组织，也可以是自然人，但共同的标志就是都不具备金融放贷资格。

（3）借贷行为要以营利为目的。通常情况下，出借人只要收取利息、管理费、服务费、中介费、资金占用费等即可认定为营利，并不以收取高利作为营利认定的条件。

（4）向社会不特定对象提供借款。一般来说，在一段时期内，多次向不特定的多人出借款项并收取费用的行为，即可认定为职业放贷行为。《关于办理非法放贷刑事案件若干问题的意见》第1条规定，"经常性地向社会不特定对象发放贷款"，是指2年内向不特定多人（包括单位和个人）以借款或其他名义出借资金10次以上。贷款到期后延长还款期限的，发放贷款次数按照1次计算。该规定是刑事犯罪认定的标准，民事违法行为认定标准应比该标准要宽泛。

综上，职业放贷行为严重干扰金融秩序，妨碍社会稳定，侵害公民、法人和其他组织合法权益，所签订的民间借贷合同无效，相关主体还可能涉嫌犯罪。企业应在合规管理环节注意避免该类违规行为。

四、企业应避免将向违法犯罪活动提供借款

《最高院审理民间借贷案件的司法解释》第13条第4项规定，出借人事先知道或者应当知道借款人借款用于违法犯罪活动仍然提供借款的，人民法院应当认定民间借贷合同无效。

为规避该类不合规借贷行为，企业应注意以下几个问题：

（一）借款人借款用于违法犯罪活动

这里的违法犯罪活动既包括违法行为，也包括犯罪行为。比如：借款人借款用于赌博、放高利贷等违反治安处罚法的行为，但未达到犯罪标准的；再比如：借款人借款用于购买毒品、行贿、诈骗等构成犯罪的。

（二）企业事先知道或者应当知道借款用于违法犯罪活动

企业在事先就知道或者应当知道借款人将出借资金用于赌博、放高利贷、购买毒品、行贿等违法犯罪活动，该借款合同才应被认定为无效。如企业事先认为出借资金用于正当用途或事后才知道用于违法犯罪活动，该借款合同不应被认定为无效。关于这个问题，《最高院审理民间借贷案件的司法解释》第12条也规定，借款人或者出借人的借贷行为涉嫌犯罪，或者已经生效的裁判认定构成犯罪，当事人提起民事诉讼的，民间借贷合同并不当然无效。人民法院应当依据《民法典》第144条、第146条、第153条、第154条以及本规定第13条之规定，认定民间借贷合同的效力。担保人以借款人或者出借人的借贷行为涉嫌犯罪或者已经生效的裁判认定构成犯罪为由，主张不承担民事责任的，人民法院应当依据民间借贷合同与担保合同的效力、当事人的过错程度，依法确定担保人的民事责任。

综上，该类不合规借贷行为满足两个条件：一是借款用于违法犯罪活动；二是出借人事先知道或者应当知道。企业在对外出借资金时，应注意审查借款人的借款用途，避免出现该类不合规借贷行为，防范相关的法律风险。

五、企业应避免高息借贷

在借款合同中，一般情况下，利息条款是必备条款。出借人收取利息是其最重要的合同目的之一；而借款人支付利息是其使用借款所需负担的成本。无论是金融借款还是民间借款，国家都规定了最高利率标准，企业应避免高息借贷。而在民间借款活动中，有一种出借方式是出借人在向借款人借款时预先从本金里面扣除一部分资金作为利息，这种利息俗称"砍头息"。

下面，我们来讨论"砍头息"产生的原因、法律认定以及责任承担：

（一）"砍头息"产生的原因

"砍头息"是放高利贷者或者是"地下钱庄"通常采取的方式，这些出借人一般会以极高的利率出借资金，而为了规避法律对最高民间借款利率的限制，出借人会预先从本金中扣除借款利息。在这种情况下，出借人已经提前获得借款收益，就可以在借款合同中名义上约定一个符合法律规定的借款利率。我们来举例说明，比如：张三向李四出借 100 万元，约定出借期为 1 年，年利率为 40%。显然，该利率远远高于法律能够支持的利率标准。而按照"砍头息"的操作模式，出借双方签订借款合同，张三向李四出借 100 万元，出借期为 1 年，年利率为 10%。而在实际出借时，张三仅支付李四 70 万元，李四给张三出具收到 100 万的借据。期限届满后，李四须按借款合同约定返还张三 100 万元本金，并支付 10 万的利息，合计是 110 万元。而张三实际只向李四出借了 70 万，经计算年实际利率约为 57.1%，这显然要远高于法律规定的最高利率标准。但从借款合同上来看，合同所约定的 10%借款利率并不高于法律规定的最高利率标准。

（二）"砍头息"的法律认定及责任承担

由于"砍头息"是以合法形式掩盖非法目的的行为，应受到法律否定性的评价。因此，《民法典》第 670 条规定，借款的利息不得预先在本金中扣除。利息预先在本金中扣除的，应当按照实际借款数额返还借款并计算利息。《最高院审理民间借贷案件的司法解释》第 26 条也规定，借据、收据、欠条等债权凭证载明的借款金额，一般认定为本金。预先在本金中扣除利息的，人民法院应当将实际出借的金额认定为本金。而《最高人民法院关于依法妥善审理民间借贷案件的通知》第 3 条规定，对于"出借人主张系以现金方式支付大额贷款本金""借款人抗辩所谓现金支付本金系出借人预先扣除的高额利息"的，要加强对出借人主张的现金支付款项来源、交付情况等证据的审查，依法认定借贷本金数额和高额利息扣收事实。发现交易平台、交易对手、交易模式等以"创新"为名行高利贷之实的，应当及时采取发送司法建议函等有效方式，坚决予以遏制。

综上，"砍头息"实为变相突破法定利率红线的情形。另外，在实践中，出借人以其他各种名义变相收取利息的现象普遍存在，比如：金融机构对小微企业贷款收取资金管理费、财务顾问费、中介佣金，等等。由于这些行为扰乱金融管理秩序、增加市场融资成本，并不受法律保护。企业应尽量避免这些高息借贷行为，充分识别并防范相应法律风险。

六、企业法定代表人或负责人签订的民间借贷合同的还款责任

根据合同的相对性，借款人负有到期向出借人偿还本金及支付利息的义务。而在涉及企业的借款活动中，相关司法解释作出了特殊的规定。下面，我们就来详细介绍一下：

《最高院审理民间借贷案件的司法解释》第 22 条规定，法人的法定代表人或者非法人组织的负责人以单位名义与出借人签订民间借贷合同，有证据证明所借款项系法定代表人或者负责人个人使用，出借人请求将法定代表人或者负责人列为共同被告或者第三人的，人民法院应予准许。

法人的法定代表人或者非法人组织的负责人以个人名义与出借人订立民间借贷合同，所借款项用于单位生产经营，出借人请求单位与个人共同承担责任的，人民法院应予支持。

以上司法解释规定了两种情况：一种情况是，企业法定代表人或负责人以企业名义与出借人签订民间借贷合同的。在这种情况下，在借款合同中约定的借款人是企业，但如果借款不是企业自身使用，而是由企业法定代表人或负责人个人使用，此时，企业法定代表人或负责人将可能与企业共同承担还款付息的责任。该规定有着重要的现实意义。在民间借贷实践中，一般是借款合同上约定的借款人负有还款付息的义务。但涉及企业的借款有其特殊性，企业法定代表人或负责人一般实际控制企业，有的甚至就是一人说了算。在这种情况下，企业法定代表人或负责人可以很方便地使用企业的公章以及调配资金。正是由于此种便利，有些企业法定代表人或负责人就以企业名义借款，而将所借的款项用于个人生活和消费，最终的债务却由企业来承担。我们认为，这种行为不仅会侵害到债权人的利益，还会侵害到企业其他投资人的利益。因此，根据以上司法解释规定，在这种情况下，企业法定代表人或负责人将可能与企业共同承担还款付息的责任。

另一种情况正好相反，企业法定代表人或负责人以个人名义与出借人签订民间借贷合同，但借款并不是企业法定代表人或者负责人个人使用，而是用于企业的生产经营活动。那么在这种情况下，企业将与其法定代表人或负责人共同承担还款付息的责任。同样，该规定也有着重要的现实意义。企业

法定代表人或负责人将所借款项用于企业生产经营后，企业是获益的一方，但企业法定代表人或负责人并不是直接收益的主体。如果企业法定代表人或负责人不将提供给企业的借款资金及时收回或因企业经营不善无法收回，债权人的利益将无法得到保障。正是基于此原因，以上司法解释规定，如企业法定代表人或负责人将所借资金用于企业的生产经营，企业和个人就负有共同还款付息的义务，该规定能够最大限度保护债权人的利益。

本节，我们讨论的是企业借贷活动的合规要求与法律风险防范。企业应避免违法转贷行为、职业放贷行为、非法集资行为、高息借贷行为。

第五节 企业房屋租赁活动的合规要求与法律风险防范

在企业运营中，很多企业都需要承租房屋场地用于生产、经营、办公使用，也有的企业直接以出租房屋场地为业。企业在房屋租赁活动中不规范行为，常常使企业蒙受巨大的经济损失，甚至是遭受行政处罚等不利后果。本节，我们就来讨论企业房屋租赁活动的合规要求与法律风险防范。

一、企业应避免承租违法建筑

违法建筑是指未经规划主管部门批准，未领取建设工程规划许可证或临时建设工程规划许可证，擅自建筑的建筑物和构筑物。建设工程规划许可证是经城乡规划主管部门依法审核，建设工程符合城乡规划要求的法律凭证。根据《城乡规划法》规定，建设单位进行建筑物建设之前，必须办理取得建设工程规划许可证，否则，所建造的建筑物应被认定为违法建筑。

《最高院审理房屋租赁合同纠纷案件的司法解释》第 2 条规定，出租人就未取得建设工程规划许可证或者未按照建设工程规划许可证的规定建设的房屋，与承租人订立的租赁合同无效。但在一审法庭辩论终结前取得建设工程规划许可证或者经主管部门批准建设的，人民法院应当认定有效。

我们在适用该司法解释条款时，需注意以下几个问题：一是城镇房屋一般是以不动产证来确认房屋的权属。那么，该司法解释为什么不是以是否取得不动产证来认定房屋租赁合同的效力呢？这是因为房屋未取得不动产证，该房屋并不当然为违法建筑。比如：建设单位已经办理了合法建设手续，取得了建设工程施工规划许可证，从工程竣工交付使用到依法取得不动产权证还需要一个办理过程。在这个过程中，该房屋并不是违法建筑，而只是暂未取得不动产权证，出租该类房屋的租赁合同就应该被认定为有效。二是该司法解释条款适用范围包括未取得建设工程规划许可证或者未按照建设工程规划许可证的规定建设的房屋等两种情况。在实践中我们一般会注意房屋是否取得建设工程规划许可证，而往往会忽视实际的房屋是否与建设工程规划许可证所规划建设的房屋一致的问题。而根据城乡规划法规定，未按照建设工程规划许可证规定建设的房屋同样应被认定为违法建筑。因此，就该类房屋所签订的租赁合同也应被认定为无效。三是根据该司法解释规定，在一审法庭辩论终结前取得建设工程规划许可证或者经主管部门批准建设的，人民法院应当认定租赁合同有效。这里的主管部门批准应指的是建设工程规划主管部门。

在实践中一些企业为方便经营或图便宜而承租违法建筑用于生产、办公使用。殊不知，企业一旦承租了这些违法建筑，就可能会给自身后续经营带来诸多隐患。这些隐患包括：

（1）违法建筑从房屋规划、设计、施工、验收、消防等方面都缺少监督和管理，该类房屋很有可能存在较大的安全隐患。

（2）违法建筑没有建设工程规划许可证，当然也不会取得房屋权属证明，企业承租该类房屋很有可能无法在该地址办理营业执照及其他经营许可证明。

（3）由于违法建筑不受法律保护，企业承租该类房屋将面临随时被拆迁的风险。

（4）由于承租违法建筑的租赁合同无效，该租赁合同约定条款将对当事人不产生法律效力。比如：在租赁合同中约定出租人违约解除合同的，承租人可以要求出租人赔偿装修、装饰损失。而一旦该租赁合同被认定为无效，承租人就无权依据该条款向出租人主张装修、装饰损失赔偿，承租人只能依据法律规定要求出租人分担部分损失。

综上，承租违法建筑不仅会造成租赁合同无效，还有可能影响企业的正常经营活动，甚至遭受行政处罚。因此，企业承租违法建筑存在较大的风险，企业应避免承租违法建筑。

二、企业承租临时建筑的注意事项

临时建筑是指单位和个人因生产、生活需要临时建造使用，结构简易并在规定期限内必须拆除的建（构）筑物或其他设施。比如：窝棚、工棚等棚屋及短期性质的展示用房（样板房、展览房）等。根据《城乡规划法》第44条规定，在城市、镇规划区内进行临时建设的，应当经城市、县人民政府城乡规划主管部门批准。因此，修建临时建筑虽不需要获得建设工程规划许可证，但仍需要规划主管部门批准并办理临时建筑许可证或其他类似文件，如未批准，仍然属于违法建筑。

而《最高院审理房屋租赁合同纠纷案件的司法解释》第3条也明确规定，出租人就未经批准或者未按照批准内容建设的临时建筑，与承租人订立的租赁合同无效。但在一审法庭辩论终结前经主管部门批准建设的，人民法院应当认定有效。租赁期限超过临时建筑的使用期限，超过部分无效。但在一审法庭辩论终结前经主管部门批准延长使用期限的，人民法院应当认定延长使用期限内的租赁期间有效。

我们在适用该司法解释时，应注意以下几个问题：一是承租未经批准建设的临时建筑无效；二是承租经过批准建设的临时建筑，还需要审核该临时建筑的使用期限；一般情况下，在临时建筑的批文中会明确注明临时建筑的使用期限，超过该使用期限所签订的租赁合同也应被认定为无效。三是如经主管部门批准延长使用期限的，在延长使用期限内的租赁合同应被认定为有效。

三、带营业执照出租房屋，租赁合同的法律效力

在实践中，带营业执照出租房屋可以分为两种情况，两种情况租赁合同的法律效力并不相同：

一种情况是出租人将房屋和以该房屋为经营场所办理的企业营业执照一并出租给承租人，承租人利用该营业执照自行开展营业活动。在这种情况下，双方形成两种法律关系：一是出租人与承租人形成房屋租赁合同关系；二是营业执照的主体与承租人形成挂靠经营关系。而两种法律关系的法律效力应根据各种所对应的法律规定来认定。比如：租赁房屋为违法建筑，房屋租赁

合同就应被认定为无效；而挂靠经营范围要属于国家限制经营、禁止经营、特许经营或特殊资质的行业，该挂靠行为就有可能被认定为无效。

另一种情况是出租人不仅将房屋和以该房屋为经营场所办理的企业营业执照一并出租给承租人，而且还将营业执照主体所对应的经营权、资产以及人员全部交由承租人经营管理，并收取相应的费用。在这种情况下，双方名为房屋租赁合同，但实为承包经营合同。该类合同的效力也应根据所对应的法律规定来认定。

四、其他几种特殊情况下租赁合同的法律效力

企业在承租房屋场地时，应注意几种特殊情况下的租赁合同的效力问题：

（一）就未取得不动产证的房屋订立的房屋租赁合同效力

前文已经提到未取得房屋不动产证，并不代表房屋是违法建筑，当事人一方以出租人在订立租赁合同时未取得房屋权属证明为由，要求确认房屋租赁合同无效的，人民法院一般不予支持。

（二）就政策性保障住房订立的租赁合同效力

当事人一方以租赁房屋为经济适用住房或限价商品住房为由，要求确认房屋租赁合同无效的，法院一般不予支持。

（三）就未经工程竣工或消防验收合格的房屋租赁合同效力

当事人一方仅以租赁房屋未办理工程竣工或消防验收，或者经验收不合格为由，要求确认房屋租赁合同无效的，法院一般不予支持。而如果房屋未办理工程竣工或消防验收造成租赁合同目的无法实现的，当事人一方可以依据民法典规定或租赁合同约定要求解除租赁合同。

（四）未办理登记备案的房屋租赁合同效力

根据《城市房地产管理法》第54条规定，房屋租赁的出租人和承租人应当签订书面租赁合同，约定租赁期限、租赁用途、租赁价格、修缮责任等条款，以及双方的其他权利和义务，并向房产管理部门登记备案。该规定属于法律的管理性规定，而非效力性规定。当事人未办理租赁合同备案登记并不违反《民法典》关于民事行为无效的规定。因此，《民法典》第706条规定，

当事人未依照法律、行政法规规定办理租赁合同登记备案手续的，不影响合同的效力。另外，当事人约定以办理登记备案手续为房屋租赁合同生效条件的，应从其约定。但当事人一方已经履行主要义务，对方接受的除外。

（五）涉及"群租"的房屋租赁合同效力

当事人一方以租赁房屋属于"群租"房屋为由，要求确认房屋租赁合同无效的，人民法院一般不予支持。而如果"群租"行为严重影响到承租人的生命财产安全或无法实现承租人的合同目的，承租人可以要求解除合同，同时可以向行政主管机关举报"群租"的违法行为。

（六）转租期限超过原租赁合同剩余租赁期限的转租合同效力

《民法典》第717条规定，承租人经出租人同意将租赁物转租给第三人，转租期限超过承租人剩余租赁期限的，超过部分的约定对出租人不具有法律约束力，但是出租人与承租人另有约定的除外。

五、企业是否有权以承租人拖欠租金为由，采取断电（水、气）等措施

企业将房屋出租给承租人，应当保证房屋能够正常使用，包括承租人能够正常使用水、电、燃气等。但如果承租人未按合同约定支付相应的租金，企业是否有权采取停水、停电等措施呢？

《北京高院审理房屋租赁合同纠纷的解答》第11条规定，房屋租赁合同履行过程中，从事经营活动的承租人经出租人催告并事先告知将采取断电（水、气）等行为的情况下，在合理期限内仍未依约支付租金，出租人采取前述行为属于行使合同履行抗辩权的行为，但合同另有约定的除外。承租人应当支付断电（水、气）期间的租金。出租人采取断电（水、气）等行为对合同履行造成的影响应当与承租人欠付租金的数额、比例及过错程度相适应，超过必要限度给承租人造成损失的，应当承担赔偿损失等违约责任。

根据该规定，企业有权以承租人拖欠租金为由采取断电（水、气）等措施。该行为是属于行使同时履行抗辩权的行为。同时履行抗辩权是指当事人互负债务，没有先后履行顺序的，应当同时履行。一方在对方履行之前有权拒绝其履行要求。在租赁合同中，承租人支付租金是其主要合同义务，而与

此同时，企业也应满足承租人正常使用房屋的各种条件。但如果承租人未按合同约定履行支付租金的义务，还要求企业继续向承租人提供水、电等，显然对出租人不公平，因此，企业有权以承租人拖欠租金为由采取断电（水、气）等措施。但企业采取该等措施需要注意几个问题：一是企业应提前催告承租人支付拖欠租金；二是企业应提前告知，如承租人在合理的期限内仍未支付租金将采取断电（水、气）等措施；三是在实际采取断电（水、气）等措施之前，再次正式通知承租人断电（水、气）的时间以及妥善安排、管理租赁房屋中的物品等内容；四是要保证采取断电（水、气）等措施与承租人欠付租金的数额、比例及过错程度相适应。五是采取以上措施应保留有效的证据。比如：欠付租金的证据、催要租金的书面通知、停水停电的书面通知，等等。

六、承租人擅自改建、扩建承租房屋，企业作为出租人可否解除房屋租赁合同

《最高院审理房屋租赁合同纠纷案件的司法解释》第6条规定，承租人擅自变动房屋建筑主体和承重结构或者扩建，在出租人要求的合理期限内仍不予恢复原状，出租人请求解除合同并要求赔偿损失的，人民法院依照《民法典》第711条的规定处理。而《民法典》第711条规定，承租人未按照约定的方法或者未根据租赁物的性质使用租赁物，致使租赁物受到损失的，出租人可以解除合同并请求赔偿损失。

根据以上规定，承租人在使用租赁房屋时，不得擅自变动房屋建筑主体和承重结构或者进行扩建。这是因为，虽然企业将房屋交付给承租人使用，但仍然对房屋享有所有权，承租人在使用房屋一定期限后需要将房屋返还给企业，而如果承租人擅自按照自己的意愿对房屋进行改建、扩建，必然会影响房屋的使用性质。虽然从承租人角度来说，其对房屋进行改建、扩建提高了房屋的使用价值，但该使用价值仅是对承租人而言，并不代表对企业也有使用价值。另外，承租人擅自变动房屋建筑主体和承重结构或者进行扩建，还可能带来巨大的安全隐患，这同样会侵害到企业对房屋的所有权利益。

那么，承租人擅自对房屋进行改建、扩建，该如何处理呢？首先，如果企业对该行为予以追认，房屋租赁合同可以继续履行。而一些法院认为还可

以采用默认方式进行追认，比如：《北京高院审理房屋租赁合同纠纷的解答》第 14 条规定，出租人知道或者应当知道承租人对租赁房屋进行装饰装修或扩建，但在合理期限内（一般为 6 个月）未提出异议，或者在合理期限内提出异议后又继续履行合同或接受承租人履行义务的，可以视为出租人同意装饰装修或扩建，或者放弃再提出异议的权利。当然，如果承租人变动房屋建筑主体和承重结构或者扩建的行为未经相关行政部门批准或存在重大安全隐患的，即便是企业予以追认或默认，承租人也应采取拆除、恢复原状等措施。其次，如果企业不同意该改建、扩建行为的，企业可要求承租人在合理期限内恢复原状。该规定给了承租人一个补救的机会，其目的还是要尽量维护租赁合同的稳定性。最后，如果承租人未在合理期限内恢复原状的，企业可以解除合同并要求赔偿损失。企业在行使解除权时一定要注意履行相应的程序，比如：在发现承租人擅自对房屋改建、扩建时，企业应向承租人发出书面通知，要求承租人立即停止改建、扩建行为，并在合理期限内将房屋恢复原状。在承租人未停止改建、扩建，以及未在合理期限恢复原状的情况下，企业才可发出书面通知解除与承租人的租赁合同。

七、企业作为承租人，是否可以以租赁房屋无法办理营业执照为由，要求解除租赁合同

在实践中，承租人承租房屋的用途多种多样，总结起来可以分为两大类：一类是自行居住；另一类是作为经营场所。而企业承租房屋一般是用于经营场所，比如：用于经营饭店、用于开设宾馆、用于办公用房、用于生产车间、甚至用于转租牟利，等等。那么，企业作为承租人承租房屋用于生产经营，出租人是否有义务为承租人办理营业执照以及其他证件呢？如果承租房屋无法办理或出租人怠于协助办理营业执照以及其他相关证件该如何处理呢？

下面，我们就分不同情况来讨论这些问题：

第一种情况是因租赁房屋在使用上存在行政管理限制，致使企业无法以该房屋为经营场所办理营业执照，比如：很多城市不允许居民楼一层用于经营餐馆、不允许工业用房经营商业，等等。如果企业承租这样房屋用于相应的经营活动，就有可能无法办理营业执照。而一些经营活动办不了营业执照就无法正常开展，比如：在餐饮行业，办理营业执照是后期办理餐饮许可证

的前提，没有以上证件，就属于无证经营，食药监部门可以要求立即停止经营。而企业承租房屋的目的是用于营业餐馆牟利，因无法办理营业执照，其合同目的无法实现。根据《民法典》第 563 条规定，企业就可以主张解除租赁合同，并要求出租人承担违约责任。但这里需要注意一个问题，如果企业在签订合同时知道或应当知道租赁房屋不能用于合同约定目的的，还仍然承租的，双方就需根据各自的过错来承担责任。

第二种情况是虽然企业无法办理营业执照，但能够正常使用房屋，其承租房屋的合同目的能够实现，企业就不能以此要求解除合同。比如：有的城市规定一房只能注册一个公司，在前一公司住所地迁出之前，后承租该房屋的公司无法迁入地址，也无法在该房屋设立新的公司。但如果企业承租该房屋仅用于一般性的经营活动，不涉及特种行业的（如娱乐、餐饮），不需要经过公安、消防、卫生、环境等部门检查合格即可正常经营的，在这种情况下，企业的合同目的仍能实现，企业就不能以此要求解除合同。

第三种情况是，在租赁合同中约定出租人有协助承租人办理营业执照的义务，且租赁房屋可以办理营业执照，但出租人迟延履行，经催告后在合理期限内仍未履行的，企业可以依据《民法典》第 563 条第 3 项规定要求解除租赁合同，合同另有约定或根据出租房屋用途、合同签订目的等可以确定出租人不负有此协助义务的除外。

综上，企业在承租租赁场地时，应重点考虑租赁场地是否能实现自身的经营目的，比如：是否可以办理营业执照、办理经营许可证、办理消防许可证，等等。否则，如经营场所无法实现经营目的，即便将来能够解除合同，也会给企业造成巨大的经济损失。

八、企业解除房屋租赁合同应注意的事项

房屋租赁合同一经生效，就具有法律效力，当事人双方都应严格遵守并履行，不得擅自解除合同，否则，将有可能承担违约责任。

下面，我们就来讨论房屋租赁合同解除的事由、解除程序以及其他应注意的事项：

（一）解除房屋租赁合同的事由

《民法典》规定了两种合同解除方式，约定解除和法定解除；约定解除又

分为协商解除、约定条件解除。在房屋租赁合同中，同样存在这三种解除方式。

协商解除是只要双方协商一致即可解除合同，该种方式是最有效率、最不容易产生纠纷的合同解除方式。但我们还是建议当事人要签订书面的解除协议，约定房屋租赁合同解除的时间、返还房屋的时间和方式、各种费用的结算、装修装饰的处理、可移动物品的处理等内容。

约定条件解除是当事人在合同中约定解除合同的条件，解除合同的条件成立时，解除权人可以解除合同。约定条件解除的前提是在合同中约定相应的解除合同的条件。解除合同的条件可以包括：逾期支付租金、逾期交付房屋、未经出租人同意改建扩建房屋、利用承租房屋存放危险物品或进行违法活动、未经出租人书面同意改变房屋租赁用途等。需要注意的是，约定解除合同的条件应当公平、合理、具有可操作性，比如：房屋租赁合同可以约定承租人逾期支付房租60天且经催告仍不支付的，出租人可以解除合同。而如果约定承租人只要欠付租金，出租人就可以解除合同，该种约定显然过于苛刻，对承租人极为不利，该约定就可能不被法院支持。

法定解除是指根据法律规定而解除合同。法定解除的依据是法律规定，这主要包括《民法典》《最高院审理房屋租赁合同纠纷案件的司法解释》等。其中，《民法典》第563条规定了一般合同解除的五种情形：①因不可抗力致使不能实现合同目的；②在履行期限届满前，当事人一方明确表示或者以自己的行为表明不履行主要债务；③当事人一方迟延履行主要债务，经催告后在合理期限内仍未履行；④当事人一方迟延履行债务或者有其他违约行为致使不能实现合同目的；⑤法律规定的其他情形。《民法典》第二分编典型合同规定了多种租赁合同解除的情形，比如：《民法典》第711条规定，承租人未按照约定的方法或者未根据租赁物的性质使用租赁物，致使租赁物受到损失的，出租人可以解除合同并请求赔偿损失。第716条第2款规定，承租人未经出租人同意转租的，出租人可以解除合同。第722条规定，承租人无正当理由未支付或者迟延支付租金的，出租人可以请求承租人在合理期限内支付；承租人逾期不支付的，出租人可以解除合同。第724条规定，有下列情形之一，非因承租人原因致使租赁物无法使用的，承租人可以解除合同：①租赁物被司法机关或者行政机关依法查封、扣押；②租赁物权属有争议；③租赁物具有违反法律、行政法规关于使用条件的强制性规定情形。第 729 条规定，因租赁物部分或者全部毁损、灭失，致使不能实现合同目的的，承租人可以解除合同。第 730 条规定，当事人对租赁期限没有约定或者约定不明确，依据本法第 510 条的规定仍不能确定的，视为不定期租赁；当事人可以随时解除合同，但是应当在合理期限之前通知对方。第 731 条规定，租赁物危及承租人的安全或者健康的，即使承租人订立合同时明知该租赁物质量不合格，承租人仍然可以随时解除合同。

（二）解除房屋租赁合同应履行的程序

当房屋租赁合同具备解除条件时，并不代表房屋租赁合同就能够自行解除，还必须要履行一定的法律程序。《民法典》第 565 条规定，当事人一方依法主张解除合同的，应当通知对方。合同自通知到达对方时解除；通知载明债务人在一定期限内不履行债务则合同自动解除，债务人在该期限内未履行债务的，合同自通知载明的期限届满时解除。对方对解除合同有异议的，任何一方当事人均可以请求人民法院或者仲裁机构确认解除行为的效力。当事人一方未通知对方，直接以提起诉讼或者申请仲裁的方式依法主张解除合同，人民法院或者仲裁机构确认该主张的，合同自起诉状副本或者仲裁申请书副本送达对方时解除。

根据以上规定，约定解除和法定解除都需要通知对方，合同自通知到达对方时解除。因此，解除权人在解除合同时一定要以有效的方式将解除通知送达到对方当事人。一些当事人往往采取口头通知的方式或者即便是书面通知也未留存有效送达的证据，这会给后期诉讼带来巨大的隐患。另外，如果接到解除通知的一方对此有异议，还可以请求人民法院或者仲裁机构确认解除合同的效力。当事人行使解除权是有一定的期限的，期限届满当事人不行使的，相应的解除权消灭。因此，解除权人应注意在合理的期限内行使合同解除权。

（三）解除房屋租赁合同还需要注意保留证据

前文提到，房屋租赁合同一旦生效不能随意解除，在解除合同前一定要谨慎判断是否达到了解除合同的条件、评估解除合同的法律风险及损失，并固定解除房屋租赁合同的证据。这里的证据包括：达到解除合同条件的证据；

违约责任的证据；损失数额的证据；催告以及通知解除的程序性文件，等等。

综上，解除房屋租赁合同涉及当事人的重大利益，应满足法定或约定的解除条件、履行相应的解除程序并保留有效的证据。

本节，我们讨论的是企业房屋租赁活动的合规要求与法律风险防范。企业作为承租人应避免承租违法建筑，注意承租房屋是否能实现承租目的，规避带营业执照承租的风险。企业作为出租人应注意合法出租房屋，合法追讨租金，合法解除租赁合同等。

第六节　企业担保活动的合规要求与法律风险防范

在企业市场交易活动中，为保障债权可以顺利实现，债权人可以要求债务人或第三人提供相应的担保。《民法典》规定了具体的担保制度，担保可分为物的担保和人的担保。物的担保主要包括抵押、质押、留置；人的担保主要是指保证。本节，我们就来讨论企业担保活动的合规要求与法律风险防范。

一、企业担保的一般合规要求

企业担保不仅要遵守法律、法规的规定，还要符合企业章程、规章制度的规定，否则，担保合同将面临效力瑕疵风险。

（一）公司担保程序不合规导致担保合同效力瑕疵

《公司法》第16条规定，公司向其他企业投资或者为他人提供担保，依照公司章程的规定，由董事会或者股东会、股东大会决议；公司章程对投资或者担保的总额及单项投资或者担保的数额有限额规定的，不得超过规定的限额。公司为公司股东或者实际控制人提供担保的，必须经股东会或者股东大会决议。前款规定的股东或者受前款规定的实际控制人支配的股东，不得参加前款规定事项的表决。该项表决由出席会议的其他股东所持表决权的过半数通过。

在实践中，公司对外提供担保的情况是非常普遍的。公司是企业法人，具有完全的民事权利能力和民事行为能力。一般情况下，公司以自己的名义开展经营活动，即产生相应的法律效力。而担保活动不仅涉及公司的重大利益，还关乎公司股东、债权人的重大利益。因此，《公司法》对公司担保活动作出了明确的程序规定。

以上规定提醒我们，企业作为主合同债权人，如果是公司为债务提供担保的，企业需要核实公司的担保能力、可担保限额、是否履行担保决议程序、担保决议程序是否有效等事项。同时，企业应要求担保公司提供相应的担保有效证明材料。

（二）公司分支机构提供担保不合规导致担保合同瑕疵

《民法典关于担保制度的解释》第 11 条规定，公司的分支机构未经公司股东（大）会或者董事会决议以自己的名义对外提供担保，相对人请求公司或者其分支机构承担担保责任的，人民法院不予支持，但是相对人不知道且不应当知道分支机构对外提供担保未经公司决议程序的除外。

在实践中，公司分支机构向外提供担保的情况也非常普遍。比如：分公司为他人债务提供担保、银行分行向客户出具保函，等等。公司分支机构提供担保的法律效力，主要分为四种情况：一是分支机构在提供担保时，应有公司股东（大）会或者董事会决议，未经决议的，一般认定为无效；二是分支机构在提供担保时，相对人不知道且不应当知道分支机构对外提供担保未经公司决议程序的，应认定为有效；三是金融机构的分支机构在其营业执照记载的经营范围内开立保函，或者经有权从事担保业务的上级机构授权开立保函，金融机构或者其分支机构提供的，保证合同有效；四是担保公司的分支机构经担保公司授权对外提供担保的，担保合同有效。

以上规定提醒我们，一般公司分支机构提供担保要履行相应的程序，否则，很有可能被认定为无效担保。而企业作为主合同债权人，更应了解该等法律规定并监督担保人履行相应的程序。

二、当主合同发生变化时，对保证合同的影响

《民法典》第 681 条规定，保证合同是为保障债权的实现，保证人和债权人约定，当债务人不履行到期债务或者发生当事人约定的情形时，保证人履行债务或者承担责任的合同。保证合同最根本的目的和作用在于担保主合同债权的实现。

那么，当主合同发生变化时，对担保合同会产生哪些影响呢？下面，我们就来讨论这个问题：

（一）主合同债权转让对保证合同的影响

《民法典》第 696 条规定，债权人转让全部或者部分债权，未通知保证人的，该转让对保证人不发生效力。保证人与债权人约定禁止债权转让，债权人未经保证人书面同意转让债权的，保证人对受让人不再承担保证责任。

根据该规定，一般情况下，债权转让对担保责任并没有影响，保证人仍应在原担保范围内承担担保责任，但如果该债权转让未通知保证人，该转让对保证人不发生效力。《民法典》这样规定的原因在于，保证人是为债务人履行债务而提供的担保，当债权发生转移时，并不会加大担保人的担保负担。因此，债权转让一般不会对保证责任产生影响。但保证合同毕竟是主合同的从合同，主合同债权主体发生变化，就应及时通知保证人，否则，该债权转让对保证人不发生效力。需要注意的是，不发生效力并不代表保证人不再承担保证责任，而是在通知保证人之前，保证人无义务向新的债权人承担保证责任。另外，保证人与债权人约定禁止债权转让，债权人未经保证人书面同意转让债权的，保证人对受让人不再承担保证责任。这是合同意思自治原则的体现，既然双方约定了保证人承担保证责任的条件，双方就应该共同遵守。

以上规定提醒我们，当债权人转让债权时，除了要及时通知债务人以外，还要及时通知保证人并保留通知有效送达的证据。而当保证人不希望债权关系发生变动时，应提前在保证合同中约定禁止债权转让的条款。

（二）主合同债务转让对保证合同的影响

《民法典》第 697 条规定，债权人未经保证人书面同意，允许债务人转移全部或者部分债务，保证人对未经其同意转移的债务不再承担保证责任，但是债权人和保证人另有约定的除外。第三人加入债务的，保证人的保证责任不受影响。

根据该规定，一般情况下，保证人对未经其同意转让的债务，不再承担保证责任。《民法典》这样规定的原因在于，保证具有从属性和一定的人身依附性，保证人之所以愿意为债务人提供担保往往是基于对债务人的信任，相信债务人的偿债能力。如果未经同意变更债务人，就很有可能违背保证人的意愿，也会增加保证人或有债务风险。因此，法律规定保证人对未经其同意转让的债务，不再承担保证责任。而第三人加入债务，只会降低保证人的或有债务负担。因此，第三人加入债务的，保证人的保证责任不受影响。

以上规定提醒我们，当债权人同意债务人转移债务时，还要与保证人协商是否同意该债务转移行为。如果同意，双方应签署保证合同的变更协议，变更相关的保证事项。

（三）主合同内容的变更对保证合同的影响

《民法典》第 695 条规定，债权人和债务人未经保证人书面同意，协商变更主债权债务合同内容，减轻债务的，保证人仍对变更后的债务承担保证责任；加重债务的，保证人对加重的部分不承担保证责任。债权人和债务人变更主债权债务合同的履行期限，未经保证人书面同意的，保证期间不受影响。

根据该规定，在主合同债务内容的变更时，如果是减轻保证人保证责任的债的变更，保证人仍应承担保证责任。在该种情况下，保证人的保证负担只会降低不会增加，因此，保证人应承担变更后的保证责任；而如果是加重保证人保证责任的债的变更，该变更行为并非保证人原有的意思表示且会加大保证人的或有债务负担，因此，保证人仍应在原有保证范围内承担责任，对加重的部分不应承担保证责任，除非保证人同意。同样，债权人和债务人变更主债权债务合同的履行期限的，该变更行为可能会影响保证人的保证负担。因此，法律规定，在该种情况下，未经保证人书面同意的，保证期间不受影响。

以上规定提醒我们，在主合同内容变更并加重债务负担的，如果要保证人对新增加的债务进行担保，就需要得到保证人的同意。

三、保证期间的适用规则

保证期间，又称保证责任的存续期间，是指当事人约定的或者法律规定的，确定保证人承担保证责任的期间。从该定义可以看出，虽然保证人和债权人约定，当债务人不履行债务时，保证人按照约定承担保证责任，但是该保证责任并不是无限期的，债权人应在约定的或者法律规定的期限内要求担保人承担保证责任，否则，保证人将不再承担保证责任。保证期间又分为约定保证期间和法定保证期间。

下面，我们就来分别了解一下两种保证期间的适用规则：

（一）约定保证期间的适用规则

《民法典》第 692 条规定，债权人与保证人可以约定保证期间，但是约定的保证期间早于主债务履行期限或者与主债务履行期限同时届满的，视为没有约定；没有约定或者约定不明确的，保证期间为主债务履行期限届满之日起 6 个月。债权人与债务人对主债务履行期限没有约定或者约定不明确的，保证期间自债权人请求债务人履行债务的宽限期届满之日起计算。

根据该规定，当事人可以在保证合同中约定保证期间，但需要注意几个问题：

（1）保证期间的起算点不得早于主债务履行期限或者与主债务履行期限同时届满。根据《民法典》规定，无论是一般保证还是连带保证，都是在主债务履行期限届满以后，保证人才负有担保责任，一般保证还享有先诉抗辩权。而如果约定保证期间的起算点早于主债务履行期限，出现的结果是，在主债务还在正常的履约期间，保证人就要承担保证责任。这并不符合保证合同的目的，在某种程度上，可以说是形成了债务的加入。我们来举例说明，比如：张三出借给李四 100 万元，约定李四 1 年后归还，同时约定王五从签订借款合同起承担连带担保，保证期限为 2 年。我们看，在借款合同中约定李四 1 年后归还借款，也就是说，李四在 1 年内并没有归还借款的义务，而在保证合同中却约定王五从签订借款合同时即开始承担保证责任，这显然有悖于保证合同的初衷。

另外，保证期间也不得与主债务履行期限同时届满。该等约定毫无意义。

（2）如主合同对主债务履行期限没有约定或者约定不明的，保证期间自债权人要求债务人履行义务的宽限期届满之日起计算。该种情况，保证期间是有明确约定的，也约定了保证期间的起算点是自主合同履行期限届满。但出现的问题是，如果主合同本身没有约定履行届满期限或约定不明时，该如何处理该类问题呢？《民法典》第 511 条第 4 项规定，履行期限不明确的，债务人可以随时履行，债权人也可以随时请求履行，但是应当给对方必要的准备时间。我们把"必要的准备时间"称之为宽限期。根据该规定的意思表示，该宽限期届满应视为债务履行期限届满。保证期间就应自债权人请求债务人履行债务的宽限期届满之日起计算。我们来举例说明，比如：张三出借给李四 100 万元，没有约定还款期限，王五为该借款合同提供担保。根据《民法典》规定，保证期间应从主债务履行期届满之日起算。但我们看，在该借款合同中并没有约定还款期限。而根据《民法典》的规定，张三可以随时要求李四归还借款，但需给李四一定的宽限期限。当宽限期限届满时，李四应及时归还张三借款。而王五的担保期间也应从该宽限期限届满时开始计算。

（二）法定保证期间的适用规则

根据《民法典》第 692 条第 2 款规定，债权人与债务人对主债务履行期限没有约定或者约定不明确的，保证期间为主债务履行期限届满之日起 6 个月。

我们在适用该规定时，也需要注意几个问题：

（1）保证期间的适用是以约定为原则，法定为例外。换句话说，法定保证期限就是保证期限的兜底适用规定，当保证期间没有约定或者约定不明确时，才适用法定保证期间。

（2）法定保证期间仅为 6 个月。而原《担保法司法解释》（失效）规定的最长的法定保证期限为 2 年。《民法典》将法定保证期间统一规定为 6 个月，显然对保证人有利。我们认为，这主要是考虑到保证人的保证是无偿性的或者是单务性的，不应过多加大保证人的保证责任。这样不利保护保证人的权益，也不利于促进市场交易。

（3）法定保证期间的起算点为主债务履行期限届满之日起。我们发现，该规定并没有区分一般保证责任和连带保证责任。也就是，一般保证和连带保证的法定保证期间都是 6 个月，且都是从主债务履行期限届满之日起算。那么，该规定是否意味着，对于一般保证而言，当主合同履行期限届满时，一般保证人也有义务要承担保证责任呢？这种理解是不正确的。根据《民法典》第 693 条第 1 款规定，一般保证的债权人未在保证期间对债务人提起诉讼或者申请仲裁的，保证人不再承担保证责任。一般保证人享有先诉抗辩权。债权人要在保证期间对债务人提起诉讼或者申请仲裁，否则，保证人就不再承担保证责任。显然，以上规定并非意味着一般保证人就要在保证期间承担保证责任，只是要求债权人对债务人提起诉讼或者申请仲裁的期间。而《民法典》第 693 条第 2 款规定，连带责任保证的债权人未在保证期间请求保证人承担保证责任的，保证人不再承担保证责任。根据该规定，债权人应在保证期间内直接要求连带保证人承担保证责任，否则，连带保证人不再承担保证责任。

综上，在约定保证期间时，应注意正确约定保证期间的起算点、保证期间的时长、主合同债务履行期限届满的时间等内容。而作为主合同债权人，也要清楚知道保证期间的起算时点以及保证期间内应采取的措施，以防止出现保证失效的不利后果。

四、保证期间和保证债务的诉讼时效的区别以及衔接

保证期间和诉讼时效是两个不同的法律概念，设定目的各不相同。而在实务中，两者又存在交叉，理解、适用起来相当复杂。比如，与保证期间有关的诉讼时效就至少有两个：一是主合同的诉讼时效；二是保证合同本身的诉讼时效。

下面，我们就来讨论保证期间和诉讼时效究竟有什么区别，两者又该如何进行衔接问题：

（一）保证期间和诉讼时效的区别

保证期间是当事人约定的或者法律规定的，确定保证人承担保证责任的期间；而诉讼时效是民事权利受到侵害的权利人在法定的时效期间内不行使权利，当时效期间届满时，人民法院或仲裁机构对权利人的权利不再进行保护的制度。两者存在以下区别：

（1）诉讼时效是法律为了督促权利人及时行使自己的权利而设定的一种制度。该制定规定，当权利人在一定的期限内怠于向义务人主张权利时，如果义务人以诉讼时效届满作为抗辩，法院或仲裁机构就可能不再对该权利予以保护，即权利人丧失了胜诉权。但值得注意的是，权利人丧失的是胜诉权，但其实体权利仍然存在。比如：张三出借给李四 100 万元，约定 1 年后归还。但 1 年以后，李四并未归还，张三也一直未向李四索要，10 年以后，张三在通过诉讼要求李四归还，如果李四以诉讼时效届满为由进行抗辩，法院就可

能基于本案超过诉讼时效为由而驳回张三的诉讼请求，但张三对李四的 100 万元债权还仍然存在；而保证期间届满以后，保证人的保证责任即告消灭，保证人将不再承担保证责任，对于债权人来说，丧失的是实体保证权利。

（2）诉讼时效期限是法定期间，当事人不能进行约定，而只能法定；而保证期间既有法律规定的也可以通过当事人约定，并且以约定为主、法定为辅。

（3）诉讼时效存在中止、中断以及延迟的情形；而根据《民法典》第 692 条规定，保证期间是确定保证人承担保证责任的期间，不发生中止、中断和延长。

（4）诉讼时效从权利人知道或应当知道权利侵害受到侵害时起算；而保证期间从债务履行期限届满时起算。

（二）诉讼时效和保证期间的衔接

对于保证合同而言，除了保证期间以外，也存在诉讼时效的问题。前面提到，一个担保合同一般会存在两个诉讼时效问题：一是主合同的诉讼时效；二是担保合同自身的诉讼时效。担保合同自身的诉讼时效又称为保证债务的诉讼时效，是指当债权人请求保证人履行保证债务，若超过法定的诉讼时效，债权人即丧失要求保证人履行保证债务获得胜诉判决的权利。

为了降低分析难度，我们仅来讨论保证合同的保证期间与保证合同自身诉讼时效的衔接问题。

（1）在保证期间内，债权人向一般保证的债务人提起了诉讼或仲裁，或向连带保证的保证人主张了债权，该保证期间的使命就宣告完成，此时，保证人的或然债务就演变成现实债务。但问题在于，债权人可能存在不再向保证人继续主张债权的问题。那么，保证人对债权人的债务将仍然处于不稳定状态。因此，为了督促债权人向保证人主张该现实债权，就应发挥诉讼时效的作用。

（2）一般保证和连带保证的保证债务诉讼时效起算点并不相同。《民法典》第 694 条规定，一般保证的债权人在保证期间届满前对债务人提起诉讼或者申请仲裁的，从保证人拒绝承担保证责任的权利消灭之日起，开始计算保证债务的诉讼时效。连带责任保证的债权人在保证期间届满前请求保证人承担保证责任的，从债权人请求保证人承担保证责任之日起，开始计算保证债务的诉讼时效。

　　根据该规定，对于一般保证而言，民法典规定的是"从保证人拒绝承担保证责任的权利消灭之日"，开始计算保证债务的诉讼时效。该规定实难理解，我们可以从另一角度来理解该规定，对于主合同债务而言，应先由债务人履行债务，当用尽一切方法，债务人确实无能力履行债务责任时，债权人才能向一般保证人主张履行保证责任，此时，保证债务诉讼时效才开始起算。那么，如何来确定债务人是否有偿债能力呢？债权人向债务人提起诉讼或者申请仲裁，仅是债权人向债务人启动追偿程序，并不能确定债务人是否有能力承担债务，此时，担保人的或然债务还未转化为现实债务；只有当对债务人的诉讼或者仲裁进入执行程序且仍无法执行后，担保人的或然债务才转化为现实债务。但接下来的问题是执行程序启动多长时间或具备什么样的条件后，才能认定债务人无偿债能力呢？《民法典》并未规定，而《民法典关于担保制度的解释》第 28 条规定的是，一般保证中，债权人依据生效法律文书对债务人的财产依法申请强制执行，保证债务诉讼时效的起算时间按照下列规则确定：①人民法院作出终结本次执行程序裁定，或者依照民事诉讼法第 257 条第 3 项、第 5 项的规定作出终结执行裁定的，自裁定送达债权人之日起开始计算；②人民法院自收到申请执行书之日起 1 年内未作出前项裁定的，自人民法院收到申请执行书满 1 年之日起开始计算，但是保证人有证据证明债务人仍有财产可供执行的除外。一般保证的债权人在保证期间届满前对债务人提起诉讼或者申请仲裁，债权人举证证明存在《民法典》第 687 条第 2 款但书规定情形的，保证债务的诉讼时效自债权人知道或者应当知道该情形之日起开始计算。

　　而对于连带责任保证而言，《民法典》规定的是"连带责任保证的债权人在保证期间届满前请求保证人承担保证责任的，从债权人请求保证人承担保证责任之日起"开始计算保证债务的诉讼时效。我们说，在连带责任担保中，只要主债务履行期限届满，债权人就可以向债务人和保证人任何一方或两方要求履行偿债责任，因此，只要在主债务期限届满后，保证期限届满前，债权人向保证人提出了承担保证责任的要求，原保证合同的或然之债就转变为现实债务，自此，就应开始计算保证债务的诉讼时效。

综上，保证期间和保证债务诉讼时效的相关法律规定较难理解。在实务中，也极易出现错误适用。我们遇到该类法律问题，要谨慎对待和处理，避免因适用错误而带来麻烦和损失。

五、抵押担保的适用规则

《民法典》第394条规定，为担保债务的履行，债务人或者第三人不转移财产的占有，将该财产抵押给债权人的，债务人不履行到期债务或者发生当事人约定的实现抵押权的情形，债权人有权就该财产优先受偿。前款规定的债务人或者第三人为抵押人，债权人为抵押权人，提供担保的财产为抵押财产。

（一）抵押与保证的区别

抵押和保证的目的都是担保债务的履行。保证是人的担保，即以保证人的信用作为担保，在债务人不履行或全面履行债务时，保证人就将在保证合同约定的保证范围内承担保证责任。而问题在于虽然保证人承担保证责任，但如果保证人也没有财产可以承担债务责任，该保证人的保证能力也将受限。因此，在选择保证人时，债权人要提前考察保证人的财产状况；而抵押是物的担保，即以抵押人的抵押财产作为担保物，在债务人不履行到期债务或者发生当事人约定的实现抵押权的情形下，债权人有权就该财产优先受偿。我们可以看出，与保证人相比，抵押人对主债权合同的担保能力是明确的，也就是以抵押物为限承担担保责任。

（二）抵押物的范围

根据法律规定，抵押物既可以是动产，也可以是不动产。根据《民法典》第395条规定，抵押物可以包括：建筑物和其他土地附着物；建设用地使用权；海域使用权；生产设备、原材料、半成品、产品；正在建造的建筑物、船舶、航空器；交通运输工具。同时，《民法典》第396条规定，企业、个体工商户、农业生产经营者可以将现有的以及将有的生产设备、原材料、半成品、产品抵押，债务人不履行到期债务或者发生当事人约定的实现抵押权的情形，债权人有权就抵押财产确定时的动产优先受偿。

另外，《民法典》第399条还规定不得进行抵押的财产包括：土地所有权；宅基地、自留地、自留山等集体所有土地的使用权，但是法律规定可以抵押的除外；学校、幼儿园、医疗机构等为公益目的成立的非营利法人的教育设施、医疗卫生设施和其他公益设施；所有权、使用权不明或者有争议的财产；依法被查封、扣押、监管的财产；法律、行政法规规定不得抵押的其他财产。

（三）抵押物登记的法律效力

债务人或者第三人在以物抵押时，并不将抵押物交于债权人，而是仍然占有该抵押物，甚至可以使用该抵押物。那么，在债权人就该抵押物优先受偿前，债务人或者第三人是有能力自行处置该抵押物的，比如：出售、赠与、另行抵押，等等。从这个角度来说，抵押物是处于不稳定状态的。因此，为了保障抵押权得以顺利实现，相关法律就规定了抵押物登记制度。《民法典》按照抵押物的性质不同，将抵押分为应当办理登记和自愿办理登记两种情况。

第一种情况，应当办理登记的。应当办理登记的抵押物一般是不动产，包括：建筑物和其他土地附着物、正在建造的建筑物、建设用地使用权、海域使用权等。对于应当办理抵押登记的，抵押权自登记时设立。根据《民法典关于担保制度的解释》第46条规定，不动产抵押合同生效后未办理抵押登记手续，债权人请求抵押人办理抵押登记手续的，人民法院应予支持。抵押财产因不可归责于抵押人自身的原因灭失或者被征收等导致不能办理抵押登记，债权人请求抵押人在约定的担保范围内承担责任的，人民法院不予支持；但是抵押人已经获得保险金、赔偿金或者补偿金等，债权人请求抵押人在其所获金额范围内承担赔偿责任的，人民法院依法予以支持。因抵押人转让抵押财产或者其他可归责于抵押人自身的原因导致不能办理抵押登记，债权人请求抵押人在约定的担保范围内承担责任的，人民法院依法予以支持，但是不得超过抵押权能够设立时抵押人应当承担的责任范围。

第二种情况，自愿办理登记的。自愿办理登记的抵押物是动产，除了普通动产外，还包括船舶、航空器、交通运输工具等。以动产抵押的，抵押权自抵押合同生效时设立，而登记并不是抵押权设立的条件，只是未经登记的动产抵押，抵押权不得对抗善意第三人。《民法典关于担保制度的解释》第54条进一步规定，动产抵押合同订立后未办理抵押登记，动产抵押权的效力按照下列情形分别处理：①抵押人转让抵押财产，受让人占有抵押财产后，抵押权人向受让人请求行使抵押权的，人民法院不予支持，但是抵押权人能够举证证明受让人知道或者应当知道已经订立抵押合同的除外；②抵押人将抵押财产出租给他人并移转占有，抵押权人行使抵押权的，租赁关系不受影响，但是抵押权人能够举证证明承租人知道或者应当知道已经订立抵押合同的除外；③抵押人的其他债权人向人民法院申请保全或者执行抵押财产，人民法院已经作出财产保全裁定或者采取执行措施，抵押权人主张对抵押财产优先受偿的，人民法院不予支持；④抵押人破产，抵押权人主张对抵押财产优先受偿的，人民法院不予支持。

（四）抵押权的实现

当债务履行期限届满债权未实现时，或出现其他抵押权行使条件时，抵押权人可以与抵押人协议以抵押财产折价或者以拍卖、变卖该抵押财产所得的价款优先受偿。抵押权人与抵押人未就抵押权实现方式达成协议的，抵押权人可以请求人民法院拍卖、变卖抵押财产。抵押财产折价或者拍卖、变卖后，其价款超过债权数额的部分归抵押人所有，不足部分由债务人清偿。

六、几种特殊情况下，抵押合同的效力

（一）以共有物设立抵押的抵押合同效力

所有物有单独所有和共同所有之分。对于单独所有之物，所有权人有权单独处理该物，当然也有权将该物作为抵押物。而对于共同所有之物，又分为按份共有和共同共有。按份共有人以共有财产中享有的份额设定抵押的，抵押有效。而共同共有人以其共有财产设定抵押，未经其他共有人的同意，抵押无效。但是，其他共有人知道或者应当知道而未提出异议的视为同意，抵押有效。

（二）已经设定抵押的财产被采取查封、扣押等财产保全或者执行措施的，抵押合同的效力

在诉讼活动中，为了防止被申请人转移财产，保障将来生效的判决得以顺利执行，申请人可以提起法院对被申请人的财产采取查封、扣押等诉讼财

产保全或执行措施。但在采取以上措施时，我们时常发现被申请人的财产之前已经作过抵押，在此情况下，法院仍可以采取查封、扣押等措施。但需要注意的是，由于抵押行为在先，抵押合同应仍然有效，抵押权人抵押权的实现要优先于该物查封、扣押以后所采取的其他债权实现行为。而如果该物已经被法院采取查封、扣押措施，当事人以依法被查封或者扣押的财产抵押，抵押权人请求行使抵押权，经审查查封或者扣押措施已经解除的，人民法院应予支持。抵押人以抵押权设立时财产被查封或者扣押为由主张抵押合同无效的，人民法院不予支持。

（三）抵押物因附合、混合或者加工使抵押物的所有权为第三人所有或共有，抵押合同的效力

《民法典关于担保制度的解释》第 41 条规定，抵押权依法设立后，抵押财产被添附，添附物归第三人所有，抵押权人主张抵押权效力及于补偿金的，人民法院应予支持。抵押权依法设立后，抵押财产被添附，抵押人对添附物享有所有权，抵押权人主张抵押权的效力及于添附物的，人民法院应予支持，但是添附导致抵押财产价值增加的，抵押权的效力不及于增加的价值部分。抵押权依法设立后，抵押人与第三人因添附成为添附物的共有人，抵押权人主张抵押权的效力及于抵押人对共有物享有的份额的，人民法院应予支持。

根据该规定，抵押物因附合、混合或者加工使抵押物的所有权为第三人所有的，抵押权的效力及于补偿金；抵押物所有人为附合物、混合物或者加工物的所有人的，抵押权的效力及于附合物、混合物或者加工物；第三人与抵押物所有人为附合物、混合物或者加工物的共有人的，抵押权的效力及于抵押人对共有物享有的份额。

（四）抵押权的效力是否及于抵押物的从物

《民法典关于担保制度的解释》第 40 条规定，从物产生于抵押权依法设立前，抵押权人主张抵押权的效力及于从物的，人民法院应予支持，但是当事人另有约定的除外。从物产生于抵押权依法设立后，抵押权人主张抵押权的效力及于从物的，人民法院不予支持，但是在抵押权实现时可以一并处分。

（五）抵押物出租对抵押权的影响

《民法典》第 405 条规定，抵押权设立前，抵押财产已经出租并转移占有

的，原租赁关系不受该抵押权的影响。《民法典关于担保制度的解释》第54条第2项规定，动产抵押合同订立后未办理抵押登记，动产抵押权的效力按照下列情形分别处理：抵押人将抵押财产出租给他人并移转占有，抵押权人行使抵押权的，租赁关系不受影响，但是抵押权人能够举证证明承租人知道或者应当知道已经订立抵押合同的除外。

根据以上规定，抵押人将已出租的财产抵押的，抵押权实现后，租赁合同在有效期内对抵押物的受让人继续有效。抵押人将已抵押的财产出租的，抵押权实现后，租赁合同对受让人不具有约束力。抵押人将已抵押的财产出租时，如果抵押人未书面告知承租人该财产已抵押的，抵押人对出租抵押物造成承租人的损失承担赔偿责任；如果抵押人已书面告知承租人该财产已抵押的，抵押权实现造成承租人的损失，由承租人自己承担。

七、担保合同无效的情形以及责任承担问题

担保合同效力的认定主要是从主合同对担保合同的效力以及担保合同自身主体、客体和内容对效力的影响考察。

（一）我们首先来看主合同对担保合同效力的影响

担保合同是被担保合同的从合同，即担保合同依附于主合同的存在而存在。当主合同无效时，担保合同作为主合同的从合同自然也无效。

而关于担保合同无效的责任承担问题，《民法典》第388条第2款规定，担保合同被确认无效后，债务人、担保人、债权人有过错的，应当根据其过错各自承担相应的民事责任。另外，《民法典关于担保制度的解释》第17条第2款进一步规定，主合同无效导致第三人提供的担保合同无效，担保人无过错的，不承担赔偿责任；担保人有过错的，其承担的赔偿责任不应超过债务人不能清偿部分的1/3。

（二）担保合同自身对合同效力的影响

（1）担保合同主体不适格导致担保合同无效。如无行为能力人或限制行为能力人独自订立的担保合同应认定为无效；国家禁止为保证人的单位，如未经国务院批准的国家机关、学校、幼儿园、医院等以公益事业为目的事业单位、社会团体或者未经法人书面授权的法人分支机构、职能部门，违背国

家法律规定，订立保证合同，作为保证人都应认定为无效。国家机关和以公益为目的的事业单位、社会团体违反法律规定提供担保的，担保合同无效。

（2）担保合同的客体若是违背国家法律、政策、公序良俗或有害社会利益也应认定为无效。以法律、法规禁止流通的财产或者不可转让的财产设定担保的，担保合同无效。以法律、法规限制流通的财产设定担保的，在实现债权时，人民法院应当按照有关法律、法规的规定对该财产进行处理。例如，不能以人身为标的设立担保合同；不能以法律明确规定不能作为抵押物的财产作为担保合同的标的；担保的内容违背法律或有害社会公共秩序的无效等。

而关于主合同有效而第三人提供的担保合同无效的法律责任承担问题，《民法典关于担保制度的解释》第17条第1款规定，主合同有效而第三人提供的担保合同无效，人民法院应当区分不同情形确定担保人的赔偿责任：①债权人与担保人均有过错的，担保人承担的赔偿责任不应超过债务人不能清偿部分的1/2；②担保人有过错而债权人无过错的，担保人对债务人不能清偿的部分承担赔偿责任；③债权人有过错而担保人无过错的，担保人不承担赔偿责任。

本节，我们讨论的是企业担保活动的合规要求与法律风险防范。无论企业作为债权人、债务人还是担保人，担保活动都会对企业带来较大的影响。企业应了解设立担保的一般程序要求，担保主体或内容发生变化的处理原则，各种担保形式的正确适用，以及保证期间的正确适用等事项。

第七节　企业交易活动涉知识产权的合规要求与法律风险防范

知识产权包括商标权、专利权、著作权、商业秘密等。在市场交易活动中，企业及其员工因商品或服务类别越权使用、专利许可权滥用、侵犯专利权、泄露商业秘密等知识产权不合规行为，就容易引发法律责任、受到相关处罚、造成经济或声誉损失以及其他负面影响的可能性及其后果。本节，我们来讨论企业交易活动涉知识产权的合规要求与法律风险防范。

一、企业使用注册商标的合规要求

注册商标是企业提升自身竞争力的重要手段。因此，企业越来越重视商标的注册工作。但是，在商标注册后，很多企业并不太关注商标的维护和使用，致使无法有效发挥注册商标的使用功效。

对此，我们总结出注册商标使用应注意的几个问题，供企业管理者参考：

（一）合法使用注册商标

在使用注册商标时，企业不应违反商标法律法规的规定，不得随意改变注册商标、注册人名义、地址或者其他注册事项，不得超商品或服务范围使用注册商标。

（二）恰当使用注册商标

首先，商标在注册成功之后，最好在同类或类似产品上注册防御商标，以降低商标沦为通用名称的风险。这是因为，在注册商标没有成为驰名商标之前，不能得到跨类别保护，想要保护商标，就只能全类注册或者注册类似的防御商标；其次，在对商品进行广告宣传的时候，应该避免使用商标代替商品进行宣传，而且要加强品牌商标概念，做到产品多元化发展，这样不仅品牌影响力依旧，而且商标也不会被淡化，反而会越来越强化。

（三）突出使用注册商标

突出使用商标就是将商标置于包装或标识显著的位置，不断强化受众对商标的感官认识，提升商标的品牌度和知名度。

（四）持续使用注册商标

商标信誉建立是一个比较漫长的过程，在选择好商标之后，需要坚持使用该商标，避免经常更换，尤其是当企业商标具有一定影响力时，需要坚持使用，文字、色彩、图案都不要随意变更。

（五）慎重进行商标许可使用

商标实施许可制度有利于推广新技术、满足市场的需求、促进经济的发展。对许可人来说，不但可以收取商标使用费，更重要的是可以扩大自己商标的知名度，可以借助他人的力量帮助自己去占领市场。但如果被许可人的产品质量达不到许可人的产品质量水平，将会损害许可人的商标声誉。因此，企业需要慎重进行商标许可使用。同时，企业应对许可使用商标的商品或服务进行必要的质量监督。

（六）重视商标品牌战略

随着市场经济的发展，企业竞争已由产品和服务的竞争，转向更高层次的品牌之间的竞争。企业应通过实施商标品牌发展战略，扩大企业商品或服务的知名度和信誉度，进而达到提升企业核心竞争力的作用。商标品牌发展战略可以包括单一品牌战略、多品牌战略、主副商标结合使用战略、联合商标战略、防御商标战略等。

（七）注重注册商标的保护

除了前面提到的注意事项之外，企业也要注重注册商标的保护。企业应禁止他人在同一种商品上使用与企业注册商标相同的商标；应禁止他人在同一种商品上使用与企业注册商标近似的商标，或者在类似商品上使用与企业注册商标相同或者近似的商标；应禁止他人销售侵犯注册商标专用权的商品；应禁止他人伪造、擅自制造企业注册商标标识或者销售伪造、擅自制造的企业注册商标标识，等等。企业一旦发现注册商标侵权行为，应及时进行维权，保护本企业的注册商标。

综上，在使用注册商标时，企业应注意合法使用注册商标、恰当使用注册商标、突出使用注册商标、持续使用注册商标、谨慎许可使用注册商标、重视商标品牌战略以及有效保护注册商标等。

二、商标许可使用的合规要求

企业注册商标品牌发展到一定程度，可以考虑进行商标许可使用。企业通过商标许可使用不仅可以获得可观的授权许可使用费用，还可以扩大企业注册商标的知名度，并占领更广阔的消费市场。然而，商标许可使用不当，也会给企业带来巨大的经营风险和法律风险。

下面，我们就来讨论企业商标许可使用应注意的事项：

（一）注意约定商标许可使用的形式

依据对商标许可使用限制程度的不同，商标许可分为三类：一是普通商标许可，即在许可被许可人使用商标时，商标许可人有权继续使用该商标，并可以再授权第三人使用该商标；二是排他商标许可，即在许可被许可人使用商标时，商标许可人有权继续使用该商标，但不得再授权第三人使用该商标；三是独占商标许可，即在许可被许可人使用商标时，商标许可人既不得继续使用该商标，也不得再授权第三人使用该商标。由于商标许可使用形式直接影响到商标许可人对商标的使用权限以及可得利益，因此，我们建议在商标许可使用合同中，应明确约定商标许可使用的形式。

（二）被许可商标必须是注册商标，许可人必须是注册商标的注册人

就商标本身而言，一般未注册商标也是可以许可使用的，但实际上，由于未注册商标并不具有商标专用性，其所谓授权使用并无任何意义。因此，通常情况下，被许可的商标应是注册商标，而且许可人必须是注册商标的注册人。在签署商标许可合同前，被许可人应认真核对商标注册证，确认许可人即为注册商标的注册人。

（三）注意约定被许可商标的注册类别

注册商标只能用于商标注册时的商品分类表填报的商品类别和商品名称，而不能用于非注册商品类别和商标名称。因此，在许可使用前，许可双方一定要关注拟许可使用注册商标是否能用于被许可人的商品或服务，否则，双方极易产生商标许可使用纠纷。

（四）应约定许可商标使用的期限

许可商标使用的期限是指许可人将其注册商标许可给被许可人使用的期限。一般情况下，许可商标使用的期限不应超出注册商标本身的有效期。而如果注册商标的有效期限确实短于商标许可的使用期限，许可使用人应保证注册商标可以到期续展，否则，就应承担相应的违约责任。

（五）许可使用必须备案

《商标法》第43条第3款规定，许可他人使用其注册商标的，许可人应当将其商标使用许可报商标局备案，由商标局公告。商标使用许可未经备案不得对抗善意第三人。同时，《最高人民法院关于审理商标民事纠纷案件适用法律若干问题的解释》第19条规定，商标使用许可合同未经备案的，不影响该许可合同的效力，但当事人另有约定的除外。根据以上规定，许可他人使

用其注册商标的，应当办理备案手续。这不仅是为了加强商标的管理，也是为了保护消费者和生产、经营者的合法利益。而未进行商标许可使用备案并不影响许可合同的效力，只是不能对抗善意第三人。比如：当商标许可人转让商标时，在受让人并不知道存在商标许可使用且以合理价格受让商标的情况下，商标许可合同的效力不及于商标受让人。

（六）经许可使用他人注册商标的，必须在使用该注册商标的商品上标明被许可人的名称和商品产地

根据《商标法》第 43 条第 2 款规定，经许可使用他人注册商标的，必须在使用该注册商标的商品上标明被许可人的名称和商品产地。法律这样规定的原因在于，某种程度上，商标就代表商品或服务的质量和品质，消费者在很大程度上是基于对某个商标品牌的信赖才决定选择该种商标所对应的商品或服务。而在商标许可使用时，商标所对应的商品或服务必然是不同于许可使用人的，如果不在使用该注册商标的商品上标明被许可人的名称和商品产地，必然会误导消费者进行消费，侵害到消费者的选择权。因此，经许可使用他人注册商标的，必须在使用该注册商标的商品上标明被许可人的名称和商品产地。

（七）许可人应当监督被许可人使用其注册商标的商品质量

根据《商标法》第 43 条第 1 款规定，商标注册人可以通过签订商标使用许可合同，许可他人使用其注册商标。许可人应当监督被许可人使用其注册商标的商品质量。被许可人应当保证使用该注册商标的商品质量。如前所述，商标不仅是商品或服务的区别性标志，商标也代表商品或服务的质量和品质。商标越受消费者信赖，商标持有人也就越能获得可观的经济效益。在实践中，对于许可人而言，其许可使用目的是获得许可使用收益并开拓相应的市场；而被许可人，也想通过许可使用快速提升商品销量。但如果许可人仅许可使用商标而不监督商品质量，或者被许可人仅想傍名牌不愿提升商品质量，都会损害到商标的品牌价值。因此，在许可使用商标时，许可人应持续监督被许可使用商标的商品质量，被许可人也应保证使用该注册商标的商品质量。

综上，在商标授权许可使用时，许可双方应关注商标授权使用的形式、授权使用的商品或服务、授权期限、授权许可备案、被授权商品的质量监督

等事项。

三、受让注册商标的合规要求

商标转让是商标注册人将其注册商标出售、转让给他人的行为。转让商标一方为转让人，另一方为受让人。

下面，我们就来讨论企业在受让注册商标时应注意哪些事项：

（一）企业应审核商标是否注册

如果交易的商标根本没有注册，或者在到期时没有及时续展注册，或者已经被依法撤销或宣告无效，则该商标就不再具有专用权，任何人都可以使用该商标，甚至可能会被他人再次申请为注册商标。因此，在受让商标前，企业应首先审核商标是否为注册商标并在有效期内。

（二）企业应审核商标是否存在权利瑕疵

在核实商标为注册商标后，企业还要了解商标转让人是否为商标注册人或授权代理人，商标是否存在许可使用、质押或其他转让合同等权利瑕疵。

（三）企业应审核注册商标的使用期限

注册商标有效期为 10 年，如果注册商标已经快要到期，企业作为受让人要督促商标注册人完成续展手续。特别是在转让前，要确保注册商标在有效期内。

（四）企业应审核商标是否能用于特定商品或服务

根据《商标法》第 56 条规定，注册商标的专用权，以核准注册的商标和核定使用的商品为限。因此，在注册商标转让前，企业作为受让人要审核自己需要使用的产品或服务范围，是否与商标注册所指定的商品或服务项目一致，并考量商标注册与企业自身业务的契合度。

（五）企业应审核商标著作权的权属

如果商标权人的商标是委托他人创作的，在没有约定权属的情形下，该商标创作人就很有可能享有商标标识的著作权，那么，商标专用权和商标标识著作权将分属不同主体，企业作为受让人在使用商标时将有可能受到限制。

（六）企业应审核是否存在相同或近似的商标

根据《商标法》第 42 条第 2 款的规定，转让注册商标的，商标注册人对其在同一种商品上注册的近似的商标，或者在类似商品上注册的相同或者近似的商标，应当一并转让。该规定的目的在于，商标注册人为了保护商标，往往会在类似商品或关联商品上再注册相同商标或近似商标，这就是所谓的防御商标或联合商标。然而，当商标注册人将其中一个商标转让给他人时，就会造成不同主体在同一种商品或类似商品上持有近似的注册商标，或者在类似商品上持有相同或者近似的注册商标，这样会影响注册商标显著性的特征，并造成市场混乱。因此，在受让注册商标时，企业应审核转让人是否存在同一种商品上注册的近似的商标，或者在类似商品上注册的相同或者近似的商标，如存在，应一并受让。

（七）企业应审核是否存在与交易商标相同的商号或域名

为了有效保护商标，有的商标注册人不仅注册了防御商标或联合商标，还把商标与商号、域名保持了一致。如果商标注册人单独将注册商标转让给企业，但还保留了与商标相同的商号或域名，这样也会影响注册商标的辨识度，造成市场混乱。因此，企业在受让注册商标时，也应考虑该等问题。

综上，在受让注册商标时，企业应重点关注商标是否为注册商标、是否存在权利瑕疵、是否在有效期内、是否能用于特定商品或服务、是否存在相同或近似的商标、是否存在与交易商标相同的商号或域名等事项。

四、企业应避免注册商标侵权行为

当今社会，市场竞争不再仅局限于商品价格竞争，而逐渐扩大到企业间的品牌价值竞争，谁的商品品牌越有知名度和信誉度，谁就能更多地占领市场并赢得消费者的信赖。因此，商标已经成为企业最重要的无形资产之一。但不可避免的，商标侵权行为也会随之而出现。

下面，我们来梳理常见的商标侵权行为：

根据《商标法》第 57 条规定，有下列行为之一的，均属侵犯注册商标专用权：

（1）未经商标注册人的许可，在同一种商品上使用与其注册商标相同的商标的。

（2）未经商标注册人的许可，在同一种商品上使用与其注册商标近似的商标，或者在类似商品上使用与其注册商标相同或者近似的商标，容易导致混淆的。

（3）销售侵犯注册商标专用权的商品的。

（4）伪造、擅自制造他人注册商标标识或者销售伪造、擅自制造的注册商标标识的。

（5）未经商标注册人同意，更换其注册商标并将该更换商标的商品又投入市场的。

（6）故意为侵犯他人商标专用权行为提供便利条件，帮助他人实施侵犯商标专用权行为的。

（7）给他人的注册商标专用权造成其他损害的。

以上，我们梳理了七种注册商标侵权行为。在市场交易活动中，企业应避免侵害他人的注册商标，也应加大力度保护自有注册商标及相关权利。

五、专利许可实施的合规要求

专利权人可以授权许可他人实施专利，这不仅可以使专利权人获得相应的授权实施费，也可发挥专利更大的使用价值。

下面，我们就来讨论专利许可实施应注意的事项：

（一）注意约定专利许可实施的方式

依据对专利许可实施限制程度的不同，专利许可实施可分为三类：一是普通实施许可，即在许可被许可人实施专利时，专利许可人有权继续实施该专利，并可以再授权第三人实施该专利；二是排他实施许可，即在许可被许可人实施专利时，专利许可人有权继续实施该专利，但不得再授权第三人实施该专利；三是独占实施许可，即在许可被许可人实施专利时，专利许可人不得继续实施该专利，也不得再授权第三人实施该专利。由于专利许可实施形式直接影响到专利权人对专利的实施权限以及可得利益，因此，我们建议在专利许可实施合同中，应明确约定专利许可实施的形式。

（二）应审核专利权的主体

专利实施许可的许可人应当是合法的专利权人或者其他权利人。以共有的专利权订立专利实施许可合同的，除全体共有人另有约定或者《专利法》另有规定的外，应当取得其他共有人的同意。

（三）应审核是否存在权利瑕疵

在签署专利实施许可前，拟授权许可实施人应审核专利是否存在质押、查封等权利瑕疵。

（四）应审核是否缴纳年费

根据《专利法》规定，没有按照规定缴纳年费的，专利权将面临在期限届满前终止的风险。因此，在签署专利实施许可前，拟授权许可实施人应审核专利是否按期缴纳年费、是否处于年费缴纳滞纳期等。另外，应明确约定在专利实施许可过程中专利年费缴纳的主体。

（五）应审核专利权是否在有效期内

在专利实施许可合同中，应明确约定专利实施许可的期限。而由于专利权并不存在续展的情况，因此，专利实施许可期限不得超过专利权有效期。

（六）专利实施许可合同要进行备案

根据《专利实施许可合同备案办法》第5条规定，当事人应当自专利实施许可合同生效之日起3个月内办理备案手续；第12条规定，备案申请经审查合格的，国家知识产权局应当向当事人出具《专利实施许可合同备案证明》。备案申请有下列情形之一的，不予备案，并向当事人发送《专利实施许可合同不予备案通知书》：①专利权已经终止或者被宣告无效的；②许可人不是专利登记簿记载的专利权人或者有权授予许可的其他权利人的；③专利实施许可合同不符合本办法第9条规定的；④实施许可的期限超过专利权有效期的；⑤共有专利权人违反法律规定或者约定订立专利实施许可合同的；⑥专利权处于年费缴纳滞纳期的；⑦因专利权的归属发生纠纷或者人民法院裁定对专利权采取保全措施，专利权的有关程序被中止的；⑧同一专利实施许可合同重复申请备案的；⑨专利权被质押的，但经质权人同意的除外；⑩与已经备案的专利实施许可合同冲突的；⑪其他不应当予以备案的情形。

综上，在专利实施许可时，企业应关注专利实施许可的方式、专利的权属情况、专利权利瑕疵情况、专利权年费缴纳情况、专利权期限情况以及专利实施许可合同的备案等事项。

六、专利权转让的合规要求

专利权人可以将专利权转让给他人，这不仅可以使专利权人获得相应的转让价款，也可发挥专利更大的使用价值。

下面，我们就来讨论专利权转让应注意的事项：

（一）从转让方的角度来说，转让专利权应注意以下问题

（1）慎重选择拟转让的专利技术。企业转让其专利权是希望获得经济收益。但是，有些专利在特定时期不宜转让，如对企业发展具有战略意义的专利不应当转让。一般来说，企业可以优先转让对自身经济、技术意义不大，或者企业难以自身实现产业化而长期被闲置的专利。

（2）慎重选择受让方。在选择受让方的问题上，企业应当注意避免将具有价值的专利转让给直接竞争对手，以免因对方获取该专利后成为更强劲的竞争对手。

（3）企业转让专利权应进行财务核算，力图为其财务运营及企业经济效益提高作出实质性贡献。

（二）从受让方的角度来说，受让他人专利权应注意以下问题

（1）应考虑引进技术在法律上的可靠性、技术上的先进性和商业化前景。从法律上看，需要了解该专利剩余保护期限、专利类型、同族专利情况、是否存在共有专利权人等；从技术上看，需要关注该专利的创造性、技术成熟度和在技术生命周期中所处的位置等因素；从商业化前景看，则应关注该专利技术市场成熟度、是否已经实现了产品化和产业化，是否需要配套技术支持等。

（2）选择与自身产品经营和专利技术组合相匹配的专利。对于受让人来说，应当慎重选择拟购买的专利，因为受让专利需要支付较高费用，一旦受让的专利不能与企业自身的专利形成良好的组合或者不能为产品经营带来增

值效应，就会造成企业资源的浪费。

（3）该专利实施是否需要相关的技术配套。在实践中，很多专利技术同时还包含了没有公开的技术秘密，如果不能同时获得对方相应的技术秘密，受让专利的实施效果就会大打折扣。因此，适当考虑该专利实施相关的配套技术也是必要的。

（4）在调查分析的基础上，确定合理的评估价格。在可能的情况下，可借助资产评估机构出具评估报告。

综上，对于重大专利权转让事项，企业不应仅仅从经济利益角度考虑，还应关注转让行为对企业发展的利弊得失，切莫因短期行为而影响到企业的长远发展。

七、著作权保护的合规要求

著作权作为知识产权具有无形财产的属性。企业应培养著作权保护和预防侵权的意识，并建立相应的著作权管理制度。

下面，我们就企业著作权法律保护，提出以下建议：

（一）企业应及时进行著作权登记

企业员工在企业工作期间完成的著作，一般员工拥有署名权，而其他著作权利应归属企业所有。企业相关部门应及时办理著作权的登记手续。

（二）企业著作权的使用

企业著作权的使用方案应经企业相关部门审核批准后使用。企业相关部门应对著作权的使用情况进行监控，并形成著作权作品使用记录。

（三）企业著作权实施许可和转让

企业任何部门和个人不得擅自许可他人使用企业著作权。其他单位使用企业著作权须经企业许可并签订许可合同；由企业相关部门负责对外著作权许可的具体事宜。而企业转让著作权给其他企业，也需签署著作权转让合同，确认著作权具体转让权利内容。

（四）著作权保护

企业应保护著作权不受侵犯，企业员工发现侵犯企业著作权行为或现象时，应及时报告企业相关部门。企业相关部门应对著作权侵权案件及时进行调查取证，企业其他部门应予以配合。对经初步审核涉嫌侵权的案件，应采取报请相关部门查处、与侵权方协商赔偿、对侵权方提出诉讼等方式处理。

（五）避免侵害他人著作权

在保护自身著作权的同时，企业应避免侵害他人的著作权。比如：企业网站、宣传册等，就应避免使用他人享有著作权的图片、照片等；授权制作相关企业宣传资料时，也应签署相关避免侵害他人著作权的合同条款。

综上，企业应重视对著作权的管理。尤其是计算机软件著作权、域名著作权、数据库著作权等对企业具有重大商业价值和品牌价值的著作权，企业更应加强管理和保护工作。同时，企业应避免侵害他人的著作权。

八、企业市场交易活动的商业秘密保护

企业市场交易活动中经常会涉及本企业的商业秘密，企业相关人员应具有商业秘密保护意识并采取相应的商业秘密保护措施。

下面，我们就来介绍三种需要进行商业秘密保护的情形以及可采取的保密措施：

（一）企业在商业谈判过程中的商业秘密保护

在商业谈判活动中需要涉及商业秘密的，应当与商业伙伴签订商业秘密保护协议，阻止商业伙伴可能利用商务之便掌握商业秘密成为竞争对手，同时阻止其可能向第三方泄密。这里的商业伙伴可以包括：供应商、经销商、可能接触商业秘密的中介机构以及其他可能接触或持有商业秘密的合作伙伴，等等。相关保密事项可以单独签订《保密协议》，也可以将保密条款包含在业务合同当中。

（二）合同签订过程中的商业秘密保护

许多企业认为只要签约就达到目的，但不知道在业务合同中也涉及企业的供销渠道及经营秘密等，而这些信息应纳入商业秘密的保护范畴。我们建议，只要企业认为是需要保密的，就有必要在合同中加入保密条款，要求合作方不得将双方在合同中约定或履行的内容向任何第三方披露。否则，当合

作方对外泄露与本企业有关的合同内容，将视为是侵犯本企业的商业秘密。

（三）避免申请专利权过程中的技术秘密泄露

对于获取专利权而言，其不利的代价就是在申请过程中要公开技术秘密，容易被他人通过专利申请检索获取关键信息，进行模仿或利用，往往申请者尚未取得专利权，而市场上已出现了同类产品。我们建议在申请专利过程中，企业要考虑技术信息公开范围的大小、是否涉及核心技术秘密，是否容易被模仿等事项。

本章我们讨论的是企业常规交易活动的合规要求与法律风险防范。在市场交易活动中，企业应遵守法律法规、国家有关部门的政策规定、监管要求以及业务指引等规范，重点关注市场准入、产品质量、消费者权益保护、知识产权、保护环境、反洗钱、反贿赂、公平竞争等方面的合规要求。另外，企业还要根据自身市场交易活动特点，加强有针对性的违规风险防范、整改违规问题，促进企业依法合规开展市场交易活动。

第六章
公司解散清算的合规要求与法律风险防范

　　公司解散清算是指因公司出现法定或约定解散事由，而停止对外经营活动，进行公司清算，处理未了结事务，从而使公司法人资格归于消灭的法律行为。公司解散清算是公司终止的方式之一，包括解散、清算、注销三个阶段。公司解散清算过程中不合规行为，极易引起相关主体承担赔偿责任，甚至遭受行政处罚，乃至承担刑事责任。本章我们就来讨论公司解散清算的合规要求与法律风险防范。

第一节　公司解散的合规要求与法律风险防范

　　公司是独立承担民事责任的主体，公司解散清算注销后，民事主体资格消灭，就意味着不再可能承担相应的民事责任，公司解散会直接影响到公司债权人、公司股东、公司员工以及公司相关利益主体的权益。因此，从保护相关方合法权益出发，法律限定公司解除应具有合法的事由并履行法定的程序。本节，我们就先来讨论公司解散的合规要求与法律风险防范。

　　根据法律规定，公司解散有五种事由。下面，我们来分别讨论：

一、公司章程规定的营业期限届满或者公司章程规定的其他解散事由出现

　　公司章程是公司组织和活动的基本准则，公司章程体现了公司全体股东的共同意志。公司章程规定的解散事由包括两类：一是公司规定的营业期限届满；二是公司章程规定的其他解散事由。营业期限可以分为两种：固定期限和无期限。当固定营业期限届满时，即发生公司解散的事由。需要注意的

是，当公司解散事由发生时，并不代表公司就必然要解散。《公司法》第 181 条规定，在公司营业期限届满的情况下，可以通过修改公司章程而继续存续。由于修改公司章程关乎股东的重大利益，因此，有限责任公司须经持有 2/3 以上表决权的股东通过，股份有限公司须经出席股东大会会议的股东所持表决权的 2/3 以上通过。公司章程规定的其他解散事由，是公司股东在公司章程中约定的事由，也具有引发公司解散的法律效力。比如：可以在公司章程中约定，履行完成某项合同后，公司即告解散；或股东不满 3 人，即告解散等。我们认为，只要公司章程规定的解散事由不违反法律强制性的规定，即为有效约定，成为公司解散的事由。

二、股东会或者股东大会决议解散

该种情形是股东会或者股东大会通过表决的方式决定解散公司。在这种情况下，只要股东会或者股东大会依据法律和公司章程规定的程序作出公司解散的决议即可，这体现了公司意思自治的基本原则。当然，由于公司解散属于影响股东利益的重大事件，根据《公司法》第 43 条规定，股东会会议作出修改公司章程、增加或者减少注册资本的决议，以及公司合并、分立、解散或者变更公司形式的决议，必须经代表 2/3 以上表决权的股东通过。显然，该种公司解散决策采用资本多数决通过方式。

三、因公司合并或者分立需要解散

公司合并是指由两个或两个以上的公司合并为一个公司，公司合并可以采取吸收合并和新设合并两种形式。吸收合并是一个公司吸收其他公司合并，被吸收的公司解散；新设合并是两个以上公司合并设立成一个新的公司，合并各方均解散。公司分立是指由一个公司分立成两个以上的公司。公司分立可以采用存续分立和解散分立两种形式。存续分立是原公司继续存续，原公司的一部分分立出成立新的公司，该种情况原公司并不解散。解散分立是原公司分散为两个以上公司，原公司解散。综上，除了存续分立以外，公司合并或分立都存在公司解散的问题。同样，无论是公司合并还是公司分立，都涉及股东的重大利益，因此，该种公司解散也需股东会采用资本多数决通过方式。

四、依法被吊销营业执照、责令关闭或者被撤销

吊销营业执照是公司登记机关认为公司存在应吊销营业执照的法定情形时，对公司采取的行政处罚措施。公司被吊销营业执照后，即丧失了经营资格，应当依法解散清算。责令关闭是公司登记机关以外的其他国家行政机关依据相关法律对公司作出的行政处罚措施。比如：环保部门责令环境污染企业关闭；安全生产部门责令存在重大安全隐患的公司关闭等。被撤销是上级主管部门通过行政命令终止公司继续经营的行为。以上三种是法定解散公司的事由，当发生以上事由时，公司必须进行解散清算。

五、股东依据法定的事由请求人民法院解散公司

该种方式是指持有公司一定表决权的股东认为公司存在法定应解散事由，不能通过股东会决策，而向人民法院提出公司解散申请，法院经过审理认为符合公司解散条件时，而作出解除公司的判决。股东诉讼解散，是通过司法部门来判断公司是否应该继续存续，这会影响到其他未起诉股东的权益。因此，股东诉讼解除公司需满足相应的条件，并履行相应的程序。首先，根据法律规定，有限责任公司只有持有公司全部股东表决权 10% 以上的股东才能够提请法院解散公司。这里的股东表决权比例应由公司章程进行规定。而这里的股东可以是一个也可以是多个，只要合计持有 10% 以上表决权即可。其次，股东诉讼解散需满足法定的事由。《公司法司法解释（二）》第 1 条规定了四种可通过股东诉讼解散公司的事由：一是公司持续两年以上无法召开股东会或者股东大会，公司经营管理发生严重困难的；二是股东表决时无法达到法定或者公司章程规定的比例，持续两年以上不能做出有效的股东会或者股东大会决议，公司经营管理发生严重困难的；三是公司董事长期冲突，且无法通过股东会或者股东大会解决，公司经营管理发生严重困难的；四是经营管理发生其他严重困难，公司继续存续会使股东利益受到重大损失的情形。需要注意的是，股东提起公司解散之诉，并不必然导致公司解散。法院一般会以调解为主，对于当事人同意由公司或者股东收购股份，或者以减资等方式使公司存续，且不违反法律、行政法规强制性规定的，人民法院一般不予判决公司解散。

综上，公司解散的事由可以分为自行解散、法定解散和股东诉讼解散三大类。其中，自行解散代表大多数股东的意思是公司意思自治原则的体现；法定解散一般是由于公司违反行政法规而遭受行政处罚的后果；而股东诉讼解散往往是代表少数股东的意思，是在大股东利用表决权优势侵害小股东利益的情况下，赋予小股东的司法救济权利。公司在解散时，应具备解散的条件，履行解散的程序，并保存有效的解散文件。

第二节　公司清算的合规要求与法律风险防范

当作出公司解散的决议、行政处罚书或者判决书时，并不代表公司从实体上归于消灭，而仅仅代表公司不能够再开展正常的经营活动。公司还需经过清算程序，依法处理公司遗留的债权、债务、员工工资、税务等事务。在处理完以上事务并办理公司注销手续后，公司才最终从实体上消灭。其中公司清算是公司解散后的关键环节，如果清算不符合法律规定，将会给公司股东或其他相关主体带来巨大的隐患。本节，我们就来讨论公司清算的合规要求与法律风险防范。

一、公司清算的种类

公司清算是公司即将终止前，负有清算义务的主体按照法律规定的方式、程序对公司资产、负债、所有者权益等进行全部清理和处置，使得公司与相关主体权利和义务归于消灭，从而为公司最终终止提供合法依据的行为。根据清算的原因不同，公司清算可以分为解散清算和破产清算。解散清算又可以分为自行清算和强制清算。

下面，我们就分别来讨论这三种清算方式的区别和联系：

（一）自行清算

自行清算是公司出现解散事由或法院依法判决公司解散后，由公司自行组成清算组对公司资产、负债、所有者权益等进行全部清理和处置的行为。公司在自行清算过程中可能会出现四种结果：一是清算组清理资产，清算组发现公司财产足以清偿债务的，清算组按照清算方案分配剩余资产后，公司进入注销程序；二是清算组清理资产，清算组发现公司财产不足清偿债务的，可以与债权人协商制作有关债务清偿方案，债务清偿方案经全体债权人确认且不损害其他利害关系人利益的，清算组按照清算方案分配剩余资产后，公司进入注销程序；三是清算组清理资产，清算组发现公司财产不足以清偿债务的，而债权人对债务清偿方案又不予确认的，清算组应当依法向人民法院申请宣告破产；四是公司解散事由消失，公司终止自行清算程序。需要注意的是，对于因合并、分立而解散公司的，并不一定要进行公司清算。该种情况不进行清算的原因在于，该种方式解散公司，公司的债务存在继受者。比如：合并解散，继受原公司债务的主体是合并后的公司；分立解散，继受原公司债务的主体是分立后的公司。因此，公司合并、分立均不会影响到债权人利益，即无须进行清算。当然，如果合并协议、分立决议或决定中载明解散公司需办理清算的，就需办理清算程序，并在办理注销登记时提交清算报告。

（二）强制清算

强制清算是公司出现解散事由或法院依法判决公司解散后，公司怠于履行自行清算义务，而由公司股东或公司债权人向法院申请指定清算组对公司进行清算的程序。强制清算的具体事由可以包括：公司解散后15日内不成立清算组进行清算的；自行清算出现僵局，无法作出有效决定的；虽然成立清算组但故意拖延清算的；违法清算可能严重损害公司债权人、股东及职工利益的。提起强制清算的主体包括：公司的股东和公司的债权人。强制清算一般有几种结果：一是财产分配结束后，清算组应当制作清算报告并报人民法院确认后，人民法院裁定终结清算程序。清算组持终结裁定到公司登记机关办理公司法人注销手续；二是清算组在清理公司财产、编制资产负债表和财产清单时，发现公司财产不足以清偿债务的，可以与债权人协商有关债务清偿方案。债务清偿方案经全体债权人确认且不损害其他利害关系人利益的，人民法院可依清算组的申请裁定予以认可。清算组依据该债务清偿方案清偿债务后，应当向人民法院申请裁定终结清算程序。清算组依据终结裁定办理公司注销手续；三是清算组在清理公司财产、编制资产负债表和财产清单时，发现公司财产不足以清偿债务的，可以与债权人协商有关债务清偿方案，债权人对债务清偿方案不予确认或者人民法院对债务清偿方案不予认可的，人民法院裁定终结清算程序，并通知清算组和债权人依法向人民法院申请公司破产。

（三）破产清算

破产清算是公司不能清偿到期债务，并且资产不足以清偿全部债务或者明显缺乏清偿能力的，相关主体向人民法院提出裁定公司破产并依法清算的行为。提起破产清算的主体可以包括三类：一是公司债务人；二是公司债权人；三是公司已解散但未清算或者未清算完毕，资产不足以清偿债务的，依法负有清算责任的人。这里负有清算责任的人一般是指自行清算或强制清算中的清算组。人民法院受理破产申请后，指定管理人全面接管破产财产并负责对其进行保管、清理、估价、处理和分配等工作。需要注意的是，申请人向法院提出破产申请并不必然进入破产清算阶段。《企业破产法》第70条规定，债务人或者债权人可以依照本法规定，直接向人民法院申请对债务人进行重整。债权人申请对债务人进行破产清算的，在人民法院受理破产申请后、宣告债务人破产前，债务人或者出资额占债务人注册资本1/10以上的出资人，可以向人民法院申请重整；第95条规定，债务人可以依照本法规定，直接向人民法院申请和解；也可以在人民法院受理破产申请后、宣告债务人破产前，向人民法院申请和解。因此，只有人民法院依法宣告公司破产后，才进入破产清算程序。

综上，公司清算包括自行清算、强制清算和破产清算。公司解散后，首先应启动自行清算，当出现法定事由时才启动强制清算。公司在宣告破产后，启动的是破产清算。解散清算和破产清算适用的法律、履行的程序均不相同，需要予以区别。

二、清算组的合规要求

（一）清算组的组成

根据法律规定，清算组组成可以分为三种情况：一是公司在自行清算时，有限责任公司的清算组由股东组成，股份有限公司的清算组由董事或者股东大会确定的人员组成；二是公司在强制清算时，由人民法院受理强制清算案件后，指定清算组。清算组成员可以包括：公司股东、董事、监事、高级管理人员。依法设立的律师事务所、会计师事务所、破产清算事务所等社会中介机构。依法设立的律师事务所、会计师事务所、破产清算事务所等社会中介机构中具备相关专业知识并取得执业资格的人员；三是公司在破产清算时，清算组的角色由管理人担任。管理人可以由有关部门、机构的人员组成的清算组或者依法设立的律师事务所、会计师事务所、破产清算事务所等社会中介机构担任。

（二）清算组的成立时间

根据法律规定，清算组成立时间可以分为三种情况：一是公司在自行清算时，应当在解散事由出现之日起 15 日内成立清算组，开始清算；二是公司在强制清算时，由人民法院通过民事决定书形式指定成立清算组，成立时间由民事决定书确定；三是公司在破产清算时，人民法院宣告公司破产后，管理人即应履行清算职责。根据《公司法司法解释（二）》第 18 条规定，有限责任公司的股东、股份有限公司的董事和控股股东未在法定期限内成立清算组开始清算，导致公司财产贬值、流失、毁损或者灭失，债权人主张其在造成损失范围内对公司债务承担赔偿责任的，人民法院应依法予以支持。因此，相关主体应在法定期限成立清算组，开展公司清算活动。

（三）清算组的公告

在公司成立清算组后，清算组应当自成立之日起 10 日内将清算组的成员名单、清算组负责人的名单通过国家企业信用信息公示系统予以公告。

（四）清算组的职权

根据法律规定，清算组在清算期间应行使七项职权：一是清理公司财产，分别编制资产负债表和财产清单；二是通知、公告债权人；三是处理与清算有关的公司未了结的业务；四是清缴所欠税款以及清算过程中产生的税款；五是清理债权、债务；六是处理公司清偿债务后的剩余财产；七是代表公司参与民事诉讼活动。需要注意的是，清算组不得开展与清算无关的经营活动。

《公司法司法解释（二）》第 23 条规定，清算组成员从事清算事务时，违反法律、行政法规或者公司章程给公司或者债权人造成损失，公司或者债权人主张其承担赔偿责任的，人民法院应依法予以支持。有限责任公司的股东、股份有限公司连续 180 日以上单独或者合计持有公司 1% 以上股份的股东，依据《公司法》第 151 条第 3 款的规定，以清算组成员有前款所述行为为由向人民法院提起诉讼的，人民法院应予受理。公司已经清算完毕注销，上述股东参照《公司法》第 151 条第 3 款的规定，直接以清算组成员为被告、其他股东为第三人向人民法院提起诉讼的，人民法院应予受理。

三、公司债权公告、通知的合规要求

公司清算最重要的工作就是对公司剩余财产进行处理。由于公司清算几乎意味着债权人还有最后一次获得公司清偿债务的机会，因此，清算组必须采取必要的方式及时通知公司债权人。根据《公司法》及相关司法解释规定，公司应通过债权公告以及直接通知债权人的方式，通知债权人向公司申报债权。

下面，我们来讨论公司债权公告、通知的具体方法和注意事项：

（一）直接通知债权人申报债权

《公司法》第 185 条规定，清算组应当自成立之日起 10 日内通知债权人，债权人应当自接到通知书之日起 30 日内，向清算组申报其债权。《公司法司法解释（二）》第 11 条进一步规定，公司清算时，清算组应当按照《公司法》第 185 条的规定，将公司解散清算事宜书面通知全体已知债权人。

根据以上规定，清算组在通知债权人时要注意几个事项：一是公司应以书面形式将清算事宜通知债权人，不应仅以当面告知或电话等口头形式通知债权人。这是因为，根据法律规定，清算组未履行通知义务，相关主体将承担赔偿责任。因此，在没有书面通知证据为证的情况下，债权人可能会否认清算组的通知行为，进而要求清算组成员等承担清偿责任；二是清算组要通知全体已知债权人，而不能故意或过失遗漏部分债权人不予通知。比如：对于企业债权人，清算组就不能以不知道企业联系方式和住址为由不履行直接通知义务。清算组完全可以通过向公司的注册地址、交易合同呈现的地址邮寄申报债权通知，至于债权人是否可以收到该通知，则另当别论；三是通知的事项包括：公司名称、清算组情况、申报事项、申报期限、申报联系人、

申报联系电话、申报地址等。另外，我们建议在通知中应特别注明逾期申报的法律后果；四是申报债权通知采用快递等送达方式的，应将通知送达到债权人公司注册地或债权人书面指定地址，应在快递面单附注上写明申报债权通知的内容。如涉及重要债权还可以采取公证送达的方式。清算组应妥善保留送达凭证、邮件追踪信息等材料。如最终无法送达，仍应保留送达流程的证据。

（二）通过公告方式通知债权人申报债权

《公司法》第185条，清算组应当自成立之日起60日内在报纸上公告债权人申报债权。《公司法司法解释（二）》第11条进一步规定，公告债权人申报债权，应根据公司规模和营业地域范围在全国或者公司注册登记地省级有影响的报纸上进行公告。

根据以上规定，清算组公告债权应在具有一定影响力的报纸上公告，而为了保险起见，我们建议可直接在全国有影响的报纸上进行公告，并保留公告报纸版面。另外，根据《市场主体登记管理条例实施细则》第45条规定，清算组可以通过国家企业信用信息公示系统发布债权人公告。我们认为，该种方式发布公告的公示力更强，且公告证据更易保存。

（三）通知瑕疵应承担的责任

《公司法司法解释（二）》第11条第2款规定，清算组未按照前款规定履行通知和公告义务，导致债权人未及时申报债权而未获清偿，债权人主张清算组成员对因此造成的损失承担赔偿责任的，人民法院应依法予以支持。

从上述司法解释规定来看，如果清算组履行通知和公告义务存在瑕疵，清算组成员将很有可能承担较大的赔偿责任。因此，清算组应严格履行债权公告、债权通知程序并固定、保留必要的证据材料。

四、债权申报的合规要求

债权人申报债权是指债权人在收到债权申报通知或债权公告一定时间内，向公司清算组申报债权并进行债权登记的过程。

下面，我们来讨论债权人债权申报时应注意的问题：

（一）债权人申报债权的期限

《公司法》第 185 条规定，清算组应当自成立之日起 10 日内通知债权人，并于 60 日内在报纸上公告。债权人应当自接到通知书之日起 30 日内，未接到通知书的自公告之日起 45 日内，向清算组申报其债权。

根据该规定，债权人申报债权是其法定权利，但如果债权人怠于主张该权利，债权人将可能承担不利的后果。因此，债权人应注意在规定的时间内申报债权。

（二）债权人申报债权的事项

债权人申报债权的事项包括：债权人的名称或姓名、联系方式、债权人开户银行、代理人、债权发生原因、债权证据、债权到期日、申报时间、申报债权数额、有无财产担保、是否附有条件和期限、是否为连带债权、有无连带债权人、是否为求偿权或将来求偿权等。而对于公司所欠职工的工资和医疗、伤残补助、抚恤费用，所欠缴的应当划入职工个人账户的基本养老保险、基本医疗保险费用，以及法律、行政法规规定应当支付给职工的补偿金，不必申报，由清算组调查后列出清单并予以公示。

（三）清算组核定债权

清算组收到债权申报材料后，应当登记造册，登记造册的内容包括：债权人基本情况、债权基本情况等。清算组应对所有申报债权的真实性、合法性和时效性等内容进行核定。

（四）债权人对核定债权有异议的处理

清算组核对债权完毕后，应将债权核定结果及时通知申报债权人。

债权人对清算组核定的债权有异议的，可以要求清算组重新核定。清算组不予重新核定，或者债权人对重新核定的债权仍有异议，债权人以公司为被告向人民法院提起诉讼请求确认的，人民法院应予受理。

（五）债权人补报债权

《公司法司法解释（二）》第 13 条规定，债权人在规定的期限内未申报债权，在公司清算程序终结前补充申报的，清算组应予登记。公司清算程序终结，是指清算报告经股东会、股东大会或者人民法院确认完毕。《公司法司法解释（二）》第14条规定，债权人补充申报的债权，可以在公司尚未分配财产中依法清偿。公司尚未分配财产不能全额清偿，债权人主张股东以其在剩余财产分配中已经取得的财产予以清偿的，人民法院应予支持；但债权人因重大过错未在规定期限内申报债权的除外。债权人或者清算组，以公司尚未分配财产和股东在剩余财产分配中已经取得的财产，不能全额清偿补充申报的债权为由，向人民法院提出破产清算申请的，人民法院不予受理。

以上规定是债权人未在规定时间内申报债权的救济措施。我们可以看到，债权人未在规定时间内主张债权，虽然可以在一定期限内补充申报债权，但债权人的可分配范围受到很大限制。因此，债权人确实应注意及时申报债权。这也提示企业，应时刻关注商业伙伴的经营状况，在商业伙伴发生清算时，要积极依法合规申报债权，避免发生不合规申报债权给企业造成损失的风险。

五、清理公司财产、编制资产负债表和财产清单的合规要求

在通知、公告债权人并接收债权申报的同时，清算组应清理公司财产，分别编制资产负债表和财产清单。清算组开展这些工作应注意以下问题：

（一）交接公司财物

清算组成立后，应立即开展公司财物的接管工作。清算组应制作相关交接清单、接管笔录，对交接财物进行逐一清点造册。在完成清单后，由相关主体签字确认。交接的内容主要包括：公司财产、公司档案、公司合同、公司印章、公司其他文书等。

（二）管理公司财产

清算组应当根据财产的不同状态，采取不同的管理措施。比如：对于现金财产，应由专人妥善保管及核算；对于易损、易腐财产，应及时变卖；对于对外投资，应及时收回；对需办理延续期限的财产，应及时办理；对未结合同，应及时作出继续履行或解除决定；对公司债权，应及时追偿；对出借、出租财物，应及时要求返还，等等。

（三）编制资产负债表和财产清单

清算组应对接收的财物进行清理调查。调查的内容包括：公司的出资情

况、货币财产情况、存货情况、设备设施情况、不动产情况、无形资产情况、债权情况等。清算组应核对公司账面记载的财产与实有财产是否一致，财产是否为公司自有财产，财产是否有权属证明，财产是否存在权利负担等。公司应根据清理公司财产清理的情况，编制资产负债表和财产清单。财产清单要反映各类财产的权属状况、账面价值、现实状况、权利负担等事项。需要注意的是，清算组应如实编制资产负债表和财产清单。如编制虚假资产负债表或者财产清单，损害债权人或者其他人利益的，将可能承担赔偿责任，甚至还可能构成妨害清算罪。因此，必要时清算组可聘请专业机构对财产进行审计和评估。

六、编制清算方案的合规要求

清算方案指公司终止解散时由清算组制定的清算工作计划。清算方案作为指导清算组开展工作的计划性文件，必须具备合法、完整、及时、准确和便于操作等特性。

下面，我们就来讨论编制清算方案应注意的问题：

（一）清算方案编制的时间

《公司法》第186条规定，清算组在清理公司财产、编制资产负债表和财产清单后，应当制定清算方案，并报股东会、股东大会或者人民法院确认。

（二）清算方案的内容

清算方案可包括：清算组成员，清算组职权，计划工作时间，债权公告、通知方案，申报债权的方案，接管公司财物的方案；财物管理和处分的方案，未履行合同的处理方案，收回或追回公司财产的方案，清理公司财产、编制资产负债表和财产清单方案，清算顺序方案，清算费用，其他待决事项安排等。

（三）清算方案应获得相关部门批准

《公司法司法解释（二）》第15条规定，公司自行清算的，清算方案应当报股东会或者股东大会决议确认；人民法院组织清算的，清算方案应当报人民法院确认。未经确认的清算方案，清算组不得执行。执行未经确认的清算方案给公司或者债权人造成损失，公司、股东、董事、公司其他利害关系人或者债权人主张清算组成员承担赔偿责任的，人民法院应依法予以支持。

（四）指定清算的清算方案

《公司法司法解释（二）》第 17 条规定，人民法院指定的清算组在清理公司财产、编制资产负债表和财产清单时，发现公司财产不足清偿债务的，可以与债权人协商制作有关债务清偿方案。债务清偿方案经全体债权人确认且不损害其他利害关系人利益的，人民法院可依清算组的申请裁定予以认可。清算组依据该清偿方案清偿债务后，应当向人民法院申请裁定终结清算程序。债权人对债务清偿方案不予确认或者人民法院不予认可的，清算组应当依法向人民法院申请宣告破产。

七、分配公司剩余财产的合规要求

（一）清算财产分配的顺序

《公司法》第 186 条第 2 款规定，公司财产在分别支付清算费用、职工的工资、社会保险费用和法定补偿金，缴纳所欠税款，清偿公司债务后的剩余财产，有限责任公司按照股东的出资比例分配，股份有限公司按照股东持有的股份比例分配。清算期间，公司存续，但不得开展与清算无关的经营活动。公司财产在未依照前款规定清偿前，不得分配给股东。

（二）清算财产的分配原则

（1）清算财产一般应以货币形式分配，如果全体债权人达成一致后，也可进行实物分配。清偿完债务后，如全体股东达成一致，也可以采取实物分配。

（2）对于付生效条件或解除条件的债权，可以先行提存，待条件成就后再行分配。或经全体债权人同意后，直接分配该债权。

（3）对债权人未领受财产，可以先行提存。若提存期满，债权人仍未领受的，应另行分配。

（4）对诉讼、仲裁等未决债权，应先行提存。待债权实现后，进行分配。或经全体债权人同意，直接分配该债权。

（三）恶意处置公司财产的法律后果

《公司法司法解释（二）》第 19 条规定，有限责任公司的股东、股份有限公司的董事和控股股东，以及公司的实际控制人在公司解散后，恶意处置公司财产给债权人造成损失，或者未经依法清算，以虚假的清算报告骗取公司登记机关办理法人注销登记，债权人主张其对公司债务承担相应赔偿责任的，人民法院应依法予以支持。另外，如果清算组在未清偿公司债务前擅自分配公司财产，严重损害债权人或者其他人利益的，还有可能构成妨害清算罪。

八、制作清算报告的合规要求

清算报告是指公司清算完成以后反映公司清算过程及清算结果的书面文件。除简易注销外，清算报告是公司注销的必备文件。

在制定清算报告时，应注意以下问题：

（一）清算报告的内容

清算报告应包括公司解散的时间、解散的事由、清算组的组成、清算组负责人、公告及通知债权人情况、公司资产情况、公司负债情况、公司剩余财产分配顺序及数额、清算费用情况、其他事项说明等。清算报告应由清算组成员签字或盖章确认。

（二）清算报告的确认程序

清算组制作完清算报告后，属于自行清算的，应由股东会、股东大会予以确认；属于强制清算的，应由人民法院予以确认。

（三）不规范的清算报告

（1）清算报告不完整。清算报告应包括主要的清算事项。比如：公司资产情况、公司负债情况、公司剩余财产分配顺序及数额。另外，清算报告还应包括未决事项的后续安排等事宜。

（2）清算报告不准确。比如：清算组对公司资产统计错误、对公司负债核定错误、对公司剩余财产分配错误等。我们认为，对于该等重要清算事项，还是应聘请专业机构进行审计和评估，以降低错误概率。

（3）利用虚假信息编造清算报告。在实践中，不规范的清算报告，大多源于不规范的清算行为。由于清算行为不合规，容易引发清算组承担赔偿责任，一些清算组就是故意编造虚假清算程序或利用虚假的资产负债表和财产清单编制清算报告，试图蒙混过关。但需要注意的是，如该等弄虚作假行为一旦被发现，清算组及相关主体仍将要承担不利的后果。

综上，公司在清算时应完成的工作包括成立清算组、开展债权公告及通知工作、组织债权申报、核定债权、清理公司财产、编制资产负债表和财产清单、编制清算方案、分配公司剩余财产、制作清算报告，等等。需要特别提醒的是，公司及清算组一定要依据法律的规定，严格履行清算程序，否则，清算组、公司股东或实际控股人等将面临承担赔偿责任的巨大风险。

第三节　公司注销的合规要求与法律风险防范

公司解散、清算后，还需要完成公司注销手续，公司实体才能最终归于消灭。本节，我们就来讨论公司注销的合规要求与法律风险防范。

一、普通注销需要的材料

公司注销分为普通注销和简易注销，普通注销需要向公司登记机关提供以下材料：

（1）《企业注销登记申请书》。

（2）根据不同的解散事由，提供相应的解散依据文书。比如：公司自行解散的，提供股东（大）会作出的解散决议或者决定；依法被吊销营业执照、责令关闭或者被撤销的，提供行政机关或上级部门出具的文件；法院判决解散的，应提供判决书；如果是国有独资公司申请注销登记，还应当提交国有资产监督管理机构的决定。

（3）根据不同的清算方式，提供相应的清算报告。公司自行清算的，根据公司性质不同分为：有限责任公司由代表 2/3 以上表决权的股东签署确认的清算报告，一人有限责任公司由股东签署确认的清算报告，股份有限公司由股东大会会议主持人及出席会议的董事签字确认的清算报告，国有独资公司由国务院、地方人民政府或者其授权的本级人民政府国有资产监督管理机构签署确认的清算报告；法院强制清算或破产清算的，提供由人民法院确认的清算报告。

（4）清税证明材料。

（5）如果是通过报纸发布债权人公告的，需要提交刊登公告的报纸。

（6）如果是强制清算、破产清算的，需要提交人民法院指定其为清算人、破产管理人的证明文件。

（7）法律、行政法规和国务院决定规定注销公司必须报经批准的，提交有关批准文件的复印件。

二、简易注销的合规要求

（一）简易注销的适用条件

简易注销是相对于普通注销而言的。根据《市场主体登记管理条例》第33条规定，市场主体未发生债权债务或者已将债权债务清偿完结，未发生或者已结清清偿费用、职工工资、社会保险费用、法定补偿金、应缴纳税款（滞纳金、罚款），并由全体投资人书面承诺对上述情况的真实性承担法律责任的，可以按照简易程序办理注销登记。另外，根据《市场主体登记管理条例实施细则》第48条规定，有下列情形之一的，市场主体不得申请办理简易注销登记：①在经营异常名录或者市场监督管理严重违法失信名单中的；②存在股权（财产份额）被冻结、出质或者动产抵押，或者对其他市场主体存在投资的；③正在被立案调查或者采取行政强制措施，正在诉讼或者仲裁程序中的；④被吊销营业执照、责令关闭、撤销的；⑤受到罚款等行政处罚尚未执行完毕的；⑥不符合《条例》第33条规定的其他情形的。

（二）简易注销和普通注销的程序差异

（1）清算组是否备案。无论是普通注销还是简易注销，都应当成立清算组。普通注销需要进行备案，简易注销无需进行备案。

（2）是否履行申报债权程序。普通注销必须严格履行债权申报程序。而简易注销的假设前提是公司不存在对外债务，因此，清算组无需提起债权申报程序。

（3）是否制作并提交清算报告。普通注销必要制作并提交经确认的清算报告。而简易注销无需制作及提交清算报告，仅需提交《全体投资人承诺书》。

（4）是否进行注销公示。普通注销自清算结束之日起 30 日内向登记机关申请注销登记，但无需进行注销公示。而简易注销，由于仅是投资人承诺对外不存在债务，为保障潜在利害关系人的合法利益，《市场主体登记管理条例实施细则》规定，公司应当将承诺书及注销登记申请通过国家企业信用信息公示系统公示，公示期为 20 日。在公示期内无相关部门、债权人及其他利害关系人提出异议的，市场主体可以于公示期届满之日起 20 日内向登记机关申请注销登记。

三、未经清算即办理公司注销手续，应承担的法律责任

公司在清算结束后，应自清算结束之日起 30 日内申请注销登记。自登记机关予以注销登记之日起，公司的市场主体资格终止。《公司法司法解释（二）》第 20 条规定，公司解散应当在依法清算完毕后，申请办理注销登记。公司未经清算即办理注销登记，导致公司无法进行清算，债权人主张有限责任公司的股东、股份有限公司的董事和控股股东，以及公司的实际控制人对公司债务承担清偿责任的，人民法院应依法予以支持。公司未经依法清算即办理注销登记，股东或者第三人在公司登记机关办理注销登记时承诺对公司债务承担责任，债权人主张其对公司债务承担相应民事责任的，人民法院应依法予以支持。

综上，公司解散、清算后，应依法办理公司注销手续，从实体上使公司归于消灭。否则，公司股东或相关人员将面临较大的法律风险。

本章我们讨论的是公司解散清算的合规要求与法律风险防范。为了保护公司债权人、股东、员工以及其他相关人的合法利益，防止相关主体借公司解散清算之名恶意逃避公司债务，《公司法》以及相关司法解释对公司解散清算进行了严格的规范。在公司解散清算过程中一旦出现违法或不规范操作行为，相关主体将面临巨大的风险。因此，相关主体应严格按照法律规定的程序办理公司解散、清算、注销事务。由于公司解散清算环节的法律法规复杂，容易引发各方主体的争议及法律责任，因此，在实践中，公司清算注销环节多聘请专业律师团队或者其他专业中介机构协助办理，以保障公司解散清算的合法性，降低清算组、股东和其他相关主体的风险。

后　记

重视企业合规管理，提升企业核心竞争力！本书出版审核定稿之际，恰逢国资委颁布实施《中央企业合规管理办法》。本书初衷与国家对国有企业的合规管理要求不谋而合。需要说明的是，企业合规管理覆盖的领域不仅仅是本书呈现的内容，还应包括企业税务合规、企业财务合规、企业投融资合规、企业诉讼仲裁合规、企业家财富合规，等等。可以说，企业合规管理是一个动态的过程管理，任何一个企业合规管理环节或阶段出现问题，都有可能给企业带来风险。我们建议，企业应针对自身的发展战略和实际经营状况，逐步构建起一套完整、实用、可操作的合规管理体系。该管理体系应包括横向的合规管理领域以及纵向的合规管理流程。为此，在本书结尾，参照国资委对国有企业的合规管理要求，我们提出几项建立和完善企业合规管理体系应关注的问题，供读者参考：

1. 企业应提升合规管理意识

合规管理意识是企业对待合规管理的态度。企业合规管理意识淡薄，就无法重视企业合规风险防范，建立合规管理体系也就无从谈起。可以毫不夸张地说，企业没有合规管理意识就是企业面临最大的合规风险。企业只有增强合规管理意识，才会积极主动地识别合规风险、分析合规风险产生的原因、制定合规风险防范制度和方案、采取行动预防合规风险、排除现实存在的合规风险。

2. 企业应加强合规管理制度体系建设

建立合规管理体系，仅靠合规管理意识是远远不够的。企业应加强合规管理制度体系建设。这主要包括：建立、健全合规管理专门制度；建立、健全重点领域合规管理专项指引；建立、健全合规审查专项指引；建立、健全重点领域合规风险数据库，等等。在建设合规管理制度体系时，我们建议关注几个问题：一是合规管理专门制度应具有针对性和实用性。企业应根据自身的发展战略、经营状况、业务流程、现实存在合规风险点等制定相应的合规制度，切莫照抄照搬其他企业现成的合规制度；二是合规管理专项指引应易操作，以发挥指引的最大应用效能；三是在制定合规管理专项指引同时，应建立配套的合规风险数据库，并在实务操作过程中不断补充、完善和修订；四是合规管理制度体系应具有保障性。合规管理制度体系应与奖惩机制和激励机制相结合，以保证合规管理制度体系具有强制效力和激励作用；五是合规管理制度体系应有执行监督。合规管理制度体系要落实到企业相关部门以及相关岗位，并由合规监督部门进行定期或不定期的检查。同时，企业应严格适用配套的奖惩机制和激励机制，以培养企业相关主体自觉以规办事的习惯。

3. 企业根据自身情况设立合规管理机构

建立合规管理体系离不开合规管理机构和队伍建设。相比监察、审计、内控、风控等管理工作，合规管理可算新兴的企业管理工作。在企业已经建立法律部门、内控部门、风控部门、审计部门、监察部门的情况下，如何理顺合规管理部门与其他相关管理部门的关系、确保合规管理体系有效运行，是企业亟待解决的重点和难点问题。为此，国资委就中央企业如何积极探索构建法治框架下合规管理与法律、内部控制、风险管理的协同运作机制、加强统筹协调、提高管理效能，提出了建设性意见，并对合规管理组织和职责作出了具体规定。我们认为，民营企业也可以参照国资委对央企的要求，结合自身业务规模、业务结构和所面临的合规风险，建立起与法律风险防范、监察、审计、内控、风险管理等工作相统筹、相衔接的合规管理模式、机构设置和人员配置。

4. 企业可以聘请专业律师团队提供合规专项顾问服务

在建立内部合规管理机构的同时，企业也可以聘请专业律师团队提供外部合规专项顾问服务。在企业合规管理过程中，合规专业律师能起到重要作用。这是因为，虽然企业内部合规管理部门更了解企业发展战略、运营状况、业务流程，更能有针对性地进行企业合规管理和风险控制。但内部合规管理部门往往仅局限于企业内部的合规管理，而缺少对合规风险的全方位认识和风险控制的实务操作经验。更重要的是，内部合规管理部门往往与业务部门思维模式和行为方式相冲突，有时不能全面、有效发挥合规管理职能。而外部律师接触的企业合规事务更广，遇到的企业合规风险事件也更多。尤其是诉讼律师，在长期代理企业诉讼案件中，必然会对企业合规风险具有更深刻的认识和实务经验。另外，外部律师相对独立于企业经营管理体系，更能发挥指导、监督和预警等作用。综上，我们认为，企业内部合规管理部门与外部律师相互配合，才更能有效地防范企业合规风险。

5. 企业应开展合规流程管理

不同企业合规风险各有不同，企业发展到不同阶段合规风险也不尽相同。在建立合规管理体系时，企业需要先解决面临的重点合规风险问题。比如：股东身份不合规风险；人格混同的风险；滥用注册资本认缴制风险，等等。这些都是企业结构性风险，需要优先解决。而企业要想发现、解决更多合规风险，就应该开展合规流程管理工作。我们一般把合规流程管理分为合规风险信息收集、合规风险识别、合规风险分析、合规风险评价、合规风险事项处理、合规风险处理结果反馈等流程。通过开展规范的合规流程管理，企业可以将面临的合规风险展现出来，并可以形成有针对性的处理方案，还可进一步推动相应合规管理制度体系的建立和完善。

6. 企业应建立重大合规风险事件预警和汇报机制

企业要充分重视合规风险全流程事前预防、事中控制和事后监督、救济的作用。其中对于出现重大合规风险事件，切忌视而不见、充耳不闻。我们建议，企业应建立重大合规风险事件预警和汇报机制，具体可考虑从以下几方面入手：一是企业应以部门为单位，制定、实施风险预警、汇报制度；二是确定合规风险事项预警、报告的第一责任人；三是预警、汇报风险可包括制度风险、决策风险、合同风险、流程风险、实施风险等；四是实行重大合规风险事项一事一报和定期报告制度；五是预警、汇报风险需有明确的接收部门，该部门接收信息后需及时反馈意见并进行必要的风险管控；六是预警和报告制度应与奖惩机制和激励机制相结合等。

7. 企业应加强诉讼管理，并以经验教训推动合规管理体系建设

企业合规部门应积极参与涉诉、涉仲裁案件的处理工作，掌握纠纷涉及合规事项的第一手资料。在案件结束时及时加以总结，形成案件涉合规事项

报告，报告中要包含合规风险分析、纠纷成因、规避风险的措施。企业应通过案涉经验教训的总结，提升企业合规经营管理水平、增强企业合规风险意识和合规风险防范能力。

8. 企业应创建合规文化

企业要在立足发展的基础上，逐步创建合规文化。企业可以对相关部门人员分类别、分专题进行合规培训，提高部门员工合规意识；企业可以开展涉及生产经营的法律法规、党内法规、监管规定、行业准则和国际条约、规则、标准，以及企业章程、规章制度的专项学习，在企业内部形成一种依规经营、合规管理的规则文化；企业可以培养员工依照法律流程、制度流程办事的思维模式和工作方式；企业还可以将创建合规管理文化与激励制度、奖惩制度相结合，以培养员工自觉依法、依规办事的工作理念。

综上，随着企业不断发展壮大、面临内外部环境日趋复杂严峻，企业生产经营活动涉及的合规问题也会越来越复杂，合规风险也会呈现日益增长的趋势。这就为企业合规管理提出了更高的要求。于企业而言，就要不断提高企业的合规管理意识，设立配套的合规管理机构，建立完善的企业合规管理架构、合规制度体系、合规流程体系，并主动开展合规风险信息收集、识别、分析、应对、反馈等工作；而作为专业从事法律服务的律师，也必将在企业合规管理体系建设中发挥重要的作用。本书作为我们探索合规法律业务的阶段性成果，存在疏漏和谬误在所难免。我们将结合合规实务工作以及各方意见不断进行修正和完善。我们也希望以本书编撰为契机，不断完善我们的合规服务模式、拓展合规服务领域、优化合规服务实操流程，以提升我们的合规服务品质。显然，这将是一件非常有意义的事情！

刘玉阁律师团队
2022 年 10 月 30 日

图书在版编目（ＣＩＰ）数据

企业合规要求与法律风险防范实务/陈俊海主编. —北京：中国政法大学出版社，2023.6
（2024.5重印）

ISBN 978-7-5764-0928-4

Ⅰ.①企…　Ⅱ.①陈…　Ⅲ.①企业法－研究－中国　Ⅳ.①D922.291.914

中国国家版本馆CIP数据核字(2023)第098404号

出　版　者　　中国政法大学出版社

地　　　址　　北京市海淀区西土城路 25 号

邮寄地址　　北京 100088 信箱 8034 分箱　邮编 100088

网　　　址　　http://www.cuplpress.com (网络实名：中国政法大学出版社)

电　　　话　　010-58908289(编辑部) 58908334(邮购部)

承　　　印　　固安华明印业有限公司

开　　　本　　720mm×960mm　1/16

印　　　张　　23

字　　　数　　345 千字

版　　　次　　2023 年 6 月第 1 版

印　　　次　　2024 年 5 月第 2 次印刷

定　　　价　　88.00 元